U0935422

Review of Customs Law

海关法评论

Volume Ⅷ

陈 晖 主编

海关法评论
(第8卷)

主　　办: 上海市法学会海关法研究会、上海海关学院海关法研究中心

主　　编: 陈　晖

执行主编: 朱秋沅

责任编辑: 王　珉

撰 稿 人: (以姓氏拼音为序)

曹艳华　陈　晖　陈淑国　陈志伟　范筱静　韩昭纲
何　力　何抒灵　洪更强　江清云　李　繇　刘达芳
刘　杰　吕晨鸽　沈李洁　史东海　苏　铁　孙超英
唐恺亮　万曙春　王　翀　王　珉　王永亮　鄢玲荣
杨　旭　张常年　张晓洁　赵德铭　赵世璐　周晓姝
朱秋沅　祝少春　Andrew Grainger

译 校 人: (以姓氏拼音为序)

王　珉　郑继正

主编絮语

自2007年12月上海海关学院海关法研究中心成立以来,由该中心主办的,以倡导海关法律实践为基础,以促进海关法学学科建设与学术成长为目标的综合性海关法学研究模式的海关法论坛已经成功举办十届。由上海海关学院海关法研究中心主办的,在论坛交流成果的基础上遴选结集所形成的,面向国内外公开发行的年度性海关法学类专业学术出版物《海关法评论》,至今已经连续出版了7卷,并于2013年4月被纳入中国知网中国学术辑刊全文数据库。

2016年12月10日,经上海市法学会批复同意,上海市法学会海关法研究会及理事会在上海成立。上海市法学会海关法研究会在上海市法学会领导下,以中国特色社会主义理论体系为指导,坚持与发展马克思主义法学,通过组织海关法领域的专业研究与学术交流,加强海关法理论与实务的融合和海关法研究成果的及时转化,搭建国内外海关法学者研究合作与学术交流的平台,促进海关法国际与国内相关研究的结合,促进海关法研究团体的形成和海关法研究能力的全面提升,为我国海关法治的建设做出贡献。海关法学术研究进入一个新的发展阶段。

2017年12月9日,上海市法学会海关法研究会和上海海关学院海关法研究中心在上海海关学院共同主办了上海市法学会海关法研究会2017年年会暨第十届海关法论坛。来自海关总署政法司、海关总署加贸司、海关总署研究中心、上海市法学会、宁波海关、武汉海关、张家港海关、湖州海关、大连海关、杭州海关、呼和浩特海关、上海市第三中级人民法院、上海市人民检察院第三分院、上海市浦东新区国家(地方)税务局、复旦大学、上海海事大学、昊理文律师事务所、北京德和衡(上海)律师事务所、江苏国浩(南京)律师事务所、北京大成(上海)律师事务所、德勤咨询上海有限公司、美国博恩凯悟律师事务所、上海市海华永泰律师事务所、法律出版社及上海海关学院各部门的相关专家学者参加了本次论坛。本届海关法论坛分为四个单元,分别就"纪念《海关法》颁布30周年专题报告""走私行为法律问题研究""国际与外国海关法研究""海关法前沿问题研究"四个主题展开研讨交流。本卷(第8卷)是在第十届海关法论坛成果基础上出版的。

在"纪念《海关法》颁布30周年"专栏发表了本人的随笔《追逐"女神"二十年》。"女神"的名字是"海关法学",初识海关法恰逢世界海关组织应贸易界的要求对《京都公约》进行修改,为减少贸易壁垒、促进贸易发展,公约内容上减少了许多刚性条款,增加了很多柔性规定,这也在2000年我国《海关法》修改中得到体现。与修法相适应的是,以往海关执法现象既没有人情味,也不文明,此后人类文明世界逐步达成共识,逐一查验逐渐被"红绿通道制度"所替代,严苛的"名捕"慢慢变成了温柔的"女神"。讲到海关法学这个"女神",在不同的人心目中可能有不同的归属。"女神"是中国的,还是世界的?起初认识的"女神"是中国的,而随着"一带一路"的拓展,中国"女神"走向世界,极有可能成为新版的世界"女神"。追逐"女神"异常辛苦,但国内和国际层面都在共同努力,通过建立海关法学术机构、出版科研著作、建设海关专业学位点等,不懈致力于提升"女神”在知识体系和学科体系中的地位。

在“进口博览会海关法制问题”栏目发表了上海市法学会海关法研究会和上海海关学院海关法研究中心课题组的研究论文《中美展品暂准进境制度比较及其对中国国际进口博览会展品通关的启示》,该研究论文是上海市法学会委托课题“中国国际进口博览会海关法制问题研究”的阶段性成果。2017年5月,我国国家主席习近平在“一带一路”国际合作高峰论坛上宣布,我国将从2018年起举办中国国际进口博览会。举办中国国际进口博览会是中国政府坚定支持贸易自由化和经济全球化、主动向世界开放市场的重大举措,有利于促进世界各国加强经贸交流合作,促进全球贸易和世界经济增长,推动开放型世界经济发展。中国国际进口博览会是世界上首个以进口为主题的国家级大型博览会,展品通关是其中重要内容。《中美展品暂准进境制度比较及其对中国国际进口博览会展品通关的启示》对世界上两个最大的贸易国中国和美国的展品通关法律制度进行对比分析。美国对展品与其他货物的暂准进境制度采取了分立式立法模式,在税则第98章中也为特定展品设定了专门税目,暂准进境展品在展中展后存在9种正常的处理方式,内销或转入其他通关程序均属正常处理方式。我国对展品与其他货物的暂准进境制度采取了合立式立法模式,税则中无针对展品的专门税目。在具体规则上,两国制度对展品处理方式的灵活性不同。在当前我国出现的复合性国际会展的新发展趋势下,迫切需要建立和中国国际进口博览会相匹配的便利且灵活的新型展品通关制度。我国海关法应借鉴展品暂准进境制度的专门立法方式,修改传统的展品暂准进境制度与国际会展新趋势的不适应之处,精细化设定税则中的自主性税目,增加暂准进境展品处理方式的灵活性,将展品暂准进境程序和其他通关程序的转换与衔接问题进行统筹考虑,为中国国际进口博览会进一步打造一流的通关便利,支持我国会展业朝复合型、国际化和高端化方向发展。

上海海关学院教授朱秋沅在《展品暂准进境国际法比较及其对我国的立法建议》一文中提出,当代产业需求与我国传统暂准进境制度之间存在矛盾,传统的展品暂准进境制度不能适应会展业的新趋势,我国相关研究需要扭正对有关基础概念的长期误解,对暂准进出境制度进行改革与创新。对于ATA公约体系,作者建议更新我国的国际承诺。对于《京都公约》(修订)专项附约G,作者建议将国际法进行国内化时,从而使我国暂准进出境制度进一步从形似走向神似,真正实现国际法中的便利化与灵活性的原则精神与制度设计。上海海关学院法律系王珉博士的《打造永不落幕的中国国际进口博览会——保税展示交易制度创新、挑战与因应》认为,保税展示交易是自贸区海关监管创新制度之一。为支持办好首届中国国际进口博览会,海关出台了在保税展示交易方面的便利化措施。然而,《海关暂时进出境货物管理办法》限制进境展品在展会结束后进入特殊监管区进行保税展示交易,现有保税展示交易海关监管制度也无法适应打造永不落幕的中国国际进口博览会的办展目标。据此,我国应当修改相关立法,允许展品在展会结束后进行保税展示和交易,打造保税展示交易集聚区;同时,以贸易安全与便利的平衡为导向,在展品入区、保税展示、保税交易等方面创新展品开展保税展示和交易的海关措施。这些措施对于将中国国际进口博览会办成国际一流博览会,丰富和完善展会海关监管制度以及发展中国家参与国际展览事业具有重要的推动作用。

在“关税法律问题”栏目发表了海关总署研究中心副主任苏铁、海关总署研究中心研究员王翀的《完善海关税收“自报自缴”制度之法律探讨——基于国外立法现状及特点的比较研究》,以企业“自主申报,自缴税款”为研究对象,对中国海关实践进行了总结,对世界各国海关纳税人“自我评定”制度(Self-Assessment System)进行了分析,指出应坚持“税收法定原则”,将企业“自主申报,自缴税款”必须纳入法定框架。随着《关税法》立法进程的加快,将纳税人管理制度纳入《关税法》显得尤为紧迫和必要。我国海关法、刑法对内海、领海、界河、界湖运输、收购、贩卖“无合法证明进口货物”做了规定,但对其他区域则无类似规定,对打击走私留下了法律空白。武汉海关学会常务理事孙超英的《关于完善“无合法证明进口货物”法律制度的若干思考》对现有法律规定及其不足进行了分析,就完善海关法、刑法和相关行政法律规定提出了具体建议。特许权使用费是否应当计入以及如何记入进口货物完税价格一直是海关估价和海关稽查工作中海关与行政相对人争议的焦点问题之一。德勤咨询上海有限公司高级顾问沈李洁、上海德勤税务师事务所有限公司总监张晓洁的《浅议特许权使用费计入进口货物完税价格的判断标准》根据我国法律和实践,结合世界海关组织估价技术委员会的意见以及美国海关、欧盟海关的相关法律规定和案例,从进口货物与特许权的相关性、特许权使用费的支付构成进口销售的条件两个角度,分析了特许权使用费计入进口货物完税价格的判断标准,并建议对我国海关法中关于专利权、专有技术、商标权判断与进口货物相关性的标准的法律条文进行修改,以及建立海关估价领域的推导原则和案例制度。作为新兴贸易形态,跨境电商零售进口具有小批量、高频次、运费占货物总价值比例高等特点,跨境电商运费的应税性问题比较突出,而目前中国对此却并无明确的相关规定。美国博恩凯悟律师事务所律师陈志伟的《跨境电商零售进口商品运费的应税性问题》认为,跨境商品运费的应税性应充分考虑其行业特点及其自用与贸易的双重属性,解决跨境商品运费应税性问题的关键在于应该在法律层面明确跨境商品的属性,并进而在此基础上建立与其相适应的相对独立的估价规则体系,对跨境商品非买方所支付的运输费反而进行征税无合理理由,对会员免运费情况下的运输费用实行免征。

在"走私法律问题"栏目发表了北京德和衡律师事务所合伙人史东海律师的《单位犯罪刑法规范及相关解释的发展——兼述走私犯罪对单位犯罪刑法规范及相关解释的促进》,文章回顾了我国单位犯罪理论和实践的发展过程,单位犯罪相关司法解释,特别是以走私犯罪为例,阐明了我国走私犯罪司法实践对刑事立法的推动作用,以及刑法理论发展对走私犯罪司法实践的指导意义。国浩律师(上海)事务所合伙人刘杰律师、上海海关学院法律系唐恺亮同学的《单位犯罪认定的若干问题——以走私罪为例》叙述了我国单位犯罪的历史渊源、法律依据和司法实践中出现的一些特殊情形。在此基础上参照犯罪构成的理论,提出单位作为犯罪主体的构成要件,分为第一阶层构成要件符合性,包括形式要件——单位合法成立,主观要件——体现单位意志,结果要件——单位获利。第二阶层阻却事由,包括成立非法目的阻却事由和成立后违法业务比例阻却事由,从逻辑上和标准上清晰界定单位犯罪与自然人犯罪的界限,解决司法实践中的认定难题。天津海关关税处征管科副科长张常年和深圳海关关税处调研员周晓姝的《关于走私普通货物案件税款计核中原产地问题的几点思考》论述了在走私普通货物案件的税款计核中,确定货物原产地是适用税率的前提条件。随着我国自贸区战略的推进,适用协定税率的货物在我国贸易中占有比重越来越大,但是在涉罪案件中,如何确定货物的原产地以及如何适用税率,检察院、法院、缉私部门和关税部门各方存在分歧。作者从法理和执法的实际角度出发进行分析,指出各方观点的优点和不足,并根据当前立法和海关执法的实际情况,提出解决问题的相关建议。武汉海关韩昭纲的《浅析进口废物案件的定性与处理——以两起典型案件为例》通过对两起典型案件深入剖析,论述进口废物案件如何界定罪与非罪,如何适用法律法规进行量化处理,对废物进口特殊案件定性处理的现行规定,以及在刑事、行政案件转化过程中如何启动,海关缉私警察在办案过程中如何探索和践行"一警双权,一案到底"等问题。

在"海关法专题研究"栏目发表了上海海关学院万曙春副教授的《自由贸易(试验)区海关监管创新中的海关法发展》,文章认为自由贸易(试验)区发展中的海关法制面临的问题有:有关改革先行与立法引领的基本论争,《海关法》中只有保税区的规定、没有自贸区的规定,自贸区海关监管创新对传统海关法制完善提出需求,严密海关监管和打击走私面临新挑战。作者建议,发挥立法对改革的引领和保障作用、对自贸区在海关法中的地位予以明确、严密海关监管的海关法制度应进一步完善、自贸试验区海关监管创新推动海关法理念的革新。海关总署企业管理和稽查司信用管理处调研员、保税二级专家杨旭的《关于构建与全面开放新格局相适应的海关保税监管法律制度体系的思考》指出,我国海关保税监管具有较为稳定的政策制度体系、较为严密的法律法规体系、较为完备的监管制度体系,同时也存在政策设计的协调性有待进一步加强、法规制定的及时性有待进一步加强、监管制度的效能性有待进一步提升等问题。作者建议遵循国际规则,统一对保税制度的认识;找准职责定位,深度融入开放型经济新体制建设;强化法治保障,不断提高执法统一性;强化顶层设计,构建保税分类监管体系;强化过程管理,探索建立风险式保税监管模式;强化监控职能,构建全方位的风险分析系统。上海海关稽查处洪更强的《当前办理海峡两岸经济合作框架协议项下进口机床涉税案件的难点及相关建议》指出,当前“ECFA”项下台湾机床进口行业具有证书签发机构审核不严格,原产地专业认定机制不健全,行业性风险防范难度高等风险。基于实际发生的案例,文章分析了何谓一方或双方“加工生产”,数控装置和数控系统是否同一,案件如何定性以及是否应移交缉私部门进行相关处罚等问题,并提出了针对性建议。国浩律师(南京)事务所合伙人李繇、张家港海关曹艳华的《外贸综合服务新业态的法律促进和发展》分析了外贸综合服务这一新业态的相关法律问题。文章认为外贸综合服务新业态在海关监管体系中存在进出口企业信息平台建设有待加强、海关监管与处罚法律体系有待更新、企业分类管理标准不科学等问题,并提出完善海关法律制度体系、完善海关政府信息主动公开、完善企业信用管理办法等建议。上海海关学院法律系范筱静博士的《从海关监管的角度谈外贸综合服务企业的法律责任》认为制约外贸综合服务企业发展的核心问题是外贸综合服务企业的法律地位不明确,服务企业与被服务企业之间的责任界限不清晰。建议法律明确定义“外贸综合服务行为”;区分行政法律关系和民事法律关系,根据“避风港原则”确定民事责任划分,根据行政管理相对人原则确定行政责任划分;监管对象单列“外贸综合服务企业”,创新海关监管模式;利用国际贸易“单一窗口”的建设,提高外贸综合服务的贸易便利化;以行政合作理论为指导,探索关企“协同治理”模式。环球律师事务所合伙人赵德铭律师的《中国现行出口管制制度与新法草案刍议》结合案例介绍了现行的中国出口管制制度。《出口管制法(草案征求意见稿)》将相关的出口管制行政法规合并为一部法律,与现行出口管制制度相比,完善了管制清单和许可管理制度,扩大了现行管制物项范围,提高了对违法行为的处罚力度。作者建议,为了出口合规的目的,出口经营者须正确进行出口商品归类并确定管制项目清单的HS编码,有恰当的事先尽职调查程序,并且对出口物品、运输路线、进口国、最终用途和最终用户的性质进行合理审查。上海海事大学法学院副教授刘达芳的《海关监管区内超期滞留集装箱之处理》分析了因为贸易纠纷、货物本身属于禁止、限制进出口货物等多种原因,有些货物随同载运货物的集装箱进入海关监管区并完成了最初的申报手续后,没有办结剩余海关手续,长期滞留在海关监管区内。作者认为,集装箱经营人虽然承担着不断增长的堆场费等各种费用,但是由于不是海关法规定的权利义务主体,无法向海关提出处置滞留集装箱的请求;海关也因为法律授权的限制,无法径行处置相关货物。作者建议,法律应授权海关允许在相关收发货人超出合理期限没有办结手续时允许承运人、集装箱经营人能够代替收发货人成为法律关系的主体,以使他们代替收发货人完成所有海关手续。如果是禁止进出口商品,可以先行处置该类货物。对那些长期处于无人认领状态的货物,根据具体情况处置。

在"国际与外国海关法"栏目发表了海关总署政法司复议处调研员陈淑国的《"一带一路"建设中海关价格信息交换国际合作问题》,文章针对按照"法无授权不可为"的法律原则,海关不应在国际合作中交换进出口货物报关价格等可能涉及商业秘密的信息的观点,作者认为,海关保护商业秘密是针对特定对象而言,商业秘密保护受国家利益、社会公共利益的制约,海关应当遵守国家关于信息互换的法规性文件,交换价格信息是履行国际条约的应尽义务。国际合作中价格信息交换应遵循维护国家利益、有限使用、必要合理的原则,同时完善价格信息交换法律体系建设,加强价格信息交换的管理,加强与相关方的密切合作。复旦大学法学院博士生导师何力教授的《从国际法软法看WCO〈海关估价与转让定价指南〉》从国际法角度分析了WCO《海关估价与转让定价指南》的法律性质,该指南于2015年6月颁布了第一版,2018年又颁布了更新版。《指南》是在WCO机制下形成的,也是在经济合作与发展组织的合作下的产物,使各国海关和跨国公司在进行海关估价时对转让定价问题有了一个统一的国际规则。作者认为,该指南属于国际法软法,虽然原则上没有法律约束力,但是有实际效力的国际行为规则,在现代国际社会和经济活动中发挥着重要的作用。WCO的海关国际条约、WCO的建议书和指南构成WCO的法律规则体系,《海关估价与转让定价指南》就是其中之一。上海对外经贸大学贸易谈判学院江清云副教授、上海对外经贸大学贸易谈判学院研究生鄢玲荣的《比较视野下中国AEO制度存在的不足之处和改进措施》,通过梳理海关管理制度中的不同理念,整理中国海关企业分类管理的发展和相关法律法规,结合中国的中小企业申请认证的制度与欧盟的经营者认证自我评估表,对比分析了中美现行AEO制度,认为中国AEO制度与美国"C-TPAT制度"可以在海关管理的企业范围同步性、国内海关便利资源投放、逐步引入企业话语权等方面进行对接。

在"判例研究"栏目发表了上海海关法规处知识产权科科长吕晨鸽的《论专利权海关保护的职能定位及路径选择》。文章以中美芯片设备专利纠纷海关保护案例为研究对象,介绍了目前我国海关专利边境保护的现状和特点,指出我国存在长期困扰海关专利权执法的两大根本问题:专利权利稳定性和货物与权利关联性的甄别,这导致实践中海关专利主动保护执法很容易陷入"被动"。作者并不支持海关摒弃处罚权、仅实施被动保护模式的观点,认为海关专利执法并不寻求“运动式”的全面打击,也不寻求必须在行政程序中得出是非曲直的结论,同时并不放弃对于明显侵权行为的处罚权,进而在制度层面提出了优化专利权海关保护的具体建议。

在“域外视野”栏目发表了上海海关学院王珉博士翻译的英国诺丁汉大学、荷兰代尔夫特技术大学专家 Andrew Grainger 的《在实践中构建贸易便利化的案例》。文章分析了贸易便利化有四个相互依存的主题:(1)规则、程序的简化与协调;(2)贸易体系的现代化,特别是企业与政府利益相关者之间的信息共享和交流;(3)贸易和海关手续的管理和实施;(4)保障有效执行贸易便利化原则的体制机制和持续的改革承诺。文章列举了国际贸易便利化的建议和文书,以及企业遭受的运营挫折实例。指出目前的贸易便利化研究有限,而且在很大程度上是经济学家的研究领域,操作性研究仍然相对滞后。作者在进出境业务流程基础上,提出建立贸易便利化的实用方法,以及衡量贸易合规成本的量化模型。

本卷评论编辑之时,正是出入境检验检疫职责和队伍划入海关,建设中国特色社会主义新海关的历史时期。2018 年 2 月 28 日,中国共产党第十九届中央委员会第三次全体会议通过了《中共中央关于深化党和国家机构改革的决定》,2018 年 3 月 20 日中共中央印发了《深化党和国家机构改革方案》,将国家质量监督检验检疫总局的出入境检验检疫管理职责和队伍划入海关总署。

为保障机构改革顺利进行,确保改革于法有据,在法律层面,2018 年 4 月 27 日第十三届全国人民代表大会常务委员会第二次会议通过《全国人民代表大会常务委员会关于国务院机构改革涉及法律规定的行政机关职责调整问题的决定》,其规定,《国务院机构改革方案》确定由组建后的行政机关或者划入职责的行政机关承担的,在有关法律规定尚未修改之前,调整适用有关法律规定,由组建后的行政机关或者划入职责的行政机关承担。会议通过《关于修改〈中华人民共和国国境卫生检疫法〉等六部法律的决定》,对《中华人民共和国国境卫生检疫法》修改,删去第2条第2款,删去第27条;对《中华人民共和国进出口商品检验法》作出修改,删去第11条中的"海关凭商检机构签发的货物通关证明验放",删去第15条第2款。

在行政法规层面,2018年3月19日,国务院公布《关于修改和废止部分行政法规的决定》(国务院令第698号),删去《中华人民共和国知识产权海关保护条例》第32条,将《中华人民共和国海关事务担保条例》第10条修改为:"按照海关总署的规定经海关认定的高级认证企业可以申请免除担保,并按照海关规定办理有关手续。"

在行政规章层面,2018年4月28日,海关总署公布《关于修改部分规章的决定》(第238号令),对《中华人民共和国海关关于超期未报关进口货物、误卸或者溢卸的进境货物和放弃进口货物的处理办法》等71部规章进行修改,集中修改的71部规章修改和调整内容主要体现在以下两个方面:(一)关于实施主体。一是将有关规章中"国家质量监督检验检疫总局""国家出入境检验检疫局""国家检验检疫局"调整为"海关总署",将"检验检疫机构"调整为"海关",将"直属检验检疫局"调整为"直属海关",将"分支机构"调整为"隶属海关";二是对于规章中并列出现"海关"和"检验检疫机构"的规定只保留"海关"。(二)关于业务流程。一是删去检验检疫部门书面告知海关或者海关提请出入境检验检疫机构实施检验检疫的相关规定;二是删去有关规章中关于检验检疫机构签发通关单或通关证明等规定;三是对于海关规章已设置行政相对人登记备案制度的,删去出入境检验检疫相关规章重复性备案的规定。2018年4月28日公布《关于废止部分规章的决定》(第239号令),废止1999年11月23日以原国家出入境检验检疫局令第7号公布的《出入境检验检疫行政复议办法》和2006年1月28日以原国家质量监督检验检疫总局令第85号公布的《出入境检验检疫行政处罚程序规定》。这两部规章主要规范出入境检验检疫业务领域的行政复议和行政处罚办案程序,海关总署已有相关规章,可以适用于检验检疫业务领域的上述工作,故予以废止。2018年5月29日,海关总署公布《关于修改部分规章的决定》(第240号令),决定对《中华人民共和国海关关于境外登山团体和个人进出境物品管理规定》等82部规章进行修改。2018年5月29日公布《关于废止部分规章的决定》(第241号令),决定废止1991年3月6日以海关总署令第16号公布的《海关对出口退税报关单管理办法》和2000年5月31日以国家出入境检验检疫局令第23号公布的《出入境检验检疫标志管理办法》。

检验检疫划入海关,这是党和国家机构改革的重要内容之一,也是百年海关发展史上的重大变革。现代意义上的中国卫生检疫法可以追溯到1873年。由于印度、泰国、马来半岛等地霍乱流行,旧海关在上海、厦门设立了卫生检疫机构,订立了相应的检疫章程,并开始登轮检疫。而中国最早的动物检疫是1903年在中东铁路管理局建立的铁路兽医检疫处对来自沙俄的各种肉类食品进行的检疫工作。清同治三年(1864年),由英商劳合氏的保险代理人——上海仁记洋行,代办水险和船舶检验、鉴定业务。这是中国第一个办理商检业务的机构。百余年来,海关衍生出检验检疫的职能,检验检疫从海关独立出来,并形成了一套自己的法律体系。

据统计,目前我国检验检疫法律4部,分别是《进出口商品检验法》《进出境动植物检疫法》《国境卫生检疫法》《食品安全法》;行政法规12部,分别是《进出口商品检验法实施条例》《进出境动植物检疫法实施条例》《国境卫生检疫法实施细则》《食品安全法实施条例》《国务院关于加强食品等产品安全监督管理的特别规定》《进出口货物原产地条例》《国境口岸卫生监督办法》《国际航行船舶进出中华人民共和国口岸检查办法》《公共场所卫生管理条例》《中华人民共和国认证认可条例》《濒危野生动植物进出口管理条例》《货物进出口管理条例》等;此外还有行政规章96部,公告731部,合计869部。

和海关法律相比,检验检疫法律具有以下不同特点:(1)没有统一的检验检疫法典,而是卫生检疫、动植物检疫和商品检验制度分立式立法的模式;(2)适用空间不局限于关境,而是"前伸后移",对某些特定商品和特定方式输入的动植物实行境外前置检验检疫,境内延伸到消费使用环节;(3)普遍实行行政许可制度,无资格不允许从事相关检验检疫事项;(4)具有很强的法律强制性,检验检疫实行国家强制管理,必须执行。检验检疫法律以上不同于海关法律的特点,反映了二者不同价值目标和法律特质:(1)价值观念上,传统海关法律关注的是关税,近几十年重点转移到便利和安全,而检验检疫法律价值理念是安全;(2)法律关系主体上,海关法律限于进出口收发货人、运输企业、仓储企业等进出境相关的法律关系主体,而检验检疫法律延伸到生产企业、供货商,甚至消费者;(3)法律关系客体上,海关法律关系是货物、物品和运输工具,而检验检疫法律关系还包括包装物、生产环境等;(4)法律关系内容上,海关法律主要是进出境运输工具、货物、物品、关税等,而检验检疫法律涉及范围更为广泛,包括卫生、动植物、商品检验、食品等。

检验检疫职责和队伍划入海关,自2018年4月20日起,统一海关标识,统一海关制服,统一佩戴关衔,出入境检验检疫系统统一以海关名义对外开展工作,一线旅检、查验和窗口岗位要统一上岗,意味着海关的内涵和外延发生了根本性改变,海关法的修改已是迫在眉睫。《海关法》的修改要贯彻落实党的十九大以来特别是国务院机构改革对口岸管理体制和海关职责任务作出的重大调整以及相关制度安排,充分体现新海关的新职能和新定位;要紧密结合关检业务深度融合的改革实践,将海关业务整合与流程再造的改革成果转化为制度规范,通过修改《海关法》进一步予以确认和固化;要妥善处理修改《海关法》与《进出境动植物检疫法》《国境卫生检疫法》《进出口商品检验法》《食品安全法》等检验检疫法律、行政法规的协调衔接;要根据反走私工作面临的新形势、新任务和新要求,进一步优化、完善现行缉私体制;要适应对新兴贸易业态(跨境电子商务、外贸综合服务等)的监管和服务需要,体现自贸试验区、自由贸易港海关监管制度创新成果;要全面梳理《海关法》《进出境动植物检疫法》《国境卫生检疫法》《进出口商品检验法》《食品安全法》实施过程中存在的主要问题,研究提出解决问题的建议措施;要体现海关作为实行衔级管理的准军事化纪律部队建设的有关制度和管理要求;要对标国际最高标准,借鉴国际规则以及其他国家和地区海关的先进管理制度,解决国内立法与国际条约、协定的衔接问题。海关法面临新的发展机遇,也面临任务更艰巨、更复杂的挑战。

《海关法评论》倡导以海关法律实践为基础,以促进海关法学学科建设与学术成长为目标的、综合性的海关法学研究模式,积极推动海关法律共同体的建立,《海关法评论》将不断为之努力。

陈　晖

2018 年国庆节于上海

目录
Contents

国际与外国海关法

判例研究

CONTENTS

Legal Issues of Tariff Law

Legal Issues Relating to Smuggling

Study on the Specific Issues in the Framework of the Customs Law

纪念《海关法》颁布30周年专栏

Column to Commemorate 30th Anniversary of Promulgation of the Customs Law

追逐“女神”二十年

陈 晖*

[摘 要] “女神”的名字是“海关法学”,它伴随我二十余年,我也追逐她二十余年。我初识海关法恰逢世界海关组织应贸易界的要求对《京都公约》进行修改,为减少贸易壁垒、促进贸易发展,公约内容上减少了许多刚性条款,增加了很多柔性规定,这也在2000年我国《海关法》修改中得到体现。与修法相适应的是,以往海关执法现象既没有人情味,也不文明,此后人类文明世界逐步达成共识,逐一查验逐渐被“红绿通道制度”所替代,严苛的“名捕”慢慢变成了温柔的“女神”。讲到海关法学这个“女神”,在不同的人心目中可能有不同的归属。“女神”是中国的,还是世界的?我起初认识的“女神”是中国的,因为海关是一个国家主权的象征,海关法也是由一国海关立法的,海关是行政机关,海关法当然属于一国行政法的范围,而随着“一带一路”的拓展,中国“女神”走向世界,极有可能成为新版的世界“女神”。追逐“女神”异常辛苦,但国内和国际层面都在共同努力,通过建立海关法学术机构、出版科研著作论文、建设海关专业学位点等,不懈致力于提升“女神”在知识体系和学科体系中的地位。

[关键词] “女神”;海关法学;贸易发展

* 陈晖:上海海关学院副校长,上海市法学会海关法研究会会长,教授,哲学博士,刑法学博士后。

在灰暗的雨晨,我吟哦着许多飘逸的诗篇。我头上戴过爱人手织的夜晚的醉花的花圈。但我想起孩提时第一次捧在手里的白茉莉,心里还感受着甜蜜的回忆。

小草呀,你的足步虽小,但是你拥有你足下的土地。

我不能选择那最好的。是那最好的选择我。

鸟儿愿为一朵云。云儿愿为一只鸟。

上帝从创造中找到他自己。

——泰戈尔《飞鸟集》

当今世界是互联网的世界,也是新新人类的世界,各种夹杂着网络流行的新词汇层出不穷、目不暇接,也让人晕头转向。转眼间,满街都是"帅哥""美女",满口都是"男神""女神",世界瞬间变成了伊甸园。

我不敢轻易叫"男神""女神",因为叫"神"一定是很神圣的,非"神"不敢前面加"男"或"女"字,当然"神"还有另一种意思——神经病,叫了不仅不尊,还会引来好一顿劈头盖脸,更是使不得。

但今天我却要讲讲我的"女神",准确地说是我们的"女神",因为它伴随我二十余年,我也追逐她二十余年,如影随形,若即若离,可望而不可即。她无形却有形、她无声却有声、她是完美的,重要的是,她是神圣的,是我和我们心中真的"女神",她的名字是"海关法学"。

初识"女神"

"海关法学"这个"女神"不是抽象的,在古希腊神话中她是具象的,但性别却是男性,他就是古希腊的赫尔墨斯神。赫尔墨斯神身材魁梧,力量过人,是自然界强大力量的体现,是畜牧之神,牧人的庇护者。传说赫尔墨斯神穿有飞翅的凉鞋,手持魔杖,能像思想一样敏捷地飞来飞去,是宙斯的传旨者和信使,是旅者之神,也是商业之神(见图1)。正是因为他是商业的庇护之神,因此成为海关的象征。中国海关关徽由商神手杖与金色钥匙交叉组成(见图2)。商神手杖是赫尔墨斯的手持之物,传说赫尔墨斯拿着这根金手杖做买卖很发财,金手杖也便成了商神杖了,被人们视为商业及国际贸易、海关的象征。

图1 赫尔墨斯神像

图2 中国海关关徽

赫尔墨斯神由于掌管贸易,而古代国与国之间壁垒森严,非国家许可并有强力者不可把持,国家之间贸易不可想象。大英博物馆藏有一块由黄铜制成的贝宁饰版(见图3),形象地描述了16世纪贝宁(今非洲尼日利亚)和葡萄牙之间贸易的情形,可以想象赫尔墨斯神的强者形象。饰版上贝宁国王奥巴两旁跪着两名宫廷高官,高官腰上挂着小鳄鱼头,而高官身后仅露出头和肩部的是葡萄牙人,鳄鱼头象征获得和葡萄牙人贸易的许可,葡萄牙人将西非的胡椒、象牙和黄金运到欧洲,也为奥巴的宫廷带去世界各地的商品。

图3 贝宁饰版:奥巴与欧洲人(大英博物馆收藏)

对于今天的欧洲国家,海关监管和税收可追溯到14世纪末"车船费和许可费",前者源于政府派军舰保护商船免受海盗和战争威胁,而后者则是15世纪末许可商人和敌对国家做生意收取的费用。19世纪是收取过路费的黄金时期,收取的费用用于路网建设和维护开支,仅荷兰一个国家就有超过一千个地点收取过路费。随着路网和交通的发达,在1900年政府废除了地方过路费。由此不难理解,各国海关通常是和边防、警察一起执法,甚至几者合一,是冰冷和严酷的。因此借赫尔墨斯神这一男神强硬的形象来描述海关。

自"二战"以后,这一冷酷无情的男神形象逐步开始改变。由于布雷顿森林体系重要组成部分的"关贸总协定"要求各国废除非关税壁垒、降低关税、鼓励自由贸易,海关"看门人"的形象向"税官"形象转变。此种"税官"也不再是封建时代上门讨债、逼人卖儿卖女的征收苛捐杂税的酷吏形象,而是坐在办公室,穿着白衬衣、打着领带,敲着键盘,精于商品归类和计算税种税率的高级白领形象,和以往在关境线上,手持大棒、腰配武器、大声斥责的旧海关官员形象大相径庭。这一温柔版男神形象的改变,是商界要求贸易畅通、减少通关环节的贸易成本所导致的。为此,国际商会还出台了《国际海关指南》,为海关画了一幅画像,请各国海关照一照镜中的自己是否相符。

我初识海关法正是男神形象温柔改变时期,恰逢世界海关组织应贸易界的要求对《京都公约》进行修改。该公约全称叫《关于简化和协调海关业务制度的国际公约》,因1973年5月18日在日本京都签署,简称《京都公约》。公约修改范围极其广泛,不仅包括公约的框架结构,还包括公约管理机构等,更重要的是为减少贸易壁垒、促进贸易发展,公约内容上减少了许多刚性条款,增加了很多柔性规定。举例来说,贸易商进出口申报是通关重要的环节,海关根据申报进行查验、征税。以往海关对贸易商存有"有罪推定"的思想,认为贸易商追求利润,天生逃税,因此不允许申报后再修改报关单。可在实际贸易活动中,因差错、货物所处环境的改变或其他非主观故意的原因造成的申报差错和遗漏是经常出现的,因此公约规定海关应准许申报人修改货物申报。2000年我国《海关法》修改,也将这些柔性规定吸收其中,不仅包括报关单的修改,申报前提取货样,还包括海关担保、行政裁定制度等。这时候,我们看到的已不再是严刑峻法的"男神"形象,而是温情脉脉的"女神"形象了。

严苛的"名捕"和温柔的"女神"

讲到男神的严苛形象,不得不提起走私。走私古已有之,2000多年前的印度古典文学——考底利耶所著的《利论》中就记载,商人经过插着旗子的收税站而不缴纳税款者,将被处以相当于应收税款8倍的惩罚性关税。公元前2世纪或更早的《摩奴法典》是古印度涉及海关的一部法律,其中规定:"逃避海关或关卡,在不适当的时间买卖,或者货物计数时弄虚作假,将被处以相当于企图逃避的关税的8倍罚款",这相当于现在的逃税走私。查缉走私,海关关员俨然就是严苛的"名捕"形象。我在海关学院教授《刑法》,课程考试通过率和分数均不高,学生给我起了一个绰号也叫"名捕",我也戏称"不是陈老师不让你过,是刑法不让你过",但要和海关关员这个"名捕"相比,则相差甚远。陈老师"名捕"的后果只是补考而已,而海关这个"名捕"的后果则是牢房。

荷兰海关博物馆收藏的几幅绘画生动描述了19世纪欧洲国家的走私,也生动描述了"名捕"形象。一幅画来源于1861年3月28日发生的一个真实案例,案件发生在比利时边境(见图4)。在19世纪,荷兰禁止破布出口,因为破布是荷兰造纸工厂的重要原材料。禁止破布出口,一直持续到19世纪。画中一走私者向海关官员做鬼脸,另外的走私者则趁机走私一袋一袋的破布出境,海关关员迅速抓捕。另一走私者被抓获,海关关员用手杖指着走私的破布,严厉讯问。破布走私,今日看来不可思议,但在当时极为常见,也正应了贝卡利亚"走私罪也是法律自身的产物。因为关税越高,渔利也就越多"。

另一幅画讲的是在布鲁塞尔两个海关关员正在查货一个走私贩子,走私贩子用动物肠子来走私杜松子酒,当时动物肠子经常用来作为走私工具,左边柜台后面一个海关关员正在监视一个男孩,男孩正把面包藏在夹克里面进行走私(见图5)。

当时走私的工具也是匪夷所思,不仅有用动物肠子来走私的,奇葩的还有"走私空手杖"和"走私背心"。走私分子每天持空手杖进出境,直到海关关员查验发现空手杖并不"空",内藏有液体走私。走私背心穿在衣服里面,含夹层,有接入口,可藏液体。一百年前科技不如现在发达,"走私背心"厚重无比,我也好奇这"背心"咋穿呢?利用孩童进行走私,刑法上叫"间接正犯",意思是将孩童当做犯罪工具。这种情形现在还有,深圳、珠海、港澳地区利用孩童来往两地进行电子产品走私就不是个例,只是面包被换成了"苹果"而已。

图4　荷兰佛兰德(和比利时接壤)边境地区走私破布
(荷兰海关博物馆收藏)

图5　抓获(荷兰海关博物馆收藏)

随着交通工具的发达和人员、货物往来的频繁,海关这一严苛的“名捕”形象不断加强,“名捕”也由单数变成了复数(见图6)。经济大萧条时期,百姓生活艰难,走私日用品十分严重。在车站、船舶码头,海关加强查验,严查走私,场面十分壮观,也不留一点情面(见图7)。我国改革开放初期,来往港澳内地之间也是走私频发,海关逐一对进出旅客进行查验,常常翻个底朝天,有问题的,扣留、没收、罚款;没问题的,扬长而去,现场一片狼藉。为了在有限的通关时间和空间里查获走私分子,意大利犯罪学家龙勃罗梭的“天生犯罪人”理论也被海关运用上了,长有扭曲的鼻子、凸出的颧骨、长胳膊、皮肤上有明显褶皱、厚下巴的是典型的“天生犯罪人”形象,查缉走私中应重点关注(见图8)。这种海关执法现象既没有人情味,也不文明。此后,人类文明世界逐步达成共识,逐一查验逐渐被“红绿通道制度”所替代,严苛的“名捕”慢慢变成了温柔的“女神”。

图6 1939年荷兰海关关员在布拉本特边界地区查验

图7　大萧条时期，走私猖獗，荷兰海关关员在弗利辛根船舶码头检查旅客的行李和包裹。**Heijenbrock** 的粉彩画(**1935** 年)(荷兰海关博物馆收藏)

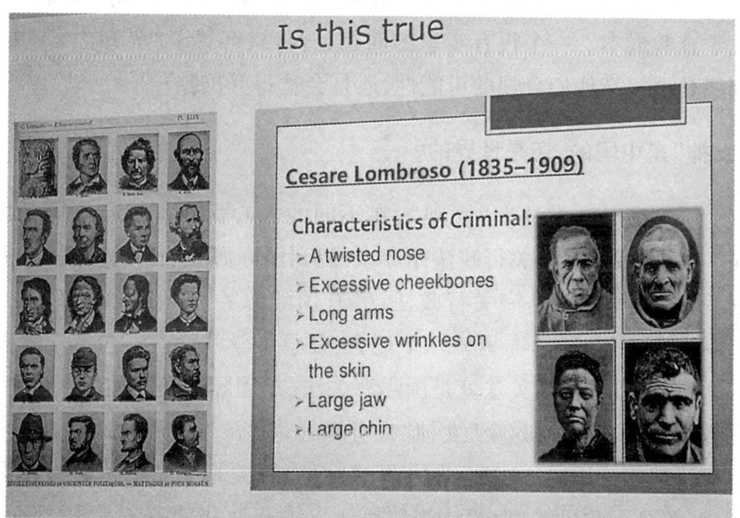

图8　荷兰史基浦机场海关专家讲授的查缉毒品走私课件

"红绿通道制度"又称"双通道制度",是指一种简化的海关监管制度,该制度允许到达旅客在两种类型通道中任选其一作申报。用绿色符号表示的通道供只携带不超过准予免税入境的规定数量与价值且不受进口禁限的货物的旅客使用。用红色符号表示的另一通道供其他旅客使用。"红绿通道制度"能加快国际旅客的流动,在不削弱海关监管力度以及增加海关关员的前提下,有效应对旅客数量的不断增长。世界海关组织(WCO)于20世纪70年代倡议在航空与海运旅客海关监管中使用,得到各国普遍响应,我国于1989年全面实施,适应了对外开放的发展需要。

"红绿通道制度"也是经济学上的一个有意思的话题,就是所谓的"红绿通道选择困境"。旅客进出境有携带一件应税商品的、有携带两件以上应税商品的,是选择绿色通道逃避税收,还是红色通道正式申报,不仅是道德问题,还是利益计算的数学问题,变量不仅包括商品的税率、价格、查获后要交的罚款数量等,还依赖海关的查验率和查获率;对海关而言,查验政策不仅要查旅客的反应,还要考虑查获税收要大于查验成本。一个很有意思的问题是:将旅客置于"无知之幕"中,到底是会提高他们合规的可能性,还是会适得其反?

"女神"是中国的,还是世界的?

讲到海关法学这个"女神",在不同的人心目中可能有不同的归属。一次,我接待海关行政法律专家,提到国际海关法时,专家立刻打断我说,海关法就是海关行政法,哪有国际海关法,在专家心里这个"女神"是中国的;可在另外一个场合,复旦大学法学院一位知名教授却斩钉截铁地说,海关法就是国际海关法,是国际经济法的组成部分,在教授看来,海关法这个"女神"是世界的。

我起初认识的"女神"是中国的,因为海关是一个国家主权的象征,海关是行政机关,海关法当然属于一国行政法的范围。中国海关的历史研究成果十分丰富,就中国海关的起源有不同的学说,如隋代说、唐代说、宋代说、清初说等,其中最有影响的是20世纪80年代蔡渭洲先生提出的西周说。《周礼》记载:“司关,掌国货之节,以联门市。司货贿之出入者,掌其治禁与其征廛。凡货不出入关者,举其货,罚其人。凡所达货贿者,则以节传出之。”《周礼》设计了司市、司门和司关。司门,“掌授关键,以启闭国门”;司关,“掌国货之节,以联门、市”,“凡货不出于关者,举其货,罚其人”;司市,“掌市之治教政刑,量度禁令”,“凡通货贿,以玺节出入之”。玺节,是掌节机构发给商人出入关门的通行证。此后两千多年,海关从西周诸侯之界关,演化成清中期内陆的关津,东南沿海的市舶,西北陆地边关等,海关法由此发达。

若放眼世界,要了解“女神”的世界历史,不得不提被称为“协调制度之父”之一的日本人朝仓弘教先生。他所著的《世界海关和关税史》也是目前中文世界里唯一能看到的世界海关历史的著作。朝仓弘教先生1968年加入世界海关组织的前身“海关合作理事会”,在该组织20年的供职时间里,先后担任了三种不同的重要职务,特别是担任税则和归类委员会主任期间,负责世界海关组织商品协调制度和编码的推广。“在协调制度还处于婴儿期间,朝仓弘教教授像一个育婴员一样做了大量杰出工作”,现在协调制度成为国际贸易的通用语言,国际贸易中的95%以上的商品均采用了该项制度。他1993年离开世界海关组织后,在东京国际大学经济学院担任教授8年时间,2003年和世界海关组织合作出版了《世界海关和关税史》,该书被认为是该领域最重要的参考书。2015年7月2日,朝仓弘教先生去世。

按照朝仓弘教先生的考察,海关本身是一个很古老的财政机制。也许是最古老的收钱方式,海关何时何地诞生始终是个谜一样的问题。曾任苏格兰海关专员的亚当·斯密在其著名的《国富论》中就曾指出,海关(customs),意味着按惯例付款,“自从远古以来”就已存在,但我们还不能准确地说它究竟从什么时候开始。但可以肯定的是海关的活动可追溯到遥远的古代,在这些地方一般都具备两个必要条件,即商业活动的存在和公共政权或者至少是统治者或头领的存在,没有商业活动就没有海关,有了公共政权和公共财政,才不至于将关税混同赃物,也不至于将海关官员和海盗同等看待。以此推断,至少在2000年以前,在美索不达米亚、埃及、印度次大陆、中国、古希腊和古罗马这六个地区诞生了海关。有意思的是"关税"(Tariff)一词的出现和一段历史有关。公元711年,穆斯林入侵欧洲的前一年,一支伊斯兰军队的侦查队在安达卢西亚(西班牙最南边的一个地区)沿岸登陆,侦查队队长名叫Taligibn Ziyad,故将登陆地点命名为"Tarifa"。这个地方被占领后,伊斯兰人就开始向过往的船只征收通行费,这也就是现在关税的来历。

对来往的贸易商征收过路费,征收的标准是什么,无疑是要解决的关键问题。在近2000年前,在叙利亚沙漠中的绿洲城市巴尔米拉,议员们发明了一种海关分类的制度,诞生了世界上第一个关税税则,这种制度一直延续到今天。巴尔米拉是一个绿洲城市,长满了无数的棕榈树和果实累累的枣树。公元前20年罗马和安息签订和平条约后,东西方的贸易逐渐繁荣起来,从巴格达到大马士革的车队都要在巴尔米拉停留,使这个城市成为贸易的中心。据说当时的皇帝十分喜欢巴尔米拉这个城市,赋予了它自行征税的权力。巴尔米拉海关税就是该城市市税法的重要组成部分,被分别用希腊文和阿拉伯文刻在一块175厘米×48厘米的大石头上,这部法律的日期是公元137年4月18日(见图9)。

图9 巴尔米拉有一截2至3米高、几百米长的海关墙,2000年后依然存在

当时的海关税是基于数量来征收的,且都是具体详细的。如巴尔米拉海关税规定:“对每头驴所驮货物的进出口,将征收1个迪纳里厄斯”,“每骆驮橄榄油进出口,缴纳7个迪纳里厄斯”等。对于代理征税也有规定,“皮革进口和销售,海关代理征收2厄阿斯(古罗马铜币)”,对于货物承运人,“因为同意,货物承运人无论是运进还是运出城市外围,都不必缴税”。由于巴尔米拉海关税则是第一部成文(铭刻)的税则,增加了税收的透明度,可以预防税收承包商随意确定税率,因此受到贸易商的欢迎。这种根据商品的不同、当事人的不同,征收不同关税的做法得到继承和发展,科学的海关关税制度日后逐步建立起来。

比较中国这个“女神”和西方世界的这个“女神”,两者出生背景及担任的角色略有不同。中国“女神”出生于国家危难之际,为抵御边疆少数民族或蛮夷的侵犯和骚扰而设立。孟子云:“古之为关,将以御暴;今之为关,将以为暴”,海关集治安、征税、防御等政治、军事、经济功能于一体,政治和军事功能为首位。中国历史上很长一段时间没有征收关税,武则天长安二年(702年),有表请税关市,当时著名政论家崔融则奏《请不税关市疏》反对。他援引古训,认为关为防卫机构,主要职责是诘暴安民,即使辅之征税,也是征商贾,不征一般出入关津的行人。而欧洲国家“女神”诞生于国家割据,国家收取过路费而来,且延续很长一段历史时间。马克思也曾说:“关税产生于封建主对其他领地上的过往客商所征收的捐税,即客商交的免遭抢劫的买路钱。后来各城市也征收这种捐税,在现代国家出现之后,这种捐税便是国库进款的最方便的手段”。“二战”以后,随着倡导自由贸易,特别是关贸总协定要求各国降低关税,关税职能在减弱,海关手续简化和协调成为焦点。2001年的“9·11”事件一下子放大了恐怖主义对国家的威胁,西方国家海关纷纷将安全放在第一位,世界海关组织专门出台“标准框架”来协调边境安全问题。2008年金融危机和2016年特朗普美国总统的胜选,中东战争阴云密布和难民危机,贸易保护主义甚嚣尘上,右翼政党主导政治舞台,眼里只有本国利益和安全。西方"女神"向2000年前的东方"女神"靠拢,且有变回"名捕"的可能。而中国这个"女神"似乎越来越温柔,随着"一带一路"的拓展,中国"女神"走向世界,极有可能成为新版的世界"女神"。

追逐成了我们共同的事业

一个好奇的问题是,"女神"和国家主权、经济、安全关联如此紧密,和国民跨境活动息息相关,为什么"女神"在知识体系和学科体系中始终没有应得的地位呢?在科学界和重大事件中我们很难看到"女神"的身影呢?

一个可疑的观点是认为海关这个"女神"是历史暂时现象,随着经济全球化,海关会消亡,欧盟国家消除内部海关边界就是证明。但放眼历史,我们会发现,海关作为一个古老的职业存在了2000多年,和海关相关的职业从业人员众多。就全世界而言,有80万海关官员,就中国而言,我国每年进出口总额近4亿美元,在海关注册的报关单位近百万家,有近6万名海关关警员。海关事关国家主权,主权国家都有海关立法,而且属于中央事权,不轻易下发地方。进入21世纪,一方面,随着全球经济一体化,国际贸易规则离不开海关法,"贸易便利化协定"中90%和海关有关;另一方面,恐怖主义和环境恶化,海关边境职能则在加强,海关法领域在拓展,以为经济一体化会导致海关消亡的观念不仅过于理想化,恐怕也与现实相背离。

另一个可疑的观点是认为海关是纯粹的执法经验活动,没有什么理论而言。事实上,国际贸易的历史发展到今天,已经形成一套完整的海关规则。世界贸易组织中的货物贸易协定中直接涉及的就有海关估价、原产地规则和知识产权边境保护等。世界海关组织更是统一了世界各国商品归类的标准,号称国际贸易的"商品辞典",其对海关手续的简化和协调更是无法替代。而在各国国内法律体系中,海关法已成为和证券法、期货法等并列的专业法律,形成了关于关税、通关、保税、担保、知识产权保护等专业的法律知识体系。以为“女神”只是徒有外表的人,更是被蒙蔽了眼睛,没有看到其“美丽心灵”。

回顾学科的发展历史,学科的分类也不过是近代以来的事情。在古希腊亚里士多德、柏拉图的时代,不仅管理学、经济学、法学没有区分,就是自然科学和社会科学也没有区分,即使到中世纪,当时最显赫的学科也不过是神学、哲学和法学,其中哲学被认为是科学中的科学,它涵盖了自然和社会的科学。只是到了近代,随着工业革命和生产力的进步,自然科学开始分化独立出来,同时将自然科学的方法延伸到对人和社会的研究,出现社会学、心理学、管理学等新兴的学科,自然科学和社会科学才开始分化出来,哲学也因此衰落了。因此,“女神”的不出场只是暂时的,当她被经济学、管理学、法学等诸神蒙蔽,而为时代所召唤时,也正是我们去揭开她的面纱的时候,也由此有了一个一个的“第一”。

在中国,在海关学领域,1985 年,国际问题专家宦乡先生第一次提出建立“海关学”的设想;2005 年,中国海关学会第一次举办了海关学科建设研讨会;2014 年,肖建国教授主编的第一本海关学著作《海关学本体理论研究》出版。在海关法领域,2007 年国内第一个海关法研究中心成立,同年举办第一届海关法论坛;2007 年,何力教授主编的第一本国际海关法著作《国际海关法学——原理和制度》出版;2010 年,第一套国际海关法律研究丛书出版(见图 10),至今已出版 7 部著作;2010 年,第 个海关法系列出版物《海关法评论》出版(见图 11),至今已出版 7 卷;2016 年,第一个海关法研究专业研究会——上海市法学会海关法研究会在上海成立。在人才培养方面,对外经贸大学和上海海关学院开设了海关管理本科专业,复旦大学、对外经贸大学培养公共管理(MPA)海关管理方向研究生,上海海关学院培养税务专业海关税收方向研究生,复旦大学培养国际经济法专业国际海关法方向博士研究生。

图10 上海海关学院学术文库
“国际海关法律研究丛书”

图11 上海市法学会海关法研究会与上海海关学院海关法研究中心共同主办的系列出版物《海关法评论》

在世界,2005年国际海关高校联盟(The International Network of Customs Universities,INCU)成立;2006年世界海关组织“海关学术研究和发展伙伴关系”(Partnership in Customs Academic Research and Development,PICARD)项目启动,并制定海关职业标准,开展大学海关专业认证,2006年开始每年举办PICARD大会;2007年,国际上第一本海关学术刊物《世界海关学刊》出版。此外,20世纪90年代至今,德国明斯特大学、荷兰伊拉姆斯大学、澳大利亚查尔斯特大学等西方主要国家纷纷培养海关专业硕士研究生,俄罗斯、乌克兰、阿塞拜疆等国家设立专门的海关大学(学院),建立了从本科生到博士研究生的完整培养体系,海关学术在世界各国方兴未艾。

追逐“女神”异常辛苦,中国如此,世界也是如此。国际海关高校联盟(INCU)的创始人David Widdowson先生在回忆INCU 2005年创始经过时,用“卑微的”(humble)的这个词来形容开始之不易。可是一旦开始,就一发不可收拾了,追逐“女神”成了白皮肤、黄皮肤、黑皮肤等不同肤色、不同种族的共同事业。据INCU统计,世界上已有超过100个国家的学者、专家加入了追逐的队伍,尽管追逐的人,有的走了,有的退出了,有的黑发变成了白发,但追逐的人越来越来越多,队伍越来越长,追逐的脚步越来越密了,离“女神”真得越来越近了,“女神”的形象日渐清晰了。

你看见她向你走来了吗?

以此文纪念《中华人民共和国海关法》颁布30周年,上海海关学院法律系建系20周年。

2017年12月6日星期三

Chasing the "Goddess" for 20 Years

CHEN Hui

[**Abstract**] The name of the "goddess" is "Customs Law", which has accompanied me for more than two decades and I have been questing for "her" for the same length of time. My first acquaintance with the Customs Law coincides with the revision of the Kyoto Convention by the World Customs Organization at the request of the trade circles. In order to reduce trade barriers and promote trade intercourses, the Convention has reduced many rigid clauses and added a lot of flexible provisions. This is also manifested in the revision of China's Customs Law in 2000. The enforcement of the Customs Law used to be impersonal and rude. Matching with the revision of law, people in the civilized world reached a consensus: one-by-one check was gradually replaced by the "red and green channel system", and the draconian "manhunter" slowly turned into a gentle "goddess". When it comes to the Customs Law, people may hold different views towards this "goddess". Is the "goddess" Chinese or international? At first, the "goddess" is Chinese, for customs symbols the sovereignty of a nation. Also, the Customs Law is also legislated by the customs of a country and customs is an administrative organ of a country, so the Customs Law surely belongs to its administrative law. However, with the advance of "the Belt and Road" Initiatives, the Chinese "goddess" is likely to appear in the world and become an international "goddess". The pursuit of "goddess" is extremely hard, but with joint and unswerving efforts of China and the international community, we are committed to promote the status of the "goddess" in the systems of knowledge and disciplines by the establishment of the customs law academic institutions, publication of scientific research papers, the construction of customs professional degree, etc.

[**Key words**] "goddess"; customs law; trade development

海关法评论(第8卷)

进口博览会海关法制问题研究

Issues of Customs Law Relating to China International Import Expo

中美展品暂准进境制度比较及其对中国国际进口博览会展品通关的启示*

上海海关学院海关法研究中心
上海市法学会海关法研究会　课题组**

[摘　要]　美国对展品与其他货物的暂准进境制度采取了分立式立法模式,在税则第98章中也为特定展品设定了专门税目,暂准进境展品在展中展后存在9种正常的处理方式,内销或转入其他通关程序均属正常处理方式。我国对展品与其他货物的暂准进境制度采取了合立式立法模式,税则中无针对展品的专门税目。在具体规则上,两国制度对展品处理方式的灵活性不同。在当前我国出现的复合性国际会展的新发展趋势下,中国国际进口博览会正是此种复合性国际会展新趋势的典型代表。新发展趋势和中国国际进口博览会都需要与其相匹配的便利且灵活的新型展品通关制度。因此,实有必要藉当前《海关法》正值酝酿修改之机,借鉴美国展品暂准进境制度的专门立法方式,修改传统的展品暂准进境制度与国际会展新趋势的不适应之

---

* 本文属于上海市法学会委托课题"中国国际进口博览会海关法制问题研究"的阶段性成果。

** 本课题组组长为上海海关学院副校长,上海市法学会海关法研究会会长陈晖教授,课题组成员为朱秋沅、祝少春、赵世璐、王珉、王永亮、何抒灵。

处,精细化设定税则中的自主性税目,增加暂准进境展品处理方式的灵活性,将展品暂准进境程序和其他通关程序的转换与衔接问题进行统筹考虑,从而为中国国际进口博览会进一步打造一流的通关便利,进而长远地支撑我国整个会展业的国际化高端发展。

[关键词] 中国国际进口博览会;国际会展;展品;暂准进境

一、对"暂准进境"含义和相关概念的理解

(一)对"暂准进境"含义的理解

暂准进境,在不同的经济体中有不同的称谓。在欧盟海关法与世界海关组织(World Customs Organization,WCO)制定的《京都公约》(修订)①中的称谓一致,都称为"暂准进境"(Temporary Admission,TA)。在美国称为"担保下的暂时进口"(Temporary Importation under Bond,TIB)。我国则称为"暂时进出境"。

在本文中,在涉及我国相应制度时,将按照我国的立法称为"暂时进出境";涉及国际制度或泛称时,则按照国际公约的称谓,称为"暂准进境"。

我国2017年《海关暂时进出境货物管理办法》(海关总署令[2017]第233号)②并未对"暂时进出境"的含义做出规定。根据《京都公约》(修订)专项附约七第2条定义的规定,"暂准进境"是一种海关制度。在此制度下,某些货物进入某一关境时可以有条件地免除全

① 其英文全称为:International Convention on the simplification and harmonization of Customs procedures(Kyoto Convention),第一个《京都公约》于1974年生效。修订后的《京都公约》[以下简称《京都公约》(修订)]于2006年生效。WCO的《京都公约》(修订)是现代国际海关制度方面最综合、最全面的体现。其在1974年《京都公约》20年适用经验的基础上,总结汇集了发达国家关境区的最佳实践而产生的结构复杂的条约群。《京都公约》(修订)由一项主约(共5章,20条),一项总附约(共10章)和10个专项附约组成;此外,总附约(第2章"定义"除外)与专项附约及其各章均有指南。我国于2000年6月15日签署了该公约的《修正案议定书》,并接受专项附约D第1章"海关仓库"和专项附约G第1章"暂准进口"。

② 该办法于2017年12月8日公布,于2018年2月1日起施行。

部或部分进口税费;此类货物须为特定目的而进口,并拟在特定期限内复出口,除因使用而产生的正常折旧外,这类货物不得有任何变化。[①] 通常来说,暂准进境可包括根据《关于货物暂准进口的ATA单证册海关公约》(以下简称《ATA公约》)或《伊斯坦布尔公约》所规定的ATA单证册而暂准进境和根据国内立法和海关批准的暂准进境两类。

(二)对"暂准进境货物"和"ATA单证册项下货物"两者关系的理解

鉴于展览品和展览用品(以下总称为展品)或与会展[②]相关物资进出境方式的多样性,本文中对"暂准进境"采取了广义理解,即暂准进境制度相对于ATA和CPD单证册制度,是大概念和小概念的关系,即暂准进境制度包括了货物根据ATA单证册暂准进境的制度,也包括根据国内立法进行暂准进境业务的制度。

鉴于上述概念辨析,也基于我国处理我国缔结或参加的国际经贸公约和国内法关系的二元论,我国2017年《海关暂时进出境货物管理办法》中规定"暂时进出境"和凭ATA单证册的暂准进境两者之间是"一般法"与"特别法"的关系。在除了可以适用ATA单证册进境展览品和展览用品之外,还有大量没有ATA单证册的展品需要按照国内的暂时进出境制度进境参展。我国现行的2017年《海关暂时进出境货物管理办法》也体现了这一理解。该办法中对于暂时进出境货物的监管包括了ATA单证册项下和非ATA单证册项下暂时进出境货物两部分。

本文以下论述的内容仅针对由国内法所制定暂准进境制度,而不包括ATA单证册项下的暂准进境业务。

---

① 参见海关总署国际司编译:《关于简化和协调海关制度的国际公约(京都公约)总附约和专项附约指南》,中国海关出版社2003年版,第367页。

② 对于会展,存在多种解释与观点。通常认为,会展是指在一定地域空间,由许多人在一起形成的、定期或不定期的、制度或非制度的、传递和交流信息的群众性活动。有的观点提出狭义"会展"分为会议、展览和活动三部分,其中展览业是会展的重要组成部分。参见张义、杨顺勇主编:《会展导论》,复旦大学出版社2009年版,第5页;张健康编著:《会展学概论》,浙江大学出版社2013年版,第88页。

二、美国会展海关制度和一般暂准进境制度的分离立法

从我国相关立法的角度来理解,展品的暂准进境制度是暂时进出境制度的组成部分,或者说暂时进出境制度包括了展品的暂准进出境制度。但从全球视野来看,却并非一定如此。除了ATA单证册或TECRO/AIT单证册制度外,美国的展品暂准进境制度和其他货物(如专业设备、样品、运输工具、慈善用品与设备等)的暂准进境制度采用了分立式立法模式,①在法律制度和税则中都规定于不同的章目中。

(一)分立式立法模式

1. 美国专门针对会展的海关法律制度体系

(1)《1959年贸易展会法案》

1959年4月22日美国颁布了《1959年贸易展会法案》,②现编入《美国法典》第19编“关税”的第6章“贸易展会”的第1751~1756节。③ 该法案专门适用于经商务部部长所批准的,可以适用《贸易展会法案》优惠海关措施的展览会展品的通关。

(2)《贸易展会海关制度的实施细则》

1970年6月美国颁布了《贸易展会海关制度的实施细则》,④现编入《美国联邦法规汇编》第19编“关税”第1章“美国国土安全部海关与边境保护局;财政部”第147节“贸易展会”。同时,该部分还明确强调了《美国协调税则》(Harmonized Tariff Schedule of the United State, HTSUS)第98章第13分章中规定的展品外的其他暂准进境货物不得按照贸易展会制度申报进境。⑤

---

① See 19 CFR § 147.2(b).

② Trade Fair Act of 1959,86 P.L. 14,73 Stat. 18,86 P.L. 14,73 Stat. 18.

③ 译文可参见黄胜强主编:《美国海关法典》(上),中国海关出版社2015年版,第361~364页。

④ See 19 CFR § 147.

⑤ See 19 CFR § 147.2.

(3)其他辅助性制度

其他特种展会的辅助性制度,如对于酒类的展会,按照《联邦酒类管理法案》和《1954年国内税收法案》第51章中规定的职业税进行管理和税款征收。

2. 美国的一般暂准进境制度

(1)凭担保暂准进境制度

1963年12月,美国制定了凭担保暂准进境制度(Temporary Importations under Bond,TIB)。此后该制度经过多次修改后,现编入了《美国联邦法规汇编》第19编"关税"第1章"美国国土安全部海关与边境保护局;财政部"第10部分第10.31~10.40节。[①] 该部分制度具体规定了凭担保暂准进境制度,主要适用于戏剧舞台用品(包括动物)(9817.00.98),女士服装的样品(9813.00.10),商业旅行者的样品、贸易的专业设备与工具(9813.00.20或9813.00.50),进境修理或改装的车辆、游船、航空器(9813.00.05)等。此外,国际运输中特定运输工具与设备也可适用凭担保暂准进境制度。

(2)其他配套制度

凭担保暂准进境制度需要与其他海关制度配套使用,因此,《美国联邦法规汇编》还规定了其他配套制度。例如,有关关税延迟缴纳制度[②]中涉及TIB的衔接,艺术品暂准进境[③]中也涉及TIB的运用。

(二)展品和其他暂准进境货物分属税则第98章中的不同分章

美国将展品与适用暂准进境制度的其他货物分别规定于《美国协调税则》第98章的不同分章。

1.《美国协调税则》第98章第12分章专门适用于展品

《美国协调税则》第98章第12分章[④]专门设定了适用于展品的两

① See 19 CFR § 10.31–10.40.

② See 19 CFR § 181.53.

③ See 19 USC § 144a.

④ See Harmonized Tariff Schedule of the United States(2018, Revision 5), Chapter 98, Subchapter XII Articles Admitted Free of Duty Under Bond for Permanent Exhibition.

个税号:

①税号9812.00.20:任何为鼓励农业、艺术、教育或科学而设立的机构或社团为展览而进口的物品,或任何国家或市政企业为此类展览而进口的物品;

②税号9812.00.40:任何机构、社团、国家或市政企业为修建公共纪念碑而进口的物品。

这两个税目并不能包括所有展览品和展览用品,如果不能归入这两个税目的展品都可以按照一般的归类制度归入相应的税号。

2.《美国协调税则》第98章第13分章适用于其他暂准进境货物

《美国协调税则》第98章第13分章专门规定了适用暂准进境制度其他特定货物的税目(9813.00.05至9813.00.75)。

(三)美国会展专门性海关立法的具体内容

1.适用展品海关制度的条件

(1)适格的会展

如果商务部长认为在美国举办的某展览会可以满足促进贸易方面的公共利益,则其批准适用《1959年贸易展会法案》中规定的待遇,并将展览会的名称、地点、起止时间以及办展人的名称通知财政部部长。

(2)可适用会展海关制度的物品

任何为了在展览会上展示或用于在展览会上建造、安装或维护外国展品的任何物品,如果该物品:①在对外贸易区,或②按照《美国协调税则》第98章第12分章进境,或③包括但不限于以下直接申报用于某一展览会,或在海关保税仓库中,或并未根据海关法申报且获有暂停申报或出口的一般命令(General Order)[①]许可,或在由商务部部长批准的其他展览会上展示的,且这些物品持续处于海关监管下,则

① A general order(GO) is a status given to imported goods that are missing the proper documentation or cannot be quickly cleared through customs. Merchandise may be held under general order if the proper duties, fees or interest are not paid, if the owner fails to complete the required customs paperwork, or if it is not correctly or legally invoiced. Goods will be held under general order if they remain uncleared for more than 15 days.

可以凭担保不支付任何关税或国内税而进口。

2. 展品的通关与监管

(1)申报人及其责任

所有展品必须以展览会办展人(Fair Operator)的名义申报,其也是唯一的收货人与进口人,也是负有承担海关税费的责任人。如果展品灭失或被盗,无论展览会办展人是否存在过错,都应当承担支付税费的责任。货物申报地点为展览会举办的口岸或者距离展览会举办地最近的口岸。如果货物在展览会举办地港口之外的港口申报入境,则不用经过评估而直接运输至规定港口。

(2)展前特殊情况下对展品的处理

如果出于各种原因,为了展览会而进境的货物在其到达时没有及时的申报并运送至展览会,则展览会办展人应向口岸海关提出书面请求根据一般命令许可将货物置于保税仓库。自货物入境之日起1年内,货物应根据申报用于另一展览会,或申报进口,或申报出口。如果货物不能在此期限内做出适当申报,则视为将货物放弃给政府。税则第98章第12分章展品税目下的货物的海关监管期限为5年。

(3)展品通关便利程序及其监管

展品可以适用与生鲜水果等相同的立即交付放行程序。① 在申报后,港口海关签发将货物从港口运送至将要展示或使用的场所,或者在查验后运送至该场所。展品应与国内货物以及其他海关程序下的货物分离存放,且不得从展览会所在场所移出或做其他处置。主管海关关长应指派关员作为其代表在展览会上实施有关监管行为,并应将足以保护关税收入的关员或雇员派驻展览会。在展示或使用之前,货物应进行临时评估。临时进口展示的文化类展品免于扣押。②

---

① See 19 CFR § 142.21(d); 19 CFR § 147.13.

② See Immunity from seizure after importation. Act Oct. 19, 1965, P. L. 89 – 259, 79 Stat. 985, which is classified as 22 USCS § 2459.

(4)简化标签要求

《1930年关税法》、国内税法和联邦酒类管理法中关于货物包装和标识的要求不适用于展览品或展览用品,但这些货物上在展前应当明显地标记"未按法律要求标识或包装——不用于销售"。但如果此类货物进入国内消费,则只有在完全遵守了有关标识要求以后,才能从海关监管下放行。

(5)必须遵守的检疫要求

属于《1912年植物检疫法案》限制进境的植物材料的申报应根据农业部农业研究署植物检疫处签发的许可来决定。食物产品的进境应符合《联邦食品、药品和化妆品法案》及其细化规则的要求。

3. 展中展后的展品处理

(1)九种可选择的正常处理方式

在展会结束之前的任何时间或者在展览会结束之日后的3个月内,适用展览品和展览用品海关制度的货物可以:第一,申报用于境内消费;第二,进入保税仓库;第三,适用其他的海关法律规定;第四,用于另一展会;第五,转为另一海关监管地位(状态);第六,进入对外贸易区;第七,放弃给政府;第八,海关监督下销毁;第九,出口。

如果货物转入另一展览会,则应当根据展览品和展览用品海关立法对货物进行持续的海关监管。

如果是从美国出口的航空器(9801.00.70)或者从美国出口的除航空器外的其他货物(9801.00.80),属于从对外贸易区的"区域限制性货物"的状态申报用于展览会的货物,可以在对外贸易区委员会批准下申报用于消费。

如果货物根据其他海关法进行申报,或用于其他展览会,或转入其他海关监管地位,或进入对外贸易区,则货物在这些相应程序下履行任何所要求的行为的时限从申报或转入时起算。

(2)转入其他程序及其税费计算与缴纳

①税费及其确定。

如果货物根据任何其他海关法律制度进行申报进入其他程序,或在展览会结束之日后的3个月内货物没有申报或转入其他程序,则应对货物进行评估。

如果货物根据任何其他海关法律制度进行申报进入其他程序,则应按照其条件和数量支付任何海关与国内税费。支付税费以申报进入其他程序时的税率计算。

②转入其他程序时申报义务的转让授权。

根据任何其他海关法律制度,申报进入其他程序的申报人可以是由展览会办展人书面授权的任何人。

(3)放弃或销毁

①自愿放弃或销毁。

在展览会结束前的任何时间或在此后的3个月内,展品都可放弃给政府或在海关监督下销毁。

②强制放弃。

如果展览会结束后的3个月期间届满,但展品并没有做出后续处理,则货物应放弃给政府后,或用于销售,或予以销毁。此类货物的关税和国内税费的计算应以其用于销售之日的条件和数量来予以计算。

三、中美展品暂准进境法律制度的比较

(一)相同之处

1.免税免证的通关待遇相同

两国都对暂准进境的展品规定了凭担保免证免税的通关待遇。我国海关根据《进出口关税条例》原国家质量监督检验检疫总局《出入境展品检验检疫监督管理工作规范》《关于做好重要展会检验检疫工作的意见》等规范,暂准进境的展品一般都给予全部或部分免税、免检以及免验许可证件等待遇,也可以适当简化展品标签要求。

2.公共安全的底限相同

两国都规定,即使给予何种免证免税的待遇,如果遇到公共安全问题,都应当严守生态安全、公众卫生与健康等底限。因此,不能免除出入境卫生检疫和动植物检疫(包括食品)等必需的措施。检验检疫

限制清单或目录也需要予以执行。

3. 暂准进境项下法律关系主体的相同

两国都规定,暂准进境程序项下的申报人是展览会的办展人,也是承担暂准进境程序项下权利义务的人,同时一旦发生税费义务时的责任人。展品监管的主管海关都是活动所在地海关。

4. 内销进口时确定税率适用时间的方式相同

《美国联邦法规汇编》第19编“关税”第1章“美国国土安全部海关与边境保护局;财政部”中的第147节规定了展品根据任何其他海关法律制度进行申报进入其他程序,应按照其条件和数量支付任何海关与国内税费。支付税费以申报进入其他程序时(包括申报进口内销时)的税率计算。

我国《进出口关税条例》第16条规定,暂时进境货物经批准不复运出境,以及暂时出境货物经批准不复运进境,需缴纳税款的,应当适用海关接受申报办理纳税手续之日实施的税率。

因此,两国在处理展品内销进口时确定税率适用时间的方式是相同的。

(二)不同之处

1. 立法模式的不同

(1)美国的分式立法模式

如本文第2部分中所述,美国不仅在其海关制度中对展品暂准进境制度与一般的暂准进境制度进行了分别立法,而且在其《美国协调税则》第98章中也规定了适用于特定展品的专门税目,且与其他暂准进境货物规定于不同的分章(见表1)。

表 1 《美国协调税则》中专门适用于展品的第 98 章第 12 分章

Harmonized Tariff Schedule of the United States(2018) Revision 5

Annotated for Statistical Reporting Purposes

XXII

98 – XII – 2

Heading/ Subheading	Stat. Suffix	Article Description	Unit of Quantity	Rates of Duty		
				1		2
				General	Special	
9812.00.20	00	Articles imported for exhibition by any institution or society established for the encouragement of agriculture, arts, education or science, or for such exhibition by any State or for a municipal corporation	X......	Free, under bond. as prescribed in U.S. note 2 to this subchapter	Free (AU, BH, CA, CL, IL, JO, KR, MA, MX, OM, P, PA, PE, SG)	Free, under bond, as prescribed in U.S. note 2 to this subchapter
9812.00.40	00	Articles imported by any institution, society or State, or for a municipal corporation, for the purpose of erecting a public monument	X......	Free, under bond, as prescribed in U.S. note 2 to this subchapter	Free (AU, BH, CA, CL, IL, JO, KR, MA, MX, OM, P, PA, PE, SG)	Free, under bond, as prescribed in U.S. note 2 to this Subchapter

(2)我国当前的合立式立法模式

当前我国并无针对进境参展的展品与物资的通关或进口环节税、证等事项的专项法律制度。

①合立式的暂准进境制度。

对于暂时进境参加会展的展览品和展览用品,一般可以采用“暂时进出境”的通关程序。当前,海关对于符合“暂时进境”规定条件的货物,主要的监管依据是2017年《海关暂时进出境货物管理办法》。[①]该办法中将“在展览会、交易会、会议以及类似活动中展示或者使用的货物”作为13类“暂时进出境货物”之一,与其他暂时进出境货物一体适用暂时进出境程序。

②我国税则中并无针对展品的专门性税目。

我国《海关进出口税则》第98章极其简单,并无展品或任何其他暂准进境货物的税目(见表2)。

因此,展品暂时进境时,是按照货物本身的原材料、功能或性质和归类规则等进行归类,与一般进口货物的归类方式并无区别。

---

① 我国曾经在1975年至2007年对展品进境监管实施过专门性制度。1975年11月3日海关总署曾发布了《中华人民共和国海关对进口展览品监管办法》。1997年2月14日对前述制度进行了修订并重新发布。此后,2007年2月14日通过并于5月1日施行的《中华人民共和国海关暂时进出境货物管理办法》(以下简称《2007年管理办法》)废止了1976年9月20日发布的《中华人民共和国海关对出口展览品监管办法》、1986年9月3日海关总署发布的《中华人民共和国海关对暂时进口货物监管办法》、1997年2月14日发布的《中华人民共和国海关对进口展览品监管办法》(海关总署令第59号)、2001年12月24日发布的《中华人民共和国海关暂准进口单证册项下进出口货物监管办法》(海关总署令第93号)等一系列规章。2007年《管理办法》的制定与施行意味着展品暂时进境管理和其他暂时进境货物实施分立式监管程序和立法模式转变为合立式的立法模式。因此自2007年起,暂时进境的会展用货物纳入了暂时进出境货物组成部分,统一适用一套暂时进出境监管制度,2011年7月1日发布并实施的《中华人民共和国海关暂时进出境货物监管操作规程》(试行)(署监发〔2011〕244号),将合立式的暂时进出境程序进一步细化。该《2007年监管办法》经过2013年一次局部修改,共实施了十年。在2017年底被第233号海关总署令废止。在简政放权的改革背景下,2017年12月8日海关总署颁布了新的《中华人民共和国海关暂时进出境货物管理办法》。这也是当前适用于展品暂时进境程序的主要依据。

表 2　我国《海关进出口税则》第 98 章

第二十二类
特殊交易品及未分类商品

第九十八章
特殊交易品及未分类商品

SECTION XXI
ARTICLES OF SPECIAL TRADE AND GOOD UNCLASSIFIED
Chapter 98
Articles of Special Trade and Good Unclassified

税则号列	货品名称	最惠（%）	普通	增值税率	出口退税	计量单位	监管条件	Article Description
98.01	未分类商品							Good unclassified
9801.000	人民币 2000 元及以下的非税、非证进口商品	0	0			千克		Import goods exempted from the levy of customs duties and not subject to license control, value 2000RMB
9801.0090	共他未分类商品	0	0		13	千克		Other unclassified commodities
9801.3000	流通中的货币现钞（包括纸币及硬币）	0	0			千克	T	Official currencies (negotiable paper notes and coins)
98.03	出口计算机软件｛仅用于出口，不包括与产品固化或集成为一体的软件｝							Computer software, not including software hardwired or integrated in products
9803.0010	定制型系统软件	0	0			套		System software
9803.0020	定制型支撑软件	0	0			套		Support software
9803.0030	定制型应用软件	0	0			套		Application software
9803.0090	其他定制型软件	0	0			套		Other software

表 2 说明：此表为我国《海关进出口税则》第 98 章的全部内容，并无章注。

2. 对于展品处理方式的灵活性不同

(1)美国对于展品的多种处理方式

①展前意外情况下展品的灵活处理。

《美国联邦法规汇编》第19编“关税”第1章“美国国土安全部海关与边境保护局;财政部”中的第147.14节规定,如果出于各种原因,为了展览会而进境的货物在其到达时没有及时的申报并运送至展览会,则办展人应向口岸海关提出书面请求根据一般命令许可将货物置于保税仓库,费用由办展人承担。自货物入境之日起1年内,货物应根据申报用于另一展览会,或申报进口,或申报出口。如果货物不能在此期限内做出适当申报,则视为将货物放弃给政府。①

②展中与展后关于展品的多种灵活处理方式

《美国联邦法规汇编》第19编“关税”第1章“美国国土安全部海关与边境保护局;财政部”中的第147.42节规定:在展会结束之前的任何时间或者在展览会结束之日后的3个月内,适用展览品和展览用品海关制度的货物可以:第一,申报用于境内消费;第二,进入保税仓库;第三,适用其他的海关法律规定;第四,用于另一展会;第五,转为另一海关监管地位(状态);第六,进入对外贸易区;第七,放弃给政府;第八,在海关监督下销毁;第九,出口。②

也就是说,展中展后将展品转入其他通关程序或内销属于展品的正常处理方式之一,但并非是例外处理方式。复出境也是展品的正常处理方式,但并非必然的处理方式。

(2)我国对于展品进境后的用途具有较为单一的限定

我国2017年《海关暂时进出境货物管理办法》第6条规定:“暂时进出境货物除因正常使用而产生的折旧或者损耗外,应当按照原状复

---

① See 19 CFR § 147.14 Articles not to be immediately entered and delivered to a fair.

② See 19 CFR § 147.42 Disposition generally.

运出境、复运进境。"第10条规定:"暂时进出境货物应当在进出境之日起6个月内复运出境或者复运进境。因特殊情况需要延长期限的,持证人、收发货人应当向主管地海关办理延期手续,延期最多不超过3次,每次延长期限不超过6个月。延长期届满应当复运出境、复运进境或者办理进出口手续。"

也就是说,展后不复运出境是属于例外情况。如果打算展后内销,我国法律(广义)中并无明确的条款规定是可以在不同通关程序之间转换,还是需要完成暂时进出境程序的核销后才能重新按照一般进口程序进行。即使在具体的操作规程中存在实际的做法,这也不符合透明度的要求。

四、对中国国际进口博览会展品暂准进境制度的启示

对于展品暂准进境制度,无论是采取与其他货物的暂准进境制度合并立法还是分立立法,立法模式本身并无优劣之分。暂准进境展品用途、复运出境期限、展品处理等具体法律规则的宽严程序本身也无先进与否之分。判断展品暂准进境制度的立法模式与具体规则的标准应当为是否适合该经济体的经济目标和产业发展。

(一)复合性国际会展的发展新趋势需要与其匹配的新型展品暂准进境制度

当前,会展业是一个高收入、高盈利的行业。各经济体的会展业已经发展成为了现代服务业的重要组成部分。会展业对于经济贡献不仅在于产业内部,其也是高联动性行业。有些效益不一定立竿见影,而更多的是潜移默化,逐步地发挥作用。按照专家测算,国际上展览业的产业带动系数是1:9,即展览馆的收入如果是1,相关产业的收入则为9。在美国,会展业的联动效应可达到1:10。在香港,会展业的联动效应为1:5.3。据上海市测算,上海会展业的直接投入产出比为1:6,间接的可达到1:9。①

---

① 金辉主编:《会展概论》,上海人民出版社2011年版,第13~14页。

同时,会展业的国际化发展以及会展构成或功能的复合性发展成为当前该产业主流发展趋势。因此,各国有关会展业的法律制度也积极进行支持、配套,以支撑产业的进一步发展。

1. 会展的国际化呼吁展品暂准进境制度的便利化

如何理解会展的"国际化"或"国际会展"。根据《国际展览会公约》的标准,有不止一个国家参加的展览会即为国际展览会。[①] 国际会展界对此标准的看法并不一致。业界一种普遍的说法是:第一,10%以上的参展商来自国外;第二,40%以上的观众来自国外;第三,国外直接或间接参展的净面积不少于总面积的20%;第四,20%以上的广告宣传费用来自国外。而国际展览协会(UFI)则规定符合以下标准的会展方可称为国际展:第一,20%以上的参展商来自国外;第二,20%以上的观众来自国外;第三,20%以上的广告宣传费用来自国外。[②] 有些会展则制定了更高的标准,设定了更高的来自境外的参展商和观众的比例,如30%~40%。从上述标准可知,会展业对"国际化"的要求与标准日渐提高。

高标准的国际化会展必然会带来大规模的人流、物流与商流。这既是商机,也是对展品进出境制度的考验。便利的展品暂准进境程序是各国会展产业国际化发展的必由之路。因此,各发达经济体都纷纷优化、简化其暂准进境制度,确保该制度的发展步伐能够跟得上当代会展业的发展需求。这些便利化的具体规则包括:暂准进境担保的便利化,暂准进境期间的延长,暂准进境事前批准和申报的简化等。

2. 会展构成的复合性呼吁展品暂准进境制度的灵活性

当前会展越来越复合和多元化发展,按照会展的主题内容,有综合性和专业性会展;按照会展的性质,有贸易性和消费性会展;按照会展周期,有定期和不定期会展;按照展期,有短期、长期和常年会展;按

---

① 参见《国际展览会公约》第1条第2款。

② 赵春霞主编:《会展概论》,对外经济贸易大学出版社2007年版,第14页。

照会展功能,有教育宣传性和中介性会展;按照会展场地,有单一展场会展,巡回展和流动展;按照会展方式,有实体和虚拟会展,即线下和线上会展等。一场会展往往兼具多种构成和功能。一场会展中的一件展品往往会在多种用途、多种性质、多种营销业态中转换。一件展品也可能会在多场会展中流转。

因此,仅适用于传统展示功能的展品暂准进境制度是建立在展品进境后仅可用于单一特定用途的基本原则之上的。但这一基本原则已经不再能够适应或满足当代国际会展多元发展的需要。为适应会展构成的复合性与多元化,暂准进境制度应当在展品用途的灵活性,展品处置方式的灵活性,以及暂准进境制度相互之间以及与其他通关程序之间的切换、衔接等方面进行改革与创新。

(二)完善我国的展品暂准进境制度,支撑我国复合性会展的国际化发展

1. 中国国际进口博览会是复合性国际会展新趋势的典型代表

中国会展虽然起步较晚,但发展迅速。[①] 近年来,我国会展以年均20%的增速蓬勃发展。[②] 会展的构成在短时间内趋向国际化和复合性发展。中国国际进口博览会(以下简称进口博览会)就是这一趋势最典型的代表。国际化会展的发展,不仅可带动我国服务业的发展,也可促进我国经济转型和外贸结构调整。

习近平总书记多次强调,进口博览会不是一个一般性展会,而是我们主动开放市场的政策宣示,有关部门要精心筹办好,办成国际一流博览会。[③] 首届中国国际进口博览会包括"三大内容":一是国家贸

---

① [美]乔治·费尼奇:《会展业导论》,王春雷译,重庆大学出版社2018年版,第1页。

② 冯学钢等编著:《会展业导论》,清华大学出版社2014年版,第1页。

③ 《精心筹办努力办成国际一流博览会》,载《解放日报》2018年8月4日,第1版。

易投资综合展,[①]相当于“小世博会”;二是企业商业展,[②]相当于进口版的“广交会”;三是虹桥国际经贸论坛,[③]相当于中国版的“达沃斯论坛”。[④] 进口博览会还具有丰富的配套现场活动。首届进口博览会配套现场活动可分为餐会酒会活动、发布互动类活动、论坛活动、对接签约活动、国别主题活动以及线上购物活动六大类。[⑤] 同时,进口博览会严格执行“双境外”原则:第一,参展的必须是境外企业,商品必须100%来自境外;第二,中国企业主要参与采购和交易,是实实在在的

---

① 至2018年7月27日,共80个国家和3个国际组织确认参加国家贸易投资综合展。从国别情况看,80个国家遍及5大洲,其中,发达国家21个,发展中国家50个,最不发达国家9个。80个参展国中,70多个国家已确定了展示内容,涵盖货物贸易、服务贸易、产业状况、投资旅游以及特色产品等,还有不少国家拟举办配套活动。(数据来源:《首届中国国际进口博览会“倒计时100天”新闻发布会》,载 http://www.mofcom.gov.cn/xwfbh/20180727.shtml,最后访问日期:2018年11月23日)

② 企业商业展包括货物贸易和服务贸易两个板块。货物贸易板块包括智能及高端装备、消费电子及家电、服装服饰及日用消费品、汽车、食品及农产品、医疗器械及医药保健等展区。服务贸易板块包括新兴技术、服务外包、创意设计、文化教育、旅游服务、物流服务、综合服务等展区。(参见《中国国际进口博览会参展商手册－企业商业展》,载 https://www.ciie.org/zbh/xzzq/,最后访问日期:2018年11月23日)

③ 本届论坛包括开幕式和3场平行论坛,将聚焦“贸易与开放”“贸易与创新”“贸易与投资”等议题,并重点就推进贸易投资自由化便利化、构建开放型世界经济、推动贸易创新增长以及促进贸易投资可持续发展等内容进行讨论。此外,将邀请世界贸易组织、联合国工发组织等相关国际机构作为合作单位,为论坛提供智力和技术支持。(引自:《论坛内容》,载 https://www.ciie.org/zbh/ltjj/,最后访问日期:2018年11月23日)

④ 《一、二、三、四、五……这个展会你要弄清楚》,载 http://www.sh.xinhuanet.com/2018－07/28/c_137352718.htm,最后访问日期:2018年11月23日。

⑤ 首届进口博览会配套现场活动可分为6大类:一是餐会酒会活动,包括工商界开幕晚宴,早餐会、午餐会,商业酒会等形式;二是发布互动类活动,包括参展企业新产品新技术新概念发布会、品牌推介会、时装走秀、专业比赛、产品体验等形式;三是论坛活动,包括政策解读、权威发布等形式;四是对接签约活动,包括供需对接会、采购签约等形式;五是国别主题活动,包括国别商品、服务、文化推介等形式;六是线上购物活动,由知名电商等渠道配合开展首届进口博览会同款产品线上同步发售活动,提升场外消费者的参与感和获得感。(参见《首届中国国际进口博览会配套现场活动方案》,载 https://www.ciie.org/zbh/ztfa/,最后访问日期:2018年11月23日。)

"进口"。130多个国家和地区的3600多家企业参加企业商业展,[1]超过5000件展品在中国市场首秀。首届进口博览会参展企业全部来自中国境外,签约参展的世界500强和行业龙头企业达到200多家,到会国内外采购商将超过15万人。[2] 也就是说,进口博览会的"国际化"程度是100%。这远远超出了会展业中的任何"国际展览会"的标准,必将带来远超过其他国际会展的人流、物流与商流。

从上可知,进口博览会在组成架构、主题内容、功能性质、规模层次、办展方式、作用效果等各方面都是"不一般"的。中国国际进口博览会是一个兼具贸易性和消费性、公共性和市场化、短期型与常设型,实体型和虚拟型,具有多重功能与性质的,大规模高水准的,定期性、国际性、综合性、复合型的会展。

2. 传统的展品暂准进境制度与会展新趋势的不适应之处

(1)传统展品暂准进境制度的理论基础

传统的展品暂准进境制度是建立在以下理论基础上的:第一,暂时进境货物在境内停留期间除正常损耗、折旧外,未做改变;第二,在进境后的一定期限内复出境;第三,货物在境内停留是"暂时"的,也就是说,货物仅能在境内停留有限的一段时间;第四,货物进境停留期间应当仅能用于特定或规定的用途。如果是因展品而获准进境,则仅能用于会展中的展示之用途。用途的任何其他改变仅能是例外,而且需要经过特定的手续,才能改变用途。

(2)传统的展品暂准进境制度不能适应会展新趋势之处

传统的单一用途或功能的展品暂准进境制度必然不能满足以中国国际进口博览会为代表的新型复合性国际会展的需求。

---

① 《习近平和彭丽媛欢迎出席首届中国国际进口博览会的各国贵宾》,载中国政府网:http://www.gov.cn/xinwen/2018-11/04/content_5337480.htm,最后访问日期:2018年11月24日。

② 商务部、上海市人民政府:《首届中国国际进口博览会"倒计时100天"新闻发布会》,载商务部网:http://www.mofcom.gov.cn/xwfbh/20180727.shtml,最后访问日期:2018年11月24日。

第一,传统理论中“展品进境期间仅能用于特定的展示用途”这一要求,虽然能满足交易型会展的需求,但却不能满足当前会展业发展中消费型会展(如展销会)的需求,也不能满足进口博览会中“企业商业展”中既可展示,也可成交,甚至是通过跨境电商销售的多种功能。

第二,传统理论中“展品进境停留期间仅能用于特定的展示用途”这一要求,不能满足同一件暂准进境展品用于多种或多个会展的需要。因为如果一个展品要在不同会展中流转,必须能够较为便利的运输移动和临时存储。但传统制度使展品进境后只能处于一种暂准进境制度之下,且必须存放于规定的展览场所。这一监管方式制约了展品的流转。

第三,传统理论中“暂时进境货物应当原状复出境”这一要求,制约了在会展中“展品”转“商品”的需求,制约了展品在多种商业用途中的转换的可能性,或者是增加了通关程序转换的难度与成本。

第四,我国规定的“货物仅能在境内停留6个月”这一暂准进境期限,增加了展品用于长期展或常设展的手续与通关成本,也制约了同一展品流转于多场会展的可能性。

(三)美国展品暂准进境制度的可借鉴之处

1. 对展品暂准进境制度进行专门立法的科学性

如上文所述,在当代会展模式下,展品暂准进境的用途和功能是多样化的,并不能预期其必然原状复出境。因此与其他暂准进境货物(如专业设备,运输工具与容器,教学材料与科研设备等)的进境性质与特点不同。因为其他暂准进境货物原状复出境的必然性要远大于展品。同时,展品在申报、使用、处置等方面都与其他暂准进境货物存在着差异。因此,美国将展品暂准进境与其他特定货物的暂准进境制度分立式立法是具有科学之处的。

鉴于此,即使我国不进行展品暂准进境的单行或专门立法,也可以强化现行《海关暂时进出境货物管理办法》第三章“暂时进出境展览品的监管”的内容,细化其中的可操作性规则,增加其灵活性以及与其他暂准进出境制度和其他通关制度的转换与衔接的可能性与具体操作规程。

2.税则中自主性税目的精细化设定,重点支持特定会展类型的发展

(1)税则的第98章的自主性

我国的《海关进出口税则》是以WCO的《商品名称及编码协调制度》[以下简称《协调制度》(Harmonized System),HS]①为基础制定的。《协调制度》是一部综合性、多用途的国际商品归类目录,②由5000多个商品组构成,每个商品有唯一对应的一个6位编码(6位子目)。各国在此6位编码的基础上再设置本国的8~10位商品编码。现有211个国家和经济体(包括157个《协调制度公约》的缔约方)③将《协调制度》作为其征收关税和国际贸易的基础。世界上超过98%上的国际贸易商品是采用《协调制度》进行归类的。④

《协调制度》的商品主体分类结构与布局是按照商品的产品部类、加工程度等标准,分为了21类、97章。值得注意的是,依据《协调制

---

① 海关合作理事会(世界海关组织)在国际联盟的《日内瓦目录》,欧洲海关同盟研究小组的《布鲁塞尔税则目录》,联合国统计委员会研究的《国际贸易标准分类目录》的基础上,主持制定《商品名称及编码协调制度的国际公约》(The International Convention on the Harmonized Commodity Description and Coding System,以下简称《协调制度公约》),并于1988年1月1日正式实施。它是一部供海关、统计、进出口管理及与国际贸易有关各方共同使用的商品分类编码体系的国际公约,包括公约本身及其附件《协调制度》。因此也被誉为国际贸易分类"标准语言"。我国于1992年正式加入协调制度公约。作为《协调制度公约》附件的《协调制度》是在海关合作理事会的海关税则商品分类目录的基础上发展起来的一部综合性的、多种用途的和协调的国际商品分类目录,因此,也可称为协调制度目录。

② 《协调制度》自1983年诞生、1988年启用,每隔5~6年全面更新一次,至今已经历了7个版本,分别是1988年、1992年、1996年、2002年、2007年、2012年和2017年版本。当前使用的是2017年版本,共有6位数子目5387个。

③ WCO,List of Contracting Parties to the HS Convention and countries using the HS,Accessed Dec. 23,2018,http://www.wcoomd.org/en/topics/nomenclature/overview/list-of-contracting-parties-to-the-hs-convention-and-countries-using-the-hs.aspx.

④ WCO,What is the Harmonized System(HS)? Accessed Dec. 23,2018,http://www.wcoomd.org/en/topics/nomenclature/overview/what-is-the-harmonized-system.aspx.

度》的规定,缔约方可根据本国需要,启用第98章、第99章,作为对特定商品进行特殊管理的目录。

(2)利用好税则的第98章

美国很好地利用了《协调制度》允许本国自主设定第98章和第99章这一自主性规则,制定了极为发达的税则第98章。2018年版《美国协调税则》第98章共有117页内容。其中第12分章是专门针对展品的税目。该分章包括了本国注释(U. S. Notes)和两个专门性8位本国子目。但是,美国并没有规定所有类型的会展都可以适用第98章第12分章,其仅规定了两个特定的8位子目适用凭担保的零税率。因此,即使在一般会展中仅可享有部分免税的商品,如果归入这两个8位子目,也可享有凭担保的"零税率"。这种税目设置方式起到很好的导向作用,明确了国家所鼓励的展会并明确了其关税政策。

我国《海关进出口税则》第98章非常简单,仅半页内容且无章注。其中7个8位子目都与展品无关。即使是该章有税号为98010010子目是"人民币2000元及以下的非税、非证进口商品",也不能适用于展品。因为:第一,如果2000元以下展品可归入该税目,则造成了同样海关法律地位的展品,因为2000元的价值划分产生了不同的税则归类和关税待遇。第二,展品并非"非税、非证进口商品",而是凭担保暂时免税免证的商品。

因此,我国可借鉴美国积极利用第98章,对需要重点支持的会展类型设定专门税目。这样既可以对我国会展业的发展起到明确的导向作用,也可以使专门税目下的特定会展类型的展品的关税待遇十分优惠且明确。

3. 增加暂准进境展品处理的灵活性,支撑复合性国际会展的发展

根据我国当前暂时进出境制度,对于进口博览会的"国家贸易投资综合展"只展示不成交的货物,多采取暂时进境程序。对于在进口博览会常年展示馆中展示的货物,则通常不能采取暂准进境的方式,而是应采取保税展示或者一般进口的方式。对于在"企业商业展"中的展品,肯定具有展示用途,但也可能具有消费用途,或者还具有后续

常年展示等其他用途。这就使货物的海关法律性质与用途多样化,甚至在进境前报告或申报进境时尚不能确定最终用途。还有的展品在展中或展后拟通过跨境电商的方式进行销售,则展品的经营方式,不仅转变货物贸易的性质,也包括了一般的零售业态,还转向了B2C的跨境电子商务的新型的无店铺零售业态。①

当前我国的通关程序和方式一般都是对应某种或某类进境用途或某一业态而设计的。因此虽然展品可能将通过多种海关监管渠道进境或进入展区,例如通过暂时进境、一般贸易进口、保税展示②等方式,但仍然不能满足其可能的多种用途和业态选择。拟有多种用途的展品很难选择某种单一的通关方式来满足多种的用途。

因此,《美国联邦法规汇编》第19编“关税”第1章“美国国土安全部海关与边境保护局;财政部”第147.42节的规定是很有参考价值的。该条款对展品规定了9种在展中或展后的处置方式。这也就意味着展品暂准进境程序可以和9种其他海关通关程序相衔接,这更意味着参展人可以将展品在这些通关方式与模式中进行较为方便的转换。这为复合性多功能的国际会展提供了极大的便利和灵活性。

因此,我国很有必要借鉴这一法律规定。但是,需要清醒地认识到,仅在现行《海关暂时进出境货物管理办法》简单移植该条款是没有可操作性的。因为要实现展品暂准进境程序与其他海关程序的转换

---

① 我国商务部根据近年来零售业发展趋势,并借鉴发达国家对零售业态划分方式,组织有关单位对国家标准《零售业态分类》进行了修订,参照经营方式、商品结构、服务功能以及选址、商圈等,将零售业分为17种业态,即有店铺零售业态12种(食杂店、便利店、折扣店、超市、大型超市、仓储式会员店、百货店、专业店、专卖店、家居建材商店、购物中心、工厂直销中心),无店铺业态5种(电视购物、邮购、网上商店、自动售货亭和电话购物)。(参见王国平:《业态与现代经济发展》,载《科学发展》2012年第5期。)

② 保税展示交易通常是指经海关注册登记的试验区内企业在试验区内或者区外开展保税展示交易的经营活动[参见《上海海关关于在中国(上海)自由贸易试验区开展保税展示交易业务的公告》(上海海关公告2014年第9号)]。在本文中,保税展示交易是特指从海关特殊监管区域或保税物流中心(B型)中的货物运至会展场所进行展示交易的方式。[参见《2018年首届中国国际进口博览会海关通关须知》(海关总署公告2018年第76号附件2)。]

和衔接,是一个系统性的工程,不仅涉及展品暂准进境和其他货物暂准进境制度的修改,还涉及多种相关海关程序制度的配套修改,海关事务担保制度的修改等,而且这也涉及通关一体化、电子口岸、单一窗口等工程的制度配套、操作协调与技术支持。

当前在通关一体化改革和出入境检验检疫划入海关,建设中国特色社会主义新海关的背景下,我国《海关法》正值酝酿修改之际。为了给中国国际进口博览会进一步打造一流的通关便利,长远地支撑我国整个会展业的国际化高端发展,实有必要借《海关法》酝酿修改之机,将展品暂准进境程序和其他海关通关程序的衔接问题列入通盘的统筹考虑。

A Comparison between the Temporary Admission of Exhibits of China and the US and Inspirations to the Clearance of the Exhibits in China International Import Expo

Research Group, Customs Law Research Center of SCC and Customs Law Association of Shanghai Law Society

[**Abstract**] The temporary admission of exhibits is separate from that of other goods in the US legislation, and specific headings are also provided for exhibits under Chapter 8 of the US Tariff Schedule. The temporarily admitted exhibits can be subject to 9 kinds of treatment in or after exhibition, which include domestic sales or transfer to other customs procedures. In contrast, there is no separate provisions for the temporary admission of exhibits in China's legislation, and there is no specific headings in the schedule for exhibits either. In terms of specific rules, two countries have different degrees of flexibility in the treatment of exhibits.

Currently, there emerges a trend of the comprehensive international exposition in China, which China International Import Expo (CIIE) is typical of. The new trend including CIIE calls for a new type of compatible and efficient customs procedure. Therefore, it is necessary to make use of the current occasion of preparing for the amendment to the Customs Law, and amend the traditional provisions which do not fit the new trend by referring to the separate legislation in the US. It is also imperative to fine tune the autonomous headings in the tariff schedule, increase the flexibility in the treatment of temporarily admitted exhibits, and take into account the transition and connection between temporary admission and other customs procedures, so as to create a fluid customs clearance for the CIIE, which is supportive to the high-end development of our national exhibition industry as a whole in the international area.

[**Key words**]　China International Import Expo; international exposition; exhibits; temporary admission

展品暂准进境国际法比较及其对我国的立法建议*

朱秋沅**

[摘　要]　有关展品暂准进境的国际法,在世界海关组织(以下简称为WCO)框架下的暂准进境公约体系有两个,即ATA单证册公约体系(1963年《ATA公约》体系与《伊斯坦布尔公约》体系)和《京都公约》(修订)专项附约G。《京都公约》(修订)专项附约G与ATA公约体系是"一般法"和"特别法"的关系。同时,相关的国际法渊源还包括在1972年专门制定的《国际展览会巴黎公约》附件《关于国际展览会参展者进口货物的海关规章》。我国的展品暂准进出境制度是以暂准进境的外国法与国际法为蓝本制定的。国际法与我国相关制度的基本运行原理完全一致,暂准进境货物的通关待遇基本一致。不同之处在于,我国在将有关国际义务进行国内化的过程中,倾向于落实基本义务。因此,在我国的相关制度暂准进境程序的现代化和便利化程度上与国际法之间存在差距。中国国际进口博览会是复合型国际会展新趋势的典型代表,会展的国际化呼吁展品暂准进境制度的便利

* 本文属于上海市法学会委托课题"中国国际进口博览会海关法制问题研究"最终研究成果的组成部分;也是2018年研究阐释党的十九大精神国家社科基金专项课题"建设中国自由贸易港的法律保障与政策推进研究"(18VSJ076)的阶段性成果。

** 朱秋沅:上海海关学院法律系教授。

化,会展构成的复合型呼吁展品暂准进境制度的灵活性。但是,当代产业需求与我国传统暂准进境制度之间存在矛盾,传统的展品暂准进境制度不能适应会展业的新趋势,我国相关研究需要扭正对有关基础概念的长期误解,对暂准进出境制度进行改革与创新。对于ATA公约体系,建议更新我国的国际承诺。对于《京都公约》(修订)专项附约G,建议将国际法进行国内化时,从而使我国暂准进出境制度进一步从形似走向神似,真正实现国际法中的便利化与灵活性的原则精神与制度设计。

[**关键词**] 暂准进境;展品;ATA;京都公约

一、有关展品暂准进境的国际法体系

(一)WCO框架下有关暂准进境的国际公约

在WCO框架下有关暂准进境的公约有两个制度体系,即ATA单证册公约体系和《京都公约》(修订)专项附约G。

1. ATA单证册公约体系

ATA单证册公约体系中可细分为1963年《ATA公约》体系和《伊斯坦布尔公约》体系。

(1)1963年《ATA公约》体系

1963年《货物暂准进境的ATA单证册的海关公约》(Customs Convention on the ATA Carnet for the Temporary Admission of Goods,以下简称1963年《ATA公约》)以及一系列独立的特殊类型货物的海关公约,如1961年6月8日的《便利进口展示或展览会、交易会、会议或相关活动用的货物的海关公约》,1961年6月8日的《专业设备暂准进口海关公约》,以及1970年6月8日的《教学用品暂准进境海关公约》等。

(2)《伊斯坦布尔公约》体系

在1950年和1970年之间,出现了许多关于暂准进境的国际公约、建议书、协定和其他文件,对国际商界造成了一定的理解和运用的混乱,并使海关工作复杂化。[①] 世界海关组织又于1990年起草通过了《货物暂准进境公约》,即《伊斯坦布尔公约》。该公约于1993年生效。《伊斯坦布尔公约》将1961年《ATA公约》和13个相关公约纳入其附约,并进一步扩大了ATA单证册适用的货物范围,使ATA单证册制度更臻完善。[②]

《伊斯坦布尔公约》分为主约和附约两个部分。主约包括:总则(定义)、公约范围、特别规定及程序性条款等。附约共有13个,包括附约A《关于暂准进境单证的附约》,附约B.1《关于在展览会、交易会、会议以及类似活动中陈列的货物的附约》,附约B.2《关于专业设备的附约》,附约B.3《集装箱、托盘、包装物料、样品等与商业活动有关的进口货物的附约》,附约B.4《与制造业务相关的货物的附约》,附约B.5《进口的教育、科学或文化用品的附约》,附约B.6《进口的旅行者跟物品和体育用品的附约》,附约B.7《旅游宣传资料的附约》,附约B.8《边境运输进口的货物的附约》,附约B.9《人道目的进口的货物的附约》,附约C《关于运输工具的附约》,附约D《关于动物的附约》和附约E《部分免除税费的进口货物的附约》。

对于1963年《ATA公约》体系和《伊斯坦布尔公约》体系,由中国财政经济出版社2008年出版的《ATA单证册制度》一书给予了完整的阐述和翻译。同时,中国国际贸易促进委员会所主办的"ATA单证册"网站[③]也予以了详细的介绍。因此,本文不再复述其基础文本内容。

---

① 海关总署国际司编译:《关于简化和协调海关制度的国际公约(京都公约)总附约和专项附约指南》,中国海关出版社2003年版,第397页。

② 朱秋沅:《国际海关法研究》,法律出版社2011年版,第121页。

③ 中国ATA单证册官网:http://www.atachina.org/carnet/index.do,最后访问日期:2019年3月8日。

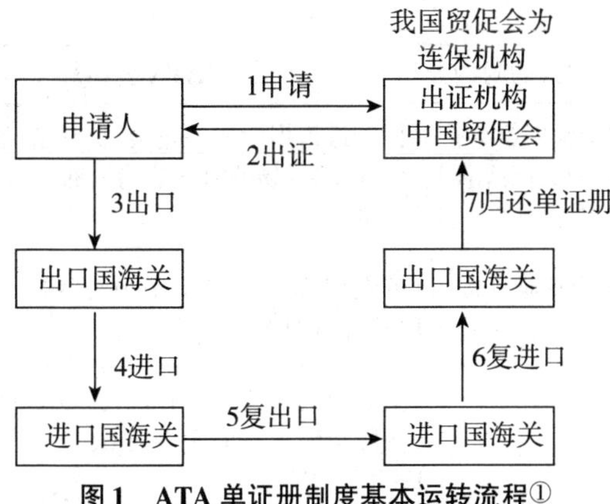

图1 ATA 单证册制度基本运转流程①

(3)1963 年《ATA 公约》体系和《伊斯坦布尔公约》体系之间的关系

1963 年《ATA 公约》体系和《伊斯坦布尔公约》体系建立在同一理论基础之上,两个公约体系下 ATA 单证册在使用条件、运作流程等方面都是一样的。因此,WCO 要求《ATA 公约》的缔约方和《伊斯坦布尔公约》的缔约方应相互接受两个公约体系项下的 ATA 单证册。国际商会世界商会联合会决定 ATA 国际联保系统也对伊斯坦布尔公约项下的 ATA 单证册旅行担保责任,因此两个公约体系是在同一联保系统上运作的。②《ATA 公约》与《伊斯坦布尔公约》的对应关系如表 1 所示。

表1 《ATA 公约》与《伊斯坦布尔公约》的对应关系③

《伊斯坦布尔公约》的附约	《ATA 公约》
附约 A《关于暂准进境单证的附约》(ATA 单证册和 CPD 单证册)	《暂准进境货物 ATA 单证册海关公约》,布鲁塞尔,1961 年 12 月 6 日(《ATA 公约》)

① 图片来源:海关总署 ATA 核销中心。

② 《ATA 单证册制度》编委会:《ATA 单证册制度》中国财政经济出版社 2008 年版,第 16 页。

③ 海关总署国际司编译:《关于简化和协调海关制度的国际公约(京都公约)总附约和专项附约指南》,中国海关出版社 2003 年版,第 376~377 页。

续表

《伊斯坦布尔公约》的附约	《ATA 公约》
附约 B.1《关于在展览会、交易会、会议以及类似活动中陈列的货物的附约》	《便利进口展示或展览会、交易会、会议或相关活动用的货物的海关公约》,布鲁塞尔,1961 年 6 月 8 日
附约 B.2《关于专业设备的附约》	《专业设备暂准进口海关公约》,布鲁塞尔,1961 年 6 月 8 日
附件 B.3《集装箱、托盘、包装物料、样品等与商业活动有关的进口货物的附约》	《集装箱海关公约》,日内瓦,1972 年 12 月 2 日 《国际运输托盘海关待遇欧洲公约》,日内瓦,1960 年 12 月 9 日 《包装材料暂准进口海关公约》,布鲁塞尔,1960 年 10 月 6 日 《便利商业样品和广告品国际公约》,日内瓦,1952 年 6 月 11 日
附约 B.4《与制造业务相关的货物的附约》	—
附约 B.5《进口的教育、科学或文化用品的附约》	《教学用品暂准进境海关公约》,布鲁塞尔,1970 年 6 月 8 日 《科研设备暂准进境海关公约》,布鲁塞尔,1968 年 6 月 11 日 《海员福利物品海关公约》,布鲁塞尔,1964 年 12 月 1 日
附约 B.6《进口的旅行者个人物品和体育用品的附约》	《关于旅行海关便利的公约》,纽约,1954 年 6 月 4 日
附约 B.7《旅游宣传资料的附约》	《关于旅游海关便利,旅游宣传品、资料的公约议定书》,纽约,1954 年 6 月 4 日
附约 B.8《边境运输进口的货物的附约》	—
附约 B.9《人道目的进口的货物的附约》	—

续表

《伊斯坦布尔公约》的附约	《ATA公约》
附约C《关于运输工具的附约》	《私用道路车辆临时进口海关公约》,纽约,1954年6月4日 《商用道路车辆临时进口海关公约》,日内瓦,1956年5月18日 《私人飞行器与游艇临时进口海关公约》,日内瓦,1956年5月18日
附约D《关于动物的附约》	—
附约E《部分免除税费的进口货物的附约》	—

2.《京都公约》(修订)专项附约G"暂准进境"

《京都公约》(修订)是国际上唯一全面规定海关各项业务制度和做法标准的法律文件,[①]是现代国际海关制度方面最综合、最全面的体现,是WCO的四大支柱性公约之一。

至2018年9月,《京都公约》(修订)共有116个缔约方。[②] 缔约方在加入时必须加入主约并接受总附约,同时至少接受一个专项附约中的一章。我国于2000年6月15日签署了该公约的《修正案议定书》,并接受了专项附约D第1章"海关仓库"和专项附约G"暂准进境"。

(1)《京都公约》(修订)专项附约G"暂准进境"

《京都公约》在立法体例和具体内容方面都受到了欧盟海关法的明显影响。将展品暂准进境事项归入一般的暂准进境制度(相对于ATA单证册制度而言)中一并予以规定。西欧自19世纪下半叶以来,

① 刘辂:《WCO的运作机制》,载《中国海关》2003年第3期,第36页。

② Position as Regards Ratifications and Accessions, Accessed Mar. 8, 2019, http://www.wcoomd.org/-/media/wco/public/global/pdf/about-us/legal-instruments/conventions-and-agreements/conventions/pg0287e1.pdf? la = en.

在展品、专业设备、商业样品、运输工具等方面所具有的长期的海关监管和便利化措施的经验,通过世界海关组织的造法深度渗入了全球性国际法。因此,《京都公约》(修订)专项附约G中规定了可以适用于多种特殊类型用品的暂准进出境的共同原则与规则。

《京都公约》(修订)专项附约G共有23条标准条款或建议做法条款以及一个附件。其条款包括了从定义、原则、所适用制度内容的范围、货物入境、复出境期限、暂准进境程序的转让、程序的终止、所适用的用品范围以及其他情况九个方面。此外,还包括了一个介绍ATA系统的附件。

专项附约G中每个条款都具有详细的长达数十页的《指南》。《京都公约》(修订)各章《指南》都是一个整体,以阐述条款的背景、内容说明以及与其他公约的关系等。在参阅时不应割裂上下文之间的关系,而应该通读全文了解该章《指南》的全部内容。同时《京都公约》(修订)的某章《指南》中对某条款的解释与另一章《指南》中的解释有关联,这时就需要相互参看。我国国内研究中往往重于对公约条款的研读,常会忽略各章《指南》。实际上。公约正文条款往往较为原则,而如何实现公约精神的具体做法和最佳实践则规定在《指南》中。

由于《京都公约》(修订)中有关一般暂准进境制度的内容相对集中,而且国内已有2001年由法律出版社出版的《关于简化和协调海关制度的国际公约》[①]和2003年由中国海关出版社出版的《关于简化和协调海关制度的国际公约(京都公约)总附约和专项附约指南》[②]两本中英双语的翻译类工具书,且已在关务领域中被广泛使用。因此,在本文中不再重复每个条款的具体内容。

(2)《京都公约》(修订)专项附约G与总附约的关系

专项附约G与《京都公约》(修订)中的总附约及其他专项附约的

---

① 《关于简化和协调海关制度的国际公约》,海关总署国际合作司、上海海关高等专科学校等译,法律出版社2001年版。

② 海关总署国际司编译:《关于简化和协调海关制度的国际公约(京都公约)总附约和专项附约指南》,中国海关出版社2003年版。

关系是相互援引和关联的。尤其应当牢记专项附约G是以总附约的便利原则为基础的。

《京都公约》(修订)是总结汇集了各国最佳实践而产生的结构复杂的条约群。《京都公约》(修订)由一项主约(共5章,20条),一项总附约(共10章)和10个专项附约组成;此外,总附约(第2章“定义”除外)与专项附约及其各章均有指南。这个内容全面、机构复杂的海关条约群改变了以往国际海关法领域中针对某一项海关业务达成一项单行条约的立法方式,而是一部几乎涵盖了所有海关业务制度的综合性国际海关法典。

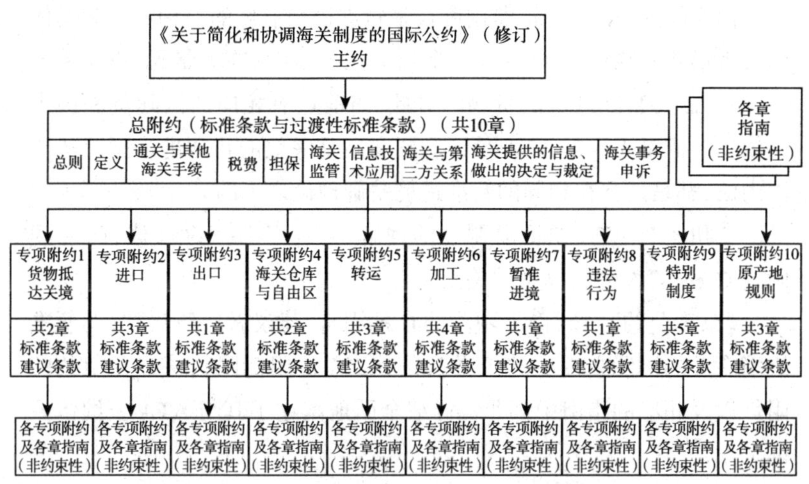

图2 《京都公约》(修订)条约群结构

《京都公约》(修订)各专项附约的内容分别针对某一海关业务领域做出规定。但所有的专项规定都是建立在总附约的基础性规定的基础上。总附约涉及所有制度和做法的核心原则。总附约的规定同样适用于专项附约中的制度和做法。

同理,专项附约G本身的内容虽然相对完整和自成体系,但对暂准进境制度的理解不能仅依靠或局限于专项附约G的文本。该附约的《指南》多处援引总附约的原则、各条款的内容以说明对本身内容的理解。例如,其《指南》中说明“(总附约中)适用于所有专项附约与专章的核心条款同样全部适用于暂准进境……在实施该章条款时应牢记总附约中的便利原则。特别是,总附约中第1章总则、第3章结关放行和其他海关手续与第五章担保应与本章一起阅读”。①

(3)《京都公约》体系的关系和ATA公约体系的关系

①对ATA单证册制度的误解。

我国有关研究中存在两种误解:第一,将ATA单证册制度等同于暂准进境制度。第二,ATA单证册制度与暂准进境制度分割开来,认为是两种不同的制度。

但实际上,ATA单证册制度仅是暂准进境制度的一种特殊和具体的表现形式。在运用ATA单证册通关之外,还存在大量无ATA单证册,而仍需要暂准进境的货物。对此,当前也有相应的国际法和国内法依据。但是无论是ATA单证册制度还是一般的暂准进境国际法或国内法,都是建立在相同的暂准进境基础理论之上的。

②扭正对ATA单证册制度的理解——《京都公约》(修订)专项附约G和ATA公约体系的关系。

《京都公约》(修订)专项附约G的引言、建议做法条款10(与暂准进境有关的国际文件)、建议做法条款22(适用范围),该专项附约的附件以及相应的指南中都非常详细全面地阐述了其与ATA公约体系的关系。

《京都公约》(修订)专项附约G的“引言”中指明:“《京都公约》阐明了所有海关监管制度的原则,也包括了暂准进境制度中的最基本原则。另外,《伊斯坦布尔公约》更进一步规定了该公约取代其他许多公约中涉及的特定货物,以及海关单证和担保协会。……《京都公约》的缔约方无需一定接受《伊斯坦布尔公约》。然而,值得指出的是,《京都公约》和《伊斯坦布尔公约》都是海关合作理事会的公约。所以,世

① 海关总署国际司编译:《关于简化和协调海关制度的国际公约(京都公约)总附约和专项附约指南》,中国海关出版社2003年版,第368页。

界海关组织推荐成员接受《伊斯坦布尔公约》。《伊斯坦布尔公约》将其他国际公约中关于暂准进境的所有情况汇聚在一起。因此,尽管因种种原因不愿加入《伊斯坦布尔公约》的国家也可从中找到进入、调整暂准进境制度的实务运用的信息。”

根据上述引言,再结合建议做法条款和指南可知:

第一,《京都公约》(修订)专项附约G与ATA公约体系是“一般法”和“特别法”的关系。一是两者建立在相同的暂准进境基础理论上;二是根据《京都公约》(修订)专项附约G建议做法条款22,两者所适用的货物范围是一致的;三是《京都公约》体系中的程序简化原则、贸易便利原则等与ATA公约体系中的原则是一致的。不同之处仅在于:ATA公约体系只是制定了一套通过ATA单证册和国际联保系统来运作的暂准进境制度。但其仍然是建立有条件免税进境并在一定期限内原状复出境的基础理论之上的,只是使用了特殊设计的单证与担保。

第二,广义理解ATA公约体系中的文本与精神。正如《京都公约》(修订)专项附约G所指出的那样,“《伊斯坦布尔公约》将其他国际公约中关于暂准进境的所有情况汇聚在一起”。除了所使用的特殊单证和担保之外,其中对于暂准进境所适用的广泛的特定货物范围、简化便利的流程处理都与《京都公约》(修订)的原则精神相一致。因此,我国在国内立法修改时,ATA单证册公约体系中的合理条款也可以借鉴移植到国内法中。

(二)《国际展览会公约》的《海关规章》体系

《国际展览会公约》(Convention Relating to International Exhibition)于1928年11月22日在巴黎签署生效。因此该公约也称为《国际展览会巴黎公约》。该公约经1948年5月10日、1966年11月16日、1972年11月30日议定书修订及1982年6月24日和1988年5月31日修正案增补。我国于1993年5月3日签署《国际展览会公约》,1993年5月3日交存加入书。《国际展览会公约》于1993年5

月3日对我国生效。[①]

1.《国际展览会公约》附件《海关规章》

借鉴WCO 1961年《ATA公约》的成果,在1972年专门制定了《关于国际展览会参展者进口货物的海关规章》(Customs Regulations for the Importation of Articles by the Participants in an International Exhibition)(以下简称《海关规章》),并将其作为《国际展览会巴黎公约》的附件。

《海关规章》的缔结,使参展的暂准进境货物的海关监管制度成为世博会国际规则中最为详尽、最为明确的领域,成为世博会顺利举办和保护参展国利益的重要制度。[②]《海关规章》共有11条,主要涉及如下六个方面内容:一是暂准进境货物的范围,包括3类;二是暂准进境货物的法律地位;三是对暂准进境货物的监管;四是免税货物的范围及其免税条件;五是海关便利措施;六是《海关规章》的适用。

2.《海关规章》的本土化——《上海世博会特殊规章第7号:有关货物的通关、运输和处理》

《上海世博会特殊规章第7号:有关货物的通关、运输和处理》(以下简称《特殊规章》)是根据1928年11月22日在巴黎制定,并经修订和增补的《国际展览会公约》及其附件《海关规章》,中国2010年上海世博会《一般规章》第25条、第26条和第34条的规定,参照以往世博会的做法所制订的与世博会货物的通关、运输和处理等事项有关的规则。此规章共有26条,于2008年3月31日经国际展览局第143次全体大会通过。其对于货物进口(包括装卸、仓储服务与现场支持),暂时进境的货物(如禁止携带入境的物品、需要特别批准的货物),税收问题(免税的货物、应纳税的货物、中国境内采购的税收处理),以及世

① 《国际展览会公约》对我国生效,并适用于我国香港地区。在澳门回归之前,中葡双方同意将该公约延伸适用于澳门,但因葡方未于1999年12月20日之前及时办理延伸手续,故《国际展览会公约》并未在澳门实际适用。

② 邱一川:《世界博览会主办国的法制创造——遵循国际规则的机制与实践》,上海人民出版社2012年版,第101页。

博会结束后暂时进境货物的处理等事项都做出了具体明确的规定。如果今后进博会制定具体的综合性海关规范性文件,则该规章具有很好的参考作用。

(三)展品暂准进境的国际法与我国相关制度的比较

1.类似之处

我国当前的暂准进出境制度是以暂准进境的外国法与国际法为蓝本制定的。我国是《京都公约》(修订)的缔约方,并接受了该公约的专项附约G(暂准进境)。我国也是ATA单证册公约体系的缔约方,并接受了《伊斯坦布尔公约》附约B.1(展品的暂准进境)并从1992年起对我国生效。20多年后,在借鉴推广2018年首届中国国际进口博览会海关有关监管措施的基础上,2019年1月,我国又接受了附约B.2《关于专业设备的附约》和附约B.3《关于集装箱、托盘、包装物料、样品及其他与商业运营有关的进口货物的附约》。同时,对附约B.3中第2条第2项和第3项作出保留。①

因此,我国基本将必须履行的国际义务予以了国内化。展品暂准进境的国际法与我国相关制度相比,大体内容上是较为一致的。

(1)基本运行原理是完全一致的

我国暂准进出境制度的基本运行原理是:入境国减免进口税费准予货物暂时进境的前提条件是具有货物将在一定期限内原状复出口。可见是与暂准进境的国际法[《京都公约》(修订)专项附约G和ATA公约体系]是完全一致的。

(2)暂准进境货物的通关待遇基本一致

暂准进境货物的有条件免税、免证以及在检验检疫方面的通关待遇的规定基本一致。

2.不同之处

我国在将有关国际义务进行国内化的过程中,倾向于落实基本

---

① 参见《关于暂时进出境货物监管有关事宜的公告》(海关总署公告2019年第13号)。

义务。但《京都公约》(修订)中大量的灵活性和便利化的措施与流程都属于非强制性的条款或者指南。这些条款并未落实在我国的国内法中。因此,我国在暂准进境程序的现代化和便利化程度上存在差距。

3.深入理解《京都公约》(修订)

为适应当下我国会展业的复合型与多元化发展,我国展品暂准进境制度有必要参考国际法中关于在展品流向与处置方式的灵活性,以及暂准进境制度与其他海关程序之间的无缝衔接等方面的精神与规则,尤其是参考借鉴《京都公约》(修订)的建议做法和《指南》中的非约束性规则。

《京都公约》(修订)是作为世界海关组织在全球范围内为实现各个国家和地区的海关制度和做法朝着高度简化、协调和统一方面发展的重要依据,也是各个国家和地区为促进和便利贸易发展而制定本国海关制度的重要标准。该公约实际是一个公约群,是现代海关法的法典化。因此在理解、借鉴之时尤其注意整体、系统和贯穿地理解整个公约群的本质与精神,即力求海关制度的简化与便利化。对于《伊斯坦布尔公约》也应当同样处理。对于上述国际法律文件的研究与国内化,不应是孤立的、字面的落实,而应当注重法律文件的精神,挖掘法律文件的本源,了解文件之间的关联,整体而深入地提炼出国际法律文件实质,贡献于本国法的现代化。

二、中外制度对比对进博会展品暂准进境制度的启示

(一)复合型国际会展的发展新趋势需要与其匹配的新型展品暂准进境制度

当前,会展业是一个高收入、高盈利的行业。各经济体的会展业已经发展成为现代服务业的重要组成部分。会展业对于经济的贡献不仅在于其产业内部,而且其也是高联动性行业。有些效益不一定立竿见影,而更多的是潜移默化逐步地发挥作用。按照专家测算,国际

上展览业的产业带动系数是1∶9,即展览馆的收入如果是1,相关产业的收入则为9。在美国,会展业的联动效应可达到1∶10。在我国香港地区,会展业的联动效应为1∶5.3。据上海市测算,上海会展业的直接投入产出比为1∶6,间接的可达到1∶9。[①] 同时,会展业的国际化发展以及会展构成或功能的复合型发展成为当前该产业主流发展趋势。因此,各国有关会展业的法律制度也积极进行支持、配套,以支撑产业的进一步发展。

因此,办好进博会不仅是重大的政治任务,[②]也具有非常重要的经济价值,需要认识和遵循其中的经济规律,并制定出符合现代会展业经济规律的、能够支撑现代会展业蓬勃发展的海关制度。

1. 中国国际进口博览会是复合型国际会展新趋势的典型代表

中国会展虽然起步较晚,但发展迅速。[③] 近年来,我国会展以年均20%的增速蓬勃发展。[④] 会展的构成在短时间内趋向国际化和复合型发展。中国国际进口博览会就是这一趋势最典型的代表。国际化会展的发展,不仅可带动我国服务业的发展,也可促进我国经济转型和外贸结构的调整。

习近平总书记多次强调,进口博览会不是一个一般性展会,而是我们主动开放市场的政策宣示,有关部门要精心筹办好,办成国际一流博览会。[⑤] 首届中国国际进口博览会包括"三大内容":一是国家贸易投资综合展,相当于"小世博会";二是企业商业展,相当于进口版的"广交会";三是虹桥国际经贸论坛,相当于中国版的"达沃斯论坛"。[⑥]

---

① 金辉主编:《会展概论》,上海人民出版社2011年版,第13~14页。

② 《决战中国国际进口博览会200天运管系统动员大会顺利召开》,载上海政府网:http://www.shanghai.gov.cn/nw2/nw2314/nw2315/nw18454/u21aw1311436.html,最后访问日期:2019年3月9日。

③ [美]乔治·费尼奇:《会展业导论》,王春雷译,重庆大学出版社2018年版,第1页。

④ 冯学钢等编著:《会展业导论》,清华大学出版社2014年版,第1页。

⑤ 《精心筹办努力办成国际一流博览会》,载《解放日报》2018年8月4日,第1版。

⑥ 《一、二、三、四、五……这个展会你要弄清楚》,载http://www.sh.xinhuanet.com/2018-07/28/c_137352718.htm,最后访问日期:2019年3月11日。

进口博览会还具有丰富的配套现场活动。首届进口博览会配套现场活动可分为餐会酒会活动、发布互动类活动、论坛活动、对接签约活动、国别主题活动以及线上购物活动六大类。同时,进口博览会严格执行"双境外"原则:第一,参展的必须是境外企业,商品必须100%来自境外。第二,中国企业主要参与采购和交易,是实实在在的"进口"。① 首届进口博览会2800多家参展企业全部来自中国境外,签约参展的世界500强和行业龙头企业达到200多家。也就是说进口博览会的"国际化"程度是100%。这远远超出了会展业中的任何"国际展览会"的标准,带来了远超过其他国际会展的人流、物流与商流。

从上可知,进口博览会在组成架构、主题内容、功能性质、规模层次、办展方式、作用效果等各方面都是"不一般"的。中国国际进口博览会是一个兼具贸易性和消费性、公共性和市场化、短期型与常设型,实体型和虚拟型,具有多重功能与性质的,大规模高水准的,定期性、国际性、综合性、复合型的会展。

2. 会展的国际化呼吁展品暂准进境制度的便利化

如何理解会展的"国际化"或"国际会展"。根据《国际展览会公约》的标准,有不止一个国家参加的展览会即为国际展览会。② 国际会展界对此标准的看法并不一致。业界一种普遍的说法是:第一,10%以上的参展商来自国外;第二,40%以上的观众来自国外;第三,国外直接或间接参展的净面积不少于总面积的20%;第四,20%以上的广告宣传费用来自国外。而国际展览协会(UFI)则规定符合以下标准的会展方可称为国际展:第一,20%以上的参展商来自国外;第二,20%以上的观众来自国外;第三,20%以上的广告宣传费用来自国外。③ 有些会展则制定了更高的标准,设定了更高的来自境外的参展商和观众的比例,如30%~40%。从上述标准可知,会展业对"国际化"的要求

① 《"特殊"的进口博览会,只进不出》,载http://finance.ifeng.com/a/20180806/16430041_0.shtml,最后访问日期:2019年3月11日。

② 参见《国际展览会公约》第1条第2款的规定。

③ 赵春霞主编:《会展概论》,对外经济贸易大学出版社2007年版,第14页。

与标准日渐提高。

高标准的国际化会展必然会带来大规模的人流、物流与商流。这既是商机,也是对展品进出境制度的考验。便利的展品暂准进境程序是各国会展产业国际化发展的必由之路。因此,各发达经济体都纷纷优化、简化其暂准进境制度,确保该制度的发展步伐能够跟得上当代会展业的发展需求。这些便利化的具体规则包括:暂准进境担保的便利化,暂准进境期间的延长,暂准进境事前批准和申报的简化等。

3. 会展构成的复合型呼吁展品暂准进境制度的灵活性

当前会展越来越复合和多元化发展,按照会展的主题内容,有综合性和专业性会展;按照会展的性质,有贸易性和消费性会展;按照会展周期,有定期和不定期会展;按照展期,有短期、长期和常年会展;按照会展功能,有教育宣传性和中介性会展;按照会展场地,有单一展场会展,巡回展和流动展;按照会展方式,有实体和虚拟会展,即线下和线上会展;等等。一场会展往往兼具多种构成和功能。一场会展中的一件展品往往会在多种用途、多种性质、多种营销业态中转换。一件展品也可能会在多场会展中流转。

因此,仅适用于传统展示功能的展品暂准进境制度是建立在展品进境后仅可用于单一特定用途的基本原则之上的。但这一基本原则已经不再能够适应或满足当代国际会展多元发展的需要。为适应会展构成的复合型与多元化,暂准进境制度应当在展品用途的灵活性,展品处置方式的灵活性,暂准进境制度相互之间以及与其他通关程序之间的切换、衔接等方面进行改革与创新。

(二)当代产业需求与我国传统暂准进境制度之间的矛盾

1. 传统展品暂准进境制度的理论基础

传统的展品暂准进境制度是建立以下理论基础上的:第一,暂时进境货物在境内停留期间除正常损耗、折旧外,未做改变;第二,在进境后的一定期限内复出境;第三,货物在境内停留是"暂时"的,也就是说,货物仅能在境内停留有限的一段时间;第四,货物进境停留期间应当仅能用于特定或规定的用途。如果是因展品而获准进境,则仅能用于会展中的展示之用途。用途的任何其他改变仅能是例外,而且需要经过特定的手续,才能改变用途。

2. 当代会展产业需要灵活的暂准进境制度

在当代会展中,市场要素的流动都不是单向的、一次性的,而是反复的,多次的。其中的主体与客体都复杂多样,用途多元甚至去向不定,但都需要得到便利和快速的通关,否则将无法实现第一步的会展目的,也很有可能影响下一步的用途。这不是在考验海关的执法能力与速度,而在考验制度设计本身的现代化和科学性。

如上所述,暂准进境制度是国际会展展品通关的最主要的支撑性制度。那么,当代的暂准进境制度就应当能够支撑着这些市场要素在所需时间内完成其预设的甚至是突发的各种经济任务。这种暂准进出境制度应当是相当灵活的。

3. 传统的展品暂准进境制度不能适应会展业新趋势之处

传统的单一用途或功能的展品暂准进境制度必然不能满足以中国国际进口博览会为代表的新型复合型国际会展的需求。

第一,传统理论中“展品进境期间仅能用于特定的展示用途”这一要求,虽然能满足交易型会展的需求,但却不能满足当前会展业发展中消费型会展(如展销会)的需求,也不能满足进口博览会中“企业商业展”中即可展示,也可成交,甚至是通过跨境电商销售的多种功能。

第二,传统理论中“展品进境停留期间仅能用于特定的展示用途”这一要求,不能满足同一件暂准进境展品用于多种或多个会展的需要。因为如果一个展品要在不同会展中流转,必须能够较为便利的运输移动和临时存储。但传统制度使展品进境后只能处于一种暂准进境制度之下,且必须存放于规定的展览场所。这一监管方式制约了展品的流转。

第三,传统理论中“暂时进境货物应当原状复出境”这一要求,制约了在会展中“展品”转“商品”的需求,制约了展品在多种商业用途中的转换的可能性,或者是增加了通关程序转换的难度与成本。

第四,我国规定的“货物仅能在境内停留6个月”这一暂准进境期限,增加了展品用于长期展或常设展的手续与通关成本,也制约了同一展品流转于多场会展的可能性。虽然首届进博会通过《海关支持2018年首届中国国际进口博览会便利措施》中关于“延长ATA单证册项下展览品暂时进境期限,准予延期复运出境”的规定来临时解决了其中的部分问题。但这并非长久之计。

4.建立在商品单次展示的简单逻辑之上的传统暂准进境制度及其后果

制度的内容与发展是建立在经济的需求与发展之上的。早期的暂准进出境制度是建立在一次性展示目的,展品用途较为单一的会展形式之上的。因此,在保税的条件下,展品在较短时间内原状进出即能满足当时的经济需求。

但是在当前国际会展业发展的形式下,多种会展形式、广泛的活动构成、复合的会展功能、多元的入境用途、各异的会展展期、广泛的参与主体等变化,使得原来建立在单次展示简单逻辑之上的传统暂准进境制度无法满足当代的产业需求。在展示之外的任何其他境内用途,单次展示之外的任何其他展示或活动,都会被传统的暂准进境制度视为“特殊情况”,需要履行严格的海关手续,甚至需要出境后再次进境才能用于其他活动或用途。传统的暂准进境制度成为了当代国际会展业的制约。这种情形犹如将一个二维简单的框架套在一个多维立体的复杂结构上。则两者都很不便。一方面,二维简单的框架运作困难;另一方面,多维立体的复杂结构收到了明显制约。因此,需要重新设计一个能够将整个多维立体的复杂结构都纳入其中的制度。如果某国不能提供便利高效的暂准进出境制度,则该国的相应经济主体将不具有进行国际竞争的充分能力,则该国将最终被排斥在国际服务、技术贸易的循环之外。

因此,各国的暂准进境制度都在早期国际规则的基础上做了更加精细、灵活或特色化的规定,以适用当代会展业的国际性、复合型等特色,从而促进本国会展业的竞争力。同时,在20世纪末和21世纪初,《京都公约》和《伊斯坦布尔公约》通过修订或更新,完成了适应国际会展业发展的国际法现代化进程。

(三)我国的暂准进出境制度亟待改革与创新

1.我国的暂准进出境制度亟待改革与创新

我国在移植暂准进境制度时,由于会展业尚未发展起来,因此制定制度时有保留地借鉴了国际法中的内容,而并未将当时修订后的《京都公约》和新缔结的《伊斯坦布尔公约》中的“便利”与“灵活”的立法原意予以完全吸纳,而是保留着传统暂准进境制度的谨慎态度。

但是,大型与复合型国际会展的举办对我国传统的暂准进境制度提出了挑战。这一挑战在2008年北京奥运会和2010年上海世博会举办过程中已经显现,由于对于该展会或活动本身的特殊性质、成熟的国际法依据,以及当时特事特办方针下的大力支持,尤其是针对世博会国内近5年的立法准备过程,因此相关产业需求与制度之间的不契合的表现并不突出。

从最初的国际暂准进境制度产生至今,已有半个世纪的时间。其间,国际会展业及其运作方式发生了巨大变革。时至当前,不一般的中国国际进口博览会并无针对性的国际法可以依据,在首届进博会筹备过程中也并未产生专门性的海关法律文件。这就意味着,必须以传统的暂准进境制度和其他通用型的海关制度来应对将当代国际会展的所有多元复合的特点集于一身的进博会时,相关海关制度与现代会展业的不契合性被凸显了出来。进博会展品、相关物资、参会人员通关与进口税费待遇中所面临的问题将在今后每一次大型复合型会展中反复出现。

如果希望今后各项国际会展能够成功顺畅举办,则与会展相关的各种市场资源要素的跨境流动都必须能够快速、便利、灵活的流动。否则,鉴于会展业的高体验性和会展举办的流动性,某次国际会展的不便利将影响某地否能成为国际会展业的惯常举办地,某地的国际会展产业是否能够成功形成与发展。因此,作为支撑国际会展业发展的暂准进境制度的改革与创新势为必然。

2.重视相关海关法制的配套性改革

与国际会展业相关的海关法制现代化是一个系统工程,其中既包括核心制度(暂准进境制度)本身的系统性修改,也包括核心制度与配套制度之间的协调与衔接。

在当前海关监管、执法或服务过程中,国际会展相关人员与物资流动的长链条被划分归属于多个不同的海关内部部门中。例如,行邮部门或口岸监管部门、ATA 单证册管理部门、自贸区和特殊区域管理部门、关税部门、现场业务部门、卫生检疫部门、动植物检疫部门、进出口食品安全部门、商品检验部门,等等。不同的海关部门出于不同的职能分配,关注的往往是国际会展的一个或几个环节。例如,行邮部门或口岸监管部门关注行李物品和跨境电商商品通关;现场业务部门的展品管理科室关注展品的展前审核、展中监管和展后核销;ATA 单证册管理部门关注单证册项下货物的去向以及单证册的签注核销、可能产生的追索问题;检验检疫各部门关注公共安全、公共卫生、动植物生命健康问题;自贸区和特殊区域管理部门则关注常年线上展示的展品保税管理问题,等等。但实际管理中导致了以下问题:

第一,分割的职能,造成了分割的视野。一些从行邮渠道入境的,未必都是行李物品,也可能是展品,从一般贸易渠道入境的货物也可能作为展品,现场业务部门对展品的展前、展中、展后管理并未覆盖展品入境后所有用途,ATA 管理部门所关注的展品也并非参展货物的全部。因此,各个相关部门从自身角度所提出的执法困难和解决建议可能是局部,或者是用于解决问题中的现象,而非解决问题的根源的。

第二,分割的责任,造成了分割的本位和利益。各个部门各有职责,在责任和内部监督的约束下,各部门首先会考虑完成本部门的责任。因此,各个相关部门从自身角度所提出的执法困难和解决建议的出发点以及所解决的目标利益,会彼此不同。

局部的不连贯的修改建议会造成制度改革的碎片化,即使将各个部门的修改建议汇总梳理,也不会形成系统协调的改革方案,因为各个部门之间的建议的利益点和本位是不统一的。因此,有必要在核心制度改革中,首先认清经济与市场需求,继而明确改革的价值取向和基本原则、选择立法体例,然后再选择需要修改的具体内容。这样所形成的改革方案将符合经济规律,且具有系统性和协调性。

三、对我国实施相关国际法的建议——更新国际承诺与实现条约精神

(一)扭正对有关概念的长期误解

1. 对暂准进境与ATA单证册制度之间关系的长期误解

相关领域内长期存在认为暂准进境制度就是ATA单证册制度,因此遇到暂准通关问题,存在的误解是:第一,ATA单证册制度是研究核心甚至是唯一领域;第二,割裂了《京都公约》专项附约G与ATA单证册体系(如《伊斯坦布尔公约》)的关系。

2. 全面阐明并比较了相关国际法,扭正对有关概念的长期误解

第一,ATA单证册制度是暂准进境制度中的一个具体领域。《京都公约》(修订)专项附约G是规定了暂准进境的一般法,而ATA单证册体系是以ATA单证册的方式进行暂准进境通关的一种具体和特定的方式和程序,是暂准进境制度的特别法。

第二,ATA单证册体系下还可以分为1963年《ATA公约》体系和《伊斯坦布尔公约》体系。我国加入了前述两个公约体系,而不仅是《伊斯坦布尔公约》。

第三,既然《京都公约》(修订)专项附约G与ATA单证册制度体系是一般法与特别法的关系,则《京都公约》(修订)专项附约G的原理、原则与具体规则与ATA单证册制度体系一脉相通,而非割裂或迥异。对两者的(学理)解释或运用时,有必要交叉援引,相互参考。

第四,有必要将一直被忽略的《国际展览会巴黎公约》的海关规章纳入研究范围。《国际展览会巴黎公约》的海关规章支撑着历届注册类世博会的成功举办,必有其科学之处和可供我国相关海关法制改革参考的共通之处。

(二)对于ATA公约体系——更新我国的国际承诺

1. 我国的国际承诺现状

1992年5月18日,国务院印发国函〔1992〕49号文——《国务院

关于决定加入〈暂准进口的公约〉等有关暂准进口的国际海关公约的批复》。批复表示,我国决定加入《关于暂准进口的公约》(伊斯坦布尔公约),并接受其附约A《关于暂准进口单证的附约》和附约B1《关于在展览会、交易会、会议及类似活动中供陈列或使用的货物的附约》,同时加入《关于货物暂准进口的ATA单证册海关公约》(ATA公约)和《关于在展览会、交易会、会议等事项中便利展出和需用物品进口的海关公约》。根据国务院文件精神,外交部于1993年8月27日向世界海关组织,递交了加入《关于暂准进口的公约》、《关于货物暂准进口的ATA单证册海关公约》(ATA公约)和《关于在展览会、交易会、会议等事项中便利展出和需用物品进口的海关公约》的文书,上述公约于1993年11月27日起对我国生效。1993年10月25日,国家海关总署印发署监〔1993〕1373号文——《关于授权中国国际商会为ATA单证册的出证和担保商会的批准书》,明确指出,经国务院批准,海关总署根据公约的有关规定授权中国国际贸易促进委员会/中国国际商会作为中国ATA单证册的出证和担保协会,承担ATA单证册的出证和担保工作。1997年11月24日,海关总署向世界海关组织秘书处发出《中华人民共和国实施暂准进口单证制度通知书》,正式通知对方:中华人民共和国于1998年1月1日起实施ATA单证册制度;ATA单证册适用于中华人民共和国关境,所有的关境内的海关均受理ATA单证册;适用语言为中英文;但对邮运货物提出保留,以及其他依据国际公约和国内法接受的过境货物范围;中国国际贸易促进委员会/中国国际商会为出证和担保协会。1998年2月6日,中国国际贸易促进委员会/中国国际商会签署了《关于建立ATA单证册国际海关连环担保系统的议定书》和《关于国际商会世界商会联合会采用ATA单证册制度的声明》,确认同意承担ATA单证册制度项下有关义务。全此,ATA单证册制度得以正式在我国实施。[①]

① 《ATA单证册制度在中国》,载 http://www.atachina.org/carnet/detail.do?id=297e9e794db195bb014db253e14c0003,最后访问日期:2019年3月13日。

自1998年以来,我国ATA单证册业务快速发展。ATA单证册制度在我国刚刚开始实施的1998年,中国国际商会出证量为3份。全国海关办理ATA单证册业务179份。到2017年我国出证量为9949份,全国海关办理ATA货物进境、出境、复进境、复出境近3万票。在过去20年里,我国共签发出口ATA单证册近75,000份,服务了30,000多家政府机关、企事业单位、社会组织和个人,单证册项下累计货值近200亿元人民币。通过使用ATA单证册通关,持证人累计少填写各类临时进出境单据40多万份,减少资金占用近50亿元人民币。[①]

2. 我国国际承诺的最新进展及对下一步的建议——继续扩大ATA单证册的适用范围

2017年,国务院已经批准扩大我国ATA单证册适用范围,即将接受进境单证册的适用范围由目前的展览会和交易会及类似活动的临时进境物品扩展至专业设备和商业样品。[②] 2019年1月,海关总署公告2019年第13号《关于暂时进出境货物监管有关事宜的公告》正式公布,在我国的ATA单证册扩展至"展品、专业设备和商业样品"3种。

但即使我国将ATA单证册的适用标的范围扩展至3种,仍然小于与国际公约或欧盟各国。ATA单证册的适用标的范围的宽窄并不能说明制度的优劣,而是应当根据经济发展需要并且与国内制度相结合进行判断的。例如,ATA单证册制度起源于欧洲,因此欧盟国家对ATA制度的接受度普遍较高。但美国仅加入了《ATA公约》及《专业设备暂准进境海关公约》,且并未加入《伊斯坦布尔公约》[③]。可见美

---

① 《ATA单证册制度在中国:二十年回顾与展望》(2018年7月专题发布会),载http://www.ccpit.org/Contents/Channel_3715/2018/0712/1031832/content_1031832.htm,最后访问日期:2019年3月13日。

② 同上。

③ WCO, Conventions Sponsored or Administered by the Customs Co-Operation Council-Synopsis of Position as of 3 July 2018, http://www.wcoomd.org/-/media/wco/public/global/pdf/about-us/legal-instruments/conventions-and-agreements/revised-kyoto/sg0207e1b.pdf?la=en, Mar. 13, 2019.

国对ATA公约体系的国际承诺是极其有限的,承诺的范围远远低于欧盟国家。但此承诺水平并不代表其暂准进境制度不适合其经济发展的需要。因为其展品通关予以专门立法,对鼓励的会展展品或来自特定自贸协定伙伴的展品在税则第98章中明确规定了税目和关税政策。此外对于其他特定用途的货物,则通过暂准进境制度予以规定。因此,其通过非常谨慎的国际承诺和完备的国内立法实现了其政策目标,即对其所需要促进发展的展会的展品通关与关税措施。

同时,我国虽然ATA单证册业务从绝对数据上看发展较快。如果从每一年份来衡量,再与我国的经济规模相比,我国商界使用ATA单证册的数量还是较少的。如果希望打造有利于国际会展业发展的营商环境,则应当允许更宽的ATA单证册适用范围,进一步提升ATA单证册的使用量。

因此,各国对于ATA公约体系的承诺需要综合考虑政策目标、国内立法后,在明确其国际承诺的水平。

鉴于我国国家和地区层面进一步提升会展业服务的政策目标,也鉴于我国暂准进境制度对于展品通关制度的专门性便利性规定的不足,再考虑到当前“会展”的构成范围越来越宽、越来越复杂的现实,因为“会展”之目的需要临时进境的,不仅仅是展品。因此,我国有必要在展品、专业设备和商业样品三种承诺之外,进一步考虑扩大ATA单证册的适用范围。例如,可扩展至教学、科研、文化活动相关的进口货物,体育活动相关货物,表演活动相关货物,以及已经适用的货物的运输工具与包装等。

(三)对于《京都公约》(修订)专项附约G——从形似走向神似

1. 我国暂准进出境制度已符合专项附约G的基础条款

《京都公约》(修订)要求缔约方在加入时必须加入主约并接受总附约,同时至少接受一个专项附约中的一章。我国于2000年6月15日签署了《京都公约》的《修正案议定书》,并接受专项附约D第1章

“海关仓库”和专项附约G中第1章“暂准进境”。① 也就是说,遵守专项附约G中关于暂准进境的内容是我国的国际义务。

《京都公约》(修订)专项附约的文本包括了10条标准条款(Standard)、13条建议做法(Recommended Practice)和指南(Guidelines)。其中,标准条款具有完全的约束力。建议做法条款的约束力是软性的。虽然《京都公约》(修订)主约的第9条规定:除了做出了保留外,对于接受专项附约或其中各章的缔约方应当受到建议做法条款的约束。但在主约第1条中对“建议做法”的定义是指《京都公约》(修订)专项附约中认为构成了协调与简化海关制度与做法方面的进步,希望缔约方在最大可能的范围内适用的条款。“指南”是对于专项附约条款的解释,不具有约束力。

因此,狭义地说,我国在专项附约G下需要遵守的也就是10条标准条款的义务。这10条标准条款包括了暂准进境基础的操作和要求。从这一角度来说,我国的暂准进出境制度是完全符合的。

2. 从形似走向神似——国际法国内化的另一个层次

(1)切实理解《京都公约》(修订)的文本及其所蕴含的精神

实际上,代表着海关制度的协调与简化的前沿与最佳实践的内容恰恰都包含在软约束力的建议做法条款和无约束力的指南中。将这些内容列为软约束条款或无约束力的指南不是因为其做法不成熟或实践不成功,而是为了增加《京都公约》的弹性和接受度,是出于国际条约法实践方面的考虑。

在衡量国际法律文件时,并不需要始终采取谨慎防御的心态。如果其条款有利于促进国内政策目标的实现,某国际法的原则精神与我国所需的立场一致的话,则可更应以积极开放的态度考量其合理性,并予以本地化。专项附约G的 建议做法条款是“构成了协调与简化海关制度与做法方面持续的进步”的做法。指南则解释了在适用标准

---

① 我国对《京都公约》(修订)专项附约D中第1章第9条、专项附约G中第1章第16条和第21条作出保留。

条款、过渡性标准条款和建议做法条款时可能采取的一些行动过程,特别是描述了最佳做法和建议更大便利的示例。因此,这些建议与做法具有共同的特征——简化与协调,从而使商界的通关行为得到更便利、透明、可预见的结果。

(2)我国暂准进出境制度与建议做法条款和指南尚有差距

第一,我国相关制度中并无专项附约G中关于标准条款4(由其他程序转入暂准进境程序),建议做法条款9(不做书面申报)、建议做法条款16(暂准进境程序项下权利义务转让)、建议做法条款19(暂准进境与其他海关制度间转换)、建议做法条款22(适用范围)、建议做法条款23(有条件免除部分进口税费的暂准进口)等的内容。同时,我国还对专项附约G中建议做法条款16和21(退还保证金)作出了保留。

第二,我国相关制度中欠缺对指南全面理解与整体运用。指南中3.2(暂准进境的条件),4.4(由其他程序转入暂准进境),7.(暂准进口的转让),8.3(将进口货物置于另一种海关制度下而终止暂准进口),9.1(有条件免除全部进口税费的暂准进口),9.3(有条件免除全部进口税费的暂准进口的其他情况)等内容在我国相应制度中并无清晰的体现。

在我国相关制度所缺失的建议做法条款和指南多为暂准进境制度中的灵活、简化和便利化的措施。例如,指南中"由其他程序转入暂准进境""暂准进口的转让""将进口货物置于另一种海关制度下而终止暂准进口"就是关于货物可以在暂准进境程序与其他海关程序灵活转换,或货物在展后灵活处理的便利化措施。

(3)国内法从形似走向神似,实现《京都公约》的精神实质

鉴于建议做法条款和指南的内容,体现的国际领域中的前沿制度和最佳实践。因此建议:

第一,实现《京都公约》中关于简化与便利化的实质,促进我国国际会展业的快速发展,而不是带着防御的心态,仿佛采用的条款越少就越能保护国内立法的自主性。在海关法领域,我国为了满足国际义

务进行国际法简单移植的过程应该在"入世"前后已经完成。此后应考虑如何积极从形似走向神似,整体而完整地理解《京都公约》的精神实质,实现《京都公约》的目标,将《京都公约》(修订)专项附约G中的海关手续简化与便利化精神切实落地。

第二,从形似走向神似,整体而完整地理解《京都公约》(修订)包括专项附约G的文本。在法律借鉴时,不能仅限于专项附约G本身,《京都公约》(修订)的总附约中规定了适用于每一专项海关制度的基本原则(也是每个缔约方必须接受的条款),因此总附约和专项附约应结合理解。同时,每章《指南》都是一个整体,在参阅时不应割裂上下文之间的关系而应该通读全文了解该章《指南》的全部内容。某章《指南》中对某条款的解释与另一章《指南》中的解释有关联,需要相互参看。

Comparison of the International Law on Temporary Admission of Exhibits and Related Goods and the Suggestions to China's Corresponding Legislative Suggestion

ZHU Qiuyuan

[**Abstract**] In terms of the international law on Temporary Admission (hereinafter referred to as "TA"), there are two systems of conventions under the framework of World Customs Organization (hereinafter referred to as "WCO"), namely the ATA Carnet Conventions System (which further splits into ATA Carnet Convention System of 1963 and the Istanbul Convention System) and the Specific Annex G to Kyoto Convention (revised). The relationship of the Specific Annex G of Kyoto Convention (revised) and the ATA Carnet Conventions System is like the relationship between "the general law" and "the special law". Meanwhile, the other legal resources related to the TA include the Customs Regulations for the Importation of Articles by the Participants in an International Exhibition which is the annex of the Convention Relating to International Exhibitions, etc. Based on making reference to the corresponding foreign law and the international law, the legal system of TA in China was produced. Therefore, the basic principles in the international law and China's legal system of TA are identical, and the treatment to the exhibits and related goods during customs clearance is basically the same. The difference is that China's system prefers to implement basic obligations in the process of indigenization of the relevant undertakings under the framework of the international law. So there is a gap, from the perspective of the modernization and facilitation of the TA process, between the international law and domestic law of TA. China International Import Expo is a typical representative of the new trend of comprehensive international exhibition. The international exhibition requires a more convenient TA system for exhibits, and the comprehensive exhibition calls for the flexibility of TA process for exhibits. However, currently there are some inharmoniousness existed between the contemporary industry's requirements and China's traditional TA system which can't adapt to the new trend of exhibition industry. Hence, the relevant research in China is urged to correct long-term misunderstanding of related basic concepts and provides the modernized direction to the future review and amendment of the legal system of TA. Meanwhile, the reform and innovation of the TA legal system are urgently needed. For the ATA convention system, it is suggested to update China's international commitment. As for the Specific Annex G of the Kyoto Convention (revised), it is suggested to refine the domestic legal system of TA and to further transplant more detailed provisions with facilitation feature from this convention. These suggested improvement and amendment can make the China's TA legal system progresses from likeness in appearance with the international law to harmonization in spirit with the international standards, and truly realizes the fundamental principles and the purpose of the system design, which are the facilitation and flexibility, in the international law.

[**Key words**]: Temporary Admission; exhibits; ATA; Kyoto Convention

打造永不落幕的中国国际进口博览会

——保税展示交易制度创新、挑战与因应*

王　珉**

[摘　要]　保税展示交易是2014年上海自贸区14项海关监管创新制度之一,允许经海关注册登记的上海自由贸易试验区内企业在试验区内或区外开展保税展示和交易的经营活动。为支持办好2018年首届中国国际进口博览会,服务"一带一路"建设、扩大开放等国家战略,海关出台了一系列便利化措施。在保税展示交易方面,一是简化出境手续,便利展览品展后处置;二是支持保税展示交易,扩大适用范围。然而,《海关暂时进出境货物管理办法》限制进境展品在展会结束后进入特殊监管区进行保税展示交易,现有保税展示交易海关监管制度也无法适应打造永不落幕的中国国际进口博览会的办展目标。据此,我国应当修改相关立法,允许展品在展会结束后进行保税展示和交易,打造保税展示交易集聚区;同时,以贸易安全与便利的平衡为导向,在展品入区、保税展示、保税交易等方面创新展品开展保税展示和交易的海关措施。这些措施对于将中国国际进口博览会办成国际

* 本文属于上海市法学会委托课题"中国国际进口博览会海关法制问题研究"最终研究成果的分报告。

** 王珉:上海海关学院法律系讲师,法学博士。

一流博览会,丰富和完善展会海关监管制度以及发展中国家参与国际展览事业具有重要的推动作用。

[关键词] 中国国际进口博览会;国际展会;保税展示交易;自贸试验区

一、保税展示交易制度现状

近年来,我国海关积极应对全球经济结构调整的新趋势,应用"保税+"理念,将保税政策与"四新"产业相结合,建立与高端服务业、先进制造业发展相适应的海关新型监管模式和服务贸易促进体系,推动产业跨界融合、互动发展。保税展示交易,是指经海关注册登记的上海自由贸易试验区内企业可以在试验区内或区外开展保税展示和交易的经营活动。过去只允许企业在海关特殊监管区域范围内进行保税商品展示,不允许零售交易,限制了商品展示功能的发挥。改革后,允许企业将暂时不缴纳税款的进口商品以保税方式在自贸区内外进行展示交易,在国内市场销售后再缴纳进口税,减少企业运营销售的中间环节,有效降低境外商品进入国内消费市场的成本。保税展示交易模式有以下两大优点:一是"先销售后缴税"改变了传统"先整批缴纳关税和进口环节税再逐步进行销售"的操作模式,把企业从传统进口销售模式占用大量资金的困局中解放出来,缩短了资金周转周期;二是"实时快速清关"的实现,进入保税展示交易中心的商品,进口商无须先行办理清关手续,在销售完成并缴纳相应进口关税和进口环节税后,即可实时提货,保税展示交易中心每月为进口商销售的商品统一集中报关。如保税商品销售不佳可灵活重新进行全球分拨,中心还具有自贸功能。

(一)保税展示交易政策规范

保税展示交易是2014年初上海自贸区14项海关监管创新制度之一,《上海海关关于在中国(上海)自由贸易试验区开展保税展示交易业务的公告》(沪关公告〔2014〕9号)规定了保税展示交易业务的具体流程。在保税展示交易制度项下,开展保税展示交易的区内企业应当与海关实行联网,向海关报送能够满足海关监管要求的相关数据。区内企业需要在规划面积以内、围网以外的综合办公区专用的展示场所及区外其他场所开展出区保税展示交易的,应当提供足额税款担保。区内企业通过信息化系统向主管海关办理货物出区展示手续,需提交以下材料:(1)展示合同、协议、邀请函或展位确认书等证明文件;(2)出区展示货物清单;(3)保证金或保证函;(4)海关认为需要提交的其他材料。在综合办公区进行保税展示的,区内企业应当每14天向海关报送展示货物的销售、库存明细记录和存放地点;在区外其他场所进行保税展示的,区内企业应当每天报送。货物出区展示完毕,区内企业应当通过信息化系统办理货物回区手续,最长不得超过货物出区之日起6个月。因特殊情况需要延长期限的,区内企业应当向主管海关办理延期手续,延期最多不超过3次,每次延长期限不超过6个月。延长期届满应当复运回区或办理进口征税手续。如果货物在出区展示期间发生内销的,区内企业应当向主管海关提交以下材料:(1)内销保税展示货物清单;(2)发票;(3)许可证件(涉证货物提交);(4)海关认为需要提交的其他材料。与此同时,区内企业应当自内销之日起30日内向主管海关集中办理进口征税手续,集中申报不得跨年度办理。主管海关征税放行后,信息化系统自动退还区内企业的担保额度。①

(二)保税展示交易开展现状

总体而言,以功能拓展为重点的保税监管制度持续升级,促进外贸转型升级作用日益明显。目前,自贸区已建成10余个商贸专业服务平台、涉及20多个国家的进口商品中心、4家大宗商品现货市场以及平行进口汽车展示交易中心、国际艺术品交易中心上线运营,吸引60余家大宗商品龙头企业和伦敦LME交易所指定的全部5家中国交割库入驻,国家对外文化贸易基地入驻企业较自贸区成立时增长

① 《中国海关保税实务大全》编委会:《中国海关保税实务大全》(上册),中国海关出版社2017年版,第352页、第381页。

88.2%。区内业已形成飞机及船舶维修、飞机融资租赁、跨境电子商务保税进口等产业功能聚集区。以亚太营运商为代表的总部经济加快发展,130多家总部企业落户区内。

针对展会具有的会期短、商品金额高、巡展地点多等特点,自贸区海关不断完善临时出区展示监管配套流程,优化通关服务,加强政策指导,通过开设业务专窗、提供"一站式"服务等举措,采取事前地点备案、事中巡查巡检、事后核查核销的嵌入式监管方式,在安全有效监管的前提下,减少对展会的过度干预。以上海外高桥保税区海关为例,自从2014年首个国际商品保税展示交易平台森兰商都成功营运以来,保税展示交易中心这一创新商业模式已经在宁波、杭州、深圳、厦门等多地成功复制推广,都取得良好的经济和社会效益。依托自贸区现有的250万平方米保税仓库,森兰商都采取"前店后库"模式,通过内外联动,将保税区内的"库"与区外森兰商都的"店"有效融合,由传统的仓储物流向采购、批发、零售、模式化运营等更广阔的商品空间拓展,从而推动国际贸易全产业链的延伸与发展。海关将前期森兰商都相关试点经验有效复制推广,依托中国(上海)自由贸易试验区海关监管信息化系统保展模块,2017年12月先后为瑞士历峰集团开设在陆家嘴上海国金中心的卡地亚、梵克雅宝等奢侈品牌专卖店,进行保税展示交易固定场所备案;指导帮助保税仓储方营运中心建立符合海关监管要求的管理系统,实现与海关监管信息化系统数据联网交换;在仓储、展示和交易业务办理中,创新保税形式,允许企业通过提供足额税款担保,在特殊情况下可将出区展示时间最长延期至2年,为奢侈品保税展示交易提供便利;建立不同状态商品分账管理模式并通过物理标识对保税商品与一般进口商品进行区分,同时,规范区外保税展示场所柜台布置和商品陈列,定期对保税展示交易货物的库存和内销等情况进行抽查,根据需要开展保税核查。①

① 参见上海外高桥保税区海关座谈调研材料。

二、中国国际进口博览会背景下现有保税展示交易制度存在的“瓶颈”

为支持办好2018年首届中国国际进口博览会(以下简称进口博览会),服务“一带一路”建设、扩大开放等国家战略,海关出台了一系列便利化措施。在保税展示交易方面,一是简化出境手续,便利展览品展后处置。进口博览会暂时进境展览品(ATA单证册项下暂时进境展览品除外)在进口博览会结束后,结转到海关特殊监管区域和保税监管场所的(参展汽车应当转入可开展保税仓储业务的海关特殊监管区域和保税监管场所),准予核销结案。二是支持保税展示交易,扩大适用范围。进口博览会保税展示交易是经海关注册登记的海关特殊监管区域或保税物流中心(B型)(以下简称区域中心)内企业,将保税货物提交担保后运至区域中心外进口博览会常年展示馆进行展示和销售的经营活动。进口博览会展会期间,经海关批准的保税仓库可以参照区域中心开展保税展示交易业务。然而,现有海关保税展示交易在法律规范、监管制度等方面仍无法适应进口博览会办展目标,构建开放的现代化经济贸易体系。

(一)《海关暂时进出境货物管理办法》限制进境展品在展会结束后进入特殊监管区进行保税展示交易

暂时进境货物包括了参展国或企业用于其展区内展示的展览品,也包括了参展国或企业在展区内组织文化演艺活动所需的暂时进境的表演用品、交通工具、特种车辆等。无论是在数量方面还是在价值方面,暂时进境货物往往在各国际展会参展者的进境货物中占绝对比重。会后允许商品进入保税区进行保税展示是放大本次进口博览会政策功能优势、辐射拉动产业发展的有效切入点。一个小的展示中心区就是一个永不落幕的国际商品博览平台,可以有效创造和诱发商机,促进物流、人流、资金流和信息流融合集聚,发挥以展示促贸易、增物流、活港口、带发展的综合辐射拉动效应。

虽然为支持办好进口博览会,海关出台了一系列便利措施,然而,从常态化机制着眼,目前我国政策规定限制进境展品在展会结束后进入特殊监管区进行保税展示交易。依据《海关暂时进出境货物管理办法》,暂时进境货物通过口岸进口后,除在展会中少量消耗外,展会结束后原则上都应于我国海关规定的监管期限内原状复运出境,无法进入特殊监管区域内继续开展保税展示,即所谓“两头在外”。世博会期间,暂时进口的世博会物资在会后留用或者做变卖处理的,要求向上海海关提出申请,经批准后办理货物进口、暂时进口结案等相关海关手续。

本次进口博览会是迄今为止全世界第一个以进口为主题的国家级展会,将通过构建“一站式”交易服务平台实现“6天+365天”常态化运营模式。“一站式”交易服务平台包含采购商联盟渠道对接、政策法规资讯、交易促进、综合服务等多项功能,为各国商品(服务)进入我国市场提供全方位交易服务。鉴于进口博览会这一特殊性,为展后配套的需要,除出台临时便利化保障措施外,必须通过立法赋予进境展品在展会结束后进入特殊监管区开展保税展示交易的权能。由此,既能顺利承接进口博览会资源、扩大进口博览会影响,又能吸引更多的国外行业协会、龙头企业拓展我国市场,进一步推动进口博览会的发展。

(二)现有保税展示交易海关监管制度无法适应进口博览会办展目标

举办进口博览会是中国政府坚定支持贸易自由化和经济全球化、主动向世界开放市场的重大举措,有利于促进世界各国加强经贸交流合作,促进全球贸易和世界经济增长,推动开放型世界经济发展。然而,现有保税展示交易制度在展品入区、展品管理、海关申报等方面的监管措施有所局限,且国内或上海各保税区关于保税展示交易的具体做法也存在差异,无法最大程度上促进贸易便利化和对外开放。

例如,在展品管理方面,目前商品保税展示期限存在一定限制。《海关暂时进出境货物管理办法》第10条明确,暂时进出境货物应当在进出境之日起6个月内复运出境或者复运进境。因特殊情况需要延长期限的,持证人、收发货人应当向主管地海关办理延期手续,延期最多不超过3次,每次延长期限不超过6个月。延长期届满应当复运出境、复运进境或者办理进出口手续。国家重点工程、国家科研项目使用的暂时进出境货物以及参加展期在24个月以上展览会的展览品,在前款所规定的延长期届满后仍需要延期的,由主管地直属海关批准。此外,区外商品展示的担保等手续繁杂、展品保税交易时货物申报方式不统一等现状,都无法满足参展企业选择保税展示和交易方式的合理需求。因此,如果要建立常态型的保税展示交易平台,这些限制需要制度性的创新,这也将有利于自贸区海关的便利化改革,自贸区会展经济据此会得到快速发展,成为全国自贸试验区的特色和亮点。

三、贸易安全与便利平衡视角下的保税展示交易制度创新

为达成进口博览会有利于扩大进口、改善供给结构和推动开放型世界经济发展的办展目标,有必要建立具有保税功能的展示、交易和贸易服务为一体的常态性平台,积极创建国际贸易便利化的条件,为国外优质商品成功进入中国市场提供快速、高效、低成本的渠道。

(一)修改相关立法,允许展品在展会结束后进行保税展示和交易,打造保税展示交易集聚区

我国对于展品进境后的用途具有较为单一的限定,展后不复运出境是属于例外情况。如果打算展后内销,我国法律规范中并无明确的条款规定是可以在不同通关程序之间转换,还是需要完成暂时进出境程序的核销后才能重新按照一般进口程序进行。即使在具体的操作规程中存在实际的做法,这也不符合国际贸易规则关于透明度的要求。相较之下,美国会展海关立法明确规定了展中、展后展品处理的9种可选择方式。在展会结束之前的任何时间或者在展览会结束之日后的3个月内,适用展览品和展览用品海关制度的货物可以:第一,申报用于境内消费;第二,进入保税仓库;第三,适用其他的海关法律规定;第四,用于另一展会;第五,转为另一海关监管地位(状态);第六,进入对

外贸易区;第七,放弃给政府;第八,海关监督下销毁;第九,出口。如果货物转入另一展览会,则应当根据展览品和展览用品海关立法对货物进行持续的海关监管。如果是从美国出口的航空器(9801.00.70)或者从美国出口的除航空器外的其他货物(9801.00.80),属于从对外贸易区的"区域限制性货物"的状态申报用于展览会的货物,可以在对外贸易区委员会批准下申报用于消费。如果货物根据其他海关法进行申报,或用于其他展览会,或转入其他海关监管地位,或进入对外贸易区,则货物在这些相应程序下履行任何所要求的行为的时限从申报或转入时起算。

我国海关应当以扩大对外开放为宗旨,以此次展会举办为契机,加快政策制度建设,以监管模式创新带动监管体制创新。建议专门制定有关展览品、样品、演艺物资、赛事物资等暂时进出境货物的规定,以规范我国进出境展览品的海关申报、检验检疫、后续监管等行为。就保税展示交易而言,应允许从口岸进口的展品在展会结束后进入海关特殊监管区域进行保税展示,比如可视为实际离境,允许核销。以保障安全与促进便利的平衡作为制度创新总体原则,在允许展品进入区内时,引入风险评估和分类管理理念,明确展览品动态展示的海关申报、检验检疫要求和安全管理责任主体,控制展览品动态展示风险,明确与进出境展览品管理有关的展会主办方、承办方、参展商、展览馆、监管仓库、代理报检公司等各方的法律责任和义务。在此基础上,加快有关展览品管理的制度建设、组织建设、人才建设、信息建设等,构建既符合国际惯例又具有中国特色的进出境展览品保税展示交易监管体系,并通过区内区外联动,发挥自贸试验区集聚效应和溢出效应,让市民畅享自贸红利。

(二)以贸易安全与便利的平衡为导向,创新展品开展保税展示和交易的海关措施

由于海关特殊监管区域内海关监管政策相对区外较为严格,监管手续相对区外较为复杂,所以大多企业比较倾向于选择在区外用保税

仓库[①]的功能开展业务。[②] 进境存入保税仓库的保税货物可暂时免纳进口税费,免交进口许可证,通过缓税减少资金占用。因此,建议在区内开展保税展示交易能够享受保税仓库政策,并开放赋予一些新的便利化政策。

1. 展品入区

进口博览会结束后,各类展品进入保税区的,应适当简化报关报检流程,简化申报要素,可按照集中申报模式批量申请,并参照大型展会批文和海外使领馆证明的方式,免进口准入批文、免检验检疫报告或对于已明确销售对象的展品在入区时即进行“预检验”。

目前,各类商品(包括样品等)在进境备案时就需制作好中文标签,并在原商检系统内录入。为进一步拓宽展品内销渠道,降低外贸企业成本,应通过运用自贸区创新政策“预检验”来前置保税展示交易产品检验环节。在消费品质量监管方面,欧盟和美国对都是以产品风险衡量为基础,以产品风险信息采集作为监管工作的基础。美国消费品安全委员会和欧盟委员会对于质量安全信息的采集、共享和公开达到了很高的水平,通过细致、周密的质量安全信息采集工作,建立相对

---

① 保税仓库系海关保税物流的一种基本形态,根据《中华人民共和国海关对保税仓库及所存货物的管理规定》(海关总署第105号令)中第2条所指“保税仓库”的解释,“保税仓库”是指经海关批准设立的专门存放保税货物及其他未办结海关手续货物的仓库,包括封闭的保税仓库、露天的保税堆场、保税储罐等。

② 一是保税物流企业区内要求核销、区外没有核销。根据保税仓库管理的相关规定,每年对辖区内仓库企业的基本管理情况和总体经营及管理情况进行盘查。实施盘查时,仓库主管海关应盘查企业实际库存,并对海关及企业电子账册进、出、转、存的数据进行比对。对保税仓库的盘查每年不少于一次。而在区内的保税物流企业每半年或一年核销一次。二是保税物流企业实施“分送集报”区内有系统监管,而区外没有系统监管。目前根据海关特殊监管区域内的相关规定,保税物流企业实施“分送集报”的,每月送货超过30票或最低不低于10票的,才可以申请“分送集报”,并且一定购买海关核定的辅助管理系统;而区外的保税物流企业没有此方面的要求,送货更加快捷。三是区内保税物流企业向区外配送时货物手续繁杂。区内保税企业向区外配送货物时,必须进入海关指定的区域等待海关查验,查验或查验完成后才能出卡口,而区外的保税物流企业向区外的相关企业配送时,手续相对简单。

完备的信息采集渠道和机制,成为标准制定、风险评估、确定监管重点和采取召回等措施的基础,也就不必受限于面对消费品"如何抽样、抽多少、怎么抽"的尴尬局面。为此,我国应加强产品风险信息采集和共享,并通过运用"进出口产品质量追溯系统"对保税展示交易产品实施全过程监管。"进出口产品质量追溯系统"通过含有 NFC 的二维码追溯标签和产品的一一绑定,将产品进口信息及产品检验信息录入标签。消费者可以通过手机"扫一扫"功能了解产品进口情况,商家可以通过系统客户端追踪货物流向,保证货物的正规进口渠道,检验检疫部门则可以全过程追溯货物流向信息,为事中事后的监管提供有力的信息数据保障。①

2. 展品保税展示

展品保税展示监管的基本原则与展品入区简化报关报检流程相一致,应在展品出区保税展示等海关监管措施方面给予企业便利,从而有利于吸引外资、扩大进口。

(1)区内展品管理

便于高效管理,建议在原仓储管理系统上增设"展品进出境"模块或直接新设专属展品库号,对进口博览会进出境和进出区展品信息进行实时数据更新和动态监管。在区内特定场所展示以及临时出区后在区外展示的展品,应允许拆除外包装试用,并根据一定标准和数量进行损耗报核,申报征税。

(2)出区展示范围和有效期限

目前,各保税区对出区展示范围规定不同,如上海外高桥保税区展示范围仅限上海和北京,进行定点备案,而有些其他综保区可为全国,并无定点限制。出区展示有效期限各保税区也有所不同,上海外高桥保税区为固定3个月,可延期3次,最长1年;上海机场综保区、北京圣雅诗保税仓均为6个月内都可申请,可延期3次,最长2年。如果

① 胡俊彦、彭启呈:《保税展示交易检验监管模式探究》,载《中国国门时报》2016年12月9日,第3版。

要打造永不落幕的进口博览会,扩大内销,建议适当拓展出区展示范围和时间。

(3)临时进出区担保

全国乃至上海各保税区执行的担保形式各有不同,如上海外高桥保税区采取的保函种类为银行保函和现金,上海机场综保区则使用银行保函,并允许部分资信好的企业采用企业保函担保方式。建议统一扩大担保范围,展示完成后,可选择留购、回到区内或退回国外。

(4)展品查验

通过加强海关各部门间资源共享共用和集中统筹,充分发挥监管资源的集聚效应,有助于推进综合执法,形成管理合力,提高管理效能。对于已入区展品而言,进出区货物需要查验的,应按照"信息互换、监管互认、执法互助"的总体要求,与检验检疫协同,实现海关监管和检验检疫场所货物申报信息、放行信息、视频监控信息共享,避免重复检查,以有效降低企业成本。

(5)跨境电商+保税展示

进口博览会结束后,商品展示还能衍生出信息服务、电子商务服务等多方面需求。商品展示创造商机,电商平台促成交易,即消费者通过"线下体验、线上购物"模式提升了对国外产品的进口需求。对此,应打破"跨境电商"与"保税展示交易"的隔阂,打造"跨境电商+保税展示"新模式,将其打造成为海内外优质商品面向中国市场及消费者的重要展示、推广、采购与体验互动平台。一是建议海关及时出台新的规章制度,明确参展企业可同时开展保税展示交易和跨境电商业务,对二者管理规定进行梳理合并,减少企业同时申请两项业务时需提交的重复材料,减轻企业申请负担。二是推动海关监管下跨境电商平台系统与保税展示交易平台管理系统对接,打造进口商品线上线下同步展示、同步销售、上下互动的O2O模式。消费者可线上下单、线下提货,也可线下订货、线上配送,全面优化消费体验,以适应未来消费模式变化的趋势。三是逐步加快构建现代物流供应链,促进商品源、信息源、客户源整合集聚,搭建上海与其他地区间联通便捷的物流网络,构建以永不落幕的进口博览会为主题的电子商务、仓储、物流一体化项目网站和数据库,促进全流程供应链管理的升级,为境内客户提供质优价廉、配送高效的物流服务。

3. 展品保税交易

(1)交易货品申报方式

在交易货品申报方式上,上海外高桥保税区采用两套系统管理:一是按保税展示方式出区,交易前需回区,再申报征税;二是按"前店后库"方式出区,在极少数指定的商业网点可销售。上海机场综保区、北京圣雅诗保税仓均使用一套系统管理,不必回区,集中申报后核销。建议上海各保税区参照上海机场综保区做法统一监管政策。

(2)交易征税

依据上海海关2014年9号公告"关于在中国上海自由贸易试验区开展保税展示交易业务的公告",建议允许展品按月进行集中申报。展品交易的完税价格,依据《海关特殊监管区域和保税监管场所内销货物适用协定税率或者特惠税率的有关事宜》(海关总署公告2013年第36号)①、《中华人民共和国海关审定内销保税货物完税价格办法》(2014年海关总署令第211号)第11条征收。②

---

① 《海关特殊监管区域和保税监管场所内销货物适用协定税率或者特惠税率的有关事宜》规定:一、对于出区域(场所)内销时申请适用协定税率或者特惠税率的进口货物,其收货人或者代理人(以下统称进口人)应在货物从境外首次申报入区域(场所)时按照《中华人民共和国海关进出口货物报关单填制规范》的有关要求填制进口报关单或者进境货物备案清单,并以"有纸报关"方式录入电子数据报关单和备案清单。同时进口人须向区域(场所)所在地海关(以下简称所在地海关)提出内销申请,并提交下列单证:(一)有效的原产地证书(正本或者正本及第二副本)或者原产地声明;(二)商业单证和运输单证;(三)《入区域(场所)优惠贸易协定项下货物内销申请登记表》;(四)海关认为必要的其他证明文件。

② 《中华人民共和国海关审定内销保税货物完税价格办法》第11条规定:海关特殊监管区域、保税监管场所内企业内销的保税物流货物,海关以该货物运出海关特殊监管区域、保税监管场所时的内销价格为基础审查确定完税价格;该内销价格包含的能够单独列明的海关特殊监管区域、保税监管场所内发生的保险费、仓储费和运输及其相关费用,不计入完税价格。

结 语

我国筹备和举办进口博览会,对国际展览事业的发展,同时对展会海关监管制度的丰富与完善产生了深远的影响,对发展中国家参与国际展览事业具有重要的推动作用。针对国际展会展览品等暂时进出境物品所制定的“两头在外”的政策法规框架,现实中对进口博览会结束后境外展品进入特殊监管区开展保税展示和交易形成了较为明显的障碍,无法充分实现国家的办展目标。

从打造永不落幕的进口博览会的角度出发,展品后续保税展示交易的海关监管应以贸易安全与便利的平衡为指导原则,在风险分析的基础上,针对展览品这一特殊贸易方式,适当调整管理模式,减少行政审批,降低准入门槛,加强后续监管,才能切实助推国际会展业的发展。

未来,我国亦应进一步加强自贸试验区内外互动发展,全力推进招商引资工作,积极培育发展国际展会结束后除保税展示交易之外的其他新兴业态,着力推动产业转型升级,加速迈向“创造一流国际营商好环境,构筑区域转型升级新高地”。

Building an Everlasting China International Import Expo: On the Challenges and Countermeasures Regarding Bonded Product Exhibition Transaction System Innovations

WANG Min

[**Abstract**] Bonded product exhibition transaction represents one of the 14 innovative customs regulatory systems in Shanghai Pilot Free Trade Zone in early 2014, which allows all enterprises that have been registered at customs within Shanghai Pilot Free Trade Zone to engage in bonded product exhibitions and transactions inside or outside the zone. For the sake of supporting the 1st China International Import Expo in 2018, the Belt and Road Initiative, and the national expansion of opening-up, customs authorities have released a series of facilitative measures. In terms of bonded product exhibition transactions, exit formalities have been streamlined for facilitating the disposal of exhibits afterward; and a wider range of fields have become applicable to promote bonded product exhibition transactions. According to the China Customs Provisional Inbound and Outbound Goods Management Measures, inbound exhibits face restrictions in terms of engaging in bonded product exhibition transactions within special controlled areas after the exhibitions. Moreover, the current customs regulatory systems of current bonded product exhibition transactions are not fit for building an everlasting China International Import Expo. Therefore, relevant Chinese laws should be modified to allow exhibits to engage in bonded product exhibition transactions after the exhibitions, so as to build a special area for bonded product exhibition transactions. In order to balance trade security and convenience, customs measures should be taken in terms of exhibit entrance, bonded product exhibition and bonded product transaction for putting in place innovative systems. Actually, these measures will help develop Shanghai Pilot Free Trade Zone into a world-class exhibition, hence improving customs regulatory system and significantly promoting the developing countries to partake in the cause of international exhibitions.

[**Key words**] China International Import Expo, international exhibition, bonded product exhibition transaction, Pilot Free Trade Zone

关税法律问题

Legal Issues of Tariff Law

完善海关税收“自报自缴”制度之法律探讨

——基于国外立法现状及特点的比较研究

苏 铁 王 翀*

[摘 要] 为了充分体现海关税收治理体系与治理能力的现代化,在新一轮全面深化改革的进程中,中国海关大力推进“自报自缴”制度并将其视为“一揽子”海关征管改革的基石。然而,在全球范围内采用该制度的国家并不多见,进出口货物申报(企业合规申报)并不包括自动单独计算税费这一部分。这不仅是兼顾关税税种征收的特殊性,更深层次的原因是由于信奉实现税收公平和正义依赖于税法发挥纠偏和调适的功能,需推动纳税人权利与义务的合理配置。为此,在分析本国目前实施该制度的基础上,本文通过对有关国家立法的比较研究,试图探究法律实施方面的风险,并对进一步完善本国立法提供政策建议。

[关键词] 海关税收;制度改革;自报自缴;立法比较

* 苏铁:海关总署研究中心副主任;王翀:海关总署研究中心研究员。

海关通关一体化改革明确了“一次申报、分步处置”①管理模式,以企业“自主申报,自缴税款”(以下简称自报自缴)为切入点,建立新型税收征纳关系,以及与之相适应的征管体制和作业流程。这一具有标志性意义的税收征管方式改革旨在提升通关便利化水平,进一步引导进出口企业守法自律,提高纳税遵从度,为保障全面深化通关改革铺平道路。国际上,一些国家海关在征管模式改革方面做出了积极的探索与实践,并通过立法形式加以固化。有必要结合我国实际情况,从法律的角度来探讨“自报自缴”制度的利弊,预判海关税收征管改革过程中可能出现的各类风险,借鉴他国经验,提出相应的立法建议和措施,确保通关一体化改革的顺利推进。

一、纳税人“自我评定”制度差异分析

税收评定是征税机关受理申报后,依法对纳税人申报计税要素和应纳税额等做出的确定或调整,也就是对纳税申报的真实性、准确性做出确定或调整。从税收法理学的角度加以分析,税收评定制度是基于税收确认权(或国家税收请求权)而延伸的征管权利,而这种权利的获得是依托国家税收法律规定而产生的。纳税人在遵从税收法律过程中,有向国家依法申报交纳税收的法定义务。税收评定包含了纳税人自我评定(self-assessment)和征税机关评定(official-assessment)两大部分。评定(assessment)从税收专业角度来看,它的英文含义带有“确定”(determination)的意思。② 但事实上,由于纳税人本身并不具有就其所发生涉税事项适用法律的权能,尽管纳税人履行了申报纳税

---

① “一次申报、分步处置”是指:改变海关现行接受申报、审单、查验、征税、放行的“串联式”作业流程,基于舱单提前传输,通过风险防控中心、税收征管中心对舱单和报关单风险甄别和业务现场处置作业环节的前推后移,在企业完成报关和税款自报自缴手续后,安全准入风险主要在口岸通关现场处置,税收风险主要在货物放行后处置的新型通关管理模式。

② Assessment is defined as meaning: the ascertainment of amount of taxable income and of the tax payable thereon. See Cynthia Coleman, *Income Tax Analysis Cases, Questions and Commercial Application*, Geoffrey Butterworths, 1994, p. 488.

等程序性义务,但并不意味着其履行税法义务的行为能够产生具有终局性和确定性的效力。

纳税人"自我评定"制度(Self-Assessment System,SAS)是现代税收管理的重要标志,业已成为当代发达国家税收管理制度的共同法理基础。以美国为例,美国现代税收管理一个最鲜明的特征就是全面地确立了SAS。[①] 历史上,美国总统肯尼迪曾经说过"这种制度的完整性取决于人民继续真诚地、准确地履行公民的社会的对价"。[②] 换言之,该制度的前提是"税收是公民付给文明社会的对价"(Taxes are what we pay for a civilized society)这一信条被社会广大纳税人所接受。

在国内税领域,SAS的设计遵循了税收征管过程的一般逻辑,规定了申报、纳税、信息报送等环节针对纳税人的评定规则,计有:一是评定权,评定时间、评定方式方法,补充评定等税收评定规则;二是明确了欠税、减免、抵免、返还、利息计算以及欠税追征等税收征收规则;三是界定了纳税人申诉、诉讼裁判等争议解决规则边际。

SAS主要内容包括:一是纳税人依法自主评定自己的税收义务,主张法定的减、免、抵、退等税收权益(有权要求征税机关为其开展自我评定税收义务提供必要的服务和帮助);二是纳税人有正确履行申报纳税,报送与自主申报相关的涉税信息,保存与自主申报相关的账册、资料、文书等法定义务;三是征税机关对受理的纳税申报有法定的税收评定职责(通过审核、审计等措施对纳税人的申报作出确认或调整);四是在税收评定过程中(而非该过程之后),纳税人有法定的协助

---

① One of the strongest features of our democracy is the generation of tax revenues through a system of individual self-assessment. See IRS, Remarks of Mark W. Everson Commissioner of Internal Revenue before the National Press Club Washington, D. C., p. 1, Accessed Dec. 3, 2018, https://www.irs.gov/pub/irs-news/ir-04-034.pdf.

② The integrity of such a system depends upon the continued willingness of the people honestly and accurately to discharge this annual price of citizenship. See President Kennedy, Special Message to the Congress on Taxation, Accessed Dec. 3, 2018, http://www.presidency.ucsb.edu/ws/?pid=8074.

义务,对其自主评定的纳税申报承担说明、证明责任;五是征税机关对涉嫌税收欺诈、滥用税法等严重违法的纳税人有权开展违法调查,对不依法履行法定缴税义务的税收义务人有权实施强制征收;六是纳税人认为征税机关的税收评定等执法行为侵害其合法权益,有权提起申诉,获得法律救济。

然而,Self-Assessment在不同国家和部门的语境中显然有不同的含义。对美国海关而言,它是一种具有广泛意义的自愿性贸易合规方法。例如,进口商自我评估(ISA)计划始于2002年,凡参加该计划的进口商皆承担着自治的责任,以换取较少的政府监督和其他利益。① 它基于这样一个逻辑前提:拥有最强大内部控制机制的进口商遵守联邦贸易法律法规的水平最高,并且将引导海关的监管注意力,使之降到最低。因为海关不需要在他们身上花费更多的的执法审查和监督。加拿大海关有关"自我评估"项目(Customs Self-Assessment,CSA)的实施有较高的门槛。② 它是专为低风险、预先核准的进口商、承运人和注册司机而设计的。加拿大海关CSA制度设计的一个显著特点是在满足海关要求的前提下,进口商可以使用自己的业务系统和流程传输贸易数据、申报关务事项并向自己的存款账户每月汇进税款。该选择意味着很大的成本节约,因为进口商不必跟随单

① The Importer Self-Assessment (ISA) program was initiated in 2002 as a voluntary approach to trade compliance. It is based on the premise that importers with strong internal controls achieve the highest level of compliance with federal trade laws and regulations and require less enforcement review and oversight. Importers enrolled in the ISA program assume responsibility for self-governance in exchange for less government oversight and other benefits. See CBP, Importer Self-Assessment Program, Importer Self-Assessment Handbook, p. 1, Accessed Dec. 4, 2018, https://www.cbp.gov/sites/default/files/documents/isa_hb_3.pdf.

② See CBSA, Memorandum D23 - 3 - 1, Customs Self-Assessment Program for Importers, p. 8, Accessed Dec. 4, 2018, https://www.cbsa-asfc.gc.ca/publications/dm-md/d23/d23-3-1-eng.pdf.

一申报,逐票支付税款。① 但其中,对有资格申请该项目的进口商作出如下严格且详尽的规定:是加拿大或美国注册企业;有至少90天时间的多次进口记录;没有走私违禁品或商业违规行为的历史;准备投资公司业务系统;以及愿意提供高级管理授权,其包含或即将包含商业信息流程、海关接口设置和内部控制程序的记录。② 在企业申请后,加拿大海关还要对进口商进行风险评估,包括要求提交企业注册编码、公司治理结构文件、关键业务活动和产品、与风险管理相关的公司政策、季度报告或最近一期经审计的财务报表等。

由此可见,在世界海关的具体实践中,虽有不少发达国家海关依据上述原则,推行SAS制度,但总体上大多数国家是属于广义的SAS,即对税收管理活动中征纳双方权利义务关系进行界定。通过对税收管理活动过程内在逻辑的全面概括,更多体现的是与企业的合规合作,是“守法自律”的具体化,重点在于对企业的全面考察,并不仅仅拘泥于税款的计算和缴纳方面。只有一小部分国家以SAS制度为核心,侧重解决税款计算和缴纳方面的问题。无论如何,该制度的引入不仅对海关税收管理法律制度的修订完善具有重要影响,而且会对海关税收管理程序设计、职责划分、机构设置等方面都起到基础性的撬动作用。

---

① Importers can use their own business systems and processes, which must meet the CBSA's requirements, to forward trade data and to report and remit payment of taxes and duties once a month to their own financial institutions. This self-assessment option represents significant cost savings because importers no longer have to remit payment at the time of each shipment. See CBSA, Customs Self-Assessment Program for Importers, Accessed Dec. 4, 2018, https://www.cbsa-asfc.gc.ca/prog/csa-pad/import-eng.html? wbdisable = true.

② Importers eligible to apply to the CSA program must meet these requirements: they are residents of Canada or the United States; they have a history of actively importing for at least 90 days; they do not have a history of contraband or major commercial infractions; they are prepared to make an investment in business systems; and they are willing to provide senior management authorization that their books and records contain or will contain commercial business processes, customs interfaces and internal control procedures. See CBSA, Customs Self-Assessment Program for Importers, Accessed Dec. 4, 2018, https://www.cbsa-asfc.gc.ca/prog/csa-pad/import-eng.html? wbdisable = true.

二、中国海关"自报自缴"制度实践

(一)现行制度设计

中国版本的SAS是特指狭义的由进出口企业、单位自主向海关申报报关单及随附单证、税费电子数据,并自行缴纳税费的行为。《海关总署关于开展税收征管方式改革试点工作的公告》(海关总署2016年第62号公告)称,自报自缴模式下,进出口企业、单位在办理海关预录入时,应当如实、规范填报报关单各项目,利用预录入系统的海关计税(费)服务工具计算应缴纳的相关税费,并对系统显示的税费计算结果进行确认,连同报关单预录入内容一并提交海关。基本流程可概括为企业通过电子口岸客户端自主申报,系统自动计算应缴纳的税款,企业完成税费缴纳手续后自动放行。与以往海关税收流程对比,企业自主申报报关单的涉税要素,自行完成税费金额计算核,自行完成税费缴纳后,货物即可放行,海关再根据风险分析对进出口企业、单位申报的价格、归类、原产地等税收要素进行抽查审核。由此推动税收征管申报要素审查,由事中逐票审查确定向全过程抽查审核转变,实现税收征管作业的前推后移。自报自缴模式特点集中反映在:从"先征后放,串联模式"到"一次申报、分步处置";从"前置性征管"到"后置性征管"。这是海关为了提升通关便利化水平,引入企业自主管理理念,基于企业守法自律而开展的税收征管改革,设想的初衷是强化企业如实合规申报、依法纳税的责任,且配套发挥属地海关在纳税人管理方面的作用。通过企业自行申报、自缴税款、自打税单的方式,明晰征纳双方的责任边界,在提高通关速度的同时,降低海关执法风险,实现由"管"到"治"的根本转变。

(二)现行SAS模式存在的问题

1.部门规章与上位法存在冲突

毫无疑问,税收评定所涉及的最主要的法律规范即是授权性规则,应由法律赋予征税机关税收评定权。通过分析我国《海关法》、《进出口关税条例》与海关总署《海关全面深化改革总体方案》(以下简称

《深改方案》),发现存在多处冲突。一是《海关法》第29条规定:"除海关特准的外,进出口货物在收发货人缴清税款或者提供担保后,由海关签印放行。""先税后放"的通关模式与《深改方案》中实施"一次申报、分布处置"的通关管理模式不符。二是《海关法》第55条第1款规定:"进出口货物的完税价格,由海关以该货物的成交价格为基础审查确定。成交价格不能确定时,完税价格由海关依法估定。"这与《深改方案》中由企业自行申报,自行确认完税价格的规定存在冲突。三是《深改方案》中提出企业自报、自缴税款,海关受理后,不再开具税单进行缴款告知,纳税人可直接电子缴税,缴税后可自行选择是否打印税单,与《进出口关税条例》第37条规定的一般情况下海关先填发税款缴款书、后缴纳关税的顺序有所区别。因此,增强法律规章执行依据的实效性和协调性,实现法治与改革的有效衔接是有效落实该制度的当务之急。

2. 通关环节风险上升

现实中,在通关环节,可能会产生由关税征管模式改革而引发新的风险;在申报环节,企业可能因不熟悉海关业务而进行错误申报,或故意利用归类、估价、原产地等环节的专业性误导海关以达到避税等目的,或由于申报数据不足或不准确不能满足后续处置要求。在税收缴纳环节,"先放后征"可能导致存在主观恶意的企业钻空子,少缴、漏缴税款。税收征管中心的参数、指令、模型设计是自上而下的,很少(或没有)反映特定地区和口岸的特点,对不同现场风险捕捉形成挑战。在查验环节,布控指令由税管中心下达,将关员在通关环节中的人工干预降到最低,存在着难以根据一线关员经验发现线索,或发现线索无法进行布控的问题。

3. 后续税收征管难度加大

根据《深改方案》,"货物放行后,税收征管中心结合税收风险参数运用,通过批量审核及验估、核查、稽查等手段,完成后续税收征管作业"。改革前的验估工作是海关与货主或其代理人针对单证、信息进行当面交流沟通,必要时还要对货物进行现场查验。海关查验货物,一般在海关监管区内的进出口口岸码头、车站、机场、邮局或海关的其他监管场所进行。一旦货物放行离开监管场所,海关将不能对货物实施现场验估,而《深改方案》中既没有提及放行后海关如何进行准确验估的问题,对放行后核查、稽查和有效追补税款等后续处置问题也同样考虑不足。

4. 企业获得感不足

由于"自报自缴"违规处罚界定规定不明,大多数企业存有可能承担过多法律责任的隐忧。实际通关操作中,进出口企业如果发现进口货物商品归类错误、税款缴纳不实等行为,可主动向海关报告,经海关认定为"主动披露"的可以减轻或从轻处罚;违法行为轻微并及时纠正,没有造成危害后果的,不予行政处罚。虽然海关规定了在一定情况下,企业可以免于处罚,但海关归类、估价、原产地等税收要素的确认专业性较强,一旦海关发现企业申报错误,很可能难以区分主观故意,会导致高信用等级外贸企业被降级。此外,对于小微外贸企业和不常开展外贸业务的企业,由于缺乏专业人才和相关经验,面对税收模式的变化,可能会因此增加企业相关合规负担并承担出现失误责任的风险。

总而言之,如果盲目地推行"自报自缴"制度,税收风险可能会增加。一是申报环节:故意申报不实、归类估价原产地错误;二是缴纳环节:"先征后放"可能导致事后补税难度加大;三是现场业务处理和查验环节:经验不足,发现问题无法布控;四是放行后税收风险排查环节:批量抽查可能造成漏查,放行后检查难度加大。风险甄别方面,风险参数设置自上而下,较少(或没有反映)地区和口岸特点。涉税信息管理、企业诚信管理跟不上。从某种意义上讲,这是一个涉及全社会诚信体系建设的大问题。

(三)存在问题的原因分析

一是税收征管理念和模式相对超前与海关税收管理环境治理相对滞后之间存在矛盾。海关税收征管模式总体与国际海关界建立海关—企业合作伙伴关系以及贸易便利化理念相接轨。但这种以信任和守法便利为基础的模式设计对我国税收征管环境现状考虑不足。当前,我国纳税人纳税意识仍相对淡薄,造成税收申报不真实的状况比较严重;在全社会范围内没有真正形成由国家立法并协调运行的全社会共享的信息网,加之大数据、云计算等技术的深度应用效应有限,海关风险管理系统的实效性受到极大的制约。这种矛盾的存在,决定了相对超前的征管理念和征管模式在实践中会遇到一定的现实问题的挑战。征税和纳税是一个事物的两个方面,税收征收管理必然也包含了这两个方面。可以肯定的是,SAS 制度是税收评估制度的重要组成部分,但目前的问题是,海关税收征管本身并没有严格界定税收评估制度,贸然推行倾向企业端的 SAS 制度显然是具有一定风险的。

二是海关税收征收呈集中管理的态势和纳税人的极度分散、隐秘之间的矛盾。至 2017 年 6 月底,全国海关注册报关单位累计已达 102.76 万家。其中,前 3000 家企业纳税金额达海关征收税款总额的 80% 以上,而海关面对的是大量存在的中小型外贸企业、微型外贸企业,甚至存在大量以进出口公司为幌子的地下钱庄、以骗退税为目的的“皮包公司”。长期以来,海关关注进出口货物的物流化管理,而对纳税人的管理相对薄弱,没有建立有效的内外控管手段。纳税人管理信息来源和利用仍停留在纳税人申报数据上,信息交流也主要在海关系统内部,与银行、工商、税务等经济管理部门的信息共享度低,对征管规律、税源动态情况和发展趋势性的信息资料利用较少,导致征管信息真实度低、时效性差,措施针对性不强。

二是进出口商品税与国内税税种之间的性质差异放大了海关“自报自缴”制度的风险。自 20 世纪 90 年代初期以来,国内税务机关就已经开始采取纳税人自行申报纳税制度,实施税务检查和后续稽查相结合的税收征管方式。全球绝大部分国家的国内税也均实行了类似制度。而在全球范围内,关税、进口消费税、增值税等边境税的征收采取“自报自缴”模式的则相对较少。

造成这种情况的主要原因是进出口商品税与国内税在征管上的模式和性质差异。一是国内税征管体系已经较为成熟,形成了一套税务登记、税收监控、纳税提醒、税务预警、调查核实,到纳税评估、反避税调查、税务稽查的完整链条,且由于国内企业形成上下游关系,税务机关对各企业采取全链条核查机制,可以对纳税行为实施有效防范和打击。二是由于国内税税种的特殊性所造成的。首先,各国税务当局能够以纳税人申报为基础进行征收。基本前提是在征收的基本制度中,纳税人登记是首要的因素之一(某些税种,诸如遗产税,所得税,行为税等,必须是以商人申报为基本前提)。其次,国内税税基简明、固定和直观;税率比较简单,比如增值税,最多也就是3到4档。

而非中性的关税,主要起到的是调节经济和"对外斗争"的功能。与国内税不同,一是海关税收主要是围绕进出境货物进行管理,存在征税链条短,难以与上(下)游企业形成完整的税收链条,使海关对企业纳税的核查、稽查难度大于国税和地税部门。二是从关税税种的特性加以分析,可以推定该项制度最大的障碍在于关税计算的复杂性。不仅税率级差甚巨,而且税基核算复杂。完税价格并不简单地等于成交价格。在"捆绑销售"(Tie-in Sale)的情形下,销售的成交价格必然会受其他对应的交易安排的影响;对某些连续交易情形的,本次交易的价格必然会受到上一次价格因素的影响。而一般商人则认为本次交易的成交价格必然是海关的完税价格;而海关则会持不同的看法,认为根据《WTO估价协定》,完税价格应该是在公平竞争条件下,在公开市场上所达成的价格。如果本次交易受到其他交易或上一次交易的影响则应重新予以估算。又如,对于特许权的计税问题,法律规定必须同时具备两个基本前提,即与进口货物有关并作为销售的一项要件。事实上,确认作为销售要件是一件极其困难的任务。世界上大多数海关也把它作为关税征收的难点。除非被海关计征并告知理由,可以肯定的是,大多数纳税人都会千方百计地找出理由来将其排除在完税价格之外,不考虑纳税。至于归类问题,涉及的税率则体现了国别政策、产业政策、贸易政策、投资政策乃至货币政策。因为关税与各国设计的主体税种(如增值税)完全不同,具有保护和杠杆功能而非简单呈中性。增值税的税率一般只有简单的3到4档。因此它对商品属性几乎是漠然无视的;海关税则不同,因为它会涉及关税高峰、有效保护率等实质的因素。而对于原产地的证书的确认,并非是仅仅由商人递交那么简单。如果该证书早被涂改、被伪造,纵然相信这个商人是诚实信用的,也枉然无用。关税征收的基本要素,也就是常被人们理解的三大征管技术并非能够简单掌握的。如果众多的小微企业也要参与到计税环节之中,无形中必然会增加其成本和义务。这也是世界上大多数国家认为该制度充其量是一种优惠性的措施而非基本的征税制度的主要原因。

三、有关国家"自报自缴"立法情况

通过对全球主要国家(地区)关税及进口环节税征收模式的比较研究,发现欧盟实施了广义的"自报自缴"征管模式;而日本、印度、印度尼西亚和南非则实施或部分实施了狭义的"自报自缴"征管模式,通过立法或其他途径,在法律层面完成了对"自报自缴"制度的设计,包括申请人资质、实施范围、相关条件、适用范围等。但上述国家大多在法律层面并没有单独设立相应的章节,而是根据各自的实际需要突出了侧重点,立法不系统的问题依旧可见。

(一)SAS立法情况

欧盟版的"自报自缴"项目只是其"自我评定"制度(self-assessment)中的一部分而已,是通过《欧盟海关法典》最新确立的一项简化便利手续。《欧盟海关法典》第185条"自我评定"第1款规定,"海关当局可以依申请,授权经营者办理应由海关办理的特定海关手续,以确定进出口关税应纳税款,并在海关监管下实施特定监管措施"。[①]《欧盟海关

---

① See Regulation(EU)No. 952/2013 of the European Parliament and of the Council of 9 October 2013 Laying Down the Union Customs Code (Recast), Article 185 Self-assessment 1. Customs authorities may, upon application, authorise an economic operator to carry out certain customs formalities which are to be carried out by the customs authorities, to determine the amount of import and export duty payable, and to perform certain controls under customs supervision.

法典实施条例》第45条规定,海关当局依据进口商的申请,授权经营者办理应当由海关处理的特定海关手续。例如,以确定应纳进出口关税税额,或在海关监管下完成特定的监管措施。因此,它对准确界定相关海关手续和控制由被授予者进行实施则显得非常重要。相关规则应确保通过适当比例的控制在该成员国中明确应用"自我评定"。①关于"自报自缴"申报手续方面,欧盟委员会《欧盟海关法典实施细则》第225条重申,"在依照《法典》第182条录入申报人记录的情况下,补充申报具有一般性、定期性或概括性,且该经营者获得自我评定授权资质计算应缴进出口关税税额的,被授权人应当提交补充申报,或者海关当局可允许以直接访问被授权人电子系统的形式提供补充申报"。②

日本实施自报自缴制度的最大特点是,仅仅适用于常规进出口业务必须缴纳的进出口关税,排除了行李和邮递物品税和"两反"税。《日本关税法》第6条之2(关税确定制度 system to determine amount

---

① See Commission Implementing Regulation (EU) 2015/2447 of 24 November 2015 Laying Down Detailed Rules for Implementing Certain Provisions of Regulation (EU) No. 952/2013 of the European Parliament and of the Council Laying Down the Union Customs Code, (45) Self-assessment has been introduced as a new simplification offered by the Code. Therefore, it is highly important to define precisely the simplification related to the customs formalities and controls to be carried out by the holder of the authorisation. The relevant rules should ensure a clear application of self-assessment in the Member State through appropriate and proportionate controls.

② See Commission Implementing Regulation (EU) 2015/2447 of 24 November 2015 Laying Down Detailed Rules for Implementing Certain Provisions of Regulation (EU) No. 952/2013 of the European Parliament and of the Council Laying Down the Union Customs Code, Article 225 Supplementary declaration, In the case of entry in the declarant's records pursuant to Article 182 of the Code, where the supplementary declaration is of a general, periodic or recapitulative nature and the economic operator is authorised under self-assessment to calculate the amount of import and export duty payable, that authorisation holder shall either lodge the supplementary declaration or the customs authorities may allow the supplementary declarations to be available through direct electronic access in the authorisation holder's system.

of duty)在确立自我估价纳税制度(self-assessment system)时,特别强调,是否应当缴纳关税或应缴纳的关税数额,原则上应根据纳税义务人的申报确定。但在纳税义务人未自行申报,或者其所申报的应缴关税的计算方法与有关关税的法律规定不相符,以及所申报的应缴关税数额与海关署长的调查结果不一致时,则应缴纳的关税数额应由署长来确定。由此可以得知,从日本海关税收制度设计来看,"自报自缴"只是一种补充,而非普遍适用的征收制度。① 至于具体的操作细节问题,日本海关也作了如下规定,例如在《日本关税法》有关"自我估价纳税制度下关税的确定"的章节中,强调了执行此制度必须坚持的申报程序和具体适用范围。② 与之相配套,对于实施"自报自缴"制度,日本海关还保留了可追溯痕迹的权利。例如,该法第7条之九明确(账簿等的建立),"内阁令可以规定,任何特殊进口商都应建立并保存记录属于特殊申报的指定商品的品名、数量、价格等的账簿以及与该指定商品的交易有关的账簿"。

---

① 官方审定纳税制度(official assessment system)。应缴纳的关税数额完全由署长来确定。下列情况下关税的征收应适用审定纳税制度:A. 对旅客进境时的随身物品或者虽然不是随身物品,但根据某项内阁令规定须按本制度征税的物品征收关税的;B. 对邮递物品征收关税的;C. 根据《关税法》第7条第3款或者第8条第2款追溯征收反补贴税或反倾销税(retroactive levy of countervailing duty and anti-dumping duty)的;或者根据《关税法》第8条第1款对新的出口商征收的,可以根据该条18款规定进行调整的反倾销税的(仅限于该条15款规定的调查期间内进口的商品,这一限制也适用于《关税法》第12条和第14条规定的情况。);D. 发生本法、《关税法》或其他涉及关税的法律规定的特殊情况,需要立即征收关税的;E. 本法和《关税法》以外的其他涉及关税的法律规定适用本制度的;F. 对申报不实或未申报所征收的附加税。

② 第7条(申报)进口适用自我估价纳税制度的货物时,须向海关署长提交纳税申报单;根据内阁令的规定,前款规定的申报应向署长提出,并在本法第67条所要求的申报单上详细填报货物情况和应缴关税额;第7条之2(特殊申报)任何获得署长批准,准备进口署长所指定并适用自我估价纳税制度的货物(以下简称"指定商品")的人(以下简称特殊进口商),可以在署长批准之日的次月向署长提出特殊申报,申明货物的自我估价纳税基础、应缴纳关税数额和其他必要的申报内容。本款规定的申报不适用前条第2款的规定。但不应适用于《临时关税措施法》(temporary tariff measures law)附表1-6列名的商品或内阁令规定的类似商品;《关税法》第10条第1款的规定(商品灭失或损坏时的关税减免)和内阁令的相关规定不适用于特殊申报的指定商品。

印度"自报自缴"制度的引入始于2011年8月4日,由《印度财政法》(Finance Act,2011)授权规定,①并视其为海关税收的基本准则,与海关《现场稽查条例》(The On-site Post Clearance Audit at the Premises of Importers and Exporters Regulations,2011)配合使用。事实上,印度法规所称的"自报自缴"制度明确了进出口人的权利和义务,关税申报的货物的归类,税率的适用,完税价格的确定,有关减免事项的核定等诸多涉及海关税收征管的事项和要素确定的权利。

由于印度税制设置极为复杂,"自报自缴"制度,除了常规的关税、消费税和营业税之外,还将覆盖或涉及"两反一保"税和教育附加税(Cess)。从传统的海关为主过渡到以纳税人为主,当然这种权利的获得是通过特别申报来完成的。进口方面,以进口申报的形式(Bill of Entry);而出口方面,主要是以递交装运单据(Shipping Bill)为主。这种权利的获得,从法理上追本溯源,应当源于印度《1962年海关法》。在该法律框架中,明确了进口商有通过电子方式申报的义务。这是一项强制性的规定,只有当电子申报不可能的时候,方才允许以手工书面形式向海关呈报。只有在比较特殊的情形下,才会经过某一级海关的审批,并通过稽查的方法和手段来重新审视申报的完整性、准确性。因此,从这一层意义上来理解,印度的"自报自缴"呈大多数状态,已发展成海关征税的主流。在实际征管中,只

---

① India Finance Act,(M) after section 87, the following sections shall be inserted, namely:—88. Liability under Act to be first charge.—Notwithstanding anything to the contrary contained in any Central Act or State Act, any amount of duty, penalty, interest, or any other sum payable by an assessee or any other person under this Chapter, shall, save as otherwise provided in section 529A of the Companies Act, 1956(1 of 1956) and the Recovery of Debts Due to Banks and the Financial Institutions Act, 1993 (51 of 1993) and the Securitisation and Reconstruction of Financial Assets and the Enforcement of Security Interest Act, 2002(54 of 2002), be the first charge on the property of the assessee or the person as the case may be. See India Finance Act 2011, p. 26, Accessed Dec. 4, 2018, http://www.indiabudget.gov.in/budget2011-2012/ub2011-12/fb/bill5.pdf.

有少数申报选择性地被海关风险管理系统命中,这样,不仅能对信誉良好的进口商提供承诺性便利,并保证海关事后的核查是以公开透明的制度保证为前提的。

印度实施"自报自缴"制度的另一个显著特点是,如果进口商一旦对海关发起的评估存有异议,可以提出书面申请,海关承诺在作出征税决定的15天内,给进口商充分表达自己意见的机会。这从某一个侧面,也为进口人提供了一种行政救济措施。① 此外,印度立法反复强调,如果犯罪故意或主观故意偷逃税款或非合规条件及事实不能被证明的,那么,对于"自报自缴"情形下所犯的任何真实性错误,刑法之规定将不得被援引。② 这在法律上,从一个较高的层次打消了当事人的重重顾虑,确保了"自报自缴"制度的顺利施行。

南非则通过立法规定[具体是《海关监管法》(Customs Control Act)],首先,负责货物清关的单位或人员必须确认进出口货物是否部分或者全部应税,并在此基础上计算出实际应付的税额并将税额填具到进口报关单中。其次,应海关的要求,还必须出具依据法律而设计的计算该税额的算法清表(worksheet)。由此可见,南非不仅没有提供一套相应的应用工具,而且将计算税款的全部义务推到进口人或其代理人肩上。再次,规定了纳税人一旦发现申报错误,应当立即向通知海关加以纠正。最后,通过立法明确了该制度的适用范围,系指仅包括贸易性货物,排除了行李物品进入该

① On re-assessment of duty, the proper officer shall pass a speaking order, if so desired by the importer, within 15 days of re-assessment.

② Penal provisions would not be invoked in cases of bona fide errors in Self-Assessment where mensrea and willful intention to evade duty or non-compliance of a condition cannot be proved. See CBEC, Customs Manual on Self Assessment 2011, Accessed Dec. 4, 2018, http://www.cbec.gov.in/resources//htdocs-cbec/deptt_offcr/cs-self-assesmt2011-manual.pdf;jsessionid=CBD4D5E87DAB3C9600ED57923F11836A.

制度的可能性。①

不难看出,上述有关国家立法在强调征税管理的同时,也十分强调纳税管理。尽管欧美国家已经将税收的强制性色彩大大地加以淡化,提出了"海关债"的概念,倡导征纳双方权利义务的平等,但这并不影响构建海关税收仍然以主观征收为主,纳税征收为辅的基本格局。

---

① Customs Control Act of South Africa, Self-assessment of duty by person clearing goods:

82. (1) A person clearing goods for home use or outright export or for another customs procedure that confers a tax due or partial tax due status on the goods in relation to import or export duty must—

(a) determine the dutiability of the goods and calculate the amount of duty payable on the goods (if any) by making a self-assessment, on a worksheet as may be prescribed by rule, with reference to each of the key assessment factors applicable to the goods;

(b) state on the clearance declaration—

(i) the amount of duty payable on the goods (if any) in accordance with the self-assessment; and

(ii) any other particulars concerning the self-assessment as may be prescribed by rule;

(c) pay the amount of duty stated on the clearance declaration to the Commissioner in accordance with section 22 or 23;86 and

(d) on request by the customs authority submit the worksheet to the customs authority.

(2) (a) A self-assessment must, subject to section 527, 532 or 536 of the Customs Control Act, be made when the goods are cleared.

(b) A person clearing goods must on discovery of any inaccuracy in a self-assessment made in respect of the goods, promptly notify the customs authority of such inaccuracy.

(3) Section 179 of the Customs Control Act applies to a worksheet referred to in subsection (1).

(4) This section does not apply to—

(a) accompanied or unaccompanied baggage other than commercial goods;

(b) international postal articles cleared in accordance with the simplified clearance process contemplated in section 493 (2) of the Customs Control Act; or

(c) any other category of goods—

(i) excluded by rule from self-assessment; or

(ii) exempted by the customs authority in a specific case from self assessment.

See South Africa Customs, Customs Control Act 2014, p. 90, Accessed Dec. 4, 2018, https://www.gov.za/sites/www.gov.za/files/37821_gon552_Act30of2014.pdf.

当然对资信良好的企业会网开一面,从促进贸易便利化、自由化的角度考虑,在确保税收安全的前提下,设计并实施这一制度也是双赢的结果。

值得注意的是WCO现在还没有出台“最佳实践”(Best Practice)。这从另一个侧面说明,尽管是狭义的“自报自缴”制度,但在海关征收领域并非占压倒态势,它只是从纳税角度考虑作为海关征管内容的一种补充而已。

(二)各国SAS主要特点

1.大胆尝试,围绕SAS进行理念创新

“自报自缴”作为一项新的海关简化手续、便利贸易制度,是近些年才在上述几个国家和地区展开的。它符合国际贸易便利化改革趋势,并旨在建立以信任为基础的海关—企业伙伴关系。WTO《贸易便利化协定》提出“将货物放行与关税、国内税、规费及费用的最终确定相分离”。其第7条第3款进而规定“每一成员应采用或设立程序,规定如关税、国内税、规费及费用的最终确定不在货物抵达前或抵达时作出或不能在货物抵达后尽可能快地作出,则可在最终确定作出前放行货物,条件是所有其他管理要求均符合”。[①] 南非在2013年开始的法律修订中,将“自报自缴”制度纳入了《关税法》。相关的国际公约,如《京都公约》(修订)、WCO《SAFE框架》及最佳实践、全球化和技术应用均支持了南非海关立法框架的蜕变,带来影响进出口商和服务提供商的制度、程序和政策的变化。印度在其立法制度和相关材料中也有所体现,例如印度海关(Central Board of Excise & Customs)编撰的《关税自报自缴手册(2011)》中指出,“自报自缴”有望开创一个以信

① See WTO Agreement on Trade Facilitation, 3.1 Each Member shall adopt or maintain procedures allowing the release of goods prior to the final determination of customs duties, taxes, fees, and charges, if such a determination is not done prior to, or upon arrival, or as rapidly as possible after arrival and provided that all other regulatory requirements have been met. Accessed Dec. 4, 2018, https://www.wto.org/english/docs_e/legal_e/tfa-nov14_e.htm#art3.

任为基础的海关贸易伙伴关系的新纪元,从而促使遵守规则的贸易商获得更多的便利。①

2. 保障实施,推进 SAS 立法创新

一是为避免海关制定的程序性规定与上位法发生冲突,以"后法优先前法"为原则进行补充修订。作为简化海关程序改革的一部分,印度政府2011年通过颁布实施了《印度财政法》。相应地,据此对1962年《海关法》第17章、第18章、第50章进行补充修正,同时完善充实了进口(电子申报)条例、航运(电子申报)条例[Bill of Entry (Forms) Regulations,1976]、《通关后审计条例》等一系列配套法律规定。

二是明确在"自报自缴"模式下,被授权人办理海关手续及海关实施监管措施的程序性规定。《欧盟海关法典》第187条规定:"欧盟委员会应当以实施法令的形式,明确第185条第1款所授权的被授权人办理海关手续与实施监管措施的有关程序性规定。"②由此,可准确定义被授权人在海关手续和监管方面享受的简化措施,相关规则应确保"自报自缴"在成员国通过正确、合理的监管措施得到明确适用。印度尼西亚第10/1995号《海关法修正案》和第17/2006号司法解释第16条也原则性规定:"关税归类和完税价格可以在进行海关申报时自主确认,除非自主确认的商品归类和完税价格与实际商品归类和/或完

① Self-Assessment is expected to usher in a new era of trust based Customs-Trade partnership leading to greater facilitation of compliant traders. See CBEC, Customs Manual on Self Assessment 2011, Accessed Dec. 4, 2018, http://www. cbec. gov. in/resources//htdocs-cbec/deptt_offcr/cs-self-assesmt2011 - manual. pdf; jsessionid = CBD4D5E87DAB3C9600ED57923F11836A.

② See Regulation (EU) No. 952/2013 of the European Parliament and of the Council of 9 October 2013, Article 187 (Conferral of implementing powers), The Commission shall specify, by means of implementing acts, the procedural rules regarding the customs formalities and the controls to be carried out by the holder of the authorisation in accordance with Article 185(1). Those implementing acts shall be adopted in accordance with the examination procedure referred to in Article 285(4).

税价格不同。”①

3. 细化要求,明确介入SAS的资格

一是对被授权进行“自报自缴”的企业资质、范围进行限制。例如欧盟规定,只有AEO(Authorized Economic Operator)企业才能申请简化海关程序。具体而言,欧盟对有资格参加“自报自缴”的企业规定了基本的门槛,有明文规定。《欧盟海关法典》第185条“自报自缴”第2款规定“第1款所称授权的申请人应为简化通关类之经认证经营者(AEOC)”,②即申请人仅为可享受一体化通关(Centralised clearance)的企业。该制度实现了在信用管理基础上,由传统的海关监管向新型的企业自主监管的实质性转变,对于进一步强化企业的守法自律意识,提高纳税遵从度,务实性地建立海关与企业之间的伙伴关系大有益处。据了解,截至2017年11月11日,欧盟共有6802家简化通关类AEO(AEOC);631家安全保障类AEO(AEOS);7980家兼具简化通关类AEO许可证书和安全保障类AEO许可证书的经济经营者(AEOF)。③ 之所以没有允许所有进出口企业都有资质参加此项活动,欧盟以为,如果纳税权代替了征管权,中间必然隐藏着较大的税收风险。

---

① Law of the Republic of Indonesia No. 17/2006 Concerning Amendment of Law No. 10/1995 Concerning Customs, Article 16, Tariff Classification and Customs value may be determined on a self assessment of the Customs Declaration only in case where the classification and customs value stated differ from the actual classification and/or customs value, so that: import Duty is shortly paid in case the tariff and/or customs value is over stated; import Duty is paid in excess in case the tariff and/or customs value is under stated, Accessed Dec. 5, 2018, http://www.vertic.org/media/National%20Legislation/Indonesia/ID_2005_Law_on_customs.pdf.

② See Regulation(EU) No. 952/2013 of the European Parliament and of the Council of 9 October 2013, Article 185 Self-assessment 2. The applicant for the authorisation referred to in paragraph 1 shall be an authorised economic operator for customs simplifications.

③ 事实上,《联盟海关法典》将欧盟原有的AEO三种分类改为了两种,即简化通关类AEO和安全保障类AEO。这两种AEO是欧盟现行海关立法所承认的两种分类。但欧盟习惯上还是将同时具有两种AEO证书的持有人称为AEOF(Customs simplifications/Security and safety)。另外,在欧盟AEO数据库上也是按照3种分类来分别统计的。

可见,即使是在这个法制较为健全的经济体中也不敢枉然全部推开。

二是规范AEO企业的评级和严格考核其行为。事实上,欧盟对AEO企业申请和认定明确的规定和严格的限制,包括遵守海关法、税法,无严重违法违规行为;健全的商业管理体系,海关可以对企业交易数据进行监管;足够的偿付能力;与所开展业务直接相关的专业资质以及合适的安全和安保标准等多项具体要求,并有复杂专业的申请和审批流程。事实上,鉴于《欧盟海关法典》对于因认证的经营者的身份,可以享受更多的通关便利,故而对获得该资质提出了更高的要求,增加当事企业务实能力标准和职业资质是获得AEO认证的必要条件。具体而言,申请体验至少要有3年的海关关务方面的实践经验,或者由欧洲标准化机构通过的有关海关事务的资格标准,而且相关人员必须完成相关机构在海关法领域以及海关法相关的活动中提供的培训。

4. 强化监管,实施SAS风险管理

一是明确规定纳税人负有如实申报的义务。印度《海关手册(2011)》第3.1条规定:"在自我评估的情况下,在提交报关单或舱单时,由进口商或出口商保证申报正确的归类、适用税率、价值、免税额。"①某些国家还设立修订性申报制度,如南非《关税法》第82条规定:"办理货物通关时自报自缴关税(2)(b)规定,办理通关手续时,当发现货物的自我评估有任何不准确之处,应立即通知海关当局予以纠正。"②

---

① Salient features of Self-Assessment (a) The importer / exporter is responsible for Self-Assessment of duty on imported / export goods and for filing all declarations and related documents and confirming these are true, correct and complete. See CBEC Customs Manual of Self-Assessment, Accessed Dec. 4, 2018, http://www. cbec. gov. in/resources//htdocs-cbec/deptt _ offcr/cs-self-assesmt2011 - manual. pdf; jsessionid = 4C8CF7D659E36744D36280BB14009041.

② See South Africa Customs Control Act 2014, Self-assessment of duty by person clearing goods (2) (b) A person clearing goods must on discovery of any inaccuracy in a self-assessment made in respect of the goods, promptly notify the customs authority of such inaccuracy. Accessed Dec. 4, 2018, https://www. gov. za/sites/www. gov. za/files/37821_gon552_Act30of2014. pdf.

二是海关对企业自报自缴准确性、规范性进行指导。第一,引导企业做出正确申报。印度《关税自报自缴手册(2011)》中对报关单各种申报要素进行了详细介绍。同时规定,如果企业由于申报商品的复杂性、专业性或缺乏相关信息不能进行自我评估,则可以采取在海关服务台寻求帮助;或以书面形式向主管验估的副署长或助理署长提出由海关确定应纳税额;或寻求新德里预裁定管理局对商品进行预裁定等方式。第二,实施重大税收风险防控。在通关环节对主观恶意偷逃税款企业有效拦截,进行事中处置。印度《海关手册(2011)》第3.4条规定,"报关单审核应基于风险管理系统的筛查结果……确保干预是基于一定的规则,高风险货物在通关前将进行详细核查"。第3.3条规定,"当进口商或出口商提交的报关单被风险管理系统拦截时,由相关海关专员进行复核。在少量情况下,拦截也可能由专员或由他授权的人员批准,该人员的级别不应低于海关助理专员,而且一定要在系统中记录下来之后才能完成"。① 第三,对海关重估税款进行了详细规定。南非《关税法》第5章"关税评定"规定:"再次评定程序,即对货物(物品)在不超过3年税收确定时效的前提下,因事后发现纳税人提供不正确、不完整计税依据导致之前的申报、评定的应纳税额不实的,或者因关税法因新的溯及规定涉及调整纳税人计税依据的,应当再次评定。"第四,特别关注后续处置有效性问题。包括督促或告知制度、税款征收保障措施等。例如,《日本关税法》第11条规定:"明确纳税人在缴纳期限内未缴纳税款时,征税机关通过下达督促书催促其履行

① See CBEC Customs Manual of Self-Assessment, Self-assessment of imported and export goods:

3.3 The declaration filed by the importer or exporter may be verified by the proper officer when so interdicted by the Risk Management Systems (RMS). In rare cases, such interdiction may also be made with the approval of the Commissioner or an officer duly authorized by him, not below the rank of Additional Commissioner of Customs, and this will necessarily be done after making a record in the EDI system., Dec. 4, Accessed 2018, http://www. cbec. gov. in/resources//htdocs-cbec/deptt _ offcr/cs-self-assesmt2011 - manual. pdf;jsessionid = 4C8 CF7D659E36744D36280BB14009041.

义务。"如果日本海关有根据认为纳税人有逃避纳税行为,且这种逃避纳税行为发生在纳税期限届满之前,《日本关税法》规定海关可以实行提前征收(提前请求、提前保全扣押)。

5. 奖罚结合,建立 SAS 容错机制

基于大多数国家(地区)关税法都设专章规定了关税法的刑事违法行为与行政违法行为的法律责任的事实,出于对 SAS 制度的尝试考虑,故没有再专立自报自缴导致的罚则。但也有与之相反的规定,例如印度《关税自报自缴手册》(2011)特别规定,"以避税、规避监管、外贸政策或其他海关法条款的习惯性和犯罪性质的违规进口商和出口将面临因错误的自报自缴而导致的诉讼。如果不能证明自报自缴的错误是由于犯罪意图和故意避税或逃避监管造成的,不得援引刑法条文"。此举有助于对作为新生事物的该制度给予更宽松的外部法律环境支持。

四、完善本国 SAS 制度的政策建议

"一项法律制度若要恰当地完成其职能,就不仅要力求实现正义,而且还须致力于创造秩序。"①秩序最大的保障者在于法律和制度,故法律应适度领先于海关现行改革。一方面,为海关先进的改革理念和改革措施提供法律支撑;另一方面,对海关改革形成方向性指引。

按照"税收法定原则"的要求,税收立法应适用法律保留的准则,任何课税(纳税)要素的调整和变动均应以税收法定为前提,且应当获得"人民的同意"方可进行。因而,有必要进一步完善税收立法,以制定《关税法》为契机,逐步建立以《海关法》《关税法》为基础、以各税收征管规章为配套的海关税收征管法律体系。坚持"税收法定原则"回应社会关切,重点是界定征纳双方的权利和义务,满足设计 SAS 的基本条件,促使执行 SAS 的有关保障到位。参照国外立法实践,应重点

---

① [美]E. 博登海默:《法理学:法律哲学与法律方法》,邓正来译,中国政法大学出版社 1999 年版,第 318 页。

完善程序规则,主要是规范应用SAS时效及方式方法、SAS通知及修正、保留事后调查、SAS终止和免除、及增加用于第三人效力的法律元素。① 但在立法设计有关法律制度时,重要的是要运用"合理关切"(reasonable care)的理念。这不仅要求进口商诚实,具备一定的"专业性",熟悉自己的商业操作,了解海关的规则,准确且充分地进行信息披露,还要求尽到"关切"之责,全力使用该理念来申报其所知晓的一切,以便海关在基于判定当事人是否已经履行了相关的责任的基础上作出正确的行政决定。如果进口商已尽"合理关切",便可以免于被指疏忽而受到处罚。换言之,尽到"合理关切"是进出口商的"安全港"。反之,倘若纳税人未能尽到"合理关切"的责任,其轻者可能会延误提货,而重者则可能受到海关的处罚。②

1. 从贯彻落实"税收法定原则"的高度来认识完善SAS制度的重要性

"税收法定主义是检验税收正义的形式标准,其核心在于通过厘定课税权力与公民财产权的边界,实现对征税权力的有效控制。"③"税收法定原则"是税法基本原则之一,对征税权的限制为其内核,基本内涵可概括以下三个方面:(1)课税要素法定;(2)课税要素明确;(3)征税程序法定。本质上,"自报自缴"制度涉及税收征管的基本制度架构层面。我国的《立法法》第8条规定,税种的设立、税率的确定

---

① Taxation Administration Act 1953, Chapter 3, Subdivision 105 A, 105 5, 105 30. Also See US Code Title 26, Subtitle F-Procedure and Administration, Chapter 63—Assessment 6201 – 6255.

② 此理念源于1993年《美国现代化法案》。与以往传统的法理相比,该《法案》有两个显著的特点,一是"知法自律"("informed compliance");二是"责任共担"("shared responsibility")。两者基于一个共同的理念,即为了最大限度地保证自愿守法的落实,海关应最大程度地予以关务公开,使纳税人了解法律义务的每一个细节;而进出口当事人应尽自己最大的努力向海关披露所了解的事实。相应地,关企双方皆有义务共同承担实现该目标的义务。

③ 王婷婷:《反思型税法的理论构建及对现代税法危机的破解》,载《法学》2017年第5期。

和税收征收管理等税收基本制度只能制定法律。“税收法定原则”不仅在于限制国家的征税权,更在于维护社会的公平与公正,使不同的纳税人的负担处在相对公平合理的范围。这有利于纠正当前我国税法建构依然侧重于基于国家权力主义的征税逻辑以及过度依赖税收行政的便利之倾向。我们应当通过促进公众对税法的规范认同和不断完善立法技术来落实“税收法定原则”。

2. 从顶层设计出发,在上位法规划设计 SAS 制度

海关税收是以进出口(境)货物、物品为课征对象的流转税。海关监管是海关税收的基础。因此,在制定《关税法》(还应考虑同步修订《海关法》)中明确通关模式。可规定“为加快货物通关,海关应实施货物放行与税款缴纳相分离的通关模式;除法律、行政法规另有规定外,海关可按照纳税人申报先行征税验放,事后抽查审核”。只有通过海关对纳税义务人依法律尚未确定的税收作出具有实质确定力的评判,纳税人的税收义务行为才形成确定性的效力。因此,SAS 税收评定在性质上属于行政确认行为,其本身并不创设权利,税收确认权(或请求权)不因此而成立或消失。根据对这一法理的共识,在税收管理法律上普遍赋予税务机关(海关)税收评定的管理职责。① 同时还必须追加海关在推进此项工作时的责任。可规定“企业按照报关单填制规范和相关申报管理规定,自主向海关申报报关单及随附单证、税费电子数据。当企业无法准确申报时,应当向当地海关或通过其他形式向海关进行咨询,以完成申报手续”。

3. 考虑国情实际,明确参与 SAS 的主体资质

欧盟的做法说明,完善 SAS 是一个有条件且不断完善和改进的过程。其中的基本启示是即使是放开,也要守住底线。一旦关税征收的防线全部后移,这种风险将是目前海关自身力量难以应对和解决的。

---

① See US Code Title 26, Subtitle F, Chapter 63, Subchapter A, Sec. 6201, Assessment authority. The Secretary is authorized and required to make the inquiries, determinations, and assessments of all taxes.

2016年全国海关有进出口记录的企业达39万家,有纳税记录企业18万家。其中,前3000家税源企业缴税约占海关税收80%(前100家税源企业纳税约占30%)。根据有关部门的分析,即使在这3000家纳税大户中,企业信用等级也是良莠不齐,纳税遵从度不一,其中约2成企业为高级认证企业,4成企业为一般认证企业,4成企业为一般信用企业,甚者还有个别失信企业,约半数企业有未及时纳税经历。① 更为甚者,2016年前3000家税源企业有9家2018年已经倒闭或注销,有625家企业被挤出2018年前3000家之列。有鉴于此,从掌控和防范税收风险的角度考虑,完全没有一次性全面铺开SAS的必要。可在税收总量前3000家纳税大户试点的基础上,边总结,边整改,边推行。只有符合一定条件的企业,才有可能被授予选择"自报自缴"的权力。毕竟面对18万家参差不齐的企业,对海关6000人的征税队伍来说是一个巨大的挑战。

4.通过立法修正现有制度,促进权利义务的再平衡

海关对"自报自缴"后期监管的依据是确定无疑的,但后续监管的内容及与纳税人的权责应进一步予以考量。"自报自缴"监管方式的流程设计应突出考虑申报范围的科学性,权利义务分配平衡性;突出考虑海关监管对象流动性强导致货物放行后后续监管难度大的问题。海关应运用法律关系分析方法,理清监管流程的权利义务。可规定"纳税人在办理纳税申报后,发现申报有误需要修正的,在一定时间范围内,可以修正申报"。或作为立法的重要补充直接引用印度的观点,"如果犯罪故意或主观故意偷逃税款或非合规条件及事实不能被证明,那么,对于自报自缴情况下所犯的真正错误,刑法规定将不得援引"。

---

① 中国海关评定的4万家AEO企业,占全国海关税收总量近70%;其中,3300家高级认证企业(享有参与国际海关互认资格),仅占到全国海关税收总量的40%。由此可见,占比全国海关税收的80%的3000家纳税大户企业中,尚有部分并不是AEO企业。参见蔡岩红:《全国海关进出口通关时间缩短近三成》,载法制网:http://www.legaldaily.com.cn/index/content/2017-10/16/content_7358396.htm?node=20908,最后访问日期:2018年11月25日。

此外,还有必要尽快对各类税收征管规章进行调整,使其与"自报自缴"征管模式相适应。例如,对验估、核查、稽查等制度进行相应调整;建立纳税能力报告制度、欠税联合惩戒机制等,形成欠税风险防控管理系统。明确法定纳税义务的起始时间节点。由于实际征税时间的延后,实施中,企业认为海关主要在放行后开展风险排查和税收要素审核(而非以往在货物放行前审核涉税要素),而对发现少征、漏征税款的,依旧可按3年追征,因此企业认为这完全是由于海关自身调整纳税的时间安排之故,此举加重了企业纳税义务和责任。该问题的根源在于法规修改滞后于改革推进,有必要在制定《关税法》中考虑予以相应的调整。

与此相适应,在通盘考虑SAS立法时,还要侧重解决以下两方面的问题:

一是明确"自报自缴"行为是否可复议、诉讼问题。客观上,征纳关系是一对矛盾,是在同一语境中的一件事物的两个方面的表述。"自报自缴"是纳税行为,涉及海关大的征管格局,但并非是海关具体的征收行政行为。但海关在"自报自缴"制度设计中实际存在行政权的行使,而且这种行政权的行使还会体现在"自报自缴"的行为效果中。一方面,"自报自缴"行为是在法定框架下纳税人的自主行为,而非海关行政决定,因此不能作为征税决定进入行政复议、诉讼的救济通道。除非是有新的事实和证据改变进出口企业的选择,但是这种改变是进出口企业产生的,相关改变应在监管过程中完成。以上并不是剥夺进出口企业救济的权利。另一方面,海关对"自报自缴"后的报关单仍有权进行抽查审核,因为税收征收程序并未最终完成,实施放行前税收要素审核的行为结果具有征税行政行为的效力(确定力、执行力等),无疑也应该属于可复议、诉讼的范围。

二是突出解决SAS后续审核的程序化问题。解决后续审核的程序化法律地位问题在于"货物放行后,海关对进出口企业、单位申报的价格、归类、原产地等要素进行抽查审核”。[①] 然而现有规范未确定具体时限和程序;未规定确定完税价格等程序应以何作为标志。鉴于海关对于非“自报自缴”的进出口货物申报行为仍存在程序性审核的过程,以满足法律赋予海关审核的职责要求,“自报自缴”过程已不存在程序性审核的可能性。因此,后续审核的程序和要求应更加细化,避免产生未审核到位导致税款流失等情况给关员带来的渎职风险。

综上所述,从严格意义上讲,目前推行的SAS制度与恪守“税收法定原则”是有冲突的,因为征收基本制度所依赖的公平正义依旧是“税收法定”必须坚持和遵循的根本原则。在没有上位法的支持下,进行局部的试点无可厚非,但一旦作为制度全面铺开,则必须纳入法定框架。唯如此,才能保证顺利处理好改革和法治的关系。当下,随着新一轮《关税法》立法进程的加快,将完整意义的纳税人管理制度纳入《关税法》则显得尤为紧迫和必要。但善法不仅要求制定的税法符合法律的规范性,更应当以纳税人的可接受性和认同程度为依归。

A Legal Survey on Bettering the Self-Assessment of Customs Duties: A Comparative Study Based on the Current Situation and Characteristic Functions of Foreign Legislation

SU Tie WANG Chong

[**Abstract**] In order to fully reflect the modernization of both the governance system and governance capacity in customs revenue, China Customs vigorously pushes forward the Self-assessment System (SAS) in the new round of deepening-reform initiative. SAS is also considered as

① 海关总署公告2016年第62号,二、主要内容,(二)税收要素审核后置。

the cornerstone of customs reforms in duty collection and management. However, there are few countries in the world adopting SAS, and customs declarations (for the purpose of compliance) do not cover the automatic or voluntary calculation of taxes and charges, due to the uniqueness and intrinsic particularity of customs duty. At the in-depth level, it also arises from the facts that the realization of tax fairness and justice heavily depends on the roles of tax legislations in correction and rectification. Furthermore, SAS needs the rational balance of taxpayers' rights and obligations. Based on the analysis of the current practice of the SAS in China, the paper, through a comparative study of legislations of different countries, explores its risks in legislations, and presents some suggestions on how to improve the national legislation.

[**Key words**] customs revenue; institutional reform; self-assessment of duties, comparative study on legislations

关于完善“无合法证明进口货物”法律制度的若干思考

孙超英*

[摘　要]　我国有漫长海岸线、陆地边界和众多口岸,有广阔内地腹地。长期以来大量应征关税进口货物通过非设关地、或设关地走私进境,从沿边沿海、口岸流向内地,货物呈无合法证明状态,因法律制度设置不完善,海关等执法机关无法处理,带来巨额关税损失。为此,需完善法律,对涉案标的应一律追征关税和进口环节税,增加追究沿海沿边规定地区相关行为刑责,对内地相关行为行政处理,增加在有关区域海关执法权,对公私财物合理保护。

[关键词]　无合法证明;进口货物;法律制度

无合法证明进口货物指其本身是进口货物,但因不能提供进口环节证明,包括进口报关单、纳税凭证、罚没物资拍卖证明、行政处罚法律文书或购买凭证等,无法证明其来源合法,海关等执法机关亦难以查明进口环节。我国有漫长海岸线、陆地边界和众多口岸,有广阔内地腹地。由于走私的复杂性和隐蔽性,一直以来大量应税货物通过海上等水路、陆路边境以及口岸通关、行邮等渠道走私进境后,以无合法证明方式存在于流通、使用等领域,经久不止,时常甚烈。在海关查获

* 孙超英:中国海关学会理事,武汉海关学会常务理事。

一系列走私集团违法进口各类应税货物重大案件中,上千万、亿元的涉案货物,能查明具体违法进口环节的往往只是少部分。其他货物因难以查实具体进口环节,是相关法律制度缺失,海关等执法机关无法处理,成为走私屡禁不止的关键因素之一。这会带来巨额关税损失,无法从流通和消费等领域有效扼制走私,影响正常进出口秩序。

一、完善法律制度的价值考量

(一)保证国家关税和进口环节税收入

这些货物正常进口应征关税和进口环节税,但其非法进口以无合法证明方式存在,由于法律制度缺失,成为统一关境中关税制度行使的盲区。拨乱反正,回归法律本真,完善法律制度,对之征收关税,保证国家正常税收和进出境秩序,达成社会对海关税法遵从,形成全口径海关税收统计。

(二)在流通和消费领域综合治理走私行为

堵住走私向内地延伸的通道,要在销、运、存、需、购、持等环节防堵,釜底抽薪,斩断走私延伸的链条。斩断走私运输、消费等链条,通过在流通、使用等环节有效防堵,使走私失去国内市场基础,从源头上有效扼制走私。

(三)对公私财产合理保护

其中情况较为复杂,既有明知无合法手续而违法持有,也有历史上已持有现在销售、自用、善意取得等情况。应完善海关立法,区分情况,恰如其分,系统解决。不能粗放执法,不使行政执法权过度使用,体现对公私财产的合理保护。

二、法律法规无合法证明制度

(一)《海关法》规定水域无合法证明

《海关法》第83条规定,在内海、领海、界河、界湖,船舶及所载人员运输、收购、贩卖依法应当缴纳税款的货物,或者国家限制进口的货物没有合法证明的,按走私行为论处,依照《海关法》第82条对走私行为的处罚规定处罚,构成犯罪的,依法追究刑事责任。

(二)《刑法》规定水域无合法证明

根据《刑法》第155条规定,在内海、领海、界河、界湖运输、收购、贩卖国家限制进口货物,包括应税进口货物,无合法证明数额较大的,以走私罪论处,依照刑法对走私犯罪的有关规定处罚。

《最高人民法院、最高人民检察院关于办理走私刑事案件适用法律若干问题的解释》明确:在内海、领海、界河、界湖运输、收购、贩卖国家限制进口的货物、物品,构成犯罪的,应当按照走私货物、物品的种类,依照刑法相关罪名定罪处罚;其中走私普通货物、物品罪按偷逃应缴税较大、巨大、特别巨大,分别量刑处罚;单位犯走私普通货物、物品罪,按偷逃应缴税额分为情节一般、严重、特别严重,分别对单位和人员处罚;"内海"包括内河入海口水域。

可以依照以上这些法律规定对这水域无合法证明进口货物的违法行为进行查处。

(三)无进口证明汽车

1993年8月《国务院办公厅发布关于加强进口汽车牌证管理的通知》(国办发〔1993〕55号,以下简称《55号文》),明确了进一步严厉打击走私汽车违法犯罪活动。经国务院批准,海关、公安、工商对查获无进口证明汽车一律没收,不得罚款放行。公安交管部门须凭海关签发的进口证明书核发牌证。国务院办公厅随后发文明确《55号文》是经国务院批准,具有行政法规效力。《55号文》行政执法区域广泛,包括内地,可适用于销售、运输、使用、持有诸环节,执法主体为海关、公安、工商。

(四)无合法手续进口红油、成品油

1999年9月国务院办公厅发布《关于严格查禁非法进口"红油"的紧急通知》(国办发明电〔1999〕13号,以下简称《13号文》)(红油指香港用免税柴油,加入红色,不用于国际贸易),要求海关、公安、工商对无法查清进口来源的红油予以没收,不得罚款放行。2003年12月海关总署、发改委、公安部、商务部、工商总局、国务院法制办联合发出

《关于严格查禁非法运输、储存、买卖成品油通知》(署厅发[2003]389号,以下简称《389号文》),通知根据国务院常务会议精神,经国务院批准,任何单位和个人在内海、领海、界河、界湖和海关附近沿海沿边规定地区运输、储存、买卖成品油无合法手续的,由海关、公安(边防)、工商依照本通知没收成品油,不得罚款放行。海关总署2004年明确该通知是海关等执法依据,可单独引用,符合《立法法》法律没有规定可制定行政法规和规章来规范的原则。《389号文》将行政执法区域扩大到海关附近沿海沿边规定地区,执法主体为海关、公安(边防)、工商。

三、现行法律法规制度局限

(一)法律制度适用范围仅限于有关水域

《海关法》《刑法》限于对内海、领海、界河、界湖有关无合法进口证明违法行为执法。不包括沿海陆地及陆地边境附近地区和内地,无法查处未含地区的无合法进口证明违法行为。难以实现"在边境地区查、内地堵"治理方式,存在立法空白。未赋予海关对流通和消费领域无合法进口证明违法行为执法权,不利于海关在查办走私违法案件时对其有效、统一查办。

(二)处理结果未与追补关税挂钩

无论是法律还是法规、规章对无合法证明违法进口货物行为,都没有追补关税和进口环节税的规定,大量应税货物违法进口后未征收关税、进口环节税,国家关税受到巨大损失。在处理无合法进口证明案件时,当事人往往愿意接受海关补征进口税,不接受没收进口货物处罚,但海关做出补税决定的依据却不是很明确。

(三)法规及规范性文件适用受制于《物权法》规定

《55号文》《13号文》《389号文》及下述内容中提到的有关反走私综合治理条例等可以说具有约束效力,但不是国家法律,作为执法依据其缺少法律层面规定的支撑。我国《物权法》规定除法律另有规定的外以合理价格善意取得不动产的获得所有权。对善意取得无合法证明进口货物的,因《海关法》等法律没有对此可由行政执法机关没收等规定,行政机关适用《55号文》《13号文》《389号文》及有关反走私综合治理条例作出没收处理也受到《物权法》制约。

(四)规范性文件适用范围所涵盖的货物种类单一

《55号文》《13号文》《389号文》等分别就单项处理无合法证明的进口汽车(摩托车)和红油、成品油作出规定,不能有效应用于其他种类的执法。

(五)适用法规文件存在执法争议和隐忧

在适用相关规范文件时,发生过若干行政复议和诉讼案件,围绕海关能否在流通和使用环节处罚、能否对善意取得处罚、无合法进口证明是否存在持续行为、是否具有行政处罚追溯时效、执法文件效力等是否发生过较大意见分歧和争议。需要围绕这些问题以及在保证相对人举证时间、如何保护善意取得、合理保护公私财产等问题进一步完善制度。

四、相关法律法规及其适用

(一)法律法规及其适用

1.《暂行海关法》规定

1951年《暂行海关法》规定在国界边境规定地区,持有超出自用数量的外国货物而无合法证件者,为走私行为。并明确"规定地区"由海关总署会同公安部规定。①

2.境内外法律规定

我国《海关法》规定准许进出口货物由海关依法征税。《美国关税法》明确规定外国货物非法输入到美国应当追缴关税。②《日本关税法》明确规定违法货物不没收时如应课征关税原则上应向其所有人征收,进口人无法查明时向违法行为人追缴。《欧盟海关法典》规定获

① 《暂行海关法》第175条,该法1987年7月废止。

② 黄胜强等编译:《美国关税法》,中国社会科学出版社2001年版,第56页。

得、收到、持有进口货物的人明知、应知海关法规规定的义务未被履行,形成税收等海关债。[①]

3. 我国《刑法》巨额财产来源不明罪规定

《刑法》规定,国家工作人员财产、支出明显超过合法收入,差额巨大不能说明来源处5年以下有期徒刑或者拘役;差额特别巨大处5年以上10年以下有期徒刑。差额部分予以追缴。《最高人民检察院关于人民检察院直接受理立案侦查案件立案标准的规定(试行)》明确规定,巨额财产来源不明30万元以上应予立案。

4. 我国《物权法》规定

《物权法》规定,除法律另有规定,以合理价格善意取得不动产和动产,需要登记已经登记的、不需要登记已经交付的,受让人取得所有权。[②]

5. 反走私综合治理条例

深圳经济特区、广东省、辽宁省先后分别制定、实施反走私综合治理条例,[③]规定在海关监管区外、商品流通领域查获经营无合法来源证明进口商品的,由市场监管部门包括工商行政管理机关或食品药品监督管理机关按职责分工没收该商品或已售货款及违法所得,并处罚款,罚款幅度为货物等额或者货值20%以上30%以下或者货值30%。《辽宁省反走私综合治理条例》规定,当事人提供货物合法来源的举证时间为3日。

国务院法制办2017年5月公布海关总署起草的《反走私工作条例(征求意见稿)》,明确对流通领域经营无合法来源证明的进口货物,工商行政管理机关、食品药品监督管理机关、烟草专卖管理机关等分

---

① 海关总署国际合作司编译:《欧盟海关法典及其实施条例》,中国海关出版社2016年版,第143页。

② 参见《物权法》第106条。

③ 《深圳经济特区反走私综合治理条例》2012年4月27日修正;《广东省反走私综合治理条例》2014年3月1日施行;《辽宁省反走私综合治理条例》2015年10月1日起施行。

别按商品类型分工负责查缉。在非设关地(指海关监管区以外的沿海沿边地区)查获无合法来源证明进口货物,由查获行政机关没收;当事人无法查清的,由查获行政机关收缴。在市场流通领域查获买卖、仓储、运输无合法来源证明进口货物,由查获行政机关没收。明知而提供仓储、保管、包装等,由行政机关没收违法所得,可并处规定数额内罚款。①

6. 20世纪80年代对贩私的处理

20世纪80年代曾出现从沿海沿边地区向内地贩私潮,大量走私进口的日用洋货向内地贩运。各地公安等执法机关根据当时规定将在车站、检查站等查获的进口私货和预备走私出境的文物、中药材等交当地海关依规没收处理上缴。

7. 法律解释明确的内容

《最高人民法院、最高人民检察院关于办理走私刑事案件适用法律若干问题的解释》,自2014年9月10日起施行。其中明确规定,应处罚的无合法证明行为所存在于的"内海"包括内河入海口水域。对有关水域无合法证明行为的主体范围认定,刑法及司法解释包括范围广、适用性强。

此外,2000年7月3日全国人大法律委员会向全国人大常委会报告《海关法》修正案(草案)审议结果,对进口货物无合法证明,认为有的部门提出"在与内海、领海、界河、界湖相通的可航水域内的按走私论处的行为,可以按走私行为处罚"。"因此,法律委员会建议删去该项中有关可航水域的规定"。人大法律委员会对有关行为属性予以了说明。

(二)借鉴要义

1. 执法区域的突破

《暂行海关法》规定在国界边境规定地区进口货物无合法证明行

---

① 参见2017年5月国务院法制办公布、海关总署起草的《反走私工作条例(征求意见稿)》第16条、第31~33条。

为为走私行为,海关有执法权。且“规定地区”授权由海关总署会同公安部予以规定,简便利于执法。有关省市反走私综合治理条例及国务院法制办公布、海关总署起草的《反走私工作条例(征求意见稿)》将对无合法来源证明进口商品执法的区域扩大为所在地及全国。20世纪80年代,内地公安等执法部门将贩私私货交当地海关处理,海关的执法地域扩大到内地。

2. 纳税和违法责任确定

境内外法律关于进口或违法进口货物缴纳关税义务、责任规定,启示我们应向无合法来源的进口货物使用人、持有人就货物征收进口税,当进口人不能确定时可向违法经销人等征税。有关反走私工作条例启示应追究流通等领域非法经销人等的行政违法责任。我国《物权法》明确善意取得下获得所有权,但并未排除其就标的物的纳税义务。行政机关对内地等无合法来源的应税进口货物在不予没收的前提下作出处理并由海关征税,并不与《物权法》规定相抵触。

3. 认定内地等无合法进口证明行为应规定标准

借鉴最高检查处巨额财产来源不明30万元的立案标准,为保护正常使用进口货物、突出监管重点,处理内地流通和使用等环节无合法进口证明行为可按涉税额等确定行政立案和追补税标准。

4. 适用执法的货物未限品种

有关反走私工作条例以及20世纪80年代对贩私私货的没收等处理方式,适用多类无合法来源证明进口货物的执法。

5. 当事人不明或逃逸的由执法机关公告处理

有关反走私工作条例关于当事人不明的货物超出公告规定时间不来认领或接受调查的收缴货物的规定,简化了办案程序,增加了执法的可操作性。

6. 执法主体多元

有关反走私工作条例明确在流通领域对无合法来源证明进口商品处理有管辖权的单位为工商行政管理机关、食品药品监督管理机关、烟草专卖管理机关等,以发挥这些部门的作用。

7. 丰富了法律适用问题

《刑法》"内海"包括内河入海口水域,有关水域无合法证明行为的主体范围规定适当。全国人大法律委员会关于在与有关水域相通的可航水域内的行为属性的说明,为今后修订和适用海关法律规定,提供了有益的借鉴和参考。

五、完善制度设计

(一)制度设置原则

建议对于进口应税货物无合法证明,无论在关境内何处查获,查获机关涉罪还是行政违法,都应向海关缴纳关税和进口环节税,再由执法机关处罚或处理;增加海关对沿边沿海规定地区持有无合法证明进口应税货物行为的执法权,通过完善立法对其中涉税数额较大的应追究刑事责任;增加海关查处内地流通消费等领域经营、运输、持有进口应税货物无合法证明的执法权,对该类行为应按行政处理,不纳入刑罚,按一定涉税额建立立案标准,除对进口人补税,对经销人等应处罚款,对多次购买无合法证明进口货物的进口人可适当处罚;制度上设定合理规定,除要求当事人举证外,海关应调查来源,排除合法进口使用和超时效等情形,对公私财物合理保护。

(二)法律层面应作原则规定

1. 修改、完善《海关法》

(1)增加"沿边沿海规定地区"海关对无合法证明进口货物的执法权

为适应陆路边境反走私工作需要,杜绝从海上等水域向沿海陆上地区,从越南、缅甸等地将应税进口货物向我境内沿边地区转移,借鉴《暂行海关法》规定和《389号文》《反走私工作条例(征求意见稿)》将对无合法来源进口货物执法区域从前述《海关法》《刑法》规定的相关水域扩大到沿海沿边规定地区,通过《海关法》修订,建议《海关法》增加如下内容:在沿海沿边规定地区运输、收购、贩卖或者持有依法应当缴纳税款货物没有合法证明的,按走私行为论处,依照《海关法》对走私行为的规定处理,由海关对货物征收关税包括进口环节税。尚不构成犯罪的,由查获的执法机关包括海关行政处理,可以处货物等值以下或者应缴税款50%以上5倍以下的罚款。构成犯罪的移送追究刑事责任。沿海沿边规定地区范围由海关总署和公安部确定。

(2)增加在内地等其他地区持有无合法证明涉及关税、进口环节税数额较大进口货物处理规定

为了堵住走私逃税进口货物向内的流通,通过《海关法》修订,借鉴《刑法》对巨额财产来源不明罪的处理规定,《海关法》增加对在内地无合法进口证明应税货物处理的原则规定措施,同时体现维护关税税收、行政处理、合理保护公私正当财产的原则。故修订《海关法》建议体现以下内容:在沿海沿边规定地区[指前述第(1)点,即建议《海关法》增加海关执法的区域]以外的其他地区(包括内地),销售、运输、存放、收购、使用、持有应缴关税、进口环节税的进口货物数额较大且无合法证明的,或者持有规定品种、规定品种数量的应税进口货物无合法证明的,由海关向货物持有人或经营人对货物征收关税和进口环节税,并可对经营人或者持有人处货物等值以下或者应缴税款50%以上5倍以下的罚款。

(3)增加连通可航水域海关行政处理规定

通过《海关法》修订或解释明确:在与《海关法》第83条第3项规定的内海、领海、界河、界湖连通的可航水域运输、收购、贩卖依法应当缴纳关税、进口环节税的货物,没有合法证明的,由海关征缴关税和进口环节税,并可处货物等值以下或者应缴税款50%以上5倍以下的罚款。连通的可航规定水域范围由海关总署确定。

此外,现《海关法》第83条关于内海、领海、界河、界湖有关货物无合法证明按走私行为论处的规定应继续保留,鉴于《刑法》及司法解释规定,应明确《海关法》"内海"包括内河的入海口,删除《海关法》第83条"船舶及所载人员"限定用语,增强其适用性。

(4)增加对其中无主货物的处理规定

通过《海关法》修订,《海关法》增加如下规定内容:对上述(1)至

(3)区域中所有权人不明的无合法证明的进口应税货物,在当地主要媒体和海关门户网站发布认领或接受调查公告,公告期为3个月,公告期满无人认领或接受调查的,扣除关税、进口环节税、仓储等费用后,所得款项由海关上缴国库。

为保证税款和行政处罚的履行,在上述(1)至(4)事项中,应赋予海关等执法机关对有关货物的扣留、调查等权力,海关等执法机关可以稽核相关单据、凭证等,依法扣留、处置货物。

2. 补充、完善《刑法》

通过《刑法》补充、解释或修改完善,增加在沿海沿边规定地区对持有应税进口货物无合法证明的处理规定,即现第155条按走私罪论处的内容增加如下方面的规定:在沿海沿边规定地区,运输、收购、贩卖、持有国家禁止、限制或者依法应当缴纳税款的进出口货物、物品,数额较大,没有合法证明的以走私罪论处,依照刑法对走私犯罪的有关规定处罚。

此外,《刑法》第155条规定,在内海、领海、界河、界湖运输、收购、贩卖国家限制出进口货物、物品,数额较大,没有合法证明的以走私罪论处。建议明确在这些水域无合法证明的货物、物品除了应包括"限制"的种类,还应包括"依法应当缴纳税款"的种类。

3.《关税法》应明确内容

我国进行《关税法》立法,应在该法中明确:对《海关法》规定情形的进口应税货物无合法证明的,应由海关征收关税和进口环节税;无合法进口证明货物的关税应由实际进口人(使用人)缴纳,当税款不能由其完纳时,应由非法经销人、运输人、存储人或持有人等完纳;海关完税价格为国外成交价或国内实际销售价格等,当缺少这些价格资料时,由海关估定完税价格。

(三)行政法规应明确的具体规定

1.《海关行政处罚实施条例》应明确内容

通过《海关行政处罚实施条例》的修订,进一步明确《海关法》经营、经销、运输、存储、持有无合法证明进口应税货物的行政违法行为的情节。应重点对经营人、经销人或运输人、存储人等进行行政处罚,应处货物等值以下或者应缴税款50%以上5倍以下的罚款,在上述范围内划分轻重幅度处罚。无合法来源进口货物的使用人通常应办理补缴税款,但如其确有过失,如明知所购货物无合法手续而多次(如3次以上)订购,可适当罚款,如处所涉税款50%以上2倍以下罚款,并对相关行为的行政处罚追溯时效作出规定

2.《进出口关税条例》应明确内容

通过《进出口关税条例》修订,对接修订后的《海关法》对在内地等经营、使用、持有进口应税货物数额较大且无合法证明应予补税等规定。规定上述"数额较大"的数额,如可按货物应缴关税10万元(或10万元以上50万元以下其他数额)以上为"数额较大"标准。对应缴税人、完税价格确定、追征时效等进一步明确。

3. 国家及地方反走私工作条例应明确内容

各执法机关查获在内地经营、使用、持有进口应税货物无合法证明的案件,对其中涉税额较大的(标准参见上段),一律由当事人先向当地海关缴纳关税和进口环节税,随后由查获机关作罚款等行政处罚。对数额不大的不予补税、处罚。明确对海关发现的内地经营、使用、持有无合法进口证明货物违法行为的执法权,对此海关可自行处理,不必再向其他行政机构移交。不同执法机关对同类行为处理尺度应一致,其应与修订后的《海关法》《海关行政处罚实施条例》等规定相一致。

(四)举证时间、追征税款和行政处罚时效

就举证时间而言,有些现行法规仅赋予当事人几天举证时间,对此应加以完善,如延长为3个月举证时间,由海关等执法机关按案件规程办理,并将这些精神体现在《海关处罚条例》《进出口关税条例》《反走私工作条例》中。此外,通过行政解释,对无合法证明进口货物追征税及行政处罚时效,适用海关追补税、有关行政机关行政处罚时效规定,对持有货物多年无合法证明的,不宜认定为违法行为的继续。结合国外生产、进口、经营和经销、收货、付款、违法行为发生日等计算

时效,有多次行为(每次间隔不超过半年),从最后一次起算。

(五)体现公正执法

通过海关等执法机关调查,发现能证明货物是合法进口,但当事人难以提供合法来源证明;或进口货物已投入使用、安装、建造、消费、收藏多年超过追补税和处罚时效;或货物在历史上按当时政策已进口,现难以提供原进口证明,现经销具有国内贸易性质;或属个人自用合理;或根据新的规定在内地或在与有关水域连通的可航水域,货物涉税额未达到处理和补税标准,对这些经调查可排除,不予补税或处罚。纳入处理应是"现行",有证据表明进口或持有时间的,该时间应结合于追缴关税或处罚时效认定并符合规定数额标准,条件不符的不予补税及不予行政处理;违法进口与经销行为相联系,具有因果关系,经销和收购与违法行为有关联。对经销走私货物的团伙已经按走私行为认定了其部分走私货物,仍有部分同类货物只知违法进口时间区间和概括的违法进口方式,难以查实具体进口环节、时间,可按无合法进口证明处理。海关介入内地流通、消费、持有等环节执法处理无合法进口证明案件,宜在查处走私违法、违规案件时发现的这类案件入手,进入公司、经营场所、私人住宅等查扣无合法证明的货物,应当慎重,应确有必要和证据确实充分,并经直属海关或经授权的隶属海关关长审批。

(六)违禁和限制进口物品管理政策

内地无合法证明进口货物如属违禁进口货物,应通过《海关法》等修订等增加明确法律处理规定,明确可由海关、公安、工商等执法机关予以没收货物等处理。如属一般性管理限制进口货物,不属法律列管违禁品,包括部分属进口许可证件管理商品,同时又属应缴关税、进口环节税商品,除追缴关税、进口环节税外,如需行政处理的应按建议修订的《海关行政处罚实施条例》或完成制定的《反走私工作条例》处罚幅度从重处罚,可处货物等值以下罚款。

通过总结多年执法实践,需要创造性地完善《海关法》等法律制度,避免大量走私货物流入境内无法处置,达到在境内有效堵截、防控,综合治理,杜绝走私,维护正常进出境秩序,保证国家关税收入,实现全关境关税征管制度全覆盖,树立海关税法权威。

Thoughts on the Legislation Perfection for Import Goods without Legal Certificates

SUN Chaoying

[**Abstract**]　China has a long stretch of coastline and land border with a large number of ports and a vast expanse of hinterland. Over a long period of time, a huge amount of dutiable import goods have been smuggled into China customs territories through the places with or without customs offices. These goods usually have no legal proof. Customs and other law enforcement agencies are unable to deal with them because of the unsophisticated legal system, which has resulted in huge loss of custom duties. Thus, it is necessary to improve the legislations to recover customs duties and taxes of those goods. In addition, it is also imperative to increase the administrative and criminal penalties on these smuggling activities and to enhance the authority of customs administrations in enforcement, so as to strengthen the protection of public and private properties.

[**Key words**]　lack of import certificate; import goods; legal system

浅议特许权使用费计入进口货物完税价格的判断标准

沈李洁 张晓洁*

[摘 要] 特许权使用费是否应当计入进口货物完税价格一直是海关估价和海关稽查工作中海关与行政相对人争议的焦点问题之一。根据我国法律和实践,结合世界海关组织估价技术委员会的意见以及美国海关、欧盟的相关海关法律规定和案例,从进口货物与特许权的相关性、特许权使用费的支付构成进口销售的条件两个角度,针对特许权使用费计入进口货物完税价格的判断标准进行分析,并建议对我国海关法中关于专利权、专有技术、商标权判断与进口货物相关性的标准的法律条文进行修改,以及建立海关估价领域的推导原则和案例制度。

[关键词] 海关估价;特许权使用费;相关性;销售条件

特许权使用费是否计入进口货物完税价格长期以来一直是海关税收征管工作中的难点和争议点。2016年以来,随着两个关于特许权

* 沈李洁:德勤咨询上海有限公司高级顾问;张晓洁:上海德勤税务师事务所有限公司总监。

使用费进口申报的海关规范性文件的公布和执行,[①]企业申报价格的海关法律责任风险明显增大。同时,中国海关的稽查部门也密切关注并加强特许权使用费的稽查力度。大量跨国企业被海关稽查部门认定特许权使用费与进口货物有关并补征大额税款。由于中国海关法关于特许权使用费是否应计入进口货物成交价格判断标准规定得较为原则,在海关特许权稽查实践中企业与海关存在较大的争议。

一、特许权使用费的定义和范围

特许权使用费(Royalties),在海关估价领域其表现形式通常为按期支付的与货物价格相关的提成费用,但有时也表现为一次性支付的入门费,或者入门费加提成费。根据《中华人民共和国海关审定进出口货物完税价格办法》(海关总署令〔2013〕第213号,以下简称《审价办法》)第51条,特许权使用费"是指进口货物的买方为取得知识产权权利人及权利人有效授权人关于专利权、商标权、专有技术、著作权、分销权或者销售权的许可或者转让而支付的费用"。特许权使用费在我国企业所得税法中也有相应的定义。根据《中华人民共和国企业所得税法实施条例》(国务院令〔2007〕512号)第20条,特许权使用费收入"是指企业提供专利权、非专利技术、商标权、著作权以及其他特许权的使用权取得的收入"。

在《WTO估价协议》(《关于实施〈1994年关税与贸易总协定〉第7条的协定》)中,特许权使用费(Royalties)和许可费(License fee)两者并称,但并未做区别。协议未具体定义两者,仅在第8条(c)款规定特许权使用费和许可费可以在一定条件下计入进口货物完税价格。[②]《WTO

① 海关总署公告2016年第20号,关于修订《中华人民共和国海关进出口货物报关单填制规范》的公告;海关总署公告2017年第13号,关于修订《中华人民共和国海关进出口货物报关单填制规范》的公告。

② 《海关估价协议》第8条(c)款作为被估价货物的销售条件,买方必须直接或间接地支付与被估价货物有关的特许权使用费和许可证费,该使用费和许可证费不包括在实付或应付的价格中;(d)款略。

估价协议》的解释性说明中认为特许权使用费和许可费,可特别包括专利权、商标权、著作权有关的款项,但对于专有技术则并未提及。但在海关估价技术委员会评论19.1中,认为特许权使用费和许可费包括但不限于"为专利权、著作权和商标权所做的支付"。不过在公布的海关估价技术委员会的咨询意见和评论中未见专利权、著作权和商标权之外的其他权利形式。

《欧盟海关法典》(Union Customs Code)第71条(c)款也表述为特许权使用费和许可费,但没有明确其指向的具体权利范围。[①]《欧盟海关法典实施条例》第136条也未对特许权使用费和许可费作出定义。[②] 欧盟出版物《海关估价指引》则倾向于参考《OECD国际税收协定范本》第12条定义的特许权使用费范围,即"由于使用,或有权使用任何文学、艺术或科学著作,包括电影影片的版权,任何专利、商标、设计或模型、计划、秘密配方或程序,或有关工业、商业或科学经验的信息作为对价的各种款项(通常称之为专有技术)"。[③]

《美国法典》(U.S. Code)中的《海关关税法》(以下简称《美国法典》)则似乎把特许权使用费和许可费两者连用。[④]《美国联邦法规汇编》(Code of Federal Regulations)中的《海关关税法规》(以下简称《美国联邦法规》)仅提到了为专利权、商标权、著作权支付特许权使用费或许可费的情形。[⑤]

从上述各国规定可以看出,各国海关对于特许权使用费的定义范围可能并不完全一致。我国海关法定义的特许权使用费,实际上覆盖了《WTO估价协议》的特许权使用费和许可费两个概念,其指向的被明确列举的权利项目最多,包括了专利权、专有技术、商标权、著作权、

---

① See Regulation(EU)No 952/2013, Article 71.

② See Commission Implementing Regulation(EU)2015/2447, Article 136.

③ Taxud B4/(2016)808781 revision 2 3.2 Scope 7 8.

④ See U.S. Code, Title 19 Customs Duties, 1401a(b)(1).

⑤ See Code of Federal Regulations, Title 19 Customs Duties, 152.103(b)(1)(2), 152.103(f).

分销权或者销售权的许可和其他特许权。欧盟海关法定义范围次之,明确提到的权利项目包括了专利权、专有技术、商标权、著作权。美国海关法和《WTO估价协议》明确提到的权利项目最少,只有专利权、商标权和著作权。

从权利性质看,专利权、商标权、著作权都属于知识产权,具有时间性、地域性、专有性、无形性等特点,根据商业惯例其使用也基本采用特许权授权协议形式,各国海关将其纳入特许权使用费和许可费管理理所当然。而分销权或者销售权在性质上其实与前述权利存在较大差别,在海关估价领域指进口商品批发或零售的经营权,以及辅助分销和服务的经营权。其权利基础是来自于进口商品,未必有专利权、商标权、著作权的存在,也未必基于特许权合同。而且,确认分销权或者销售权是否应当计入进口货物完税价格的标准与其他几项特许权相比差异较大,因此《审价办法》在《WTO估价协议》框架下,将分销权或者销售权纳入特许权使用费范围内,值得商榷。

专有技术的特点在于秘密性并依赖于其持有人的自行保护。北京大学出版社出版的《现代经济法辞典》定义为:"专有技术是有一定价值,可利用、未被公众所知,可以转让或传授而未取得专利权的技术知识、技术情报、经验、方法或其组合。"《审价办法》定义专有技术"是指以图纸、模型、技术资料和规范等形式体现的尚未公开的工艺流程、配方、产品设计、质量控制、检测以及营销管理等方面的知识、经验、方法和诀窍等"。欧盟海关则与OECD观点一致,将"有关工业、商业或科学经验的信息"理解为专有技术。在执行税收协定有关特许权使用费的条款时,我国对"专有技术"的界定与OECD基本一致。《国家税务总局关于执行税收协定特许权使用条款有关问题的通知》(国税函〔2009〕507号文)规定:"税收协定特许权使用费条款定义中所列举的有关工业、商业或科学经验的情报应理解为专有技术,一般是指进行某项产品的生产或工序复制所必需的、未曾公开的、具有专有技术性质的信息或资料(以下简称专有技术)。"在商业实践中,专有技术采用特许权授权协议方式单独授予他人的情形相对较为少见,通常会与专利权、商标权、著作权等一起签订特许权授权协议,授权方也较少为专有技术设定单独的固定授权费用或者比例授权费用,这与专有技术不易计量、不易单独保护的特点有关。“专利与专有技术通常共处于实施一项技术的知识整体中,即实施一项技术仅有专利是不够的,还必须同时具有专有技术。在技术贸易中,一项技术授权合同往往同时包括了专利和专有技术两项内容。”①因此,《审价办法》将专有技术纳入特许权使用费范围及国际贸易的实际情况和他国海关立法实践相一致。

二、特许权使用费计入进口货物完税价格的判断标准

海关征税权的对象是进出海关关境的有形货物。海关对于特许权使用费的征税,在形式上是对无形权利的征税,但在实质上仍然是对于有形货物征税,即对附加在货物上的但未体现在货物价格中的特许权行使征税权。

各国海关对于特许权使用费计入进口货物完税价格的判断标准均有规定,基本上复述了《WTO估价协议》第8条(c)款规定,“作为被估价货物销售的条件,买方必须直接或间接支付与被估价货物有关的特许权使用费与许可费,只要该特许权使用费与许可费未包括在实付或应付的价格中”。美国海关法、《欧盟海关法典》的规定与《WTO估价协议》一致,即在大原则上都规定了3项:特许权使用费未计入进口货物完税价格;特许权使用费与进口货物有关;特许权使用费构成该货物向该国境内出口销售的条件。

我国《审价办法》的规定亦大体相近,其中第11条第3款规定,“买方需向卖方或者有关方直接或者间接支付的特许权使用费”未包括在货物实付、应付价格中的应当计入完税价格,“但是符合下列情形之一的除外:1.特许权使用费与该货物无关;2.特许权使用费的支付

① 海关估价大百科编委会:《海关估价大百科》,中国海关出版社2011年版,第444~445页。

不构成该货物向中华人民共和国境内销售的条件。”

除此三项基本规定外,各国结合实际又有所扩展,但由于特许权的无形形态、特许权使用费合同和进口货物销售合同的分离、特许权使用费计算和进口货物价格的不相关等情况,判断特许权使用费是否计入完税价格仍然存在困难。

(一)特许权使用费与进口货物有关

1. 各国海关的规定

《WTO 估价协议》没有对特许权使用费与进口货物有关进行定义。解释性说明第 8 条认为在进口国复制进口货物权利的费用不应包括在内,即认为境内复制费用与进口货物无关。

《欧盟海关法典实施条例》第 136 条规定,如果根据特许权或许可协议转让的权利已包含在进口货物中,那么该特许权使用费和许可费是和进口货物有关的。当特许权使用费和许可费金额的计算方式是基于进口货物价格时,如没有相反证据应假定特许权使用费和许可费与进口货物有关。如果特许权使用费和许可费的一部分与进口货物有关,另一部分与在货物进口后附加的其他成分和部件有关,则应当进行适当的分摊。欧盟委员会认为,要确定特许权使用费是否和进口货物有关,关键问题是确定被许可方支付的回报是什么。如专有技术的被许可方通常会收到设计、方程、指导手册。如这些转交物应用于进口货物上,则可以认为专有技术与进口货物有关。①

《美国联邦法规》第 152.103(f)节的细化规定,覆盖生产进口货物的生产过程的专利使用费应当计入完税价格;向第三方支付的为在美国国内使用的与进口货物有关的版权费和商标费,一般应被视为买方的销售费用,不应计入完税价格。第 152.103(h)节则规定在美国国内复制进口商品支付的费用,不应计入完税价格。但该复制权限定于下列进口商品:艺术或科学作品的原件或复制件;模型和工业制图的

① See Taxud B4/(2016)808781 Revision 2 3.5, Existing Guidance, Paragraph 14.

原件或复制件;机器模型和原型;植物和动物品种。①

我国《审价办法》第13条根据权利性质的不同,按照专利权和专有技术、商标权、著作权、分销权和销售权,分四类定义了什么是与进口货物有关。② 总结分析《审价办法》和他国海关立法,特许权与进口货物有关的判断标准基于两点:一是特许权使用费必须是用于支付法定类型的特许权权利;二是进口货物必须成为特许权的载体或者实施特许权的载体。基于我国海关特许权海关估价实践集中于专利、专有技术和商标,对此仅就此三项特许权做进一步分析。

2. 专利权和专有技术费的相关性判断

对于专利权和专有技术,根据《审价办法》规定,有三项判断标准。具体来说,特许权使用费是用于支付专利权或者专有技术使用权,且进口货物属于下列情形之一的,应视为该特许权使用费与进口货物有关:(1)含有专利或者专有技术的;(2)用专利方法或者专有技术生产的;(3)为实施专利或者专有技术而专门设计或者制造的。根据第1项和第2项标准,由于专利权或专有技术已经固化在进口货物中,成为进口货物不可分离的一部分,因此专利权和专有技术的特许权使用费理当与进口货物有关。对此,美国海关持相同

① See Code of Federal Regulations, Title 19 Customs Duties 152.103(b)(1)(2), 152.103(f)(g).

② 《审价办法》第13条规定,符合下列条件之一的特许权使用费,应当视为与进口货物有关:(一)特许权使用费是用于支付专利权或者专有技术使用权,且进口货物属于下列情形之一的:1. 含有专利或者专有技术的;2. 用专利方法或者专有技术生产的;3. 为实施专利或者专有技术而专门设计或者制造的。(二)特许权使用费是用于支付商标权,且进口货物属于下列情形之一的:1. 附有商标的;2. 进口后附上商标直接可以销售的;3. 进口时已含有商标权,经过轻度加工后附上商标即可以销售的。(三)特许权使用费是用于支付著作权,且进口货物属于下列情形之一的:1. 含有软件、文字、乐曲、图片、图像或者其他类似内容的进口货物,包括磁带、磁盘、光盘或者其他类似载体的形式;2. 含有其他享有著作权内容的进口货物。(四)特许权使用费是用于支付分销权、销售权或者其他类似权利,且进口货物属于下列情形之一的:1. 进口后可以直接销售的;2. 经过轻度加工即可以销售的。

观点,[①]《欧盟海关法典》第136条也有类似规定。但第3项标准在实践中存在不少争议。

根据《审价办法》及其释义,为实施专利或者专有技术而专门设计或者制造的,是指进口的机器、设备等生产性货物是专门设计或者制造的,以用于实施专利或专有技术的生产。[②] 按照释义,第3项标准仅适用于专门设计的机器和设备,而与其他类型进口货物无关。如果除此类专用机器设备以外的进口货物已经含有专利权或专有技术,应适用第1项和第2项标准。换言之,不能适用第3项标准。但在实践中,有海关将第3项标准扩大使用,适用于专用机器和设备以外的进口货物上。

例如,在某案中,X企业进口了某几种化工原料,混合国内原料用于成品化工品的生产。X企业与授权方签订了技术的特许协议,明确规定了专利授予范围,技术使用费基于国内成品的销售净额(扣除了成品中使用的向关联方购买的进口货物的金额)计提。化工原料在生产过程中改性,无法区分进口原料或者国内原料,成品是与进口原料和国内原料海关编码前四位有差异的其他产品。本案中专利权的特许权使用费是否与进口货物有关,应按照《审价办法》根据进口货物中是否有授权专利或者是否用授权专利生产进行判断,而不能以第3项标准进行判断。但实践中A海关认为即使进口货物中没有授权专利、也没有用授权专利生产,但是成品生产过程使用了授权专利,因此进口货物是为了实施该专利而专门制造的(假设进口货物是由专利授权人生产)。据此A海关做出判断,认为专利权的特许权使用费与进口货物有关。A海关的认定存在两个值得商榷之处:第一,将限定于专用机器和设备的条款扩大适用于通用产品。第二,"有关"的概念理解似有偏差。进口货物与技术的特许权使用费有关,是因为货物已成为

---

① See General Notice, Dutiability of Royalty Payments, Vol. 27, No. 6, Cust. B. & Dec., February 10, 1993.

② 海关总署关税征管司:《中华人民共和国海关审定进出口货物完税价格办法及其释义》,中国海关出版社2006年版,第92页。

该技术或者技术实施的载体,即技术已应用于进口货物,或进口货物能完整体现或实施技术。本案中,A海关未经分析技术内容、技术作用对象和载体,仅根据成品的生产技术必须作用于进口货物,而推论生产技术的特许权使用费与进口货物有关,似乎将“有关”的概念作了不当的扩大。

在欧盟海关法与美国海关法及案例中,未见通用设备、原材料、中间品自身不含专利,却因为在进口国需要被用于实施专利或专有技术而被认为与特许权费有关的情况。在咨询意见4.12中,轧钢厂进口设备是为实施专利工序而专门制造的,故估价技术委员会认定进口设备与为实施专利工序而支付的特许权使用费具备关联性,这一判定结果与我国《审价办法》释义有关第3项标准的观点是一致的。因此,将第3项标准的适用对象扩大到机器、设备以外的进口商品,是缺乏法规和理论基础的。

排除第3项标准作为判断依据后,上述案例的问题被相应简化成进口零件或原料,是否含有授权专利和专有技术,或者是用授权专利和专有技术生产的。此时,专利权、专有技术是否与进口货物有关,应从特许权协议中的专利权、专有技术的范围、内容、性质和表现形式进行分析,寻找技术与进口货物的关联点。如特许权是专利权,企业、海关可以从权利请求书、专利说明书、和附图出发,明确专利的保护范围、使用范围;如特许权是专有技术,应确定专有技术的载体,如操作手册、工程图纸、技术规范、模型等,从而判定该专利或专有技术是用于生产进口货物的技术,还是在境内将进口货物加工为成品使用的技术。如该专利或专有技术确实只是运用于境内成品的生产,则不应认定特许权使用费与进口商品的相关性。如美国海关裁定的MMMA案例。MMMA公司向MMC公司购买汽车KD套件,包括引擎、变速器等,同时在美国国内采购部分配件组装成品。两者之间签订了专利和专有技术协议,MMC向MMMA提供了工程部件清单、本地配件制图、组装装配图纸。美国海关认为MMMA证明了授予的特许权仅与国内的生产组装有关,并且证明了美国国内的生产不是简单的组装KD套件。美国海关据此认为授予的特许权与进口产品无关。①

3. 商标权的相关性判断

根据《审价办法》规定,我国海关法关于商标权同样有三个判断标准。特许权使用费是用于支付商标权,且进口货物属于下列情形之一的,应视为特许权使用费与进口货物有关:(1)附有商标的;(2)进口后附上商标直接可以销售的;(3)进口时已含有商标权,经过轻度加工后附上商标即可以销售的。《欧盟海关法实施条例》(旧版)第159条规定的商标权的特许权使用费是否与进口货物有关同样有三个判断标准,"货物进口后直接在市场上销售或经轻度加工后销售;货物在进口前或进口后加贴商标后销售;买方不能从与卖方无关联的供应商处获得进口商品"。相较专利权和专有技术,商标权的特许权使用费和进口货物的相关性判断标准更为直观,这是因为商标就是起到外在宣示的作用,也更容易识别。

我国海关法中认定商标权特许权使用费与进口货物有关的三个标准包含了对进口货物的一个隐含条件,即进口货物是可以直接或者经过简单加工后就可以投入市场流通的商品。盖因商标的作用即为表明某商品或服务是某具体个人或企业所生产或提供的。如进口货物不投入流通,附加于进口货物上的商标则根本无法产生供他人区别、识别商品美誉度的意义。鉴于此,从商标权的作用和立法逻辑出发,"附有商标的"这一表述并不完整,应当与"进口后附上商标直接可以销售的"相似,即应理解为附有商标可以直接销售的。附有商标而不能直接销售的,根本无法实现商标权的作用,违背了商标权的法定属性。

在判断商标权特许权使用费与进口货物是否有关时,还应当注意注册商标具有的核定使用范围。我国《商标法》第56条规定:"注册商标的专用权,以核准注册的商标和核定使用的商品为限。"我国商标注

① See Ruling 547532 Dated Nov. 2,2001.

册是建立在《商标注册用商品与服务国际分类尼斯协定》的《类似商品和服务区分表》基础上的,共包括45类,其中商品34类,服务项目11类,共包含一万多个商品和服务项目。如果经注册的商标使用于非核定使用的商品,或者在核定使用的商品上使用非核准注册的商标,都属于非正常使用注册商标的行为,不受商标法律制度的保护。因此,在判断支付的商标权特许权使用费是否与货物相关时,首先应当确定特许权合同授予的商标权范围,其次应当确定授权商标权的核定使用范围,最后应当确定进口货物是否属于授权商标权的核定使用范围。如果进口货物不属于商标权核定使用范围的,那么在该进口货物上使用该商标并非一项专有权利,此时再援引适用《审价办法》中关于商标权特许权使用费的规定,可能缺乏相应的法理基础。

在实践中,商标权特许权使用费是否与进口商品相关也会存在一定争议。举案例说明,A公司从境外无关联方B公司进口手机外壳,从关联方C公司进口液晶面板、包装盒,在国内组装为手机成品并在国内销售。进口的手机外壳、液晶面板、商品包装盒附有关联方C公司的注册商标T,A公司需要基于国内手机销售额向C公司支付商标权特许权使用费。如基于《审价办法》条款的字面含义判断,该种情形似乎属于"进口商品附有商标的",因此应当认为该商标权特许权使用费与进口商品有关。但是细究注册商标的分类,可以发现注册商标T的核定使用范围仅用于手机,并不包括手机外壳、液晶面板、包装盒。同时,上述进口货物不在进口后直接投入流通,仅用于组装成品手机。因此,该案例进口货物所付的商标仅在成品手机上才形成商标法意义上的应用,才体现了商标权特许权使用费的使用对价,故不应认为商标权特许权使用费与进口货物有关。

4. 特许权使用费的计算方式在判断"相关性"时的运用

特许权使用费的计算一般有以下方式:一次性的入门费或者技术转让费;基于进口货物价格;基于成品销售价格(数量);基于成品的销售净价;入门费加提成。根据特许权使用费计费方式不同,各国海关实践中采用了一些推定规则。如欧盟认为当特许权使用费金额的计算方式是基于进口货物价格时,如果没有相反证据,则应推定特许权使用费与进口货物有关。需要注意的是,欧盟相关指引也指出,特许权使用费的计算方式并非判断该项特许权使用费是否与进口货物相关的决定性因素。例如,如果特许权使用费金额基于许可货物实现的销售额计算,而许可货物含有进口成分或者进口组件,此时许可货物可能全部、部分或者完全与进口货物无关。

我国海关法中没有相关条款对此情况加以说明,也没有形成相关的推定原则。基于实质重于形式的原则,我国海关实践中会对特许权的实质,进口货物是否使用了特许权加以分析,而不会仅参考特许权使用费的计算公式。实践中有企业认为,如果特许权使用费的计算不是基于进口货物(如以成品销售净价为基础计算特许权使用费),该特许权使用费就与进口货物无关。① 对于该观点,海关有的观点持否定态度,如在关税司所编写的《中华人民共和国海关审定进出口货物完税价格办法及其释义》②关于特许权使用费的案例中指出"至于支付的具体金额以何种方式确定,只是一个计算公式问题,并不影响该笔费用是否应税的判断结论"。针对常见的销售净价计费方式,实践中中国海关一般认为该计费方式,不能用来直接说明特许权的内容和范围,不能仅依据计费方式排除特许权使用费与进口货物之间的相关性。

(二)特许权使用费构成该货物向该国境内出口销售的条件

《WTO估价协议》没有对特许权使用费构成出口销售的条件进行界定。估价技术委员会评论25.1认为,③"特许权使用费是否构成进口货物销售条件,关键在于买方不支付特许权使用费能否购买进口货

① See Taxud B4/(2016)808781 Revision 2,3.5,Existing Guidance,Paragraph 16.

② 海关总署关税征管司编著:《审价办法及释义〈中华人民共和国海关审定进出口货物完税价格办法〉及其释义》,中国海关出版社2006年版,第92页。

③ 虽然评论25.1系基于向独立于销售方的第三方支付特许权使用费的背景,但其中关于判断特许权使用费是否构成出口销售条件的讨论对于其他一般情形亦具参考意义。

物”。某些货物销售合同会包含相应的条款对此予以明确,而某些合同则未必会对此作出明示,在后一种情况下可基于5个方面进行分析判断:(a)在货物销售合同或相关文件中是否存在关于特许权使用费的描述;(b)在许可协议中是否存在关于货物销售的描述;(c)根据货物销售合同或许可协议条款,如买方未向许可方支付特许权使用费,该行为是否构成违约并引起销售合同的终止;(d)许可协议是否约定,进口商不支付特许权使用费,制造商不得为进口商生产包含许可方知识产权的货物;(e)许可协议是否约定,许可方有权对制造商和进口商之间的货物生产或销售,实施质量控制以外的管理行为。

《欧盟海关法典实施条例》第136条第4款规定,如果符合以下情形之一,特许权使用费和许可费应当视为构成进口货物的销售条件:卖方或者与卖方有关的一方要求买方支付该特许权使用费和许可费;买方支付该特许权使用费和许可费是为了满足卖方的合同义务;如不向许可人支付该特许权使用费或许可费,则进口货物不能向买方出售或由买方购买。是否构成销售条件,可以是明示的,也可以是默示的。特许权使用费可以支付给卖方,也可以支付给第三方。支付给第三方是否构成销售条件,这需要结合商业环境、合同条款、各方法律义务等多方面的因素进行评估,也不需要抛开原有合同构建第三方与买方的新情况评估。欧盟委员会强调并不是只要和进口货物有关、且构成销售条件,特许权使用费就应当计入完税价格。海关仍应在必要的情况下审核合同内容和合同义务。海关法典委员会的评论性意见第11条,就向第三方支付特许权使用费的问题进行了进一步明确,提出了11条判断许可方是否能够控制生产商的标准,主要是确认生产商的生产、供应、销售、管理等几方面是否收到许可方的控制。①

《美国联邦法规》认为,如果特许权使用费是向第三方支付,则不

① Commentary N° 11 of the Customs Code Committee(Customs Valuation Section) on the Application of Article 32(1)(c)CC in Relation to Royalties and Licence Fees Paid to a Third Party according to Article 160 of Reg.(EEC)n° 2454/93.

够成销售条件,除非卖方或与卖方有关的人要求买方支付。特许权使用费应当在是否构成出口销售条件、支付对象和环境的基础上,个案分析是否应税。同时,示例说明:买方是位于美国的生产商,其成品生产要部分用到向非关联外国生产商进口的商品,同时买方要基于成品销售额向非关联第三方支付特许权使用费。《美国联邦法规》认为,该特许权不构成向美国出口销售进口商品的条件。

《审价办法》第14条规定:"买方不支付特许权使用费则不能购得进口货物,或者买方不支付特许权使用费则该货物不能以合同议定的条件成交的,应当视为特许权使用费的支付构成进口货物向中华人民共和国境内销售的条件。"在2016年《海关与经贸研究》所发表的《试析向第三方支付特许权使用费的销售条件构成》一文中认为该条规定是比较粗泛和抽象的,对"货物销售条件"的表现形式、构成要件均未定义。也正是由于这一原因,在估价实践中判断特许权使用费的支付是否构成销售条件存在较大困难。[①] 有观点认为"要证明买方未支付上述费用,则该货物不可能以合同议定的条件成交的,可以采取检查、观察、查询和函证等取证方法,通过对企业的采购程序(内部控制的测试)和实际采购活动(实质性测试)调查来实现"。[②]

综合分析上述的判别方法,有几个条件会对是否构成进口销售条件的判定产生较大影响。第一,出口货物的生产商是否为收取特许权使用费的权利人;第二,出口货物的生产商、收取特许权使用费的权利人与进口商是否具有关联关系;第三,收取特许权使用费的权利人位于进口国还是其他国家;第四,进口货物是否可以从其他供应商处购买。

然而,即使综合上述的判断方法,进口货物是否构成进口货物销售的条件的判断标准,相较于进口货物与特许权使用费的相关性,依

① 马巍巍:《试析向第三方支付特许权使用费的销售条件构成》,载《海关与经贸研究》2016年第6期。

② 海关估价大百科编委会:《海关估价大百科》,中国海关出版社2011年版,第449页。

然显得模糊不清,更依赖于个案的具体情况分析和经办海关官员的判断。

三、目前存在的不足和改进措施

通过上述比较可以明显地发现,在特许权使用费海关估价的判断标准方面,我国在海关立法上还存在一些值得改进之处,同时我国海关执法上的某些制度安排也有不足。因此,减少进口货物特许权使用费具体案件办理上的争议,应当从上述两方面同时着手。

(一)修改《审价办法》特许权使用费征税判断标准的立法条文

在立法上,我国的《审价办法》制定较晚,吸收《海关估价协议》《WTO估价协议》、欧盟和美国等国诸多海关的最新立法和执法经验,明确了特许权使用费海关估价的原则并有所创新,如集中规范了特许权使用费是否与进口货物有关的原则。但是在整体上,由于上述原则并没有得到进一步的细化,同时在部分文字表述上显得定义不够精确,造成在实际应用上的模糊和歧义。

鉴于此,部分条文的表述应进一步予以明确。专利权特许权使用费相关性判断标准条款之一的"为实施专利或者专有技术而专门设计或者制造的",建议在立法中明确是否仅指机器和设备。如果我国立法原意不是仅指机器和设备,则该条文与《WTO估价协议》、美欧各国的估价立法不同,扩展应税至境内实施的专利权特许权使用费,必须在法理上进一步研究分析专利权海关估价征税的基础,同时《中华人民共和国海关审定进出口货物完税价格办法》的释义也要做相应修订。我们更倾向于立法修订在条文中明确仅指机器和设备。商标权特许权使用费相关性判断标准条款之一的"附有商标的",建议在立法中明确为"附有商标直接可以销售的",避免被理解为将涉及成品的商标权特许权使用费纳入成品的进口零部件的完税价格,从而使民法上商标权的权利属性和作用与海关法上征税权对商标权权利属性的认定免于冲突。

(二)归纳创设特许权使用费判断标准的推导原则

对比我国和欧美的估价立法,一大区别是欧美估价立法中除了一般的条文式规范性表述,还有评述、案例,丰富和明确了条文的内涵。反观我国海关估价立法,以抽象的判断标准为主,不易于适用具体案例。虽然这其中有不同法系之间的区别,但可供参考的是我国司法系统同样会颁布司法解释,对法规条文的适用做进一步的解释和说明。我国海关也曾以公告形式发布《1 号行政解释》和《2 号行政解释》。因此从法律制度上颁布特许权使用费的推导原则实际上并不存在障碍。

我国海关一方面可以充分吸收和应用国外海关已有的成熟立法和经验,另一方面可以总结海关长期以来实践形成的一些方法,从而形成自己的推导原则。值得指出的是,上述推导原则不应成为海关系统内部的"专有技术",而应在征求外部意见统一认识后,以海关公告或者行政解释的方法及时对外公布。长期以来,海关估价研究参与人员范围过窄,缺乏与外界的互动,也是造成海关估价执法不被外界理解和接受的重要原因之一。就具体推导原则而言,建议我国海关可以从特许权费支付给关联方和非关联方的区别,特许权授权方与进口货物销售方的同一性等角度出发逐步建立起我国的推导原则。尚需说明的一点是推导原则通常与证明责任联系在一起,而我国《审价办法》没有关于证明责任的有关表述,仅在第 44 条中规定纳税义务人应当"以书面资料和其他证据,证明其申报价格真实、准确或者双方之间的特殊关系未影响成交价格"。因此,证明责任也应成为我国海关估价中需要考虑的一个问题,否则在实践中会出现海关要求企业无休止地提供各种材料,而海关仅以其认为不能证明就轻易否定企业提供材料的相关性和证明力。

(三)建立海关估价的案例制度

欧盟和美国海关在国际贸易领域都实行了判例制度,如美国海关的裁定(Ruling)都会在其官方网站上及时公布,成为统一海关内部认识和外部执法、企业理解海关估价制度和实践的重要途径。同时其法院、国际贸易委员会的判决也可以明确易争议事项,从而形成惯例。反观我国海关在特许权使用费估价方面,既没有判例,也没有裁定,缺乏海关总署对外正式公布的意见,造成了信息的沟通不畅,不能把实际工作中的经验及时形成可供所有海关执法人员借鉴的材料。

我国海关在估价领域其实有众多的专家队伍在实践中遇到的经典案例,也有如《海关审价》之类专业内部期刊分享执法经验和案例,还有海关估价案例等内部刊物。但这些案例比较零散,也仅代表了执笔关员的个人意见,或虽有官方内部发行,但是都没有形成具有案例指导的作用。建议我国海关可以借鉴国外海关和我国法院的案例发布制度,将具有代表性的案例经编写后对外公布,同时说明技术性理由,使案例成为我国海关估价执法的重要指导材料。中国海关的预裁定制度已于2018年2月1日正式实行,建议海关可以在估价预裁定的基础上公布估价案例。

(四)建立海关估价的统一执法机制

在执法上,我国海关原有的估价执法格局,随着全国通关一体化的体系重建正在被打破,海关稽查、海关税管中心正在日益成为重要的海关估价实施部门。由此,我国海关目前可以实施海关估价的部门既有原有价格信息处、关税处、稽查中心、通关中心,还有新出现的税管中心、验估中心等,由此可能形成估价多头执法,执法标准不统一的问题。例如,目前新出现的情况是税管中心会否定企业和价格信息部门达成一致的估价方法,重新要求企业按照新的估价方法进行价格磋商。而在全国海关特许权使用费稽查过程中,企业也发现海关稽查关员对特许权使用费判断标准的观点与海关关税关员的观点不完全一致的情况。因此,建议我国海关尽快统一内部各部门之间的执法观点和执法尺度,既避免海关自身的执法风险,也使企业可以有效评估海关税务风险并采取积极有效的方法,避免海关纳税争议的发生。

The Criteria for the Inclusion of Royalties in the Customs Value

SHEN Lijie ZHANG Xiaojie

[**Abstract**] Whether the royalties of the import goods should be included in the customs value has always been a controversy in customs valuation and audit between customs and business. With reference to Customs Valuation Agreement, the documents of WCO Technical Committee of Customs Valuation, and legislations of the U. S. A. ,EU, and China, this paper analyzes the criteria to include the royalties in the customs value from the perspectives of the relevance of royalties to imported goods, and the sales conditions of the royalties. It is recommended to improve the provisions on the relevance of royalties, know-hows and trademarks to import goods and to establish the analogical principle and the case system in customs valuation.

[**Key words**] customs valuation; royalties; relevance; condition of sales

跨境电商零售进口商品运费的应税性问题

陈志伟*

[摘　要]　与传统一般贸易进口不同,跨境电商零售进口具有小批量、高频次、运费占货物总价值比例高等特点。此外,跨境电商的各类运费促销、会员优惠等活动丰富多样。跨境电商零售进口的上述特点使得其运费的应税性问题比较突出,而目前中国对此却并无明确的相关规定。跨境商品运费的应税性应充分考虑其行业特点及其自用与贸易的双重属性。目前,解决跨境商品运费应税性问题的关键在于应该在法律层面明确跨境商品的属性,并在此基础上建立与其相适应的相对独立的估价规则体系。

[关键词]　运费;跨境电商;海关审价

随着消费升级、物流与信息技术的不断发展,跨境电子商务近年呈迅猛发展的态势。所谓"跨境电子商务",依据《海关总署关于跨境电子商务零售进出口商品有关监管事宜的公告》(海关总署2016年26号公告)(失效),是指电子商务的国际化形式,是电子商务企业或个人通过经海关认可并且与海关联网的电子商务交易平台实现零售进出

* 陈志伟:美国博恩凯悟律师事务所律师。

口商品跨境交易的行为。①

从海关估价的角度,作为一种新兴的业态,跨境电子商务对传统以货物为中心的海关估价体系与征税模式提出诸多挑战。其中,相对于传统一般贸易进口货物(以下简称传统货物)而言,运费在跨境电商零售进口商品(以下简称跨境商品)价格构成中占据较大比例,很多情况下甚至超过商品零售价格本身,这就使跨境商品运费的应税性问题得以凸显。以下试对跨境商品运费相关问题做一简要分析。

一、跨境商品是"货物"还是"物品"?

"货物"与"物品"是我国《海关法》下的两大基本分类。针对这两类不同的监管对象,中国目前分别构建了不同的海关监管与税收征管体系。

跨境商品在性质上究竟是"货物""物品"还是第三种独立的存在,在理论、立法与实践中一直争论不下。物品不具有贸易的属性,其监管主要原则是"个人自用和合理数量"。超出"个人自用和合理数量"范围的物品,通常需按照货物进行征税。而货物则具有贸易属性,海关对货物的监管是全方位的。货物与物品在申报要求、征税、监管等方面存在巨差异。明确跨境商品的性质,是对其进行合理征税、监管的基础。

在2016年4月8日《财政部、海关总署、国务院税务总局关于跨境电子商务零售进口税收政策的通知》(财关税〔2016〕18号)(以下简称《18号文》)生效之前,跨境商品系按照物品征收行邮税,其完税价格依据《进境物品完税价格表》统一事先确定,而通常不论其实际购买价格,税率上则仅粗略地分为四档。

《18号文》则确立了跨境商品的新税制,对跨境商品不再适用行邮税,而是按照货物征收关税、进口环节增值税及消费税。在新税制

① 参见《海关总署关于跨境电子商务零售进出口商品有关监管事宜的公告》(海关总署公告2016年第26号)。

下,跨境商品将按照货物的征税方式,进行商品归类以确定进口税率(暂定为零)与监管条件,并依照货物的实际零售价格和运保费为基础确定其完税价格。

但是,《18号文》引起业界的强烈担忧,实施后不久即先后多次延期。2017年3月17日,商务部在其官方新闻发布会中确认,对跨境商品暂按照个人物品进行监管。①

2018年11月28日商务部、发展改革委、财政部等部门联合发布了《商务部、国家发展改革委、国家财政部、国家海关总署、国家税务总局、国家市场监管总局关于完善跨境电子商务零售进口监管有关工作的通知》(商财发〔2018〕486号)。2018年11月29日,又发布了《财政部、海关总署、国家税务总局关于完善跨境电子商务零售进口税收政策的通知》(财关税〔2018〕49号)。上述政策规定,我国自2019年1月1日起,调整跨境电商零售进口税收政策,提高享受税收优惠政策的商品限额上限,扩大清单范围。在此两个政策的基础上,2018年12月10日,海关总署发布了《海关总署关于跨境电子商务零售进出口商品有关监管事宜的公告》(海关总署公告2018年第194号)。其中规定,对跨境电子商务直购进口商品及适用"网购保税进口"(监管方式代码1210)进口政策的商品,按照个人自用进境物品监管,不执行有关商品首次进口许可批件、注册或备案要求。

因此,我国对跨境商品仍将遵循"按照物品监管、按照货物征税"的监管思路。按照物品进行监管,意味着适用于货物的有关许可证、产品注册、检验检疫等要求可能不适用于跨境商品。而按照货物进行征税,则意味着跨境电商零售商品的征税方式将参照《进出口关税条例》《海关审定进出口货物完税价格办法》等确立的货物征税方式进行。

---

① 商务部新闻办公室:《商务部召开例行新闻发布会(2017年12月7日)》,载http://www.mofcom.gov.cn/article/ae/ah/diaocd/201712/20171202681800.shtml,最后访问日期:2018年12月30日。

二、跨境电商零售进口的特点及其对现有海关估价体系的挑战

与传统货物相比,跨境电商零售进口具有如下特点:

第一,商品属性与政策导向不同。虽然跨境商品具有一定的"贸易属性",但其本质上主要仍是"自用属性",与传统理解的"货物"存有巨大区别。跨境商品大多属于个人消费类产品,其进口后一般主要用于购买者的个人自用。与传统货物不同,其进口后主要目的并非用于生产或者再次进入流通环节进行转售。对跨境商品的关税政策既要考虑到所谓贸易公平问题,同时更需要考虑其自用属性,考虑到消费转型升级以及保护民生的政策导向。

第二,小批量、高频次。相比于一般贸易而言,跨境商品包裹入境数量惊人,且每个包裹所涉商品数量较小、金额较低。目前,跨境电商单次交易限额仅为2000元,相较于一般贸易动辄数十万、数百万美元的货值,其具有高频次、小批量的特点。从监管角度这一特点意味着,如若对跨境商品完全按照货物进行监管,则同样海关监管资源的投入所对应的税收效益存在巨大差距。

第三,运费在商品成本构成中所占价值比例高。传统货物对运输时间的要求相对较低,所以实践中大多选择海运,运费占进口货物总成本构成的价值比例较低。而跨境商品对运输时间要求相对较高,实践中大都选择空运,运费占进口商品总成本构成的价值比例较高。在很多低价商品进口交易中,运费金额甚至超过商品价值本身。

跨境商品目前尚无自己独立的海关估价体系,此前一直摇摆于货物与物品的估价体系之间。跨境商品自用与贸易的双重属性使有必要建立与相适应的相对独立的估价规则体系。

三、促销免运费情况下的运输费用应税性分析

作为一种常见的促销手段,跨境电商卖家可能会对其所售商品免收运费。免运费可能是商家在某一特定时间段的促销方式,也可能是鼓励买家消费达到一定金额而给予的激励措施。为下文分析目的,本

部分所提的免运费待遇,买方无须额外支付任何费用即可获得免运费资格。

依照《18号文》,跨境商品按照货物征收关税和进口环节增值税、消费税,以实际交易价格作为完税价格。[①] 实际交易价格则包括货物零售价格、运费和保险费。

《18号文》仅笼统规定跨境商品按照货物进行征税,运费原则上应计入商品的完税价格征税。按照货物进行征税是否意味着适用现行货物估价相关规定,《18号文》并未予以明确。卖方如对其所售商品实施免运费,所涉商品的运输成本是否仍应计入商品的完税价格,现有的跨境电商相关法规亦无明确规定。

鉴于现行法律框架下,物品系按照事先指定的价格进行征税,无运费是否应税问题;跨境电商相关规定对免运费情况下运输成本的应税问题缺乏相应规定。《18号文》规定跨境商品按照货物进行征税,故下文谨结合货物估价相关规定做综合分析。

1. WTO《海关估价协定》的相关规定

中国是WTO《海关估价协定》的成员国。根据《海关估价协定》第8条的规定,"成员国有权选择是否将进口货物运至进口港的运输成本计入该货物的完税价格"。

应注意,《海关估价协定》并未使用"进口方所支付的运费",而是规定"进口货物运至进口港的运输成本"应计入货物的完税价格。显然,《海关估价协定》这一措辞较为宽泛,货物实现跨境运输必然会发生相应的运输成本,该运输成本可能由买方、卖方或者其他方承担。但上述规定并不区分运输成本的实际承担者是哪一方,成员国均有权选择将其计入进口货物的完税价格。

2. 中国相关估价规定

中国选择将进口货物的运输成本计入其完税价格。根据《海关审

---

① 参见《财政部、海关总署、国家税务总局关于跨境电子商务零售进口税收政策的通知》(财关税〔2016〕18号)。

定进出口货物完税价格办法》(以下简称《213号令》)第5条的规定:"进口货物的完税价格,由海关以该货物的成交价格为基础审查确定,并且应当包括货物运抵中华人民共和国境内输入地点起卸前的运输及其相关费用、保险费。"

虽然《213号令》第5条所规定的一般原则是运输费用应计入进口货物的完税价格,但其同样并未明确对于非买方所支付的运输费用是否存有例外。

对此,《213号令》第35条规定,"进口货物的运输及其相关费用,应当按照由买方实际支付或者应当支付的费用计算。如果进口货物的运输及其相关费用无法确定的,海关应当按照该货物进口同期的正常运输成本审查确定"。依据上述规定,从字面上理解,仅有买方所实际支付或者应当支付的运输费用才应当计入货物的完税价格。如果卖方对所售商品实行免运费政策,则买方所实际支付或应当支付的运输费用为零,并无应税的运费发生。

《213号令》的立法史似亦表明立法者的意图在于将非买方所支付的运费排除出进口货物的完税价格。《213号令》由海关总署于2013年12月25日颁布,其所取代的是2006年3月28日所颁布《海关审定进出口货物完税价格办法》(海关总署第148号令,以下简称《148号令》)。根据《148号令》第38条规定:进口货物的运费,应当按照实际支付的费用计算。如果进口货物的运费无法确定的,海关应当按照该货物的实际运输成本或者该货物进口同期运输行业公布的运费率(额)计算运费。不难看出,在《148号令》中应税的运费是由买方还是卖方承担并未明确。而《213号令》对上述条款的修改则明确表明,立法者的意图在于仅买方所支付的运费才应计入货物的完税价格。此外,海关总署对《148号令》的释义也明确应计入进口货物完税价格内的运费应以进口方所实际支付的运费为基础审查确定。

3. 实践中可能存在的不同理解

依据上述分析,虽然《213号令》第35条的字面意思非常明确,仅由买方所实际支付或应当支付的运费才应当征税。但是,实践中对第

35条可能出现下述不同的理解,即当运费是由买方支付时,应以买方实际支付或应当支付的完税价格来确定其关税税额。但是,当运费不是由买方支付时,此时则应认定为应税的运费金额不能确定,进而需要依照行业通常运输费用来确定其完税价格。虽然并不能认为上述解释是对《213号令》第35条的合理解释。但是,以下因素可能在实践中造成一定的混淆:

第一,《海关估价协定》的用语给上述解释留下空间。如上所述,《海关估价协定》仅规定"进口货物运至进口港的运输成本"应计入货物的完税价格。而在每一国际贸易交易中,必然会有一方来承担货物跨境运输的成本。这一用语给对非买方所支付运输费用进行征税提供了一定的法律空间。

第二,《213号令》对保费的应税性做了不同的规定。根据《213号令》第36条规定,进口货物的保险费,应当按照实际支付的费用计算。如果进口货物的保险费无法确定或者未实际发生,海关应当按照"货价加运费"两者总额的3‰计算保险费。可以发现,《213号令》对保费并未像运费那样规定"按照由买方实际支付或者应当支付的费用计算",而是规定"按照实际支付的费用计算",无论保费是由哪一方支付,甚至不论保费是否实际发生。依这一规定,在免运保费的情况下,则可能导致出现运费不需计入货物完税价格,而保费却需要计入货物完税价格的情况。对运费与保费进行该等区别对待,似乎并无令人信服的理由。

4.免运费促销情况下,相关运输费用不宜计入跨境商品完税价格进行征税

在跨境电商商家实施免运费进行促销的情况下,相关运输成本不宜计入商品完税价格进行征税。理由如下:

第一,从价格构成来看,运费通常属于跨境商品订单价格的一部分,促销免运费相当于是商家就特定商品给予买家的折扣优惠。对于此类类似于直接打折的优惠促销价格,按照海关总署相关政策,如其是适用于所有消费者,而非仅针对特定对象或特定人群,海关应以折

扣后实际订单价格为基础确定完税价格。换言之,在促销免运费的情况下,应以优惠后买家所支付的实际商品价格为基础计算其完税价格,所免除的运费不应计入商品的完税价格。

第二,对传统货物非买方所支付运输费用不征税,而对跨境商品非买方所支付运输费用进行征税并无合理理由。中国政府对跨境商品税制进行改革的一个重要理由在于二者税负不均,跨境电商进口对一般贸易进口构成不公平竞争。① 但是,依据《213号令》的规定,如果对货物非买方所支付的运输费用不计入进口货物的完税价格进行征税,而对跨境商品免运费情况下的运输费用进行征税,则难免矫枉过正,使得跨境商品的税负高于传统货物,也有悖于促进消费转型升级、保障民生的基本政策导向。

四、会员免运费情况下的运输费用应税性分析

另外一种常见的情形是,买家支付一定金额的会员费即可享受免运费待遇。此种情况下运输费用的应税性问题需考虑如下问题:

第一,此类会员费通常都是固定期限的费用(如年费、半年费等)。在该期限结束前,可参与分摊的交易笔数和金额都是不确定的。因此,即便认为部分会员费应视为买方就运输所支付的费用,由于后续还可能存在其他交易行为,该等会员费将很难在期中进行准确分摊。

第二,买方所支付的会员费金额通常都比较有限,该等会员费除涵盖免运费这项优惠待遇外,通常还包含其他方面的内容(如会员价优惠、免费视频观看等)。该会员费在这些不同项目之间进行分摊需要客观量化的数据支撑。而且,即便可以做到客观量化的分摊,该等会员费分摊到有关具体订单上的金额可能几乎也可以忽略不计。考虑到分摊的复杂性以及实际的税收效益,对此种分摊的必要性存疑。

---

① 财政部关税司:《我国将自4月8日起实施跨境电子商务零售进口税收政策并调整行邮税政策》,载 http://gss.mof.gov.cn/zhengwuxinxi/gongzuodongtai/201603/t20160324_1922972.html,最后访问日期:2018年12月30日。

但是,依照《213号令》第35条的规定,如果知道买方实际上就商品运输支付了一定金额的费用,只是无法在通关时予以客观量化,则应认定为应税的运费金额无法确定,故此种情况下,应按照同期行业通常的运输费用来确定应税的运费金额。

按照行业通常运输费用确定出来的应税运费金额势必大大高于实际可分摊到具体订单的会员费金额。这种情况下,按照同期行业通常的运输费用来进行征税不适当地增加了国内消费者的税收负担,缺乏合理性。而且上述做法也有违保护民生、促进消费升级转型的政策导向。

鉴于会员免运费情况下分摊的复杂性以及实际可分摊到应税金额通常较小,可考虑对会员免运费情况下的运输费用实行免征。

综上,跨境商品运费的应税性应考虑其行业特点和属性。目前,解决跨境商品运费应税性问题的关键在于应该在法律层面明确跨境商品的属性,并建立与其相应的、独立的审价规则体系。

一是在促销免运费的情况,买方并未支付任何运输费用,鉴于对传统货物非买方支付的运输费用尚且不进行征税,故此种情况下对跨境商品非买方所支付的运输费反而进行征税并无合理理由。二是在会员免运费的情况下,买方实际上支付了一定金额的费用才获得相应的免运费待遇。这种情况下,合理的做法似应是将会员费分摊到具体订单进行征税,但在实践中客观上却无法做到客观量化的分摊。虽然就传统货物而言,依照《213号令》第35条的规定,此种情况下的应税运输费用应按照同期行业通常运输费用来确定。但是,就跨境商品而言,鉴于会员费金额通常较小,分摊到具体订单后的金额通常几乎可以忽略不计,如按同期行业通常运输费用来征税,则难免大大增加了国内消费者的税收负担。鉴于此,可考虑对会员免运费情况下的运输费用实行免征。

Analysis on the Dutiability of Freight for the Commodities of Cross-Border E-Commerce(CBEC)

CHEN Zhiwei

[**Abstract**] Different from the traditional mode of imports, CBEC imports have such distinctive features as low quantities, high frequency and large proportion of freight. In addition, it is common for CBEC sellers to provide freight promotion, either in the form of discount or as part of privileges of registered members. The above features make the dutiability of the freight for CBEC imports a big concern for both CBEC companies and consumers. However, currently no guidance is provided by the regulatory authorities in this regard. It is necessary that that the dutiability of the freight for CBEC imports should be considered on the basis of the above features and the fact that CBEC imports could serve both commercial and self-use purposes. The key in addressing this issue is to clarify the nature of the CBEC imports on legislative level and establish a separate rules on customs valuation accordingly.

[**Key words**] freight; Cross-Border E-Commerce; customs valuation

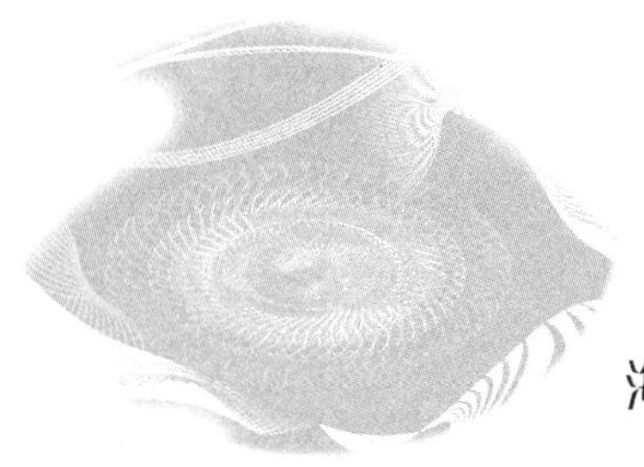

海关法评论(第8卷)

走私法律问题

Legal Issues Relating to Smuggling

单位犯罪刑法规范及相关解释的发展

——兼述打击走私犯罪对单位犯罪刑法规范及相关解释的促进

史东海*

[摘　要]　单位犯罪的概念形成于改革开放之后,脱胎于1987年颁布的《海关法》,应打击走私犯罪的形势而生。随打击走私犯罪的形势发展,刑法规范及相关解释体系日渐发达,范围逐渐扩展到对单位犯罪的认定及与个人犯罪的区分标准,直接负责的主管人员和其他直接责任人员,单位犯罪的量刑标准从二元制刑罚制度趋于统一,单位犯罪其他问题的解释,如单位犯罪相关的共同犯罪、单位犯罪诉讼程序等问题的解释。打击走私犯罪对相关规范、解释及理论研究发展过程中发挥了重要的推动促进作用。未来数十年,单位犯罪理论和规范与打击走私犯罪实践仍将保持相伴而生、共同发展的状态。

[关键词]　单位犯罪;规范;解释;走私

单位犯罪,亦称为“法人犯罪”,是指公司、企业、事业单位、机关、团体为单位谋取非法利益或者以单位名义,经单位集体研究决定或者由负责人员决定实施的犯罪。

* 史东海:北京德和衡律师事务所合伙人,国际贸易与海关业务团队负责人。

我国关于单位犯罪的刑法规范,脱胎于1987年颁布的《海关法》第47条关于走私犯罪的规定。历经30年,伴随着打击走私犯罪司法实践不断深入,伴随着相关理论研究不断深入,关于单位犯罪的刑法规范和相关解释不断发展、完善。本文将对这些刑法规范进行简要梳理和评述,以此纪念《海关法》颁布30年以及《刑法》修订20年。

一、单位犯罪刑法规范在我国形成的理论与经济背景

(一)刑法理论的发展

古罗马法采“法人拟制说”,认为法人虽有权利能力,但无行为能力。故“社团不能犯罪”成为古罗马法奉行的定论。随着资本主义商品经济的发展,法人逐步发展成为社会经济的主体,法人拟制说日渐式微,法人实在说逐步崛起。17世纪,英国开始对法人的犯罪行为定罪处罚。此后,美、日、法等各主要国家均接受了“法人犯罪”的概念。[①] 我国1979年颁布的《刑法》中并无单位犯罪的规定,但自改革开放以后,国内法学界吸收境外相关理论研究成果,开始将法人视为具有行为能力、可以承担责任的实体,“法人犯罪”概念开始落地生根。

(二)社会经济的发展

我国自完成社会主义改造、实行计划经济以来,所有经济活动都至于国家计划之下,企事业单位都是政府职能的延伸,不存在单位犯罪的可能。自改革开放以后,企事业单位的自主性逐渐增强,数量和影响力均不断上升。随着商品经济的快速发展,部分企事业单位为谋取利益,由单位实施的各类违法犯罪活动呈现增加的趋势。1985年披露的晋江假药案和海南岛倒卖汽车案,使企事业单位犯罪的现象引起国家的高度重视,推动单位犯罪立法的逐步实现。

---

① 陈兴良:《单位犯罪:以规范为视角的分析》,载北大法律信息网:http://www.pkulaw.cn/fulltext_form.aspx? Gid = bc9332f24a0cce1967e428b83f60a15abdfb,最后访问日期:2018年12月4日。

(三)打击走私犯罪的形势

走私犯罪一直是单位犯罪的高发领域,单位走私因其规模庞大令人瞩目。据统计,20世纪80年代中后期,海关查获的案件中,企事业单位实施的走私案件数量占比不足10%,但走私货物价额占比在80%以上。

在此背景下,1987年1月颁布的《海关法》中率先规定单位可以成为走私犯罪的主体。1988年1月公布的《全国人民代表大会常务委员会关于惩治走私罪的补充规定》(以下简称《惩治走私罪的补充规定》)明确了单位走私的刑罚标准。其中,关于走私普通货物、物品罪的量刑标准,对个人走私、单位走私设置了差异巨大的不同标准。这种"二元化"的定罪量刑标准延续至今,使区分单位犯罪和个人犯罪成为司法实践中的重要问题,推动相关解释不断发展、完善,形成了较为发达的单位犯罪刑法规范和解释体系。

二、单位犯罪刑法规范的发展——从附属刑法到刑法总则

我国关于单位犯罪的刑法规范,经历了从附属刑法,到单行刑法,最终进入刑法典总则的发展过程。

(一)《海关法》:首部规定单位犯罪的附属刑法

1987年1月颁布的《海关法》第47条第2款规定:"企业事业单位、国家机关、社会团体犯走私罪的,由司法机关对其主管人员和直接责任人员依法追究刑事责任;对该单位判处罚金,判处没收走私货物、物品、走私运输工具和违法所得。"

此条款为刑法学上的"附属刑法",在我国法律中首开先河规定了单位犯罪,确立了对单位和主管人员、直接责任人员分别进行处罚的"双罚制"。这一规定在我国关于刑事法律发展历程中,具有开创性的重要意义。

(二)惩治走私罪的补充规定:首部规定单位犯罪的单行刑法

1998年1月公布施行的《惩治走私罪的补充规定》第5条中对于单

位犯走私罪做出了详细的规定,是我国首部规定单位犯罪的单行刑法。①

但其重要意义不止于此,更体现在两个方面:

1. 确立了单位犯罪、个人犯罪的"二元化"刑罚制度。

《惩治走私罪的补充规定》对于个人犯走私普通货物、物品罪,依据走私价额及情节轻重,规定了4档刑罚幅度。其中最高一档规定:走私价额50万元以上的,处10年以上有期徒刑或者无期徒刑,情节特别严重的处死刑。最低一档规定:走私价额2万元以上不满5万元的,处3年以下有期徒刑或者拘役,情节较轻的由海关予以行政处罚。

与此同时,对于单位犯走私普通货物、物品罪,对直接负责的主管人员和其他直接责任人员,仅规定了2档刑罚幅度。其中:走私价额在30万元以上的,处5年以下有期徒刑;情节特别严重,使国家利益遭受重大损失的,处5年以上10年以下有期徒刑。

根据《关于惩治走私罪和惩治贪污罪贿赂罪两个补充规定(草案)的说明》和《全国人大法律委员会对惩治贪污罪贿赂罪和惩治走私罪两个补充规定(草案)审议结果的报告》显示:法案草稿中仅设置"5年以下有期徒刑"一档刑罚。根据最高人民法院的意见,增加了"情节特别严重,使国家利益遭受重大损失的,处5年以上10年以下有期徒刑"的规定。

此悬殊的差异不仅令人怀疑:出台"单位犯罪"规定的真正目的为何?是为了强化对走私犯罪的打击?还是为了对单位走私中的人员从轻发落?《关于惩治走私罪和惩治贪污罪贿赂罪两个补充规定(草案)的说明》中就此做出说明:"近几年有的企业事业单位和机关、团体走私数额很大,危害严重,需要追究刑事责任。但这些案件往往是领导'点头'的或者单位领导集体决定的,又打着'为公不为私'的招牌,往往难以追究刑事责任,各地普遍要求明确规定刑罚,同时考虑到单

---

① 与《惩治走私罪的补充规定》同时审议、公布的《惩治贪污罪贿赂罪的补充规定》中,也对单位犯罪做出了规定,包括单位行贿罪、单位受贿罪两个罪名。但是,公布《惩治走私罪的补充规定》的主席令(62号)在先,故一般认为《惩治走私罪的补充规定》是首部关于单位犯罪的单行刑法。

位走私与个人走私也有所不同。因此,草案规定……"

2. 首次明确了单位走私和个人走私的区分标准。

由于单位、个人的二元化刑罚标准的巨大差异,使得区分认定走私主体显得尤为重要。因此,《关于惩治走私罪的补充规定》中专列一款,规定:单位走私违法所得归私人所有的,或者单位与个人共同分取违法所得的,依照个人走私定罪量刑。

以上规定明确了以"利益归属"作为区分单位犯罪、个人犯罪的基本原则。此后的相关解释,均是在此基本原则下进行的。

(三)其他法律和单行刑法:单位犯罪罪名快速增长

除《刑法》外,我国先后有3部非刑事法律的附属刑法、13部单行刑法中规定了单位犯罪,涉及罪名约60个。

除《海关法》以外,1990年9月颁布的《铁路法》第60条、1994年5月颁布的《对外贸易法》第39条中,也分别对单位犯罪做出了规定。

除《关于惩治走私罪的补充规定》以外,另有12部单行刑法中规定了单位犯罪。包括:《关于惩治贪污罪贿赂罪的补充规定》(1988年)、《关于禁毒的决定》(1990年)、《关于惩治走私、制作、贩卖、传播淫秽物品的犯罪分子的决定》(1990年)、《关于惩治偷税、抗税犯罪的补充规定》(1992年,二元制处罚)、《关于惩治假冒注册商标犯罪的补充规定》(1993年)、《关于惩治生产、销售伪劣商品犯罪的决定》(1993年,其中1个罪名二元制处罚)、《关于严惩组织、运送他人偷越国(边)境犯罪的补充规定》(1994年)、《关于惩治侵犯著作权的犯罪的决定》(1994年)、《关于惩治违反公司法的犯罪的决定》(1995年)、《关于惩治破坏金融秩序犯罪的决定》(1995年)、《关于惩治虚开、伪造和非法出售增值税专用发票犯罪的决定》(1995年)、《关于惩治骗购外汇、逃汇和非法买卖外汇犯罪的决定》(1998年)。

值得注意的是,以上法律、单行刑法中,只有偷税罪、拒不缴纳欠缴应纳税款罪两项罪名明确对单位、个人实行"同罪不同罚"的二元化刑罚制度。《关于惩治生产、销售伪劣商品犯罪的决定》中,对于"生产销售伪劣商品罪"规定:一般情况下仅对单位判处罚金,"情节恶劣的"

对有关人员依据个人犯罪的相关规定予以处罚。

(四)1997年修订后的《刑法》:单位犯罪正式写入总则

在《刑法》修改之前,附属刑法和单行刑法规定的单位犯罪罪名几乎占到全部罪名的五分之一。《刑法》总则中亟须增加关于单位犯罪的纲领性的规定。

1997年修订后《刑法》总则第2章中单设"第四节单位犯罪",共有2条规定。其中,第30条规定:"公司、企业、事业单位、机关、团体实施的危害社会的行为,法律规定为单位犯罪的,应当负刑事责任。"第31条规定,单位犯罪的,对单位判处罚金,并对其直接负责的主管人员和其他直接责任人员判处刑罚。本法分则和其他法律另有规定的,依照规定。以上规定确立了单位犯罪的定罪、处罚原则:一是只有"法律规定为单位犯罪的",才能对单位予以刑事追究;二是原则上实行双罚制,对单位判处罚金,对人员判处刑罚(包括罚金)。

单位犯罪写入《刑法》总则,标志着"在相当短的时间内,我国刑法完成了从个人一元主体到自然人与法人二元主体的刑法嬗变,使我国刑法成为个人与法人刑事责任一体化的刑法。"①

关于单位犯罪中相关人员的处罚问题,《刑法》分则条文中对绝大多数罪名均规定,对单位犯罪中的相关人员使用与个人犯罪相同的定罪量刑标准,只有走私普通货物、物品罪,高利转贷罪,内幕交易、泄露内幕信息罪,编造并且传播影响证券、期货交易的虚假信息罪,洗钱罪,行贿罪等少数罪名实行"同罪不同罚"的二元制刑罚制度。

(五)刑事诉讼法的空白:单位犯罪的诉讼程序没有法律规定

令人难以理解的是,在单位犯罪早已明文规定的情况下,我国《刑事诉讼法》中对于单位犯罪案件的诉讼程序却一直没有作出任何形式的规定。由此带来诸多问题,唯有依赖司法解释等予以解决。

---

① 陈兴良:《单位犯罪:以规范为视角的分析》,载北大法律信息网:http://www.pkulaw.cn/fulltext_form.aspx? Gid = bc9332f24a0cce1967e428b83f60a15abdfb,最后访问日期:2018年12月4日。

三、单位犯罪相关解释的发展——多维度的全面延伸发展

1997年《刑法》修订后,除修正案增加部分单位犯罪罪名外,关于单位犯罪的法律规范未再有新的发展。由于《刑法》中关于单位犯罪的规定较为笼统,加之部分罪名实行二元制刑罚制度,对于如何认定单位犯罪以及区分单位犯罪和个人犯罪,如何认定单位犯罪中的直接负责的主管人员和其他直接责任人员,如何对单位犯罪中的人员定罪量刑,以及单位犯罪诉讼程序等问题,成为困扰司法实践的疑难问题。

为了更好地指导司法实践,最高人民法院、最高人民检察院及公安部等,通过司法解释、指导意见、会议纪要、请示批复、指导案例等多种形式,努力解决这些问题。这些解释、文件内容全面,成为单位犯罪刑法规范的不可缺少的补充。

(一)关于单位犯罪的认定及与个人犯罪的区分标准

如何定义单位犯罪中的“单位”?何种情况下认定单位犯罪,何种情况下不认定单位犯罪?这是刑事司法中关于单位犯罪必须解决的首要问题。最高司法机关和公安部通过多个解释、文件对此做出解答。

1. 关于犯罪单位的基本资格

《最高人民法院关于审理单位犯罪案件具体应用法律有关问题的解释》(法释〔1999〕14号,以下简称《单位犯罪解释》)中,对“公司、企业、事业单位”的范围做出界定,包括:(1)国有、集体所有的公司、企业、事业单位;(2)依法设立的合资经营、合作经营的公司、企业、事业单位,根据相关法律规定,此类单位一般都具有法人资格;(3)具有法人资格的独资、私营公司、企业、事业单位。

我国《刑法》采用“单位犯罪”而非“法人犯罪”的表述方式,法人组织固然是单位,但非法人组织也可以成立为单位,法人资格系认定单位犯罪的充分而非必要条件。关于“单位”范围的界定,《单位犯罪解释》采用的内在逻辑标准是“犯罪利益的直接归属”。在此逻辑下:国有、集体所有的单位实施犯罪的利益直接归属于国家或集体,即便

其不具有法人资格,也可具备单位犯罪的主体资格;具有法人资格的单位实施犯罪的利益直接归属于该单位,故可以具备单位犯罪的主体资格,而无须进一步考察犯罪利益的间接归属;不具有法人资格的独资企业、合伙企业实施犯罪的利益,直接归属于个人,故不能成立为单位犯罪中的"单位"。

2. 关于认定单位犯罪的综合条件

《最高人民法院、最高人民检察院、海关总署关于印发〈办理走私刑事案件适用法律若干问题的意见〉的通知》(法〔2002〕139号,以下简称《走私犯罪意见》)中,就认定单位犯罪的有关问题做出了进一步阐释。其中指出:"具备下列特征的,可以认定为单位走私犯罪:(1)以单位的名义实施走私犯罪,即由单位集体研究决定,或者由单位的负责人或者被授权的其他人员决定、同意;(2)为单位谋取不正当利益或者违法所得大部分归单位所有。"因此,其主旨是:在单位行为、单位意志、单位利益三者统一的情况下,可以认定属于单位犯罪。

关于何种情况下认定犯罪是出于"单位意志",《走私犯罪意见》中给出的标准包括:单位集体研究,或者由单位负责人决定、同意,或者被授权的其他人员决定、同意。但在实践中,单位低级别员工为了给单位牟取利益,擅自以单位名义实施犯罪,是否属于单位意志、单位行为?最高司法机关并无成文规定给出明确意见。实务界一般认为,如果单位或有关人员事后追认的或者不予否认的,也应当认定为单位犯罪。

3. 关于单位资格的否定

《单位犯罪解释》中,明确了3种不以单位论处,而应按照自然人犯罪定罪处罚的情形:(1)个人为进行违法犯罪活动而设立的单位;(2)单位设立后以实施犯罪为主要活动的;(3)个人盗用单位名义实施犯罪,违法所得由事实犯罪的个人私分的。

其中,第(1)、(2)种情形,均是从根本上否定该单位的资格,因为其设立目的非法,犯罪利益实际上直接归属于个人,故不认定其具有单位的资格,不能成立单位犯罪。关于如何认定"单位以实施犯罪为主要活动”,《走私犯罪意见》中指出:“应根据单位实施走私行为的次数、频度、持续时间、单位进行合法经营的状况等因素综合考虑认定。”

第(3)种情形中的单位,则类似于间接正犯中的工具,尽管该单位具有成立“单位犯罪”的主体资格并且该行为以单位的名义实施,但实际并非出于单位意志而是行为人个人的意志,在具体行为中单位没有独立意志,故不认为是该单位实施的犯罪行为。

4. 关于一人公司是否具备单位犯罪主体资格

关于“一人公司”能否成为单位犯罪主体的问题,一度存在争议。

最高人民法院公布的《刑事指导案例第725号:上海新客派信息技术有限公司、王志强虚开增值税专用发票案——依法成立的一人公司能否成为单位犯罪主体》《刑事指导案例第726号:周敏合同诈骗案——如何理解和把握一人公司单位犯罪主体的认定》详细阐释了司法实务中遇到的争议。两个案例中均指出:依法注册登记成立,具有独立的人格和法人治理结构,从事了一定的合法经营活动的一人制有限公司,即便其唯一股东为自然人,其实施的犯罪仍应当按照单位犯罪认定处理。

5. 关于分支机构、内设机构、内设部门是否具有“单位”资格

具有法人资格的单位设立的,不具有法人资格的分支机构、内设机构、内设部门是否属于单位犯罪中的“单位”?

《最高人民法院研究室关于对不具有法人资格的单位的分支机构或者内设机构、部门实施的犯罪行为能否以单位犯罪追究其刑事责任问题的复函》(法研〔2001〕23号)、《最高人民法院关于印发〈全国法院审理金融犯罪案件工作座谈会纪要〉的通知》[法〔2001〕8号印发,以下简称《金融犯罪座谈会纪要》(2000年)]分别做出了肯定答复:“以单位的分支机构或者内设机构、部门的名义实施犯罪,违法所得亦归分支机构或者内设机构、部门所有的,应认定为单位犯罪。”

以上两份文件,进一步表明:判断是否一个组织属于单位犯罪中的单位,法人资格并非必备的标准。

6. 关于境外企业能否认定为“单位”

《最高人民法院研究室关于外国公司、企业、事业单位在我国领域内犯罪如何适用法律问题的答复》(法研〔2003〕153号)中指出:“符合我国法人资格条件的外国公司、企业、事业单位,在我国领域内实施危害社会的行为,依照我国《刑法》构成犯罪的,应当依照我国《刑法》关于单位犯罪的规定追究刑事责任。”

在最高人民法院发布的《刑事指导案例第578号:沈容焕合同诈骗案——涉外刑事案件中境外证据的审查与认定》中,韩国SIMPSON商社系在韩国依法成立的公司,沈容焕作为该商社的营业董事,负责处理所有业务。沈容焕代表韩国SIMPSON商社的名义实施合同诈骗行为,诈骗所得的货物经SIMPSON商业销售至美国,货款由SIMPSON商社收取。法院认定“韩国SIMPSON商社的上述行为完全符合单位犯罪的特征”,依法按照单位犯罪中直接负责的主管人员,对沈容焕做出判决。①

(二)关于直接负责的主管人员和其他直接责任人员

《刑法》第31条及分则各条款均规定,对于单位犯罪的,应当对单位直接负责的主管人员和其他直接责任人员判处刑罚。但是,如何界定“直接负责的主管人员”和“其他直接责任人员”,刑法及《单位犯罪解释》中均未作出规定。关于此问题,缺乏纲领性的权威解释,但在其他法律文件中,最高司法机关、公安部等分别提出了指导意见。

1. 公安部关于有关问题的答复

《公安部关于如何理解走私罪中“直接负责的主管人员”和“直接责任人员”的答复》(公法〔1994〕27号)是关于此问题的最早的文件,该答复是商最高人民法院研究室同意后做出的,具有一定的指导意义。其中指出:“所谓‘直接负责的主管人员’,是指在企业事业单位、机关、团体中,对本单位实施走私犯罪起决定作用的、负有组织、决策、

---

① 最高人民法院刑事审判一至五庭:《刑事审判参考》(总第70集),法律出版社2010年版,第67页。

指挥责任的领导人员。单位的领导人如果没有参与单位走私的组织、决策、指挥,或者仅是一般参与,并不是起决定作用的,则不应对单位的走私犯罪负刑事责任。""所谓'直接责任人员',是指直接实施本单位走私犯罪行为或者虽对本单位走私犯罪负有部分组织责任,但对本单位走私犯罪行为不起决定作用,只是具体执行、积极参与的该单位的部门负责人或者一般工作人员。"

2.《金融犯罪座谈会纪要》(2000年)中的相关规定

《金融犯罪座谈会纪要》(2000年)中,就"单位犯罪直接负责的主管人员和其他直接责任人员的认定"问题提出:"直接负责的主管人员,是在单位实施的犯罪中起决定、批准、授意、纵容、指挥等作用的人员,一般是单位的主管负责人,包括法定代表人。其他直接责任人员,是在单位犯罪中具体实施犯罪并起较大作用的人员,既可以是单位的经营管理人员,也可以是单位的职工,包括聘任、雇佣的人员。应当注意的是,在单位犯罪中,对于受单位领导指派或奉命而参与实施了一定犯罪行为的人员,一般不宜作为直接责任人员追究刑事责任。"

值得注意的是,该份文件中,对于"其他直接责任人员"的范围,进行了一定的限制,指出"其他直接责任人员"是"具体实施犯罪并起较大作用的人员"。

3.《走私犯罪意见》中的相关规定

《走私犯罪意见》中,针对"直接负责的主管人员和直接责任人员的认定问题",指出:"根据单位人员在单位走私犯罪活动中所发挥的不同作用,对其直接负责的主管人员和其他直接责任人员,可以确定为一人或者数人。对于受单位领导指派而积极参与实施走私犯罪行为的人员,如果其行为在走私犯罪的主要环节起重要作用的,可以认定为单位犯罪的直接责任人员。"

关于"其他直接负责人员",《走私犯罪意见》中总结形成了以下条件:(1)受领导指派,具有一定的从属性;(2)主观心态方面,是积极参与实施犯罪;(3)参与了犯罪行为的主要环节;(4)对犯罪行为实施发挥了重要作用。

4. 相关指导案例:关于直接负责的主管人员的理解问题

最高人民法院发布的《刑事指导案例第 251 号:北京匡达制药厂偷税案——如何认定单位犯罪直接负责的主管人员?》中,就有关问题阐释指出:关于"直接负责的主管人员"的理解问题,应从两个方面来加以把握:"一是直接负责的主管人员是在单位中实际行使管理职权的负责人员;二是对单位具体犯罪行为负有主管责任。该两个条件缺一不可,如非单位的管理人员,就谈不上主管人员;如与单位犯罪无直接关系,就不能说对单位犯罪负有直接责任。"

(三)关于单位犯罪的量刑标准:二元制刑罚制度趋于统一

如前所述,我国《刑法》规定单位犯罪的初衷和指导思想之一,是为了对部分单位犯罪中的有关人员,给出比自然人相对较轻的处罚。

在走私普通货物、物品罪中,这一差异体现得更为明显。在《惩治走私罪的补充规定》中,对于单位和个人犯走私普通货物罪,刑罚档次、刑罚幅度和量刑标准都存在悬殊差异。在 1997 年修订后的《刑法》,对于单位犯走私普通货物罪的刑罚规定进行了大幅修改。《刑法》第 153 条第 2 款规定的单位走私量刑档次数量和法定刑幅度与个人犯罪趋于一致,但并未明确量刑的偷逃税额标准,只是使用"情节严重""情节特别严重"等含糊说法,为"差异化量刑"留出了空间。

2000 年公布施行的《最高人民法院关于审理走私刑事案件适用法律若干问题的解释》(法释〔2000〕30 号)中,针对走私普通货物、物品罪的量刑问题,将单位偷逃税额的标准设定为个人的 5 倍。尽管这一标准现在看来仍有不合理之处,但是该解释符合当时《刑法》规定体现的"单位、个人差异化量刑"的主导思想,而且相对于《惩治走私罪的补充规定》中的 15 倍的悬殊差异,已经是重大进步。

值得注意的是,在其他罪名的相关司法解释中,也存在"单位、个人差异化量刑"的问题。例如,对于侵犯知识产权犯罪案件,《刑法》第 220 条规定:"单位犯本节第二百一十三条至第二百一十九条规定之罪的,对单位判处罚金,并对其直接负责的主管人员和其他直接责任人员,依照本节各该条的规定处罚。"该条规定实际上明确要求:个人、单位应当采用相同的量刑标准。然而,《最高人民法院、最高人民检察院关于办理侵犯知识产权刑事案件具体应用法律若干问题的解释》(法释〔2004〕19号)中,仍然采用差异化的量刑标准。其第15条规定:"单位实施刑法第二百一十三条至第二百一十九条规定的行为,按照本解释规定的相应个人犯罪的定罪量刑标准的3倍定罪量刑。"

随着社会经济的进一步发展,二元化的刑罚标准呈现出逐步统一的发展趋势。一是《最高人民法院、最高人民检察院关于办理侵犯知识产权刑事案件具体应用法律若干问题的解释(二)》(法释〔2007〕6号)第6条规定:"单位实施刑法第二百一十三条至第二百一十九条规定的行为,按照《最高人民法院、最高人民检察院关于办理侵犯知识产权刑事案件具体应用法律若干问题的解释》和本解释规定的相应个人犯罪的定罪量刑标准定罪处罚。"将侵犯知识产权犯罪中单位、个人犯罪的定罪量刑标准统一起来。二是《最高人民法院、最高人民检察院关于办理走私刑事案件适用法律若干问题的解释》(法释〔2014〕10号)的起草、讨论过程中,各地司法机关和缉私部门对二元制刑罚制度进行了热烈讨论,最终采纳了折中的方案,将单位、个人的量刑标准差距从此前的5倍缩小至2倍。

预计在未来不远的时间,《刑法》中单位犯罪、个人犯罪同罪不同罚的问题将得到彻底解决。

(四)关于单位犯罪其他问题的解释

1. 关于单位犯罪相关的共同犯罪问题

在犯罪单位内部,单位与个人之间,以及直接负责的主管人员和其他直接责任人之间,是否构成共同犯罪存在争议。

《最高人民法院关于审理单位犯罪案件对其直接负责的主管人员和其他直接责任人员是否区分主犯、从犯问题的批复》(法释〔2000〕31号)中明确:"在审理单位故意犯罪案件时,对其直接负责的主管人员和其他直接责任人员,可不区分主犯、从犯,按照其在单位犯罪中所起的作用判处刑罚。"

此解释对是否属于共同犯罪未给出明确意见,但倾向于不作区分。但在司法实践中,普遍对"直接负责的主管人员"参照主犯量刑,对"其他直接责任人员"参照从犯量刑。

2. 关于单位犯罪诉讼程序问题

《最高人民法院关于适用〈中华人民共和国刑事诉讼法〉的解释》(法释〔2012〕21号)中,单设一章用11条规定明确了单位犯罪案件审理的有关问题。

此外,关于犯罪单位在案发后发生分立、合并或者其他资产重组情形以及单位被依法注销、宣告破产等情况下,如何进行追诉的问题,《最高人民检察院关于涉嫌犯罪单位被撤销、注销、吊销营业执照或者宣告破产的应如何进行追诉问题的批复》(高检法释字〔2002〕4号)和《走私罪意见》中分别做出了规定。

上述解释、意见中明确:如果有单位承受该犯罪单位权利义务的,应当追究单位走私犯罪的刑事责任,以原单位(名称)作为被告单位,承受其权利义务的单位法定代表人、负责人为诉讼代表人;如果没有单位承受其权利义务,对单位不再追诉,但应追究原单位直接负责的主管人员和其他直接责任人员的刑事责任。

3. 单位犯罪特有的从宽量刑情节

《走私罪意见》规定:"在办理单位走私犯罪案件中,对单位集体决定自首的,或者单位直接负责的主管人员自首的,应当认定单位自首。认定单位自首后,如实交代主要犯罪事实的单位负责的其他主管人员和其他直接责任人员,可视为自首,但对拒不交代主要犯罪事实或逃避法律追究的人员,不以自首论。"此规定开创了单位犯罪自首的相关规定,是单位犯罪理论和实践的重要创新。

综上所述,由单位犯罪刑法规范和相关解释的发展历程,单位犯罪应走私犯罪发展形势而生,随着打击走私犯罪实践发展而发展,也可看出走私犯罪在相关规范、解释及理论研究发展过程发挥了重要的推动促进作用。未来十数年,单位犯罪理论和规范与打击走私犯罪实践仍将保持相伴而生、共同发展的状态。

The Development of Criminal Law Norms and Related Interpretations of Corporate Crime: Also a Discussion on the Role of Smuggling Crime in Promoting the Criminal Law Norm and Related Interpretation of Corporate Crime

SHI Donghai

[**Abstract**] Against the background of cracking smuggling crime, the concept of corporate crime formed after the reform and opening and emerged in the Customs Law promulgated in 1987 for the first time. With the development of smuggling crackdown and increasingly perfect criminal law norm and related interpretation system, the scope of this concept has gradually reached up to determination of corporate crime, the standard of differentiating it from the individualized crime, directly responsible competent personnel and other direct personnel in charge, criterion for imposing penalty for corporate crime trending towards unification from binary penalty system, and interpretation of other problems of corporate crime such as joint offence related to corporate crime and judicial proceedings of corporate crime, etc. The crackdown on smuggling has significantly propelled the development of related theories, interpretation and theoretical investigation. In the dozens of years in future, the theory and norm of corporate crime and the practice of crackdown on smuggling will remain developing jointly.

[**Key words**] corporate crime; norm; interpretation; smuggling

单位犯罪认定的若干问题

——以走私罪为例

刘 杰 唐恺亮*

[摘 要] 我国自从1987年《海关法》首次规定单位可以成为走私犯罪的主体以来,单位犯罪理论快速发展,司法实践广泛运用。但是单位犯罪主体认定在逻辑上存在根本的矛盾关系,司法实践也难以界定单位犯罪和自然人犯罪,这需要对其进行研究,寻找解决方案。通过综述我国单位犯罪的历史渊源、法律依据和司法实践中出现的一些特殊情形,在此基础上参照犯罪构成的理论,创造性地提出单位作为犯罪主体的构成要件。分为第一阶层,构成要件符合性,包括形式要件,即单位合法成立;主观要件,即体现单位意志;结果要件,即单位获利。第二阶层,阻却事由,包括成立非法目的阻却事由和成立后违法业务比例阻却事由,以期从逻辑上和标准上清晰界定单位犯罪与自然人犯罪的界限,解决司法实践中的认定难题。

[关键词] 单位犯罪;主体资格;走私犯罪

在我国《刑法》中,单位犯罪并非自始有之,1997年修正后的《刑

* 刘杰:国浩律师(上海)事务所合伙人;唐恺亮:律师助理,上海海关学院法学专业18届毕业生。

法》中明确单位可以构成犯罪,并且可以对单位追究刑事责任(可以判处罚金刑),之后正式开始对办理单位犯罪有了司法实践经验,也引起学界对单位犯罪进行更深的研究。从罪名看,单位作为主体追究刑事责任始于走私犯罪案件。1998年成立海关缉私警察后,对走私犯罪的打击力度迅速加大,单位走私犯罪案件办理中遇到的主体资格的问题也不断增加。可以说,单位犯罪与走私犯罪的理论与司法实践发展相辅相成。在走私犯罪案件中,单位犯罪比例远远高于其他类型犯罪案件。2016年全国海关缉私机构立案侦办的2600多起走私刑事案件中,单位走私犯罪案件占将近半数。而像上海等长三角地区,走私案件中单位犯罪案件比例更高。据统计,2016年上海地区单位犯罪案件占走私案件总数的82%。[①] 一方面,在走私犯罪案件中,特别是最为常见的走私普通货物、物品罪中,单位犯罪与自然人犯罪存在量刑档次、量刑幅度的巨大差异;另一方面,很多走私案件中单位刑事责任的追究与否影响到单位的发展甚至生死存亡。所以,走私案件的理论与司法实践中犯罪主体资格争议不断。因此,有必要分析我国单位犯罪的历史渊源、法律依据、司法实践,再参照犯罪构成的理论,创造性地提出单位作为犯罪主体的构成要件,以期较为清晰的界定单位犯罪与自然人犯罪。

一、单位犯罪的历史渊源

从历史渊源看,将单位作为犯罪主体追究刑事责任是一个逐步发展的过程。单位犯罪的概念最早出现于英美法系国家,成为法人犯罪,设立法人犯罪的初衷,是为了通过刑事诉讼程序强制单位履行一定职责。自1635年起,英国就开始通过刑事诉讼,强制法人,主要是公法人履行公共责任;直到19世纪中叶,在英美等国对单位追究刑事责任仍然具有典型的公共执法特性。之后,到20世纪初,除了执行层

① 张严锋等:《2016年上海走私案件分析报告》,载 http://www.cdrb.com.cn/hyxw/13224073.html,最后访问日期:2018年12月6日。

面的强制履行义务外,单位犯罪的责任认定增加主观要件。在大陆法系国家,单位犯罪入刑较晚。直到20世纪70年代末期以后,随着单位数量的增长及其影响力的扩大,单位实施违法行为造成的社会危害也越来越不容忽视,各国纷纷通过修改刑法,将单位犯罪入刑。

我国法律体系中对于单位犯罪入刑也是逐步形成的。新中国成立后,我国司法实践与理论都对单位犯罪持否定态度,对于偶尔发生的企业违法经营行为,也都是以追究自然人(责任人)刑事责任的方式来处理。1979年《刑法》中就没有关于单位犯罪的规定。改革开放以后,社会经济发展水平不断提高,经济活动日益频繁,企事业单位、机关团体违法活动也随之日趋突出。于是,相关法律规范规定采取追究单位行政责任和责任人员刑事责任的做法。最高人民法院、最高人民检察院1985年发布的《最高人民法院、最高人民检察院关于当前办理经济犯罪案件中具体应用法律的若干问题的解答》(试行)(失效)和1986年发布的《最高人民法院、最高人民检察院关于依法严肃惩处国家机关、企业事业单位走私犯罪活动的通知》(失效)中规定,国家机关、企事业单位实施投机倒把或走私行为的,对单位行政处罚,对其主管人员和直接责任人员依法追究刑事责任。从两部司法解释性文件的文义推理得出,单位可以作为投机倒把和走私行为的主体,但这里并没有明确单位可以构成犯罪并追究刑事责任。

直到1987年《海关法》颁布,对单位犯罪的法律规定有了重大突破。1987年颁布的《海关法》第47条规定,企业事业单位、国家机关、社会团体犯走私罪的,由司法机关对其主管人员和直接责任人员依法追究刑事责任;对该单位判处罚金,判处没收走私货物、物品、走私运输工具和违法所得。该条文中首次明确,单位可以作为犯罪主体,承担刑事责任,接受罚金处罚。这种"双罚制"原则,既处罚单位,又处罚责任人员,巧妙地解决了对单位和个人刑事责任的追究问题。此后诸多单行刑法、附属刑法和司法解释都承继了该单位刑法的原则,1997年《刑法》修订后在刑法典中明确规定了单位犯罪及其处罚原则。

据统计,至《刑法修正案九》出台后,我国刑法中有187个罪名可以构成单位犯罪,其中1997刑法典中规定了146个罪名,9个刑法修正案中规定了41个罪名。但是,走私犯罪系单位犯罪的“鼻祖”,且走私犯罪案件中单位犯罪比例较高,因此在理论和司法实践中对单位走私犯罪的研究都要远远领先于其他单位犯罪。在对单位走私犯罪各个问题研究中,譬如,单位走私犯罪的主体问题、单位共同走私犯罪问题、单位走私犯罪的特殊形态问题、单位自首问题、主从犯问题等等,争议最大、界定最难的就是单位走私犯罪的主体认定问题。

二、单位犯罪主体认定的法律渊源

自1987年《海关法》中首次规定单位犯罪以来,对单位犯罪的立法经过30年的发展,形成了一定数量的法律规范体系,包括法律、立法解释、司法解释及司法解释性文件等,具体到单位犯罪主体认定的法律规范很少,主要有以下内容。

(一)关于单位入罪的规定

1997年《刑法》第30条、第31条是单位入罪的总体规定,主要明确了单位的范围、单位入罪的条件,以及单位犯罪追究刑事责任采取“双罚制”原则。单位的范围包括公司、企业、事业单位、机关、团体;最高人民法院司法解释又明确“公司、企业、事业单位”,既包括国有、集体所有的公司、企业、事业单位,也包括依法设立的合资经营、合作经营企业和具有法人资格的独资、私营等公司、企业、事业单位。①

单位作为犯罪主体,须有刑罚分则或其他法律的明确规定。为了防止放纵犯罪,立法解释还明确:刑法分则和其他法律未规定追究单位的刑事责任的,对单位中构成犯罪对自然人依法追究刑事责任。②

对符合我国法人资格条件的外国公司、企业、事业单位,在我国领域内实施危害社会的行为,依照我国《刑法》构成犯罪的,依照单位犯

① 参见《最高人民法院关于审理单位犯罪案件具体应用法律有关问题的解释》(法释〔1999〕14号)第1条。

② 参见《全国人大常委会关于中华人民共和国刑法第三十条的解释》2014年4月24日。

罪的规定追究刑事责任。[①]

“双罚制”原则是指对单位判处罚金,并对其直接负责的主管人员和其他直接责任人员判处刑罚。其中,大部分单位犯罪对单位和责任人员判处不同种类的刑罚,即对单位判处罚金,对责任人员判处罚金以外的刑罚;也有部分单位犯罪对单位和责任人员判处同种刑罚,如单位走私废物罪、走私淫秽物品罪等,对单位判处罚金,对责任人员也并处罚金。这些具体规定主要在刑法分则中。

(二)关于单位出罪的规定

单位出罪的规定主要是基于两个方面的考虑,一是防止利用单位逃避或减轻刑事责任的规定,二是以单位的分支机构或者内设机构、部门作为主体追究刑事责任。

第一方面的规定为个人为进行违法犯罪活动而设立的公司、企业、事业单位实施犯罪的;公司、企业、事业单位设立后,以实施犯罪为主要活动的;盗用单位名义实施犯罪,违法所得由实施犯罪的个人私分的,均不以单位犯罪论处,以自然人犯罪定罪处罚。[②] 单位是否主要从事走私活动,应从单位实施走私行为的次数、频度、持续时间、单位进行合法经营的状况等角度综合考虑认定。对于单位设立后一直进行合法经营,只是偶尔从事走私犯罪活动的,应认定为单位犯罪;单位设立后进行过合法经营,但从一个相对确定的时间开始停止或基本停止了该种经营而主要从事走私犯罪活动,并且次数多、数额特别巨大的,应以个人犯罪论处。[③] 第二方面的具体规定为以单位的分支机构或者内设机构、部门的名义实施犯罪,违法所得亦归分支机构或者内设机构、部门所有的,应认定为单位犯罪。[④] 该规定既明确对该种情形

① 参见《最高人民法院研究室关于外国公司、企业、事业单位在我国领域内犯罪如何适用法律问题的答复》(法研〔2003〕153号)。

② 参见《最高人民法院关于审理单位犯罪案件具体应用法律有关问题的解释》(法释〔1999〕14号)第2条、第3条。

③ 黄勇民等:《单位走私犯罪适用法律问题探讨》,载《人民司法》2002年第3期。

④ 参见《全国法院审理金融犯罪案件工作座谈会纪要》(法〔2001〕8号)第2条。

应当按照单位犯罪处理,不能按照自然人犯罪处理;也明确被追究刑事责任的是分支机构或者内设机构、部门,从形式上避免了机构、部门的归属单位被追究刑事责任。

(三)关于特殊情况下对单位和责任人员追究责任的相关规定

在现行法律规定中,认定单位犯罪后,一般对单位和其直接责任人员(包括直接负责的主管人员和其他直接责任人员)进行处罚,也有一些特殊情况需要特别处理。

一是涉嫌犯罪的单位被撤销、注销、吊销营业执照或者宣告破产的,应当根据刑法关于单位犯罪的相关规定,对实施犯罪行为的该单位直接负责的主管人员和其他直接责任人员追究刑事责任,对该单位不再追诉。①

二是单位走私犯罪后,发生分立、合并或者其他资产重组等情况的,只要承受该单位权利义务的单位存在,应当追究单位走私犯罪的刑事责任。原单位名称发生更改的,仍以原单位(名称)作为被告单位,新单位法定代表人或者负责人为诉讼代表人;并追究原单位直接负责的主管人员和其他直接责任人员的刑事责任。人民法院对原走私单位判处罚金的,由新单位在承受的财产范围内承担。②

三是对未作为单位犯罪起诉的单位犯罪案件的处理。对于应当认定为单位犯罪的案件,检察机关只作为自然人犯罪案件起诉,且经协商后检察机关不补充起诉的,人民法院按单位犯罪中的直接负责的主管人员或者其他直接责任人员追究刑事责任。③

另外,在关于办理走私犯罪的法律规范中有一些关于单位走私犯罪的规定,除了上述第二点以外,均没有超出单位犯罪通用罪名规定的范畴。

---

① 参见《最高人民检察院关于涉嫌犯罪单位被撤销、注销、吊销营业执照或者宣告破产的应如何进行追诉问题的批复》(高检发释字〔2002〕4号)。

② 参见《最高人民法院、最高人民检察院、海关总署关于办理走私刑事案件适用法律若干问题的意见》(法〔2002〕139号)第19条。

③ 参见《全国法院审理金融犯罪案件工作座谈会纪要》(法〔2001〕8号)第2条。

三、单位犯罪主体认定的实践处理

司法实践中,对于单位犯罪案件主体认定遇到许多更为复杂的情形,有些有明确的法律规定,有些没有。有明确规定的,一般按照规定处理,但也有特殊情形会超越法律规定文理解释,采用更加合理的方法处理;对于没有明确规定的,则需要根据学理解释处理。

我国虽然没有判例法制度,但司法实践中最高人民法院指导性案例、最高人民法院刑事审判庭主办的《刑事审判参考》中的案例和各地人民法院的裁判案例也是司法工作中的重要参考依据。最高人民法院指导性案例没有直接关于单位犯罪的,《刑事审判参考》中的案例更具实际参考意义。在《刑事审判参考》1151个案例中(截至106集),有23个关于单位犯罪的案例。其中针对单位犯罪主体认定的内容主要有以下几个方面。

(一)阐述单位入罪的判断方法

单位行为与个人行为的区分,在实践中可以结合以下几个方面来加以具体判断:(1)单位是否真实、依法成立;(2)是否属于单位整体意志支配下的行为;(3)是否为单位谋取利益;(4)是否以单位名义。①

(二)叙述了一人公司犯罪是否应以单位犯罪进行认定

有无独立人格是单位行为能否被作为单位犯罪处理的决定因素。只有依法成立,取得法人地位,具有独立人格的一人公司,才有可能成为单位犯罪的主体。② 判断是否具有独立人格,应当根据:第一,是否具有独立的财产利益。第二,是否具有独立的意志。第三,是否具有公司法所要求的法人治理结构。第四,是否依照章程规定的宗旨运转。第五,是否依照法定的条件和程序成立。③

(三)阐明了部分要件在认定单位犯罪中的逻辑顺序

1.违法所得归单位所有,此特征是区别单位犯罪与自然人犯罪的

① 参见《刑事审判参考》第305号案例。

② 参见《刑事审判参考》第725号案例。

③ 参见《刑事审判参考》第726号案例。

关键所在。①

2.单位资格肯定的情形。单位负责人个人决定,以单位名义实施,没有证据证实犯罪所得归实施犯罪的个人占有的,应当认定为单位犯罪。②

3.单位资格否定的情形。单位成员以个人名义实施的犯罪不能归责于单位,只能按自然人犯罪论处。单位成员假借单位名义、非履行单位职责实施为个人谋利的犯罪行为,也不能按单位犯罪论处。单位成员实施犯罪如完全是为个人谋取非法利益,即使以单位名义实施,也应认定为个人犯罪。③

四、单位作为犯罪主体的构成要件

(一)单位犯罪主体认定的逻辑关系

在我国刑法中,单位是拟制人,其意志和行为均是通过自然人体现和实施。从时间先后看,自然人实施犯罪行为,同时视为单位实施犯罪行为;从逻辑上看,先是自然人实施犯罪行为,后被认定为单位犯罪行为。但是,一旦被认定为单位犯罪,实施行为的自然人不再独立构成犯罪,而是作为单位的直接责任人员承担单位犯罪的刑事责任。在这里,单位和自然人之间关系颇有“鸡生蛋、蛋生鸡”的逻辑悖论色彩。这种逻辑上的悖论色彩也是导致单位犯罪理论研究时出现了“是否存在单位犯罪”之争,直至现在,我国刑法已经明确单位犯罪的存在,但学界仍有“根本不存在单位犯罪”“单位不能作为犯罪主体”的理论存在。

从法律关系上看,单位犯罪中自然人身份的双重性给单位犯罪主体认定增加了难度。单位犯罪首先是单位整体犯罪,同时又必须通过作为其组成人员的自然人来实施。作为单位组成人员的自然人,一方

① 参见《刑事审判参考》第18、86号案例。

② 参见《刑事审判参考》第328号案例。

③ 参见《刑事审判参考》第232号案例。

面具备单位人员身份,受制于单位意志;另一方面又是具有独立思想的个体,可以实施独立于单位之外的个人行为。作为单位组成人员的自然人的这种双重身份决定了他在社会生活中的行为既可能是单位行为,也可能是个人行为。①

实践中,将某个走私犯罪行为认定为单位犯罪还是自然人犯罪却并非按照逻辑上的先后顺序,先看自然人的行为,再看是否该自然人代表单位实施该走私犯罪行为;有时却是恰恰相反。譬如,A 公司作为收货人(报关单改版前称为经营单位)向海关申报进口一批货物,进口过程低报价格逃税。在办案时,首先将该案认定为 A 公司走私犯罪,之后再调查 A 公司实施该犯罪行为的直接责任人员(假定为甲)。在逻辑上,先有甲的行为,后有 A 公司行为;在办案中,先认定为 A 公司行为,后找到直接责任人甲。

但是,针对该案例,也有三种特殊情形不能认定为 A 公司单位犯罪。一是甲不能代表 A 公司。甲擅自实施行为,不能体现单位意志,不应让单位承担刑事法律后果。二是防止甲恶意利用单位降低自身刑事风险。甲系为走私成立 A 公司。司法解释中还规定了单位成立后以走私为主要活动的,不认定为单位犯罪的情形。从法理上看,这种情形应当是立法中对办案机关举证不能的妥协,将该种情形推定为"成立单位具有走私的非法目的"。三是单位未获利。甲盗用 A 公司名义实施犯罪行为,公司未获利,个人获利。

(二)认定单位为犯罪主体的要件

鉴于单位犯罪主体认定逻辑上存在矛盾关系和实践中单位和自然人之间关系的复杂性,我们参照犯罪构成要件的思维方式,建立了认定单位为犯罪主体的构成要件模型。该构成要件包括两个阶层的内容。

第一阶层,构成要件符合性。包括形式要件——单位合法成立;主观要件——体现单位意志;结果要件——单位获利。

---

① 参见《刑事审判参考》第 305 号案例。

第二阶层,阻却事由。包括成立非法目的阻却事由和成立后违法业务比例阻却事由。

1.构成要件符合性,是指认定单位为犯罪主体必须具备的要件,且具备这些要件就基本符合单位作为犯罪主体的认定标准。

(1)形式要件,单位合法成立。

单位是依照有关法律设立,具备财产、名称、场所、组织机构等承担法律责任所需条件的组织。常规形式的单位包括公司、企业、事业单位;特殊形式的单位包括单位的分支机构或者内设机构、部门。公司、企业、事业单位需要在工商等登记机关登记成立,这里只是形式要件,所谓的合法成立是一个形式上的合法成立,只要该单位取得了登记证书(譬如营业执照)即可,并不需要回头再对成立申请的程序和实体重新审核判定是否符合成立资格。

(2)主观要件,体现单位意志。

单位犯罪行为是单位意志的客观外化,必须体现单位意志的行为,对单位行为的界定必须从单位的自身意志上加以判定。[①] 单位犯罪是单位责任人员在单位意志支配下实施的,体现单位意志;而自然人犯罪则完全是在行为人个人意志支配下实施的,体现的是其个人意志。从逻辑上看,单位意志与个人意志能够清晰区分,但实践中由于个人在单位中的角色地位不同,单位的组织管理授权不同,需要更加精细化的分析才能厘清行为是否体现单位意志。

从罪过表现形式上看,单位意志存在积极体现和消极体现两种表现形式。单位意志的积极体现,是指单位意志经过单位决策程序决定或认可的,以作为或不作为的方式出现,并为单位决策机关或负责人决定或认可的表现方式。所谓单位意志的消极体现,是指单位意志并未经过单位决策程序决定,而是通过单位自然人在业务活动中造成重大财产损失或人员伤亡的行为反映出单位自身在管理体制、业务操作规程等方面存在疏漏和缺陷,这种疏漏和缺陷就是单位团体人格缺陷

① 杜文俊:《单位人格刑事责任论纲》,载《社会科学》2007年第10期。

的外在表现。司法实践中,多数单位故意犯罪行为是单位意志的积极体现,而单位过失犯罪行为更多的是单位意志的消极体现。通常,如果单位中自然人是基于单位决策或认可而实施的行为,这种自然人行为,反映了单位的人格特征和积极体现了单位意志,可以认定是单位行为。①

从决策机制和程序看,单位意志分为有权机构人员决定和被授权机构人员决定两种情形。前者是指单位意志由单位决策机构或者有权决策人员通过一定的决策程序来加以体现,通常表现为单位股东会、董事会集体决定或单位负责人(通常为董事长、总经理)决定。

如果是被授权机构人员决定,必须判断单位中自然人实施的该项具体行为是否属于单位的授权业务活动范围。具体可以分为三种情况:第一种情况,自然人严格按照单位章程制度和操作规程实施业务活动,但仍造成了危害结果;第二种情况,单位本身负有监督义务,但其未建立相应的监管机制,行为人操作不规范而引起危害结果;第三种情况,单位建立了能与单位业务活动相适应的监管机制,但自然人故意违反单位章程制度与操作规程,或在业务活动中严重不负责任,过失造成了危害结果。② 第一种情况体现单位意志,第三种情况不能体现单位意志,这都没有争议。对于第二种情况,有的观点认为体现单位意志,有的观点认为不体现单位意志。我们认为,第二种情况体现单位意志,理由是单位员工在不违反单位禁止性规定的情况下,为完成工作才实施不当行为导致危害后果,应当认定员工实施了单位授权的行为。

从做出决策的自然人的身份看,单位意志可以通过单位中的五类人进行体现。一是单位里有决策权的议事机构人员集体讨论共同决定。如果是公司、企业,一般是股东大会、董事会;如果是事业单位,一

---

① 李润珍、晋涛:《单位意志在单位犯罪中核心地位的确立——重新界定单位犯罪》,载《新疆社科论坛》2006年第2期。

② 杜文俊:《单位犯罪人格刑事责任的构建与论证》,吉林大学2006年博士学位论文,第32页。

般是其领导班子等决策机构人员共同决定。二是公司、企业的所有权人决策。即通常所称的“老板”,通常情况下公司、企业所有权人就是实际负责人,在单位里有绝对的权威,可以任意决定公司、企业的行为。三是公司、企业的总经理或事业单位的负责人。这类人在单位里对日常经营活动有极大的话语权,尤其是规模较大的单位,他们可以直接决定企业是否实施违法活动。四是单位的部门负责人。根据单位规章制度和单位负责人的授权,单位部门负责人在一定范围内不经上级批准决定实施某些违法行为。譬如,公司的外贸部经理或负责海关通关事务的物流部门经理,可以在未经公司负责人批准情况下,决定将从境外采购的货物低报价格逃税进口。因为这些业务是在其权责范围内,所以能够直接做出决定。五是单位的业务经办人。这种情况最为复杂,通常情况下单位的业务经办人权力较小,无权决定实施违法行为,但有些时候其上级主管乃至单位负责人对实施违法行为并不知情。特别是在大型企业作为走私犯罪单位的案件中,由于走私时间长、次数多,参与走私的部门和人员非常广泛,整个部门甚至整个公司的人员都不同程度地参与,这就给直接责任人员的认定带来了“两难”。如果过窄,不利于打击犯罪;如果过宽,又不利于社会稳定。这就需要对照单位的规章制度管理规定,看经办人行为有没有超出其工作职权范围,如果超出则为其自然人犯罪;如果没有超出,要看其是否违反了单位规章制度中的禁止性规定。对于虽然在职权范围内但违反单位禁止性规定的,则认为其没有得到足够的授权;对于既在职责范围内又没有违反单位禁止性规定的行为,其违法行为法律后果应当由单位承担。

(3)结果要件,单位获利。

是否为单位谋取利益。在故意犯罪尤其是牟利型犯罪中,只有在为本单位谋利益的情况下,才能认定为单位行为。如为单位谋取非法利益而进行走私,违法所得全部归单位所有的,即属单位行为,相反,即便以单位名义走私,但违法所得由参与人个人私分的,则一般应认为是自然人共同犯罪。

有观点认为,构成要件中还有一个要件是单位名义,"一般情况下,单位犯罪要求以单位名义实施。对于这里的'以单位名义'应作实质性理解"。[①] 然而,这个说法不具有实践意义。一是由于单位中自然人身份与单位法人身份极具复杂性,难以分辨某个行为系以单位名义还是非单位名义;二是大量行为兼有单位名义和个人名义;三是有些行为即便是以单位名义实施也属于自然人犯罪。司法解释也规定了盗用单位名义实施犯罪,违法所得由实施犯罪的个人取得的,不是单位犯罪,应当依照刑法有关自然人犯罪的规定定罪处罚。因此,"以单位名义实施犯罪行为"不能作为单位犯罪主体资格认定的要件。

2. 阻却事由。指排除符合构成要件的事由,包括成立非法目的阻却事由和成立后违法业务比例阻却事由。前者是指为了违法而成立单位,后者是指成立后主要业务为违法业务。在符合认定单位为犯罪主体构成要件的情况下,具备这两种情形之一的,仍然不能认定为单位犯罪。其原因是大量犯罪中,同一罪名下认定单位犯罪对直接责任人员的处罚要明显轻于自然人犯罪,目的是防止自然人通过成立单位规避法律制裁。譬如,在走私普通货物罪中,单位走私逃税20万元是起刑点,自然人走私逃税10万元是起刑点;且每个量刑档次单位走私犯罪的数额标准均为个人走私犯罪数额标准的2倍。如果逃税15万元,定单位走私不构成犯罪,定个人走私则构成犯罪;如果逃税75万元,定单位走私对应量刑档次为3年以下有期徒刑或者拘役、管制;定个人走私对应量刑档次为3年以上10年以下有期徒刑。因此,司法解释也规定了个人为进行违法犯罪活动而设立的单位实施犯罪的以及单位设立后以实施犯罪为主要活动的这两种情形不能认定为单位犯罪,而应当认定为自然人犯罪。

综上,随着我国社会结构的不断调整以及社会资源的再次分配,单位犯罪罪名的不断增加,我国单位犯罪无论是在广度上还是深度上

① 《刑事审判参考》第305号案例。

都呈现出迅猛态势。单位犯罪与自然人犯罪主体认定界限模糊不清,导致司法实践中“同案不同判”,同类犯罪行为有的认定为单位犯罪,有的认定为自然人犯罪,加之认定单位犯罪和自然人犯罪的起刑点和量刑档次不同,从而导致案件处理结果不公平不公正情况出现。加强对单位犯罪主体认定问题的研究,厘清单位与自然人犯罪的本质区别,设定单位犯罪主体认定构成要件,明确单位犯罪主体认定的逻辑步骤,是解决该问题的重要方法。

Determination of Corporate Crime: Based on Smuggling

LIU Jie　TANG Kailiang

[**Abstract**] Since the Customs Law provided in 1987 for the first time that corporations can be taken as the subject of smuggling crimes, the theory of corporate crime has undergone rapid development and has been applied widely in judicial practices. However, there is a logical contradiction in the identification of the subject of corporate crime, and it is difficult to demarcate the boundaries of corporate crime and natural person crime in judicial practice, which calls for further studies.

This paper summarizes the historical origins, legal basis and some special situations in the judicial practice of corporate crimes. Based on the theory of criminal constitution, this paper proposes the constitutive elements to deem the corporation as the subject of the crime. The first level is the constitutive elements of conformity, which include formal elements (legitimacy of the corporation), subjective element (corporate will) and result element (profit of the corporation). The second level is the ground for the elimination of crime in terms of illegal purposes and proportion of illegal business. These elements are helpful to identify the boundary between corporate crime and natural person crime based on criteria and to tackle the problems identified in judicial practice.

[**Key words**] corporate crime; subject qualification; crime of smuggling

关于走私普通货物案件税款计核中原产地问题的几点思考

张常年　周晓姝*

[摘　要]　在走私普通货物案件的税款计核中,确定货物原产地是适用税率的前提条件,随着我国自贸区战略的推进,适用协定税率的货物在我国贸易中占有比重越来越大,但是在涉罪案件中,如何确定货物的原产地以及如何适用税率,检察院、法院、缉私部门和关税部门各方存在分歧。分歧的关键点在于自贸协定实施和走私犯罪税款计核是两个不同维度的问题。因此,建议从客观实际出发,用"犯罪构成"理论解决税款计核难题。

[关键词]　走私普通货物;原产地;税款计核

随着我国加快实施自由贸易区战略①和自贸区谈判的推进,自2002年至2018年9月,我国已经与24个国家和地区签订了16个自由贸易协定。② 目前正在与27个国家进行12个自贸协定谈判或者升级谈判,包括《区域全面经济伙伴关系协定》、中日韩、中国—挪威、中国—斯里兰卡、中国—以色列、中国—韩国自贸协定第二阶段、中国—

---

* 张常年:天津海关关税处征管科副科长;周晓姝:深圳海关关税处调研员。

① 参见《国务院关于加快实施自由贸易区战略的若干意见》(国发〔2015〕69号)。

② 《商务部召开例行新闻发布会》(2018年7月26日),载 http://www.mofcom.gov.cn/xwfbh/20180726.shtml,最后访问日期:2018年12月7日。

巴基斯坦自贸协定第二阶段谈判以及中国—新加坡、中国—新西兰自贸协定升级谈判等。① 今后,优惠贸易安排所涉货物种类越来越多,优惠安排所涉及的地域范围越来越广。

但与此同时,查获的涉嫌走私案件中涉及原产地认定疑难问题逐渐增多。海关出具的《涉嫌走私案件偷逃税款计核证明书》作为《中华人民共和国刑事诉讼法》(以下简称《刑事诉讼法》)规定的鉴定意见,是对犯罪嫌疑人定罪量刑的关键证据。由于《中华人民共和国海关计核涉嫌走私的货物、物品偷逃税款暂行办法》(署令第97号)对涉案货物原产地如何认定,并如何确定适用的税率没有具体规定,导致同一商品在海关案件计税部门、缉私部门、法检部门和辩护律师出现适用普通税率、最惠国税率、暂定税率和协定税率的争议。

一、各方在税款计核中原产地问题和税率适用的观点分析

海关侦办的涉嫌走私普通货物物品案,在侦查和诉讼环节都需要依据海关出具的《涉嫌走私货物、物品偷逃税款核定证明书》(以下简称《核定证明书》)来确定是否涉罪及如何量刑。《核定证明书》是办理涉嫌走私普通货物物品案的关键证据,影响《核定证明书》偷逃税款计核结果的因素主要有四个:涉案商品的计核价格、数量、适用汇率、税率。涉案商品的原产地直接影响上述四个要素中"税率"的适用。

走私的表现形式可归为两类,第一类:申报模式的走私,包括通关伪报和后续走私;第二类:非申报模式的走私,包括通关中的藏匿、蒙混、闯关和绕关走私。目前《核定证明书》由海关关税部门负责出具,对商品税率适用的问题已经引起相关各方争议,并直接影响对走私分子的定罪量刑结果。下面我们以两个现实中的案例进行分析:

(一)相关案例

2014年,A海关某缉私分局查获了两起涉嫌走私印度产的辣椒

---

① 商务部:《正进行12个自贸协定谈判或者升级谈判》,载中国财经网:http://finance.china.com.cn/news/20180913/4759568.shtml,最后访问日期:2018年12月7日。

干、芝麻的案件。办案部门查获了涉案货物的非优惠原产地证,但未能调取到优惠原产地证。该关关税部门在首次计核该案时,对涉案货物适用最惠国税率(以下简称案例一)。

2015年,B海关某缉私局查获了走私大米案件。大米是经过越南绕关走私进入我国境内。经查实,大米的原产地是越南,没有优惠原产地证书。该关关税部门在计核该案时,面临着最惠国税率或者中国—东盟协定税率的选择(以下简称案例二)。

(二)海关关税部门的意见

在我国签订的自由贸易协定中,适用协定税率的条件,一是货物要原产于协定成员方,符合协定的原产地标准,签发并提交协定成员方指定机构签发的特定原产地证书;二是货物要在所签订协定的降税清单范围内,报关时主动向海关进行申报适用协定税率;三是适用协定税率的货物同时要符合所签订协定的原产地规则,这里所说的"原产地规则"既包含了判定货物原产地的原产地标准,也包括判定货物是否符合直接运输的"直接运输规则"等。目前意见,对案例一和案例二都按照最惠国税率计核税款。

(三)缉私部门的意见

缉私部门对涉案商品原产地的查证主要存在以下四种情况:

一是未查实原产地的情况。客观上每种商品都有其原产地(即使依据不同的审定标准会有不同结果),但在实际工作中,要么涉案商品查无实物,要么虽有实物但现有技术手段难以鉴别其原产地,例如,部分非申报模式项下走私的货物,造成事实上的原产地难以查实,或称为原产地不详。目前此类情况涉案货物存在普通税率和最惠国税率的争议,现采用最惠国税率计核,如果案件发生时由暂定税率且低于最惠国税率的,按照暂定税率计核。("原产地不明"属于一个"法律事实",而非法律意义上的"事实不清"的观点。)

二是查实原产地及优惠原产地证的情况。这里需要区别不同的走私方式。如果是通关环节低报价格、少报多进的走私方式,能够证明涉案商品在通关环节符合适用协定税率的条件,那么计核时应当适用协定税率,这一点基本没有争议。如果是藏匿、偷运等走私方式,则缉私部门内部也存在不同意见。主张不适用协定税率的理由,主要是认为享受协定税率必须同时满足“直接运输”“主动申报”“提交优惠原产地证”三个条件,而藏匿、偷运的走私货物必然不符合“主动申报”和“提交证明”两个条件。

三是已查实原产地,且查实未取得优惠原产地证的情况。主要是通关渠道查获的虚假优惠原产地证的情况,当事人提交虚假原产地的事实,证明其未取得优惠原产地证,认为不适用协定税率,否则就会出现偷逃税款为零的矛盾。

四是已查实原产地,未查实优惠原产地证的情况。这是目前各方争议最大的一种类型,尚没有定论。

归纳上述观点,基本可以得出,案例一还存在一定的争议,案例二按照最惠国税率计税。

(四)检察院、法院和律师的意见

1. 针对案例一的意见

该案移送检察院后,检察院提出“不能仅因侦查机关无法调取到原产地凭证,就不适用亚太贸易协定税率”。计核部门函询该关原产地主管部门后,海关以“未主动申报、不符合‘直接运输’规则、未提供原产地证书正本”为由,维持适用最惠国税率计核。该案移送法院起诉后,法院亦提出质疑,认为该案涉案货物是否享受亚太贸易协定税率的举证责任应由公诉方承担,在公诉方无法举证否认的情况下,应承担举证不能的不利后果,根据“疑点利益归于被告”的原则,涉案货物应予以适用亚太贸易协定税率。最终,该案法院采纳了海关根据《亚太贸易协定》规定的协定税率出具的《核定证明书》。

2. 针对案例二的意见

律师认为,走私货物计核偷逃税款适用税率的确定,与正常通关货物计征税款适用税率确定一样,都要依据《中华人民共和国进出口关税条例》(以下简称《进出口关税条例》),确定的实体性规则。正常通关申报,原产地的举证责任在申报人,申报人未尽充分举证责任的,依法承担举证不能的不利法律后果。因此,正常通关环节不能充分证明原产地(如不提交原产地证),不适用协定税率,与《进出口关税条例》实体规定并不矛盾。而走私货物偷逃应缴税款计核,举证责任在办案机关,适用《刑事诉讼法》有关证据的程序性规定。货物原产地作为案件待证事实,是决定应缴税款税率适用的案件关键事实,依法由办案机关举证。在"原产地"这一客观事实已经有各种证据证实和确定的情况下,以缺少某一正常通关程序中的特定单证(如原产地证)来否定客观事实,是违反《刑事诉讼法》的。例如,同样的走私普通货物案件(以走私越南产大米为例),计核税款时,如果走私方式是通关环节低报价格,以其通关进口申报提交了原产地证为由,就可适用协定税率;而如果走私方式是绕关偷运(不存在通关申报),以其没有原产地证为由,就适用最惠国税率。这就造成同样的走私普通货物,计核偷逃税款却分别采用协定税率和最惠国税率的矛盾。

因此归纳检察院、法院和辩护律师的观点,案例一和案例二应当按照适用各自对应的协定税率。

(五)各方分歧的关键

各方分歧的关键在于从各自立场出发,局限于各自领域,没有一个彼此都认同的标准。

1. 海关关税部门

海关关税部门的观点在于享受协定税率的货物必须满足双反签订的自贸协议,假设一批不符合"直接运输""主动申报""提交优惠原产地证"三个条件的货物,通过止常贸易渠道报关进口其必然是适用最惠国税率计算税款,那么如果这批货物通过走私进境,却因未查实是否有优惠原产地证,而适用协定税率计核偷逃税款,是对遵纪守法企业的不公平。从另一个角度说,货物只有在通关条件下才能满足相应的规则,对于那些采取非通关模式走私的犯罪分子,计核部门只能采取按照最惠国税率计核偷逃税款这种"一刀切"的做法与《刑事诉讼法》的"疑点利益归于被告"的原则相冲突,很难被检察院和法院接受。

2. 缉私部门

缉私部门对证明案件事实负有举证责任,在正常通关条件下,可以取得进口货物报关单、进口货物清单、装箱单、发票、成交确认书、进口许可证、入境货物通关单、对账单、销货单以及扣押物品清单等证据,甚至可以取得相关的原产地证书。在非正常通关模式下,侦查部门取得的证据很多是计算机中的电子数据和邮件等电子证据,如果货物已放行,企业进行毁证或者制造伪证的可能性加大,侦查部门取证困难。同时,缉私部门认为原产地的认定是一个复杂的专业技术,并非靠简单的努力就能解决。

3. 检察院和法院

检察院和法院主张适用协定税率的主要理由是依据《刑事诉讼法》对举证责任的分配,侦查部门对证明案件事实负有举证责任,在举证不能,又无法排除涉案商品属于相关贸易协定项下优惠商品范畴的合理怀疑时,根据"疑点利益归于被告"的原则,应当从低适用税率。同时,"疑点利益归于被告"是刑事审判的一个基本原则,"存疑时有利于被告"是:在对事实存在合理疑问时,应当作出有利于被告人的判决、裁定。该原则在适用中可能表现为许多情形:当事实在有罪与无罪之间存在疑问时,应该按照无罪来处理;当事实在重罪与轻罪之间存在疑问时,应该认定为轻罪;就从重处罚情节存在疑问时,应当否认从重处罚情节;当无法确信某一犯罪行为是否超过追诉时效时,应当不再追诉。

4. 律师

目前走私货物计核偷逃税款适用税率是否按照《关税条例》确定,在海关内部有不同的意见。但是律师提出的"走私方式是伪报和绕关走私的普通货物,计核偷逃税款却分别采用协定税率和最惠国税率"的两种不同计税方式,这种主张应该引起足够的重视。

综合以上各方观点,不难得出各方都是从各自的立场和职业背景对同一问题进行不同的阐释,海关的关税技术、缉私部门的举证责任、检法的司法正义和律师的维护当事人的合法权益在各自的观点中得到体现,由于没有一个彼此都认可的共同标准,各方都在各自的领域内各持不同观点。如果此问题不能彻底解决,将为海关税款计核问题带来无穷的隐患。

二、从客观实际出发,用“犯罪构成”理论解决税款计核难题

走私普通货物、物品罪的社会危害性主要体现在偷逃应缴关税及代征税的税额中。在明确走私犯罪是侵犯国家的征收关税制度这个标准以后,核定货物原产地是税款计核的重要环节之一,直接关系到税率的适用和偷漏税款的认定,因此需要找到一个既能准确计核税款又能各方予以接受的方法。

(一)走私普通货物、物品罪的“犯罪构成”

在中国,任何一个犯罪都包括主体、客体、主观方面和客观方面四个部分。走私普通货物罪是指,违反海关法规,逃避海关监管,运输、携带、邮寄普通货物、物品进出国境偷逃应缴税额较大的行为。包括:一是主体要件,即本罪的主体要件为一般主体,既可以是个人,也可以是单位;二是主观要件,即本罪的主观方面只能由故意构成、过失不构成本罪;三是客观要件,即本罪在客观上表现为违反海关法规,逃避海关监管,运输、携带、邮寄普通货物、物品进出国境偷逃应缴税额较大的行为;四是客体要件,即本罪所侵犯的客体是国家对外贸易管制中关于普通货物、物品进出口的监管制度和征收关税制度。其中客体要件就是走私普通货物罪侵犯的社会关系,即法律所保护的社会利益。海关关税部门如何将具体走私案件中受到侵犯的征收关税制度进行准确量化,就是税款计核。走私普通货物罪的客体要件是走私分子承担刑罚的基础,这也是侦查部门举证证明案件事实、检察院提起公诉、法院定罪量刑和律师维护当事人权益的关键点。

(二)在计核税款时运用原产地认定的实体规则来认定相关货物原产地的可能性分析

首先要理清一个概念,原产于协定国的货物并非当然的就能取得优惠原产地证,还涉及原产地规则和配额等很多复杂的认定条件,且

不同的贸易协定项下,不同的货物,适用的原产地规则都千差万别;其次是我国非优惠原产地规则和各优惠原产地规则以行政法规和海关署令的形式公布实施;再次是非优惠原产地规则和优惠原产地规则在原产地标准方面针对全税则的商品全部可以分为"完全获得标准"和"非完全获得标准",其中"完全获得标准"的一般性要求是指产品在出口国完全获得或者生产,"非完全获得标准"一般分为三类,即税则归类改变标准、区域价值成分标准和工序标准。

如果海关以原产地认定的实体规则作为认定进出口货物原产地的标准,则该做法具有坚实的法律基础。同时,原产地规则中的"完全获得标准"和"实质性改变标准",涵盖税则中的全部税号,在实际操作中统一、明确和简单。

(三)海关计核偷逃税款的实际操作分析

缉私部门应对案情的事实部分承担举证责任,其在向关税部门申请计核偷逃税款时,根据掌握的相关证据,选择"原产地不明"和"货物原产地"。在此须说明,原产地认定的实体规则是认定货物原产地的方法,在非通关模式下缉私部门掌握的电子证据或者其他证据,如果没有经过分析和查实,建议缉私部门按照"原产地不明"进行报送,关税部门按照最惠国税率计核税款,如果暂定税率低于最惠国税率,按照暂定税率计核税款。因为在实践中,实际准许进口的货物只有极少数是原产于适用普通税率的国家和地区。涉罪案件中的原产地不明货物,原产地实际为非普通税率国家和地区的可能性极高。

缉私部门有证据(优惠原产地证书或者满足原产地规则的其他证据)证明涉嫌走私的货物可能适用协定税率的,应提出适用协定税率的建议并随附相关证据,海关关税部门根据其对应的各优惠原产地规则进行复核,如果满足原产地规则,则按照协定税率计征税款。

应说明的是,走私普通货物、物品罪的客体要件是国家对外贸易管制中关于普通货物、物品进出口的监管制度和征收关税制度,因此无论走私货物是在通关下的伪报还是绕关走私,不能因为走私方式的不同造成偷逃税款计核数额的不同。

我国已经与24个国家和地区签订了16个自由贸易协定,以双边协议和转换的国内法作为法律基础,实施的重点在于双方的商品能够更自由地在不同经济体之间流动。海关面对的是守法企业在海关正常通关的货物,原产地证书、主动声明和直接运输作为双方的货物能够互相享受协定税率的必备要件。海关关税部门出具的《核定证明书》,在证据体系中属于鉴定结论,其受《刑法》和《刑事诉讼法》约束,其工作的关键点在于如何准确认定相关货物的原产地,准确计核走私偷逃税款。因此,要做好计核走私偷逃税款工作,关键点在于自贸协定实施和走私犯罪税款计核是两个不同维度的事情,应在各自维度内处理好相关事宜,如果把它们放在同一维度来考虑,就会导致工作扭曲和纠结。因此,建议海关关税部门在计核偷逃税款时,应放弃"主动声明"标准,因为该标准在非通关环节中是无法做到的,另外针对"直接运输"标准,应予以从宽,例如根据查实涉案货物的运输路径查明是否符合"直接运输",如果相关证据不能排除"货物直接运输"的可能性,不妨"疑点利益归于被告"。

由此看原产地(实体)规则是海关在走私计核税款中认定货物原产地的最准确的方法,能够将具体走私案件中的犯罪客体进行准确量化,也是海关、法院、检察院和辩护律师能够达成共识的方法。同时应注意到,随着我国经济的发展和社会的进步,《海关计核涉嫌走私的货物、物品偷逃税款暂行办法》(海关总署第97号令)出现了很多需要调整和修改的地方,应加强关注,早日发现问题,并提出相关解决建议,将法律隐患消灭于萌芽状态。

Some Thoughts on the Issue of Origin in the Tax Calculation of Smuggling Ordinary Goods Cases

ZHANG Changnian ZHOU Xiaoshu

[**Abstract**] In the process of the tax calculation relating to the smuggling of ordinary goods, determining the origin of the goods is a necessary condition for determining which tax rate is applicable. With the promotion of China's free trade area strategy, the goods subject to the preferential tariff account for a large proportion of China's foreign trade. However, in the case of crimes, how to determine the origin and how to apply the tax rate, there are disagreement among the procuratorate, the court, anti-smuggling department of Customs and duty collection department of Customs. The key point of disagreement is that the implementation of FTA and the tax calculation of smuggling crime are problems of two different dimensions. Therefore, it is suggested to solve the difficult problem of tax calculation with the theory of "crime constitution" from objective reality.

[**Key words**] smuggling of ordinary goods; origin; tax calculation

浅析进口废物案件的定性与处理

——以两起典型案件为例

韩昭纲*

[摘　要]　废物进口案件可分别构成刑事和行政案件。针对复杂案件罪与非罪的界定,对于因主观故意方面证据不足的案件,建议将是否构成犯罪提交司法机关认定是稳妥之举。进口废物违规行为行政处罚的法律适用,目前我国现行环保法律、法规关于行政处罚幅度的规定跨度较大,具有较大的自由裁量空间。此类行政案件建议应对当事人在同一案件中的不同行为要厘清责任,应了解清楚是认定为数个独立行为分别处罚,还是认定为连续行为合并处罚,并在综合考虑的基础上,确定处罚比例。对冒用他人废物进口许可证,并冒用其他企业名义向海关申报进口属于国家限制进口类废物的,建议认定为属于逃避海关监管的走私行为,达到刑法起刑点的符合走私废物罪的构成特征;关于对未经许可擅自进口自动许可类可用作原料的固体废物的,如当事人进口属于自动进口许可货物申报不实或未申报,影响国家许可证件管理的,已构成《海关行政处罚实施条例》第15条第3项规定的申报不实行为;对不符合国家环控标准(夹杂物超标)的固体废物如何处理问题,如当事人已经履

* 韩昭纲:武汉海关学会理事、武汉东湖新技术开发区海关缉私分局法制科科长。

行了相关法律义务,主观并无过错,海关不应再对当事人进行处罚,由监管部门予以退运,不再移交缉私部门处理。对进口废物刑事、行政案件的转化要及时启动,缉私民警在办案过程中要探索和践行“一警双权,一案到底”。

[关键词] 废物;案件;定性;处理

随着工业经济和社会的发展,有毒有害危险废物的增多也在加剧。世界上每年产生数十亿吨的废物,其中至少有三亿吨的废物因为其有毒的、易爆的、腐蚀的、外泌毒的、易燃的及易传染的特性而对人与环境有潜在的风险。在工业废物和城市垃圾日益增多,废物无害化处理成本相应增加的严峻形势下,世界各国特别是发达国家关于废物管理的法规日趋严格。在这种情况下,一方面,一些发达国家千方百计将本国的有害废物转移到国外(主要是发展中国家);另一方面,国内一些单位或者个人见利忘义,以伪报、瞒报、夹藏、绕关等各种方式逃避海关监管,向海关隐瞒、掩饰,擅自将境外废物偷运入境现象日趋严重,对我国环境污染破坏和人民健康危害或威胁已经成为不可忽视的问题,破坏了“五位一体”总体布局,影响到“两个一百年”奋斗目标和中华民族伟大复兴“中国梦”的实现。海关总署坚决贯彻党中央、国务院和习近平总书记的指示要求,充分履行把关和打私职能,从2013年起开展了以“绿篱行动”“大地女神行动”为代表的一系列打击废物走私专项行动,取得了较大成效。针对废物进口案件的形势变化、情况多样,我国相继出台了一系列法律、法规和规定,下面试就废物进口案件如何定性处理进行阐述。

一、进口废物刑事犯罪和行政违法案件的区别

2017年7月之前,我国对进口可利用废物实行许可制度,持有国家颁发的《限制进口类可用作原料的固体废物进口许可证》,可按照许

可证规定的品种和数量进口限制类可利用废物,①除此种情形以外任何形式、途径进口废物,均违反国家法律,根据其社会危害性质不同,分别构成刑事犯罪和行政违法。二者区别在于:一是刑事犯罪:主观上明知是废物而追求废物进口的结果,具有逃避海关监管和国家环保监管的故意,客观上有通过伪报、瞒报、夹藏、绕关等各种方式逃避海关监管进口废物的行为,且在进口数量上达到刑法追究刑事责任的起刑点,情节严重的,才构成犯罪。根据《最高人民法院、最高人民检察院关于办理走私刑事案件适用法律若干问题的解释》第14条,进口废物分为禁止类危险废物、禁止类非危险废物、限制类可用作原料废物,认定为"情节严重"追究刑事责任的起刑点分别为:1吨、5吨、20吨。二是行政违法:不具有逃避海关监管和国家环保法律规定的主观故意,进口废物的结果是由主观以外的因素造成;或者虽然有进口废物的主观故意,但客观情节上未达到刑法规定的起刑点,严重程度不构成犯罪的,构成行政违法。三是构成刑事犯罪的,适用《刑法》追究刑事责任;不构成刑事犯罪的构成行政违法,适用《环境保护法》和《海关法》追究行政违法责任。

二、针对复杂案件罪与非罪的界定

(一)因主观故意方面的证据不足,未追究刑事责任的典型案例一

1. 简要案情

该案涉及实际货主、代理进口商两个犯罪嫌疑对象,由于二者在进口废物的主观明知和主观故意上明显不同,因而在最终定性和处理结果上迥然不同。具体案情如下:

2013年初,天津M矿产公司法定代表人窦某与黄石H物流公司达成合作意向,约定由H公司为M公司代理进口矿砂。M公司窦某

① 2017年7月,国务院办公厅印发通知要求,严格固体废物管理,2017年年底前,全面禁止进口环境危害大、群众反映强烈的固体废物;2019年年底前,逐步停止进口国内资源可以替代的固体废物。

在通过电子邮件进行的商务洽谈过程中,告知 H 公司其“将要分别进口的货物,其中略带不允许进口之嫌”。

2013 年 4 月,窦某向境外某公司签约购买氧化铝含量为 50% 的矿物,价格为 65 美元/吨。2013 年 5 月,窦某让 H 公司去落实海关接受的价格,同时确定申报品名。H 公司向窦某介绍了氧化铝经确认的价格为 320 美元/吨,还称境外检验报告中的氧化铝含量为 67%,与窦某提供的产品说明中的氧化铝含量 90% 不符,向窦某征求改动意见。窦某为逃避海关监管,使海关减少怀疑和布控,通关更加顺利,决定对报关内容进行修改,通知 H 公司按氧化铝含量 90%,价格 320 美元/吨,向海关申报进口“氧化铝”200 吨,被海关布控查获,经鉴定为我国禁止进口的固体废物,于 2016 年年底退运出境。

窦某又于 2013 年 3 月与外商洽谈购买 760 吨铅渣,于 4 月委托 H 公司代理申报进口,但未告诉其是废渣。2013 年 7 月,以 H 公司作为收货人的 760 吨“铅矿”在上海入境。窦某通过邮件告诉 H 公司该批货物为“铅矿渣”,H 公司要求窦某将该批货物退运出境,其后要求窦某修改收货人和收货港。2013 年 8 月,该批废物仍然从上海转关到港。9 月,H 公司以发货人操作失误错发货物为由,向海关申请退运。因该 760 吨铅矿渣被缉私部门监控而被通知暂缓退运,其后被环保部认定为我国禁止进口类固体废物,在 2014 年 6 月退运出境。

2. 争议的焦点及辨析——H 公司的行为究竟是否构成刑事犯罪

缉私部门经刑事立案侦查,于 2014 年 9 月对窦某、H 公司及其法定代表人王某以走私废物罪移送起诉。检察机关经审查,认为 H 公司、王某虽然参与了案件,但证明其构成犯罪和不构成犯罪的证据各有一些,而证明其明知是废物而实施走私犯罪在主观故意方面的证据仍显不足,本着疑因从无的原则,建议侦查机关撤回移送起诉。缉私部门经研究,决定尊重检察机关的意见,对 H 公司撤回并移交行政处理。由上可见,主观上是否明知是废物而具有逃避海关监管的主观故意,是区分此类案件罪与非罪的一个关键和标志特征,证明其主观明知必须要有充分的证据。

3.将是否构成犯罪提交司法机关认定是稳妥之举

在本案中,窦某主观上明知进口货物是废物,仍然实施逃避海关监管违法进口,将其作为走私废物犯罪嫌疑人移送起诉,追究刑事责任毫无争议。H公司虽然不是本案的实际进口人,但介入案件较深,在已经发现了进口货物可能存在违法嫌疑的情况下——既了解相关材料前后矛盾,充满不实,又得到委托人明确告知“存在不允许进口之嫌”,不但未尽到合理审查义务,而且还对委托人如何能够通过海关审查进行指导,放任违法行为发生,为实际走私人进口固体废物提供了便利,导致走私后果的最终发生。对其是否认定犯罪界于两可之间,争议较大,因此办案单位将此问题提交司法机关进行审查认定。在检察机关经审查,作出了“主观明知的证据不足,建议撤回移送起诉”的结论意见后,办案单位才对其改作行政处理。

(二)因无主观过错而未认定刑事案件的典型案例二

2012年12月,陕西S公司与境外某公司签订合同,向其购买一批铜含量在5%左右的铜矿,对其中有害元素的含量确定了限制,同时约定外方在境外装运港进行检验,该公司在国内目的港进行检验,并以两次检验报告作为结算付款依据。2013年1月,外方对上述合同项下货物进行了检验,对主要元素含量进行了确定,符合合同约定。S公司遂于2013年3月以“铜矿”作为品名向海关申报进口货物83,584千克,申报价格14,995.8美元,货物价值人民币109,042元。海关经查验认为货物品名、规格不符,遂联系商检部门取样检验,经鉴定为我国禁止进口的固体废物。2014年6月,S公司对该批货物向海关申报退运出境。

案发后,S公司向办案单位提出申辩意见,认为其没有主观过错,其主观上要进口的不是固体废物,而是铜矿,而铜矿不是禁止进口货物。其在进口过程中已尽到最大审慎,明确要求外方提供商检证书,出现现在的局面,实为被外商欺骗,自己也是受害者,不应当被处罚。由于没有证据证明S公司主观明知是废物而逃避监管,实施进口废物的行为,办案单位最终对该案以行政案件立案处理。

三、对进口废物违规行为行政处罚的法律适用

(一)我国现行环保法律法规关于行政处罚幅度较大,具有较大的自由裁量空间

根据我国《固体废物污染环境防治法》(以下简称《固废法》)第78条第1款之规定,对进口废物行政处罚的幅度是10万元至100万元,上限与下限之间相差10倍。

《海关行政处罚实施条例》第13条规定:违反国家进出口管理规定,进出口国家禁止进出口的货物的,处100万元以下罚款。该规定有上限而没有下限,自由裁量空间太大,容易引起执法和廉政风险。如何把控好处罚幅度,防止自由裁量权的滥用,体现执法的公平、公正,尤显重要。

尽管海关总署于2016年修订了《海关行政处罚幅度参照标准》(署缉发〔2016〕6号),其中增加了对禁止类固体废物违法进境的处罚幅度规定,但这毕竟属于内部规范性文件,不能对外公开引用,也不能作为行政诉讼的依据。因此,建议对海关处罚幅度标准要更加科学评估,通过法律、行政法规予以固定,提高立法层级,以减少行政诉讼风险。

(二)针对复杂案件定量处罚的若干问题

1. 厘清当事人在同一案件中不同行为的责任大小

案例一中,H公司参与了200吨、760吨这2笔货物的进口代理,但在这两起代理行为中的作用和过错程度显然是有区别的。在代理进口200吨"氧化铝"过程中,H公司的主观过错程度较大,并且是以经营单位、收货单位名义向海关正式申报,对其行政处罚毫无争议。但H公司在代理760吨铅矿过程中是否存在过错且应受到处罚则略有争议,理由是H公司在获知实际进口的商品是废物后,明确表示过放弃代理,且办理了申请退运。但仔细分析,会发现H公司在代理760吨中的过错和责任虽小于代理200吨,但仍然存在过错,可以处罚。理由在于:(1)该公司在发现进口商品是废物后未及时向海关报告;

(2)借以发货人误发货为由申请退运,而不是申请废物退运;(3)在邮件中与窦某签订了进口代理及运输报关代理协议。综合上述情况,可以追究H公司在代理760吨矿渣进口中的违法责任。

2. 数个独立行为分别处罚或连续行为合并处罚

案件处理中应了解清楚是认定为数个独立行为分别处罚,还是连续行为合并处罚。案例一中,H公司的两起涉案行为,为同一类型违法行为,间隔时间少于6个月,根据《海关总署关于海关行政处罚若干执法问题的指导意见》(署缉发字〔2013〕93号),应视为连续行为合并处理。

3. 综合考虑,确定处罚比例

针对案例一的情形,根据海关总署印发的《固体废物违法进境行政处罚案件的法律适用及处罚幅度参照标准》,对禁止类固体废物,涉案重量在20吨以上罚款100万元。该案涉案废物达到960吨,全案达到处罚上限100万元,然而对H公司应该处罚多少存在不同意见。海关案审会经过集体讨论研究,最后认为H公司与窦某在整起案件中的责任是三七开或二八开(具体比例无法精确测量),因此不应由H公司承担全部100万元的罚款,按100万元的最高限额进行处罚。窦某在全案中的责任已通过承担刑事责任履行,H公司承担的罚款可以根据其参与案件中的程度确定比例,在30万元以下来考虑。又综合考虑到:(1)当事人H公司不是固体废物实际进口收货人,主观上对进口货物为废物不知情,在整个案件中处于从属地位,负次要责任;(2)当事人案发后积极配合海关调查,联系办理废物退运,减轻危害后果;(3)当事人因暂缓退运造成压港,蒙受较大经济损失;(4)当事人经营状况不佳,对高额罚款的承受能力欠缺,海关是否能够执行到位;(5)教育与惩戒相结合,法律效果与社会效果相结合等因素,最终决定处以罚款人民币15万元。

4. 对于突破规定进行处罚的,应向有权部门进行请示

在案例二中,当事人S公司对海关告知的拟处罚意见,提出申辩:(1)其没有主观过错。其主观上要进口的不是固体废物,而是铜矿,而

铜矿不是禁止进口货物。其在进口过程中已尽到最大审慎,明确要求外方提供商检证书,出现现在的局面,实为被外商欺骗,自己也是受害者,不应被处罚。(2)其作为受害方在案发后积极配合海关调查,履行退运义务,但境外卖方已联系不上,最后无偿转让给一家菲律宾公司接收,货物目前已经退运出口,未造成危害后果。(3)其除蒙受货物无偿退运损失外,还承担了高额仓储费用,损失惨重。(4)《固废法》规定的是对国家禁止进口的固废予以退运,可以并处罚款,而不是必须并处罚款。鉴于该公司是受骗所致,请求罚款金额低于 10 万元。

而根据我国《固废法》,废物进口到我国境内即构成违法,可以行政处罚,不需要考虑主观方面。进口禁止类废物,是按重量来计算处罚幅度,与案值无关。根据案发时海关总署制定的处罚幅度,进口禁止类废物 20 吨以上罚款 100 万元。海关案审会经讨论研究,认为当事人进口国家禁止进口的固体废物的行为已违反了《固体废物污染环境防治法》第 25 条之规定,但鉴于当事人在货物到港前已获得商检机构出具的检验证书;且货物入境后尚未完成通关并已得到有效控制;案发后当事人主动消除违法行为危害后果,在案件终结前完成退运出境。考虑到当事人主观过错不大,且案值不大,如果要超越总署制定的处罚幅度标准,在 100 万元以下进行处罚,必须报请海关总署同意后方能作出。办案单位在报请海关总署同意后,依据《固废法》第 78 条、《海关行政处罚实施条例》第 13 条、《行政处罚法》第 27 条第 1 款第 4 项之规定,对当事人予以从轻处罚,处以罚款人民币 10 万元。

《海关行政处罚幅度参照标准》(署缉发〔2016〕6 号)对废物区分为“洋垃圾”(主要指电子废物、生活垃圾、医疗垃圾、旧服装和危险废物等)和“洋垃圾”外的其他禁止类固体废物,对进口“洋垃圾”按 1 吨以下至 20 吨以上分为 6 个档次,分别实行 10 万元以下至最高 100 万元 6 个幅度进行处罚。并且明确:除“洋垃圾”外的其他禁止类固体废物违法进境行为,处罚幅度可以比照“洋垃圾”处罚标准予以从轻或减轻处罚;当事人能在案件固定证据后及时将固体废物退运出境从而减轻危害后果的,可以从轻或者减轻处罚。

在案例二处罚时,新处罚幅度标准尚未出台,如果按新处罚幅度标准,该案涉案货物虽属禁止类废物,但不属于"洋垃圾";且及时将固体废物退运出境从而减轻危害后果;具有双重减轻情节,可以减轻处罚,即不必硬性处罚100万元,可以在100万元以下处罚。

四、对于进口废物案件的定性与处理的建议

(一)对进口废物特殊案件的认定处理

1. 对冒用他人废物进口许可证并冒用其他企业名义向海关申报进口属于国家限制进口类废物的认定处理

我国《固废法》第25条将进口固体废物分为禁止进口、限制进口和自动许可进口。环境保护部会同国家发展改革委、商务部、海关总署、质检总局制定、调整并公布禁止进口、限制进口和自动许可进口的固体废物目录。进口列入限制进口目录的废物,应当经国务院环保行政主管部门会同国务院外贸主管部门审查许可,且依法取得许可证,有特定的额度和使用范围,不得非法转让、改变报关口岸。如果行为人冒用他人的废物进口许可证,并冒用其他企业的名义向海关申报进口属于国家限制进口类的废物,向海关虚报事实,隐瞒真相,根据"两高"给海关总署缉私局的复函精神①,属于逃避海关监管的走私行为,达到刑法起刑点的符合走私废物罪的构成特征。

2. 对未经许可擅自进口自动许可类可用作原料的固体废物的认定处理

对该种行为能否适用《固废法》第78条的规定进行处罚(罚款10万元至100万元)的问题,海关总署在《关于执行〈固体废物进口管理办法〉若干问题的批复》(署监函〔2012〕77号)中予以了明确:《固废法》第78条是针对违法进口禁止进口和限制进口固体废物行为所做出的处罚规定,自动许可进口固体废物不属于限制进口固体废物,故

① 《海关总署关于转发利用他人许可证进口国家限制进口可用作原料的废物行为定性意见的通知》(署缉发〔2013〕16号)。

不能依据《固废法》第78条的规定,按"未经许可擅自进口属于限制进口的固体废物"的行为处罚。当事人进口属于自动进口许可货物申报不实或未申报,影响国家许可证件管理的,已构成《海关行政处罚实施条例》第15条第3项规定的申报不实行为,可根据《海关总署关于自动进口许可证明申报不实行为适用法律问题的通知》(署缉发〔2006〕588号)规定办理。

3. 对不符合国家环控标准(夹杂物超标)的固体废物的认定处理

《海关总署关于印发〈推进"绿篱"专项行动,加强固体废物监管和打私有关法律疑难问题的指导意见(一)〉的通知》(署法发〔2013〕81号)规定,未经检验合格的,海关根据《固废法》第14条责令退运,考虑到当事人已依法办理了固废进口相关许可证,并经装运前检验合格,虽然检验检疫部门在口岸实施检验检疫,发现不符合国家环控标准或相关技术规范等强制性要求,但是当事人已经履行了相关法律义务,主观并无过错,海关不应再对当事人进行处罚,由监管部门予以退运,不再移交缉私部门处理。

4. 关于零星、少量固体废物违法进境案件的处理

该种情况情节显著轻微,社会危害后果较小,若按照《固废法》第78条,处10万元以上罚款,过罚明显不当,可以单独适用《海关行政处罚实施条例》第7条、第9条或第13条、第14条规定定性,根据情节轻重处10万元以下罚款。

(二)对进口废物刑事、行政案件的转化要及时启动

对检察机关未追究刑事责任,应进行行政处理的进口废物案件,其启动既可以是由检察机关开具检察建议书,也可以在检察机关未出具检察建议书的情况下,由海关径行启动行政处理,立案查处,不能以检察机关未出具检察建议为由,放过对违法当事人行政责任的追究,因为对行政违法行为追究处理是海关作为行政执法机关的固有职能。

Determination and Handling of the Cases of Imported Waste: Based on Two Typical Cases

HAN Zhaogang

[**Abstract**] The cases of waste importation can respectively constitute the criminal cases and the administrative cases. For the definition of crime and noncrime of the complicated cases, it is safe to refer whether the case without adequate evidence of subjective intention has constituted a crime to the judicial authorities for determination. For the application of laws on administrative penalty for violation with respect to waste importation, currently, Chinese environmental laws and regulations have a relatively large span in terms of regulations on administrative penalty extent and accordingly a large discretion space. For such type of administrative cases, it is advised to clarify the responsibilities for different behaviors of the parties concerned in the same case and clearly know whether to determine it as several independent behaviors to impose respective punishments or to determine it as continuous behaviors to impose concurrent punishment, and finally to set the punishment proportion based on comprehensive consideration. The cases of fraudulently using others' waste import licenses and other enterprises' names to declare to the customs the state-limited waste importation are advised to be determined as the act of smuggling that evades the supervision and control by the customs and conforms to the characteristics of waste smuggling crime reaching the minimum standard for criminal prosecution; for the cases of importing without permission the automatically licensed solid waste that is able to serve as the raw materials, if the party concerned has made false declaration or no declaration of the imported automatically licensed goods, which has influenced the state administration of licenses, the case has constituted the act of false declaration as regulated in paragraph 3 under article 15 in Regulations of the People's Republic of China on Implementing Customs Administrative Penalty; as to how to treat the solid waste not conforming to the national environmental standard (with the amount of foreign materials being out of gauge), if the party concerned has performed related legal obligations and is blameless subjectively, the customs should not impose punishment on it, and the supervision department should return the waste instead of transferring the case to the smuggling suppression department. The translation of criminal and administrative cases for waste importation should be timely started, and the suppressing policemen should explore and practice the tenet of "the policeman has the enforcement power of criminal and administrative rights and can trace the case to the end" in handling the cases.

[**Key words**] waste; cases; qualitative; treatment

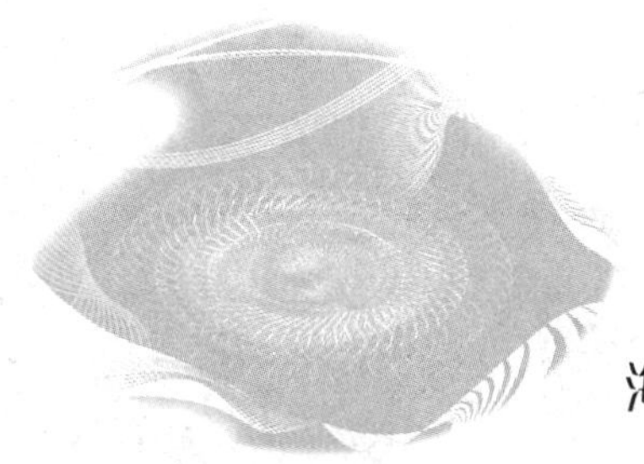

海关法专题研究

Study on the Specific Issues in the Framework of the Customs Law

自由贸易(试验)区海关监管创新中的海关法发展

万曙春*

[摘　要]　自由贸易区发展推动了海关制度的改革和创新,也推动海关法在法治理念和法的适用环节新的发展变化。探寻企业追求的贸易便利和海关监管法制要求的结合点,对海关法治与经济发展自由间的矛盾进行分析,寻找实现贸易自由和严密监管的平衡机制,海关经历着从传统保护工具主义角色向推动经济发展的角色转换。经济贸易的自由化给海关法带来新的变化,海关法规范可能变得更为宽松灵活,在执法方式和争端解决机制上,会产生海关和工作对象之间有磋商、争论、妥协以及传统关税法中不允许存在的执行方法。这种变化给海关法具有传统行政法属性的基本面貌带来更新,海关法开始融入行政服务等现代行政治理特性,但这并不意味着海关权力丧失。在未来,海关权限将发展获得更多主宰法规或制度是否产生的决定权;同时海关掌握着为完全适应其促进经济发展这一使命的灵活手段。

[关键词]　自由贸易(试验)区;海关监管;海关法;发展

---

* 万曙春:上海海关学院法律系副教授。

一、中国(上海)自贸试验区战略海关监管制度创新

海关监管制度对自贸试验区推动对外贸易的发展有十分积极的意义,法治创新是建设中国(上海)自由贸易试验区(以下简称上海自贸区)的前提和基础。上海自贸区建设涉及投资、金融、法律等多个领域,其中最核心的是建设一个国际化、法治化的营商环境,为上海自贸区的发展提供制度保障。

中国(上海)自由贸易试验区于2013年8月22日经国务院正式批准设立,于9月29日上午10时正式挂牌。上海自贸区刚设立时的范围涵盖了中国第一个保税区——上海外高桥保税区;中国首家区港联动保税物流园区——外高桥保税物流园区;全国第一个保税港区——洋山保税港区;以及浦东机场综合保税区,它位于货邮吞吐量居世界第三的浦东机场内。[①] 2014年12月,国务院决定扩展上海自贸区的范围,将浦东新区的陆家嘴金融片区、金桥开发片区、张江高科技片区纳入自贸试验区试点范围,上海自贸区面积将从现有的28.78平方公里扩展到120.72平方公里。自由贸易区的建设也不是为了简单地争取到多少优惠政策,而是主要着眼于制度创新,是在"怎么管"上进行制度创新,旨在建立一套与国际接轨的、新的制度体系,包括贸易业态、投资开放、离岸功能、政府管理等各方面的创新,要形成可复制、可推广的经验,带动全国的经济和体制改革,自贸试验区内海关监管制度改革推动对外贸易的发展有十分积极的意义。

上海自贸区实施的海关监管制度,根据自贸区总体方案对海关监管体制的表述,实施"一线逐步彻底放开、二线安全高效管住、区内货

---

① 自贸区分为两种,一种是广义的自贸区,指两个或两个以上国家或地区通过签署协定,分阶段取消绝大部分货物的关税和非关税壁垒,改善服务业市场准入条件,实现商品、服务和资本、技术、人员等生产要素的自由流动。另一种是狭义的自贸区,1973年国际海关理事会签订的《京都公约》将其定义如下:"指一国的部分领土,在这部分领土内运入的任何货物就进口关税及其他各税而言,被认为在关境以外,并免于实施惯常的海关监管制度。"上海、广东、天津、福建自贸区,即是狭义的自贸区。

物自由流动”,这显然不同等于海关特殊监管区域内的海关监管制度。所谓“一线”指试验区和境外之间的国境线。“一线放开”监管创新主要包括海关进出境监管制度、检验检疫制度、货物状态分类监管模式、保税展示交易平台以及新型业务监管等方面的制度创新。所谓“二线”指试验区和境内区外的连接线。“二线管住”制度创新体现在海关监管、检验检疫、其他监管制度以及监管服务便利化等方面。监管服务便利化主要体现在“三个一”通关模式、货物流转手续简化等方面。自贸试验区内海关监管制度显然是对原有保税港区“境内关内”制度的重大改革,从而显著提升对外贸易的便利化。

海关在自由贸易试验区进行监管制度创新,自贸区挂牌成立之初,海关总署就从创新海关监管、支持功能拓展、推进政策落实、加强风险防控、建立协作机制等5个方面出台了18条措施,提出了“一线放开、二线安全高效管住”通关模式、选择性征税等措施。[①] 这7项制度创新分别是先进区后报关、区内自行运输、加工贸易工单式核销、保税展示交易、境内外维修、期货保税交割和融资租赁,其中前三项是通关便利,后四项是功能拓展。在“五化三配套”(信息化为基础,智能化为关键,便利化为方向,法治化为保障,安全化为要求的机构人员、科技装备和信息化系统的配套改革的)改革方案下,细化为83项改革。海关监管制度的创新表现在:

一是通关便利化制度。如“先入区、后报关”“一次申报、一次查验、一次放行”等制度的实施,使货物进入区内仓库时间平均缩短2~3天,降低企业物流成本10%左右。上海国际贸易“单一窗口”平台正式上线运行,收单业务通过“单一窗口”完成一般贸易进口货物的申报手续;“卡口智能验收”改造工程已实现过卡入区全流程智能化作业。二是货物状态分类监管制度。已形成监管方案和操作规范,根据保税货物、非保税货物、口岸货物三类不同货物状态进行分类监管,实行同

① 《海关自贸区创新14条“新”在哪里?》,载 http://fangtan.customs.gov.cn/tabid/267iInterviewID/51/Default.aspx。

仓存储,采用“联网监管+库位管理+实时核注”监管模式,这已经是国际通行的货物状态分类监管模式。三是企业分类监管制度。推行“经认证的经营者(AEO)”互认制度,使区内AA类(现在为高级认证企业)企业同时享受国内及货物出口国海关最高等级通关便利措施。区内高资信报关企业在全国首次实现“一地注册,全国申报”。四是区港一体运作。推行区内企业货物流转自行运输、简化统一进出境备案清单等,进一步推进自贸试验区四大区域联动和区港一体。

二是复制推广经验。在贸易自由化便利化制度方面一批海关监管制度创新复制推广,促进国内特殊监管区域转型升级。2014年6月一线进境货物“先入区、后报关”、自行运输、融资租赁海关监管制度、简化统一进出境备案清单等制度在长江经济带51个海关特殊监管区域复制推广;2014年8月,《海关总署关于复制推广上海自贸试验区海关监管创新制度有关工作的通知》(署加发2014年172号)明确复制推广上海自贸区的“先进区、后报关”、区内自行运输、工单式核销、保税展示交易、境内外维修制度、期货保税交割、融资租赁制度等14项制度。2015年11月,《海关总署关于复制推广自贸试验区海关监管创新制度有关工作的通知》(署加发2015年277号)明确在全国范围内分步、分类复制推广上海、广东、天津、福建自贸试验区海关11项监管创新制度:原产地管理改革、海关商品归类行政裁定全国适用、委内加工、出境加工、仓储货物按状态分类监管、引入中介机构辅助开展保税核查保税核销和企业稽查工作、一次备案、多次使用、大宗商品现货市场保税交易、企业信用信息公示制度、企业协调员制度、国际海关AEO互认合作制度。

上海自贸区与别的国家的自由贸易区进行比较,海关监管制度在进行创新的同时,也具有了“中国特色”。

根据《京都公约》关于自由区的附约的规定,自贸区为“一国的部分领土,在这部分领土内运入的任何货物就进口关税及其他各税而言,被认为在关境以外,并免于实施惯常的海关监管制度”。即自由贸易区不仅就进口税和其他各税而言,被认为是在关境之外,通常还免于实施惯常的其他海关监管制度。所谓“境内关外”制度,就是指在一国境内开辟出一个由海关监管的专门区域,货物从这个区域通过海关关口进入国内企业就视同进口,而国内企业的货物通过海关关口进入这个区域就视同出口。

与国际自由贸易园区货物进出自由的“境内关外”高效、安全、便捷海关监管制度相对比,我国已实施的海关特殊监管区域仅就关税和进口税而言,部分符合自由贸易区的定义,自贸试验区在原综合保税区良好基础上,以通关便利为核心实现制度创新,制度设计已对接国际惯例,但就其他的海关监管制度而言,其运作实施参照“境内关外”进行管理仍有完善空间,但“境内关外”目前不作为一种特殊监管制度或者监管模式。

二、自由贸易(试验)区发展中的海关法制问题

(一)有关改革先行与立法引领的基本论争

突破既有模式或规则或做法,往往是改革的题中应有之义。我国30多年改革开放的经验也证明,通过试点突破既有规则,试点成功后将局部成功经验推广,形成新规则的做法是可行的。先行先试与依法办事并不截然对立,需要更多的思考注重善于利用法治思维和法治方式来加以推动改革的做法。

自贸区海关监管制度所涉及的海关和外贸等方面的内容在国务院的法定权限之外,《中华人民共和国立法法》第8条规定:“下列事项只能制定法律:……(九)基本经济制度以及财政、税收、海关、金融和外贸的基本制度。”第9条规定:“本法第八条规定的事项尚未制定法律的,全国人民代表大会及其常务委员会有权作出决定,授权国务院可以根据实际需要,对其中的部分事项先制定行政法规,但是有关犯罪和刑罚、对公民政治权利的剥夺和限制人身自由的强制措施和处罚、司法制度等事项除外。”按照《立法法》的规定,海关和外贸制度一般只能由全国人大及其常委会通过立法来规定,属于全国人大及其常委会立法保留的范围,只有在其尚未立法并对国务院作出授权决定的

情况下,才能由国务院通过行政法规来规定。

上海自贸区所代表的模式,改变了传统意义上要么通过法律修改,要么通过全国人大立法来开辟"法律豁免特区"的模式,而是以行政审批制度改革为主轴,开拓出由国务院来统筹创设的路径。承载着加快政府职能转变、创新对外开放模式的目标,自贸区制度无疑具有国家战略层面的意义。不可否认,与当年经济特区的改革类似,自贸区的改革同样在相当程度上延续了"摸着石头过河"的思路。

有人认为,自贸区的海关监管制度尚未定型,对其实际效果尚不能下定论;但是只要我们回顾保税区发展的情况,就可以预见缺少统一立法所带来的问题。"相对于国外的自贸区,我国保税区缺乏统一法律的指导,各部委只能根据自己对保税区的理解,或从部门利益出发自行制订相应的专业性单项法规。从实践效果看,海关总署、国家工商总局把保税区作为'境内关内';外经贸部、财政部、税务总局认定'境内关外';外汇管理总局按资本项目与经常项目进行区别对待,各部门认识不统一带来的政策冲突是很明显的。"①

(二)《海关法》中只有保税区的规定,没有自贸区的规定

自由贸易试验区涉及投资、金融、法律等多个领域,建设一个国际化、法治化的营商环境是关键,它的发展需要有制度保障。海关是上海自贸区建设的核心要素之一,上海自贸区所涉及的海关法律问题,是自贸区法治化营运环境建设中的重要部分。在进出境监管方面,《中国(上海)自由贸易试验区管理办法》对自贸试验区的监管制度内容做出规定,以落实贸易便利化的推动。但是我们也不能忽视,自贸试验区属"境内关外"、自贸区在海关法的定位以及在自贸区适用海关特殊监管制度的法律依据何在等问题的讨论。

《海关法》第34条规定:"经国务院批准在中华人民共和国境内设立的保税区等海关特殊监管区域,由海关按照国家有关规定实施

① 李友华:《我国保税区管理体制改革目标模式分析——兼及我国保税区与国外自由贸易区比较》,载《烟台大学学报》(哲学社会科学版)2006年第1期。

监管。"《海关法》中的海关特殊监管区域其实仅就关税和进口税而言,符合自由贸易区的定义,就其他的海关监管制度而言,如进境申报、货物查验、海关估价、保税区域之间的结转等,与其他关境内的管理措施并无太大的差别,因此,目前海关特殊监管区域实际上仍属于"境内关内"。

上海自贸区有其自身最大特点,即"一线放开,二线管住"的特殊海关监管制度外,还借鉴了国际上成熟自由贸易园区的成功先进经验。所以它不只是个简单的特殊经济区域范畴,其不同于我国的保税区等类区域:在监管理念上,由管理货物变为管理企业,给企业带来更多的便利;在贸易领域,实行多元贸易模式,促进服务业的发展;在政策开放度上,主要体现在税收优惠和外汇方面,让我国在这领域进一步有优势。自贸区也不限于保税区的做法,它的功能地位也远超于传统海关特殊监管区域,它是以制度创新为核心,带动贸易、海关监管等制度变革,提高我国在全球的竞争力。《国务院关于印发全面深化中国(上海)自由贸易试验区改革开放方案的通知》要求,形成"一线放开(不申报、不征税、不统计)、区内自由(自由中转、存放、加工、交易)、二线管住、协同共治"的自由贸易港区监管体系。自贸区与一般的海关特殊监管区不同,它不再是单一的以加工贸易、物流业态为主的区域,而是一个具有多元化的货物贸易与服务贸易功能的大型经济综合体,流动要素增多使海关监管环境更为复杂,对海关的高效安全监管都提出了很大的挑战。

因此,自贸试验区是实行国际上自由港通行的"境内关外"制度,还是在原有保税港区"境内关内"制度上做出的重大改革?自贸区建设下提出的"一线放开,二线管住","一线放开"在自由经济背景下就是要实现货物的自由流动,那么是不是海关只需要在"二线管住"上发挥其职能作用?这些都是一国国内法决定的问题。当前我国没有任何立法文件对此问题明确过,《海关法》只有保税区的规定,没有自贸区的规定,在适时条件下在海关法做出根本性变动时,需要在立法文件明确自贸区的海关特殊监管制度最基本的法律依据。

(三)自贸区海关监管创新对传统海关法制完善提出需求

现已实施的自贸试验区贸易监管措施,围绕市场主体提出的需求,主要以“一线放开”和“二线安全高效管住”为目标。但很多具体监管制度亟须法制上的调整和协调:一是现行贸易监管制度存在的问题往往在于:各部门间信息交流不畅,导致单个部门出台的便利化措施,往往因缺少其他部门的配合而无法最终落地,或者虽然能够落地但给企业增加了额外、不必要的负担。这对自贸试验区内各个职能部门,如海关、检疫、工商、海事、税收等部门的征信系统进一步统一,进一步贯彻行政便利化政策,统一不同职能部门的征信体系提出了制度上的要求;关检融合后海关和原商检推出的“先入区,后报关”“一线检疫,二线检验”等代表性的监管创新措施需进一步在操作层面上融合。二是自由贸易区内海关政策统一协调问题。海关监管模式和实际操作流程在自贸试验区四个区域之间仍未统一,比如在外高桥登记海关代码就无法在机场综合保税区进行申报,且海关对于设立分公司代码的方式不予认可。此外,区内自行运输还未完全实现。三是建立以信用档案为基础的企业分类监管制度,根据不同授权类型的AEO资格实施差别化监管,确保企业享受与其AEO资格授权相对应的便利措施;一体化监管制度的完善中,还需要通过完善系统功能,能够将同一代码企业在不同特殊区域运营的业务数据进行汇总;各分支机构主管海关能够查询同一代码企业在不同特殊区域的运作情况;海关与原检验检疫局对AEO的认证标准还要统一细化。四是实行适应服务贸易的税收制度改革中,对服务贸易出口免退税制度,对一般服务贸易出口免征营业税,对缴纳增值税的服务贸易企业实施出口退税,允许大型服务贸易集团出口在集团项下“合并纳税”,海关监管制度的创新给在传统税法理念设计下产生的海关法制度带来诸多新内容的挑战。自贸试验区相关监管措施的创新都需要相对应海关法制的完善,出台相关实施细则,保障相关制度的透明化、清晰化,保障监管创新真正改善监管环境,简化行政审批流程,进一步贴合企业的诉求。

(四)严密海关监管和打击走私面临新挑战

自贸区发展对海关监管要求的不断推动,对海关法制也提出更多挑战。不可否认,贸易自由化并非是完全"自由",海关作为经济自由化的卫士,监督贸易流向不受人为的弄虚作假或截流转道,海关法在自由贸易区是不是要被赋予履行一个国际经济警察使命的特殊职权?

伴随自贸区海关监管规定的创新,自贸区内走私违规行为存在的形态相对应也会有新形态的衍生。比如"出进不平衡"的风险、低报价格、伪报品名的行为,自贸区内外关联企业串通走私的可能性都会存在,"跨境电商"也可能伴生网络走私。自贸区还有一点比较特殊的就是,随着金融、文化娱乐等服务领域的放开,政治、经济、文化安全以及"黄赌毒"等的渗透都应引起关注。

新监管方式带来的行为性质在现有法律框架下如何定性的问题,例如,在"先进区,后报关"业务模式下,区内企业在一线境外入区环节,凭提货通知书办理口岸提货和货物进区手续,由于提货通知书只做简要申报,其内容不涵盖所有商品信息,该文件与向海关办理进境货物正式申报手续提交的报关单有所不同,提货通知书和报关单是否具备同等法律效力没有明确过,一旦海关查验发现单货不符情况,凭"提货通知书"难以认定其是否存在"申报不实"的违法违规事实,给海关查验工作中对事实的认定以及后续处置都带来法律适用上的困难。

三、自贸试验区制度创新与海关法的新发展

(一)发挥立法对改革的引领和保障作用

如今的时代背景已经大有不同,《宪法》明确写明了"依法治国,建设法治国家"的内容,而且到2010年我国已经基本建成社会主义法律体系;完全靠"摸着石头过河"的思路需要调整,就像中国共产党第十八次全国代表大会报告所提出的,要加强顶层设计,提高立法的前瞻性,走法治先行的道路。良好的战略目标需要匹配以妥当的手段,立法的保障与引导是实现法治国家背景下改革目标能否成

功的制度保障。

只有法治先行才能避免政出多门,避免自贸区的入境制度被部门和地方的利益绑架。以美国的实践为例,自 1934 年自贸区法通过以来,其自贸区的管理体制一直保持稳定,在自贸区的设立和管理方面,公共利益成为首要原则,当管理出现冲突时可以通过司法途径解决,有效地避免了自贸区的政策为少数利益团体左右。

正如有学者所指出的:"保税区向自贸区的转型应该是法治经济前提下的一种创新,这种创新首先应该是制度创新。尽管我国在'先尝试,后立法'的经济运行规则下取得了一定的成绩,但是,在全球经济和循环经济的要求下,我国很难进一步承担牺牲资源、环境和民众的基本权利保护作为尝试成本。实现增强国家竞争力的目标,很重要的方式之一就是我国的立法前瞻问题。用法律来引导、规范和带动经济的发展,法律与经济本身的运行能够进行良好的互动,是立法者对立法技术和立法能力的最基本要求。"①

(二)对自贸区在海关法中的地位予以明确

在海关法中对自贸区监管的问题上,有很多争论和认识上的模糊不清。但事实上只需要进一步分析,就一定会否定随着自由贸易原则建立而削弱甚至取消海关法的偏激结论。

无论自由贸易区再多再广,当代世界按不同经济体制划为几大集团之间,必将还会存在不同程度的障碍,即使是仅仅在关税这一块,海关法中有很多的条款也是涉及关税减免的,对于保证关税正确征收的海关而言,也是由它来确定是否具备减免关税的条件,这是海关的基本任务。更何况海关法的内容还远不止于海关技术性规则和税收。因此,海关法的宗旨是为实现使货物最完全自由化流动所做出的努力相对应。还需要做出的一种努力就是,把国际贸易置于越来越完备的监管之下,应该说,政府权力部门对国际贸易的干预是贸易自由化的

① 孙秀君:《试论中国保税区向 FTZ 转型的法律定位》,载《法学论坛》2006 年第 4 期。

根本条件①。

对于自贸区海关法律地位,欧盟从 1975 年进行自贸区立法开始就明确规定:“自贸区只是在进口税费方面可以被视为在关境之外”。在 1988 年自贸区条例中更为清晰地表述为:“自贸区是共同体关境内的组成部分”。由于海关法的范围一般包括关税、通关、保税加工、知识产权边境保护、海关特殊监管区域以及暂准进出境等多项制度,所以即使欧盟自贸区在关税支付和部分入境通关程序方面可实施便利措施,但自贸区仍然在海关监管之下,税费优惠之外的其他海关法律制度仍然适用于该区域及进出区和区内货物。

建议我国借鉴欧盟海关法,同时参考《京都公约》(修订)对于自贸区海关法律地位的规定,将自贸区的海关法律地位明确表述为“关境之内”的区域。欧盟海关无论是对境外入区(一线),还是出区或进入国内市场(二线)及区内经营,其对自贸区的监管具有常规性与广泛性。自贸区的设立、营运,以及货物入区、操作、制造、展示、销毁、出区等都需要获得海关许可,且都被海关紧密监管,都有存储文件和其他证明文件的要求,都处于海关监管之下,并详细规定了在对外贸易区中的安全条件,保障和记录保存的义务。成文法及其细化规定都明确授权海关监督、搜查、检查存储于区域中的所有物品、人员、场所。从海关监管制度的革新上,中国海关作为特殊监管区域的法规授权管理机构,应加快签署《关于简化和协调海关业务制度的国际公约》(《京都公约》)中自贸区附约,在国际法规框架的高度调整和优化海关监管模式,理顺管理机制,以适应“加快自由贸易区建设”的要求。中国(上海)自由贸易试验区的挂牌英文名使用了狭义自贸区“FTZ”,客观上也为海关特殊区域“正名”创造了条件,海关应顺势抓紧签署狭义自由贸易区条款,理顺“海关特殊区域 = 狭义自贸区 = 自贸区”内在逻辑关系。

上海自贸区建设不是地方事务,相关法治建设必须立足于这个定

① 在自贸区内还会涉及外汇管理、投资管理、税收立法、跨国公司的监控,等等。

位。因此,上海自贸区的基本运行规则应当通过国家立法来解决。应当在《海关法》第34条基础上增加规定:“经国务院批准在中华人民共和国境内设立的自由贸易区,由海关按照国家有关规定实施监管。对自贸试验区和境外之间进出货物,允许自贸试验区内企业凭进口舱单信息将货物先行提运入区,再办理进境备案手续。”同时对《对外贸易法》第19条规定进行修改:“国家对限制进口或者出口的货物,实行配额、许可证等方式管理;对限制进口或者出口的技术,实行许可证管理。但是,配额、许可证等限制进出口的方式不适用自由贸易区。”

(三)严密海关监管的海关法制度应进一步完善

在加强自由贸易区内监管便利实现的同时,对非法贸易和走私行为要严密监管,这就涉及打击走私职权的配置和调查权的行使等问题,现行海关法制度可以加强以下两方面制度的完善:

1. 区分海关预防性职权和海关惩罚性职权,设立不同的立法规范限制

海关经授权实施的职权,根据其行为性质是属于预防性的还是惩戒性的,该职权行使的前提条件和限制条件应相应有所变化。海关对自由贸易区进出口贸易的监管,即对国际贸易通关过程的商品流通、人员进出境以及船舶进出关境进行监管时,海关行使的是一般行政监管权,这种权力性质属于预防性权力;同时我们应看到,海关采取的实施行动具有一定特别性时,例如,针对被控制的企业而采取一些特别行动的过程,海关法赋予与其能力相关的特别职权,这种权力属于惩罚性质的权力,这种特别性往往也说明了海关职权对权利可能造成侵害的扩张性,针对这种情形,海关法应当设计与此相当的、对相对人权利予以保障的条款。比如,当海关对走私行为进行查缉时,海关追查、下厂稽查以及进入职业场所进行搜查,它的行为就是不同于一般行政监管权的警察职权,赋予海关这些行政特权都有现实必要性,从司法正义角度来说,这种惩罚性职权行使就需要一个更为注重保护个人自由的法律框架的设立,针对这类海关职权的启动和行使条件都应当有更严格的立法框定。

2. 严密监管下应注重多样化执法机制的采用,令海关执法更趋于公平

海关法在责任追究体制上,无论从当事人主观过错程度认定,还是惩罚措施实施上,立法者均将一定的执法便利授予海关,这在一定程度上可以解释海关法反映出其严厉的惩罚机制。自由贸易区内海关监管制度的创新,对海关法惩罚机制内引入一些多样化的分类制度,有利于使不同情境下的结果更趋向公平,提出了制度上的要求。

当前我国海关行政处罚制度中并没有"主动披露"制度,"主动披露"制度指海关管理部门对主动纠正申报中不正确、不完整信息或报告发生违反海关法规情形的,管理相对人可从轻或免予处罚。在2009年国际金融危机导致国际市场萎缩、企业生产经营难以为继的背景下,中国海关曾临时实施过类似"主动披露"制度的企业"自查自纠"做法。这种做法可使海关在不增加行政资源投入的情况下提高执法有效性,也可提高企业自我管理和自觉守法程度。2015年海关总署分别出台了海关支持粤津闽新设自贸试验区建设发展的措施,明确在自贸区试行企业对企业主动报告海关未发现的违规情事,可依法视情节从轻、减轻或不予行政处罚,引导企业守法诚信。对实践中已有的做法,应当在条件具备时予以法制化。2016年海关总署230号总署令发布的《海关稽查条例实施办法》以法规形式对主动披露做出了规定,该办法第27条明确规定,"对主动披露的进出口企业、单位,违反海关监管规定的,海关应当从轻或者减轻行政处罚"。自贸试验区中实行的主动披露制度还需要积累实施经验和评估其效果。

当前已知的WCO成员海关实施"主动披露"制度的做法有:(1)在欧盟国家,《欧盟海关法典》有明确规定,申报人可提出要求更改已被海关接受的申报内容,但以下3种情况除外:一是海关已发出货物查验指令;二是海关已认定申报内容不正确;三是海关已发出放行指令。(2)在澳大利亚的做法是,申报人主动向海关报告自我纠正

错误，或者在海关发出违规通知前补交税款的，可以免除处罚。（3）新加坡海关的做法是，企业必须在海关发出通知或启动稽查和调查程序前主动披露完整的出错信息。新加坡海关鼓励企业自觉守法，在实施处罚时会将“主动披露”行为作为减轻处罚的因素，但不能因此而免于处罚。（4）加拿大实施该制度的条件：一是在未知执法结果的情况下主动披露的；二是主动披露完整信息的；三是“主动披露”的行为至少应予以罚款；四是通常对可接受的“主动披露”行为，海关不提起民事诉讼。（5）美国海关因当事人“事先报告”而对其减轻处罚，来引导商界与海关之间建立起引导、信任和合作的关系。“1994年6月23日，美国财政部美国海关管理事务管理局颁布了一项决定清楚地表明，一个进口商能够通过‘事先报告’非故意违反海关法律而免受处罚。依照《美国法典》第19卷第1592条法规，进口商因过失错报入关货物而少缴纳关税，要受到民事处罚。其处罚数额是少报商品货物的国内价值，或两倍于美国失去的或可能失去的法定的关税。但依照第1592条下（C）（4）款，如果进口商在海关对其违法行为开始调查或在不知海关在调查的情况下，事先将违法的情况向海关报告，那么，民事处罚将被减少到只罚取关税损失的利息。”在美国，在海关尚未启动调查前，企业可以口头或书面形式向海关提出自我纠错，该做法可使处罚减轻至“零”。

（四）自贸试验区海关监管创新推动海关法理念的革新

海关步履坚定、放宽政策，推动海关手续灵活化。内陆海关的建立，把海关机构从边境沿线延绵到国民经济命脉中心，建立和推广简化通关程序，人们对海关的各种疑问如今只能真正反映出它的至关重要性。当今的海关是必须与客户建立起一种新型的关系，找到适当的法律手段来帮助他们简便工业、贸易和运输活动。上海自贸区的设立目的就是通过在区内进行制度创新改革试验，实现我国经济以开放促进发展、改革、创新，为能在全国形成可复制、可推广的经验做贡献。对于上海，自贸区获批推行，在贸易、金融等领域带来很多商机，吸引更多跨国公司的注册、更多高端制造业聚集，所以上海自贸区的成立能提高中国在全球的竞争力,给予中国经济增长的空间。① 这些新规则的动向包括了:一是推行更高标准的贸易自由化;二是积极推进投资自由化;三是更加强调服务贸易自由化;四是更加强调公平竞争和权益保护。

在自贸区的海关法律制度发展中,我们必须意识到这样的一种发展变化,自由贸易区中海关法的适用,一定和传统的海关税法,来自于一种严厉的法律体系相区别。根据传统税法,对货物实行征税,产生法律效力必定要有一个条件(如商品税则归类、原产国、估价等),但自由贸易区中海关法律制度不需要如此绝对的定义,只是到底适用哪项制度或者某项简化通关程序原则上仍由海关决定。制定审批程序及海关经济制度的法律效力的法规本身就体现了有关制度出现在经济上的必要性,例如出于简化手续考虑,政府放弃逐案审批的做法,同意以制定实施细则的方式把某类海关经济制度法定化。这在海关法上涉及的是一个根本性问题,也是一个涉及讨论海关法的未来的问题,即如果过去海关和海关法是保护主义的得力工具,那么在自由经济环境下它能扮演什么角色呢?

这类经济制度产生,使海关法规范变得不是那么严厉性而变得宽松灵活,海关和工作对象之间有磋商、争论、妥协,以及做出传统税法中不允许存在的执行方法,市场主体的需求,在海关法制适用中将成为考量重点。

自贸区发展促使“保障海关监管职能”实现的“权力本位”的立法模式,逐渐向以“企业为主”的裁量式的行政引导,注重向权利实现的模式转换,更为强调“权利为核心”的实现。自贸试验区的发展对海关

---

① 在有关组织的专项调研中,超过60%的企业表示愿意将上海自贸试验区作为未来亚太总部所在地,而贸易便利化是其考虑的重要因素,重要性仅次于税收政策优惠和更宽松的外汇管制;企业认为自贸试验区为吸引跨国企业开始总部或提升区域总部级别,还需在激励措施、监管环境以及关税、行政等流程的简化方面作出改善。企业希望加大服务业开放,积极推动贸易方式转变诸如建立跨境电子商务、平行进口汽车、全球维修业务等。

法制适用将带来的是理念上的转变。同时政府要转换监管思维,对企业的监管要从市场准入的行政审批制度到事中事后监管。海关的权力在这种情形下,似乎丧失了传统行政权力的严厉性和不得协商性,但事实上,海关权力也得到了一种隐含的扩大,因为海关主宰了法规或制度的法律效力是否产生的决定权;并且海关还掌握一种完全适应其促进经济这一使命的灵活手段,如企业分类管理制度,海关在这一制度实施过程中处于规则制定者的地位。

结语:我国海关法的新发展

随着自由贸易原则建立而取消海关法是一种偏激结论,即使是仅仅在取消关税这一块,应当注意到的是海关法中有很多的条款也是涉及关税减免的,对于保证关税正确征收的海关而言,也是由它来确定是否具备减免关税的条件,这是海关的基本任务。更何况海关法的内容还远不止于海关技术性规则和税收。在自贸区的海关法律制度发展中,在执法方式、权限和争议解决机制上都必然带来新的发展变化,应当正确认识和予以应对。

理解和寻找到贸易自由化和海关法律制度的结合点,进而对海关法治与经济发展自由间的矛盾及其特殊性进行分析,理解海关在传统保护工具主义和推动经济发展间的角色转换,这一定位决定了海关法律制度发展的新变化。中国自贸区发展会给海关法带来新变化,在执法方式和争端解决机制上都会有新的革新。具体讲就是,首先,海关法的适用,在执法方式上会发生变化,会使海关法规范变得宽松灵活,会产生海关和工作对象之间有磋商、争论、妥协,以及做出传统税法中不允许存在的执行方法;其次,海关的权限会扩大,它将主宰法规或制度的法律效力是否产生的决定权;最后,海关还掌握一种完全适应其促进经济这一使命的灵活手段。

Development of Customs Legislations in the Innovation of Customs Control in the Pilot FTZs

WAN Shuchun

[**Abstract**] The development of Free Trade Zone has promoted the reform and innovation of the customs system and also promoted the new development and changes of the customs law. Exploring the combination of the trade facilitation and the legal requirements of customs supervision, analyzing the contradiction between the legal restriction and the freedom of economic development, looking for a balance mechanism between the free trade and the strict supervision, the customs is experiencing its role from the traditional protection of instrumental role to the role who is promoting the economic development. The liberalization of trade has brought some new changes to the customs law too. Customs laws may become more lenient and flexible. There will be emerging the way of consultation, controversy, compromise and some dispute settlement mechanisms in traditional way not existed. This change brings about an update on the basic features as a traditional administrative law of Customs law. Customs law has integrated some modern administrative features such as administrative services. However, that does not mean the loss of customs power, on contrary, the Customs will dominate the decision-making power of laws or regulations, and more, the Customs holds the flexible means of fully adapting to its mission of promoting the economic development.

[**Key words**] Free Trade Zone; customs supervision; Customs Law; development

关于构建与全面开放新格局相适应的海关保税监管法律制度体系的思考

杨　旭*

[摘　要]　党的十九大报告指出"推动形成全面开放新格局",强调"中国开放的大门不会关闭,只会越开越大",深刻揭示了新时代更好推动开放发展的新内涵和新要求。这是以习近平同志为核心的党中央准确判断国际形势新变化、深刻把握国内改革发展新要求作出的重大战略部署。本文通过梳理中国海关保税监管制度现状,对标国际公约,结合世界海关保税监管制度立法实践,理性分析了保税监管制度立法方面存在的问题,提出了全面开放新格局的时代背景下,构建与全面开放新格局相适应的海关保税监管法律制度体系的相关建议。

[关键词]　法律制度;加工贸易;保税监管

一、我国海关保税监管制度体系现状

海关保税监管制度是海关依据的法律、行政法规和部门规章,是海关对保税货物的进境、存储、加工、装配、结转、复出境全过程实施监

* 杨旭:海关总署企业管理和稽查司信用管理处调研员、保税二级专家。

督和管理的行政执法行为和监管作业制度,是海关监管制度的重要组成部分。[①] 近40年来,海关通过对产业链和供应链上下游企业实施保税监管,推动了我国加工贸易以及与其相关的物流业的快速发展,成为对外贸易、利用外资和对外开放的重要组成部分,在吸引外资、提升技术和管理经验、解决就业、促进我国对外开放和经济发展等方面发挥了重要作用。实践证明,海关保税监管制度在促进我国社会和经济发展大格局中发挥了积极且重要的作用。

应当说,海关保税监管制度,一方面,已成为产业、财税、外贸、环保、海关、外汇等多重国家宏观政策调控的重要手段;另一方面,已成为影响企业开展创新、生产经营、改进服务的重要因素,[②]具有执行国家政策和适应企业经济规律的双重特征,是一项重要的经济监管制度。这一制度体系包括:

(一)较为稳定的政策制度体系

我国加工贸易保税监管制度对应的基本政策体系:一是实行以海关手账册监管为基础的暂缓征税制度,即料件进口时暂缓缴纳关税和进口环节增值税,待企业在规定的返销期内按照核定的消耗比例将制成品复出口后核销手账册中对应的进口料件;二是对加工贸易进口原料实行较为宽松的贸易管制政策,即除少数敏感商品外,对加工贸易进口料件不实行自动进口许可证管理;三是除国家规定不予免税和免领进口许可证件的少数进口商品外,对外商不作价提供的加工贸易进口设备,免征关税、免领有关进口许可证件。以上述政策为基础,商务、海关、税务、外汇等管理部门根据加工贸易发展情况及实际业务需要,单独或联合制定相应的管理办法,以此搭建起加工贸易业务准入、手账册设立、耗料管理、内销征税、手账册核销、税收管理、外汇核销等一系列既相互联系,又相互制约的加工贸易保税政策体系。

---

① 张皖生等主编:《海关保税监管》,中国海关出版社2010年版,第1~4页。

② 参见《创新完善监管模式、促进加工贸易转型升级》——孙毅彪同志在部分海关促进加工贸易转型升级座谈会上的讲话,2011年。

(二)较为严密的法律法规体系

陈晖等主编的《比较海关法》一书中提出,海关保税监管法律制度是海关促进经济法的核心,而海关促进经济法,有别于传统海关制度,更加强调海关对于国际经济贸易的促进作用和积极意义。[①] 多年来,在各级海关的努力下,我国海关保税监管业务领域形成了以《海关法》为母法的较为严密的海关保税监管法律法规体系。从法的渊源看,有三个层级:一是法律层面。《中华人民共和国海关法》(主席令第35号,以下简称《海关法》)第32条、第33条和第34条,分别对保税场所、加工贸易和海关特殊监管区域做出了明确规定。二是法规层面。普适性的有:《进出口关税条例》(国令〔2017〕第676号)、《海关行政处罚实施条例》(国令〔2004〕第420号);加贸领域的有:《国务院关于促进海关特殊监管区域科学发展的指导意见》(国发〔2012〕58号)、《保税区海关监管办法》(国函〔1997〕48号)(2011年修订)、《海关对出口加工区监管的暂行办法》(国令〔2011〕第588号)、《国务院关于设立洋山保税港区的批复》(国函〔2005〕54号)、4个自贸试验区的指导意见和总体方案(国发〔2013〕38号、国发〔2014〕65号、国发〔2015〕18、19、20、21号)以及《国务院关于改进口岸工作支持外贸发展的若干意见》(国发〔2015〕16号)等国务院法规文件,明确了对加工贸易以及海关特殊监管区域内有关保税业务的具体规定。三是规章层面。海关总署颁布实施了《海关对加工贸易货物监管办法》《海关加工贸易企业联网监管办法》《海关保税港区管理暂行办法》等一系列署令,涉及加工贸易货物监管、单耗、深加工结转、联网监管、边角料处理、保税核查、珠澳跨境工业区珠海园区、保税物流园区、保税港区等20余个署令(分别为:第65、74、105、109、111、113、126、129、130、133、134、150、154、155、160、168、164、190、191、195、218、219号署令)。此外,近些年,通过颁发规范性文件的方式,对加工贸易政策、重点领域改革进行了一系列调整完善。

---

① 陈晖等主编:《比较海关法》,中国海关出版社2011年版,第329页。

(三)较为完备的监管制度体系

加工贸易保税监管的基本特征为过程管理,基本模式按照前中后期,分别为:前期手册设立、中期通关及实地实货验核、后期核销三个环节,这一模式基本可以适应加工贸易全过程管理的特点。具体业务流程包括11个环节:企业签订对外合同→商务部门出具生产能力证明→海关办理手账册设立→部分业务需缴纳担保→办理进口→企业生产→办理出口(内销征税、退运、放弃、余料结转、深加工结转等)→海关核销→银行核销→外汇核销→税务退税,各环节均涉及海关多个业务部门管理,仅署级文件规定的涉及加工贸易监管的单证就多达121种。在现有的92种监管方式中,加工贸易业务占51种,达55%。与此同时,逐步形成了加工贸易禁限类商品目录管理制度、以商品和企业分类、手账册设立及核销制度、单耗管理制度、内销征税制度、保税货物担保制度、深加工结转管理制度等一系列与上述监管模式相配套的监管制度体系。与此同时,针对海关保税监管业务总量大、链条长、环节多、风险高等特点,海关建立了满足加工贸易、海关特殊监管区域、保税监管场所对进出口货物“进、出、转、存、销”基本管理需要的信息化保障体系。具体包括:保税加工手账册系统、保税物流账册系统、保税监控分析系统、账册数据传输系统、单耗采集和参数维护系统、商务联网数据传输系统、国税联网数据传输系统、加工贸易案件处理反馈系统、加工贸易业务培训系统、加工贸易核查作业系统等10余个作业系统,以及内控节点控制系统、综合业务管理平台、执法评估系统和海关廉政系统4大系统。

二、世界海关保税制度立法及执法实践

保税制度是随着商品经济和国际贸易的发展而产生和发展的。20世纪以来,世界各国为促进和鼓励本国对外贸易发展,发挥本国的比较优势,吸引外资,鼓励出口,纷纷对传统海关制度进行变革,首先在税款流转上取得突破,竞相推出和建立了保税制度,[①]并将其固化在

---

① 陈晖等主编:《比较海关法》,中国海关出版社2011年版,第329页。

《关于简化和协调海关制度的公约》(修订)[以下简称《京都公约》(修订)]的有关专项附约中,进而演变为一种各国海关认可并普遍遵循,且对履约国海关具有约束力的国际通行的海关监管制度。梳理世界各国保税制度的立法及执法实践情况,有利于我们深化对保税制度定位的认识,形成以《海关法》为基础的更加科学的保税制度法律体系。

(一)国际公约与国际协定中关于保税制度的规定

1.世界海关组织《京都公约》(修订)中的规定

根据世界海关组织《京都公约》(修订),保税是一种遵循国际法,为促进贸易便利化而实施的国际通行的海关制度。《京都公约》(修订)规定了保税制度的三种具体形式,分别为专项附约四"海关仓库和自由区"以及专项附约6"加工"第1章"进境加工"。其中,海关仓库制度指进口货物在海关监管下未缴纳进口税费存放在指定地点(海关仓库)的海关制度;自由区指缔约方境内的一部分区域,进入该区域的任何货物,就进口税费而言,通常视为在关境之外。进境加工指一种海关制度,根据该制度,拟用于加工、制造或修理并随后出口的货物进入关境可以有条件地免纳进口税费。根据《京都公约》(修订)专项附约6,因进口加工而准予进口的货物,应予全部有条件地免除进口税费。《京都公约》(修订)还进一步规定,不应仅以货物的原产国、发运国或目的国为理由而拒绝进境加工;在履行与国外法人所订立的合同时,如果所用货物是由该国外法人提供,不应以在进口方关境内可提供品名、质量、技术特征完全相同的货物为理由,拒绝进境加工。

与此同时,《京都公约》(修订)专项附约4指南第2章明确,"为鼓励对外贸易和日常的国际商务的发展,某些海关管理总局给予进入那些就进口税费而言通常可被视为在关境以外地方的货物免纳进口税费。以上提及的地方即第2章所称的'自由区'"。从中可以看出,保税制度的目的,就是为鼓励国家对外贸易与企业国际商务的发展。①

① 参见《京都公约》专项附约4和专项附约6。

2. 世界贸易组织《贸易便利化协定》中的规定

世界贸易组织《贸易便利化协定》规定:“进境加工”是指“用于制造、加工或修理并随后出口的货物据以有条件运入一关境并有条件全部或部分免于支付进口关税和国内税或有资格获得退税的海关程序”。①

(二)国际海关立法中关于保税制度的规定

1. 欧盟

在《欧盟海关法典》第7编“海关特定监管程序”第3章“货物储存”和第5章“加工”的第2节进境加工的规定,是欧盟保税制度的基本执法依据。(1)明确保税制度的适用范围、存储时限和实施权授权。从范围上,既适用保税存储的非欧盟货物不受进口关税、其他相关规定项下的税费以及非禁限类货物进出欧盟关境贸易政策措施的约束;也适用于欧盟货物的“在保税仓储或自由区程序下,根据特定领域的单项法规,或为享受某项决定准许的进口关税退还或免税优惠”。(2)明确保税仓库存储、加工监管程序,以及批准证书持有人或海关监管程序的相对人的责任。保税仓库可分为任何人用于储存货物的公共保税仓库和保税仓库批准证书持有人用于储存货物的自用保税仓库。(3)明确自由区的设立、建设、呈验货物及监管程序、货物进出区、货物监管状态等。(4)明确进境加工的产出率、监管程序、核销时限、旨在进一步加工的暂时复出口等。在不影响替代货物规定的前提下,按进境加工程序办理的非欧盟货物可以被用于欧盟关境内的一个或多个加工作业,不受进口关税、其他相关规定项下的税费以及非禁限类货物进出欧盟关境贸易政策措施的约束。

2. 美国

美国对外贸易区是根据1934年国会通过的《1934年对外贸易区法案》在美国本土临近海关的地区为促进国际贸易设立的特殊区域,旨在鼓励美国企业提高国际市场竞争力、降低生产成本、创造就业和

① 参见《贸易便利化协定》有关进境加工的定义。

吸引投资。《1934年对外贸易区法案》和《美国联邦法规汇编》中的相应条款,是美国保税制度的执法依据。(1)美国将对外贸易区分为综合区和分设区两类:综合区一般设在港口或工业区,为多家企业服务,分设区一般经批准为某个生产企业设立,用于特定用途。由于分设区设立的灵活多变拓展了综合区的空间局限,弥补了综合区功能上的不足,使得双方发展相得益彰。(2)明确对外贸易区货物按状态分类监管制度。《美国联邦法典》将货物对外贸易区分为特惠外国地位、非特惠外国地位、国内地位以及对外贸易区受限地位四个类别。每一种地位的货物税收待遇不同。(3)明确对外贸易区内企业可以从事的业务包括储存、分销、展示、加工,经过特殊的批准也可从事生产。

3. 欧亚经济联盟

《关税同盟海关法典》第33章、第34章和第36章是欧亚经济联盟的执法依据。分别规定了海关保税仓库制度、关境内加工海关制度和加工供境内使用海关制度。①

4. 日本

日本《海关关税法》第4章是日本保税制度的执法依据。保税地域专章规定了五种类型的保税制度总则和指南,分别是:保税区、保税放置场、保税工厂、保税会展场、综合保税区。通常货物在各类保税区域规定的放置期间内不征收关税和其他税费,海关给予适度监管。至2018年11月,日本全国共有指定保税区89个,保税放置场4651个,保税工厂251个,兼有保税放置场功能的保税工厂115个,保税会展场210个和综合保税区4个。②

5. 韩国

《韩国海关法典》第7章保税区专章(共59条)规定了一般规定、指定保税区、特许保税区、一般保税区、扣押和处置;第8章运输专章

---

① 国家口岸管理办公室:《关税同盟海关法典》,中国海关出版社2016年版,第145~156页、第163~169页。

② 《日本关税保税地域一览表》,载 http://www. customs. go. jp/hozei/hozeiichiran. htm,最后访问日期:2018年12月15日。

(共13条)规定了保税运输、国内运输和保税运输经营人等制度。通常货物在保税区内享受免关税待遇。《韩国海关法典》规定,韩国保税区分为指定保税区、特许保税区和普通保税区。(1)指定保税区分为指定储存地点和海关查验地点。通常海关关长可指定国家、地方政府、负责管理机场设施或港口设施的公司根据其拥有或管理的任何土地、任何建筑和任何其他设施为指定保税区。(2)特许保税区分为保税仓库、保税工厂、保税陈列场、保税建筑工地和保税商店。任何人欲建立和经营特许保税区,应从海关关长处获取许可证,具体手续、费用依照《总统令》和《企划财政部条例》办理。(3)普通保税区可发挥保税仓库、保税工厂、保税陈列场、保税建筑工地或保税商店等功能中不少于两项功能。有关指定普通保税区的要求和程序等必要事由应由《总统令》规定。

6. 意大利

(欧盟国家)对加工贸易采用保税方式,对以加工贸易为目的的进口料件,进口时可不征收关税并不受贸易政策措施限制。

从上述国家的执法实践看,保税是各国在《京都公约》《贸易便利化协定》等国际法框架下普遍实行的海关监管制度。

三、现行保税监管法律制度面临的问题

外部环境上,简政放权、转变职能、简化审批、创新监管的需求愈加急迫;内部要求上,海关总署领导多次提出加强监管、防控风险的要求,提出“管少、管精、管准、管好”的要求,需要不断优化监管资源配置,更好地发挥行政管理效能。加工贸易要实现创新发展,保税监管制度要做好改革创新,任务仍然十分艰巨,主要面临以下问题:

(一)政策设计的协调性有待进一步加强

从深层次看,政策设计时,仍存在一些制约因素。一是各政策制定部门思想认识不统一。例如,中央提出:继续发展加工贸易,促进加工贸易转型升级。但不同部门对于为什么要转型升级,什么企业需要转型升级等问题的认识和理解不尽相同。二是政策调控目标不一致。

如,有的部门关心转型升级能否扩大出口,有的部门关心能否增加税收,有的部门关心能否减少顺差,有的部门关心能否扩大就业,还有的部门关心能否节能减排,有些部门甚至把转型升级的观点对立起来,纠缠在要不要继续发展加工贸易等问题上,观点不一致甚至相互矛盾,必然导致政策设计整体性无法保障,难以形成政策设计的合力。三是政策措施不够有力。迄今为止加工贸易发生的积极变化,除了海关保税监管支撑外,更多是受国家利用外资产业政策带动的,或者是企业受市场竞争压力"倒逼"而做出的被动反应。虽然这些年认定了加工贸易转型升级示范区、试点城市和示范企业,2016年国务院也专门出台了《国务院促进加工贸易创新发展的若干意见》,但从产业、财税政策的引导上还有很大空间。与此同时,各部门对加工贸易转型升级方向和路径的不统一,导致各部门在解决深加工结转税收政策、支持促进检测维修业务、服务外包、以研发设计为龙头的全产业链保税监管以及海关特殊监管区域选择性征收关税、赋予企业一般纳税人资格、委内加工等业务方面存在不同意见,已经成为加工贸易转型升级、创新发展的障碍。

(二)法规制定的及时性有待进一步加强

一是《海关法》未及时与国际接轨,未结合我国参与国际公约的情况进行调整完善。我国新加入《京都公约》的有关自由区、进境加工和出境加工的章节已经生效。进境加工的内涵包括了修理物品,但有关内容没有上升为法律法规层面。二是规章制度的立改废释有待改进。如,《海关加工贸易货物监管办法》已历经3次修订,但相应的业务操作规程仍未修订,不能适应电子化手册、联网监管以及最新的以企业为单元所进行的一系列业务改革和规范管理的需要,易因各关执法尺度不统一、业务操作不规范而引发风险。三是法规规章间打架情况偶有发生。表现在各类海关特殊监管区域法规规章之间不协调,如出口加工区转型为综合保税区,原先出口加工区外发加工没有时间限制,但转为综合保税区后,外发加工时限仅为半年等,限制了企业有关业务的开展。四是对新兴业务领域的立法支撑不够及时。对于加工贸易转型升级过程中出现的新兴业务领域,如检测维修、研发设计等生产性服务业类的保税监管业务,目前仍无配套的面向全国的操作规程。

(三)监管制度的效能性有待进一步提升

一是监管制度与企业管理结合不够紧密。按现行模式,职责分工上,加工贸易全过程由加工贸易、监管通关、关税、稽查、缉私等不同部门多头参与、分段监管,但对生产过程和企业物流配送等内部管理上却缺乏管理手段,不同环节制度设计上衔接不够紧密,在通关查验、保税核查、后续稽查等环节不同程度地易出现脱节,未能形成闭合的有效监管链。二是监管制度与分类管理结合不够紧密。按照《国务院办公厅转发国家经贸委等部门关于进一步完善加工贸易银行保证金台账制度意见的通知》(国办发〔1999〕35号)文件精神,保税监管制度根据商品、企业实行分类管理。在监管方式和账册体系配套上也做了相应的支撑。但由于历史原因和系统设计的局限性,监管制度、监管方式和账册类型多以打补丁方式建立,因而一方面显得种类很多、纷繁复杂,但系统性有所欠缺,未形成分类管理格局;另一方面,又出现了区内、区外账册结构类同的情况,既未体现区内外的监管落差,也未体现对特殊行业和新兴行业监管给予支持的理念。单耗管理制度的设计存在同样的问题,对于先进生产工艺没有鼓励措施,对于新兴业态根本无法适用这一制度,如检测维修等业务,某种程度上,单耗管理制度的设计与企业生产实际是相脱离的。三是加工贸易全过程管理未充分体现风险式管理理念。加贸部门由于与外部门单证传输等环节未实现全程无纸化,虽然与商务部门已经联网但生产能力证明传输后的分发及时性和比对功能尚显不足,部分现场关员仍疲于应对纸面单证作业及大量未经分类的数据流,无暇顾及业务监控、风险分析等加工贸易风险管理工作,形成业务量不断增加与人力资源紧缺矛盾。例如,青岛海关某现场年度设立手册5481份,但该备案科仅5名关员。四是加工贸易实货监管不到位易引发监管风险。表现为:通关环节考虑到加工贸易货物大多不涉证、不涉税,往往将其纳入低风险快速放行货物,全国通关一体化的新格局下更是如此,加工贸易方式的布控、查验率相对较低,易引发伪、瞒报风险;鉴于全通模式下的风险防控中心仅负责安全准入参数,即便是加工贸易参数,也仅作用于通关环节,因此,加工贸易中后期管理中的深加工结转、剩余料件结转、外发加工等业务环节,仍不可避免会有货物流与单证流不一致方面的风险发生等。

四、构建与全面开放新格局相适应的海关保税监管法律制度体系的有关建议

党的十九大报告博大精深、内容丰富,做出的一系列重大部署、重大战略、重大决策,每一项工作、每一项要求都与海关工作休戚相关,必须全面学、认真学、系统学,把握精髓、融会贯通,必须深入思考、长远谋划、整体推进。①

为进一步推动形成全面开放新格局,首先要深刻领会并准确把握新格局的内涵,即新格局以"一带一路"建设为统领,以全面开放为主要内容,遵循开放包容原则,重塑开放空间布局,特别强调创新能力。从实现路径看,一是我国应当积极参与国际海关保税监管制度的规则与标准制定,主动参与对"一带一路"沿线国家海关保税监管能力建设支援与培训;二是在国内,国家层面,海关应当会同有关部门继续落实好自贸试验区战略,加快推进海关特殊监管区域整合优化;三是执行层面海关内部,保税监管部门应当会同有关部门,在全国通关一体化和全面深化改革的总体框架下,落实好《加工贸易及保税监管改革指导方案》,协同推进简政放权。总之,要坚持目标导向和问题导向,要聚焦核心改革项目和基础性法规制度、信息化系统建设,通过创新监管、优化服务、对标国际、聚焦改革,进一步发挥海关保税监管法律制

① 参见倪岳峰:《深入思考、长远谋划、整体推进——党组书记学习十九大》,载 http://wemedia.ifeng.com/40015279/wemedia.shtml,最后访问日期:2018年12月15日。

度体系在促进国家战略实施和实体经济发展方面更加重要的作用。为此,提出完善保税监管法律制度体系的有关建议如下:

(一)遵循国际规则,统一对保税制度的认识

考虑到我国申请加入的有关国际公约与协定已生效,应当遵循国际规则,宣传和提高对保税制度的认识,即保税制度是在现行税收制度框架下,国家为促进贸易便利化,使国内企业更加公平地参与国际竞争而采取的符合国际通行规则的海关程序与做法,是世界海关组织认可并被各国海关普遍践行的监管制度。与此同时,将国际公约与协定以国内法形式加以固化。

一是调整完善《海关法》有关内容。如,完善第100条关于“保税货物”的定义,调整为“经海关批准未办理纳税、缴证手续进境,在境内储存、加工、装配、修理后复运出境的货物”。

二是调整完善加工贸易有关规章。按照《贸易便利化协定》与《京都公约》的规定,加工贸易业务范围包括加工、制造和修理,为此,要同步调整我国对外贸易相关规章以及海关保税监管规章。

(二)找准职责定位,深度融入开放型经济新体制建设

一是对标国际,支持自贸。一方面,支持各自贸试验区海关立足本地,对标国际高标准的WTO贸易便利化措施,深化自贸试验区监管制度创新。另一方面,进一步增强自贸试验区海关之间的协作联动,主动加强与其他部门在信息共享、执法联动等方面的协同配合。

二是精准对焦,协同发力。按照中央“放管服”改革的统一部署和要求,在商务部门取消加工贸易业务审批,并或将进一步取消《经营企业和加工企业生产能力证明》核发后,勇于面对海关事中事后监管责任加大、压力加重的现实情况,认真研究海关加强保税监管的对策,进一步优化以账册为主线的加工贸易监管作业流程,并以此为基础,完善与企业生产经营实际相适应的“进、出、转、存、销”监管体系,实现保税账册全过程信息化管理,加强事中事后监管,加强一线实地实货验核,实现管得住、管得好,精准对焦国家行政审批改革。

三是探索建立“风险研判、分类审核、实货验核”制度,成立保税监

管专业验核队伍,强化属地保税加工企业管理。

(三)强化法治保障,不断提高执法统一性

一是加强加工贸易法规体系的顶层设计,强化立改废释机制,结合近几年行政审批改革成果,尽快修订完善《海关加工贸易货物监管办法》《海关加工贸易监管业务操作规程》《海关加工贸易单耗管理办法》《海关对保税物流中心(B型)的暂行管理办法》;同时加强对各类业务的立法配套和支撑,特别是对新兴业务,要及时出台相适应的监管办法和操作规程,比如,区外的保税维修监管办法,区域的货物按状态分类监管办法;顺应产业转移规律,及时出台《出境加工监管办法》,确保统一执法。

二是认真梳理加工贸易保税监管自由裁量权,进一步优化保税担保,重点规制保税货物税收担保事项,制定衔接措施,确保取消加工贸易银行保证金台账制度的政策平稳过渡,降低企业制度性交易成本。

三是在海关特殊监管区域整合优化的基础上,尽快制定出台《中华人民共和国海关对综合保税区监管办法》,统一对海关特殊监管区域的监管。

(四)强化顶层设计,构建保税分类监管体系

一是改变以往仅以企业、商品为维度的加工贸易分类管理制度,构建新型加工贸易保税分类监管体系,即整合供应链管理资源,构建以单一企业、企业集团、产业链(或供应链)为管理单元、以账册管理为载体、以"风险式管理+实地实货验核"为基础、以信息化管理为手段,以大数据为支撑,"项号级通关、料号级核销"的新型保税监管体系。以此为基础,形成内容丰富、分类施策的监管模式和监管手段工具箱,满足不同地区加工贸易企业多样化发展需求,满足对不同风险加工贸易企业监管要求,满足对不同业务类型(保税加工、保税物流、保税服务)差异化监管要求。按照加工贸易企业、产业、区域的不同情况,相应采取不同的加工贸易保税监管模式,重点形成突出更优更特别的"海关特殊监管区域模式",突出行业差别的"特殊行业模式",对大型IT企业的"联网监管模式",突出对中西部

及欠发达地区扶持的“梯度转移模式”,突出对产业链两端支持的“检测维修模式”以及“研发设计模式”。

二是整合场所,形成体系。将保税仓库、出口监管仓库和保税物流中心(A型)三种类型保税监管场所整合为“综合保税仓库”,最终形成特殊监管区域、保税物流中心和综合保税仓库三个层级的保税监管平台。

三是整合区域,辐射带动。一方面,要科学规划布局。新设区域向中西部及东北地区倾斜,搭建开放平台,促进加工贸易向中西部地区转移。另一方面,要加强退出管理。按照科学谋划、分类指导、因区施策、着眼发展的原则,兼顾地方合理诉求,有序推进退出管理,切实提升区域发展质量。

(五)强化过程管理,探索建立风险式保税监管模式

一是在海关总署全面深化改革方案整体框架内,探索建立“风险评估为基础、差别监管为手段、风险监控为保障、系统支持为依托”的风险式加工贸易保税监管模式。建立适合加工贸易特点的企业风险评估机制,在手账册设立、外发加工、深加工结转、内销、单耗、担保、通关、核销等业务环节,根据风险高低实施不同的监管措施和作业要求,体现差别化待遇。目前,部分海关已经对手册设立、核销等根据监管经验形成风险参数,作用于重点执法环节,取得初步成效。

二是强化一线实货监管,确保信息流与实货流相一致。一方面,强化加工贸易职能管理,由加工企业所在地主管海关按照一定比例承担预定式查验风险布控指令发布任务,通过综合信息管理平台,将指令给予风险管理部门,统一下达,作用于通关查验环节,不断加大对高风险加工贸易货物一线进出口通关环节的实货监管力度;另一方面,通过细化选和查的标准,加强对保税货物的中期核查,确保选得准、查到位。在多查合一的背景下,尤其要注意各类查的侧重点不同,防止机械执法是题中应有之意。

三是加强部门间的联系配合,形成正面监管合力。首先,不断完善海关与商务、外汇、税务、检验检疫等管理部门协作机制,在规范审

批、手册设立基础上,推进三互大通关建设过程中,加快实现部门之间数据传输和信息资源共享;其次,继续加强海关内部加贸部门与关税、监管、审单、稽查、缉私、监察等部门的协调配合,优化各部门间的监管资源,建立紧密联系的管理机制,形成完整的全过程监管链条。

(六)强化监控职能,构建全方位的风险分析系统

在"结合保税业务监控分析系统、结合其他部门现有的监控系统、结合随机布控的要求,突出加工贸易过程式管理并以核销为重心的特征"的基础上,构建风险分析系统。

一是加快推进保税监管领域全账册管理。完善全国海关统一的特殊监管区域和保税监管场所账册系统建设,实现保税监管领域全账册管理的目标,弥补保税监管风险分析基础数据不齐全的不足。

二是加快完善现有保税监控分析系统。在基础数据完备的基础上,考虑在直属海关(包括隶属海关)现行使用的保税业务监控分析系统(二期)中增补保税物流监控指标,完善指标监控体系。

三是加快建设海关总署层面保税监管风险分析系统。以金关工程二期建设为契机,建立统一数据来源、统一统计口径、统一统计方式的,能够对保税业务数据进行采集、汇总、逻辑分析对比的"保税业务监控分析指标体系",以此为基础建立海关总署层面的保税监管风险分析系统,形成海关总署、直属海关、隶属海关三级风险管理架构,对各类风险进行及时预警,为海关管理和决策提供依据,为防范企业风险提供支持。

综上,对于推进全面开放新格局完善保税监管制度体系方面的设想,要落实好有关建议,需要努力做好五方面结合,即坚持引进来与走出去更好结合;坚持沿海沿江与内陆沿边开放更好结合;坚持制造领域开放与服务领域开放更好结合;坚持向发达国家开放与向发展中国家开放更好结合;坚持多边开放与区域开放更好结合。希望这些想法在不久的将来,对促进加工贸易转型升级、创新发展起到现实的建设性作用。

Research on Construction of Legal System of Customs Bonded Supervision Adapting to the New All-round Opening-up Pattern

YANG Xu

[**Abstract**]　The report ofthe 19th Session of the Communist Party of China requires to push forward the new all-round opening-up and stresses that the opening-up will not be closed but carried forward further instead. These are the very new requirements to press ahead the opening-up and economic development in the new era. The Party Committee centered around President Xi Jinping has made the correct judgement of new changes of international situation, deeply grasped the new demands of domestic reform and development. The paper depicts the status quo of the bonded supervision system of China Customs, and analyzes the existing problems in the field of bonded supervision system, based on the international conventions and practices of overseas customs bonded supervision system. Finally, suggestions are put forward on constructing the legal system of customs bonded supervision adapting to the new all-round opening-up pattern.

[**Key words**]　legal system; processing trade; bonded supervision

当前办理海峡两岸经济合作框架协议项下进口机床涉税案件的难点及相关建议

洪更强*

[摘　要] 当前"ECFA"项下台湾机床进口行业具有证书签发机构审核不严格、原产地专业认定机制不健全、行业性风险防范难度高等风险,亟待引起包括海关在内的国家有关部门重视。通过以上海海关新近查发的几起新型的典型原产地案件为切入点,介绍案件相关背景、办理难点和困惑、采取的建议措施以及有关思考,意在研究全国通关一体化和多查合一改革大背景下,海关稽查部门面对新形势如何进一步加强查发能力建设,严密和加强后续监管。

[关键词] 海峡两岸;原产地案件;办理难点

一、相关背景与案例

为增进海峡两岸之间的经济合作交流,在"平等互惠、循序渐进"的原则下,2010年6月29日,海峡两岸关系协会(以下简称海协会)与海峡交流基金会(以下简称海基会)签订《海峡两岸经济合作框架协议》(下文简称ECFA)。这是在经济全球化和区域经济一体化快速发

* 洪更强:上海海关稽查处稽查二科科长。

展的大背景下,海峡两岸经贸交流经过30多年互惠互补、相互依存发展的必然结果,它实际上是我国大陆和台湾两个经济体之间的自由贸易协定谈判的初步框架安排,同时又包括若干早期收获协议。2011年12月28日,海关总署发布《关于公布〈ECFA货物贸易早期收获产品的产品特定原产地规则〉的公告》(海关总署公告2011年第83号)(以下简称《海关总署2011年第83号公告》),规定8个8位商品编码项下的数控机床被列入降税清单,其原产地认定标准分别自2014年1月1日和自2016年1月1日起调整为"从其他品目改变至此,区域价值成分不少于50%,且数控系统须在一方或双方加工生产并符合子目853710有关标准"。[①]

数控机床是关系国计民生的重要的工业产品。一直以来,台湾原产数控机床以其良好而稳定的质量在大陆有着较高的市场占有率。[②]海关总署调整进口我国台湾地区数控机床原产地认定标准后,在巨大的利益驱动之下,个别企业甚至不惜采用各种不法手段和方式,偷逃税款,企图逃避海关原产地监管。以下三个案例是2016年以来上海海关在开展海峡两岸经济合作框架协议项下进口机床专项稽查行动过程中查获的典型案例。

案例一:2014年1月以来,江苏某机械进出口股份有限公司作为经营单位为浙江等地多家公司从我国台湾地区代理购买了共9台研磨机床,总货值178.79万美元。向海关申报为ECFA项下我国台湾地区原产地研磨机床,税号84604020,并享受零关税政策。经上海海关实地下厂取证调查,上述研磨机床均安装日本FUNUC数控系统。

---

① 参见《海关总署关于公布〈海峡两岸经济合作框架协议〉货物贸易早期收获产品的产品特定原产地规则的公告》(2011年第83号)注释2和注释3。

② 2016年1月至12月全国口岸以一般贸易方式零关税购买台湾数控机床(税号84581100)合计521台,货值约1.99亿元人民币;2014年1月至2016年12月全国口岸以一般贸易方式零关税购买台湾数控机床(包含税号4604020、84592100、84601100、84615000)合计5848台,货值约15.84亿元人民币。主要进口地海关:上海、深圳、厦门、黄埔、南京。

案例二:2014年1月以来,上海某有限公司从我国台湾地区某公司购买切断机共计85台,货值人民币3266.54万元;购买钻孔机9台,货值人民币555.86万元。购买后向国内企业进行销售。向海关申报为ECFA项下我国台湾地区原产地研磨机床,税号分别为8459210000和8461500090,并享受零关税政策。经上海海关实地下厂取证调查,上述切断机、钻孔机均使用德国原产SIEB & MEYER牌数控装置。

案例三:2016年1月以来,安徽某贸易有限公司作为经营单位为安徽某科技有限公司从我国台湾地区代理购买了共39台数控车床,总货值1595.39万元人民币。向海关申报为ECFA项下台湾地区原产地数控车床,税号8458110090,并享受零关税政策。经上海海关实地下厂取证调查,上述数控车床均安装日本FUNUC数控系统。

上述三个案例具有一定的行业代表性,案件办理过程中遇到的很多法理和实务上的难点和争议,值得海关缉私、关税和稽查等相关部门加以认真思考。

二、问题的提出

(一)何为一方或双方"加工生产"

某项商品能否适用原产地规则应当遵循法定的认定标准和程序。《海关进出口货物原产地条例》(国务院第416号令)适用于实施最惠国待遇、反倾销和反补贴、保障措施、原产地标记管理、国别数量限制、关税配额等非优惠性贸易措施以及进行政府采购、贸易统计等活动对进出口货物原产地的确定。

实施优惠性贸易措施对进出口货物原产地的确定,适用《海关进出口货物优惠原产地管理规定》(海关总署第181号令),以及我国缔结或者参加的国际条约、协定的有关规定。这些条约协定、行政法规和部门规章,和《海关进出口税则》税则一起,构成了我国一整套的原产地认定规则体系。

"ECFA"项下进口我国台湾地区数控机床是否符合原产地规则,

关键之一就在于数控机床的数控装置是否为两岸原产。如何正确解读和准确认定《海关总署2011年第83号公告》注释2、注释3中的"数控系统须在一方或双方加工生产"①,这也是海关稽查人员在查办此类案件时的难点。随着经济全球化和区域经济一体化的快速发展,越来越多的大企业在全球布局产业链,设立子公司,"世界工厂"成为常态。传统意义上的"加工生产"的概念以及内涵和外延都发生着深刻变化。

具体到本文案例一,江苏某机械进出口股份有限公司购买的我国台湾地区数控机床,安装的是日本品牌发那科的数控装置,型号分别为FANUC SERIES 0i – TD、FANUC SERIES 0i – TF、FANUC SERIES 32i。企业坚称所有数控装置皆为发那科的我国台湾地区子公司生产。稽查人员通过查阅资料和市场调研,发现日本发那科在我国台湾地区工厂并不生产该类型数控装置。经过进一步下厂实地核查,并通过联系日本发那科总部,办案人员发现仅FANUC SERIES 32i数控装置为日本原产,FANUC SERIES 0i – TD、FANUC SERIES 0i – TF数控装置在日本生产,再运往FANUC我国台湾地区子公司进行简单组装、试验、测试后,销售给我国台湾地区机床企业并安装到上述机床上。因此,问题是:这种"简单组装、试验、测试"能是否符合原产地规则中的"加工生产"?

(二)数控装置和数控系统是否同一

《海关进出口税则》中列明的子目853710项下的数控装置②是数控机床的核心部件,是大陆与我国台湾地区磋商《海峡两岸经济合作框架协议》数控机床的原产地标准时的焦点。

《海关总署公告2011年第83号》附件《ECFA货物贸易早期收获产品的产品特定原产地规则(2012年版)》有关数控机床原产地标准

① 第83号公告分别在2014年和2016年添加了注释2和注释3。

② 数控装置(digital controller,习惯称为数控系统),可理解为数控机床的中枢,在普通数控机床中一般由输入装置、存储器、控制器、运算器和输出装置组成。

中的表述为“数控系统”。①

在案件二办理过程中,上海某有限公司提出抗辩:《海关进出口税则》中列明的子目853710项下的表述是“数控装置”,而非《海关总署2011年第83号公告》注释2和注释3中的表述“数控系统”,数控系统不仅包括CNC控制器(品牌型号:德国SIEB & MEYER),还包括其余8项,如工业电脑、线性马达、二次侧磁板、耗材等,即“数控系统”的外延大于“数控装置”,因此,仅数控装置即CNC控制器为德国原产,并不能认为该数控系统也为德国原产。如何准确认定“数控系统”和“数控装置”的异同,成为海关稽查人员亟待解决的又一难题。

(三)案件如何定性以及是否应移交缉私部门进行相关处罚

此类原产地案件通常案值较大,涉税额高;②部分企业不法手段隐蔽新颖,将非降税商品申报为降税商品,特别是将功能相近的非数控机床申报为数控机床;或者模糊申报数控装置原产地(如案例三),不易被海关发现;我国台湾地区有关机构核发原产地证书把关不严,存在为部分不符合有关原产地规则的商品签发数控机床原产地证书的情况,进口企业持有的都是我国台湾地区有关机构颁发的原产地证书,与以往海关查获的伪造原产地证案件有着很大不同;作为海关监管对象的经营单位及进出口收发货人通常已经履行完毕海关法上的申报纳税义务,幕后操纵组织不法行为的人员往往都在境外。这些都给海关查发原产地案件后的定性和移交带来了很大的难度。

---

① 数控系统是数字控制系统的简称,英文名称为(Numerical Control System),可理解为根据计算机存储器中存储的控制程序,执行部分或全部数值控制功能,并配有接口电路和伺服驱动装置的专用计算机系统。

② 2017年8月14日海关总署办公厅《署内信息快报(第154期)》:近日上海海关首次查发伪报进口“ECFA”项下台湾机床情事对进口数控机床企业开展行业性专项稽查,查发上海、江苏、安徽3家企业于2014年4月至2016年12月期间多次将实为德国、日本等国原产数控装置申报为“台湾产”,涉及货值7000万元,涉及税款800万元。

《海关进出口货物优惠原产地管理规定》第27条明确规定:“违反本规定,构成走私行为、违反海关监管规定行为或者其他违反《海关法》行为的,由海关依照《海关法》《海关行政处罚实施条例》的有关规定予以处罚;构成犯罪的,依法追究刑事责任。”但在本案的办理过程中,出现了几种不同的声音。从现场执法的角度,有观点认为,当前海关相关监管规定确实存在模糊地带,按照“有利于行政相对人”的行政管理原则,对于前述企业进口行为,可作为企业正常的税收规避,不应视为故意偷逃税款;也有观点认为,此类案件是典型的走私行为,逃避海关监管,偷逃应纳税款,应移送缉私部门按照案值作刑事处罚;还有观点认为,原产地案件与普通案件性质不同,危害不大,可作为违反海关监管规定的行为,进行追征或补税即可。这些不同观点一定程度上影响着海关执法统一性,亟待权威部门进行准确界定和澄清。

三、ECFA项下进口机床涉税案件的难点

当前“ECFA”项下我国台湾地区机床进口行业具有证书签发机构审核不严格、原产地专业认定机制不健全、行业性风险防范难度高等风险,亟待引起包括海关在内的国家有关部门重视。此类案件办理难点如下:

一是查发滞后取证难。由于进口机床报关单和原产地证书上并无类似数控装置型号及产地等关键标准的填制要求,通关环节无法发现数控装置不符合原产地规则的情形,海关只能通过布控查验、数据分析和后续实地核查等手段,才能查发问题;通常由收货单位与境外厂家事先直接联系和商定具体机床型号和参数要求,代理进口企业仅收取代理费用;进口货物收货人分布在全国各地;出口企业和原产地发证机构位于境外,无法向其取证和验证。

二是定性模糊追税难。进口货物优惠原产地证书由台湾出口企业向当地发证机构申领,海关对进口货物收货方提交原产地证书的行为仅进行形式审查,即是否符合“格式正确,单证相符”。即使海关通

过后续稽查发现货物不符合 ECFA 原产地规则,不应享受原产地优惠,由于缺乏进口货物收货方违反规定瞒骗取得原产地证书的直接证据,海关依法只能自缴纳税款或者货物放行之日起 1 年内,向被稽查人补征,而非在 3 年内向被稽查人追征。如需进行追征,需要被稽查人很高的配合和认同度,且易引发复议或诉讼风险。

三是移交不易处罚难。由于查发的我国台湾地区原产地机床案件通常案值较高,涉税额较大,海关稽查部门与缉私部门进行了深入沟通并协商移交事宜。缉私部门认为,由于进口货物收货方向海关提交的原产地证书为真实,且提交原产地证书的行为并未违反海关申报要求,其进口行为本身并无过错,因此目前还缺乏对相关进口企业进行行政或刑事处罚的充分依据。同时,此类案件原产地异常不应适用协定税率的事实清楚,应做补税处理。

四、ECFA 项下进口机床涉税案件所采取的相关措施

综合关税和缉私等部门的意见,本着"严密后续监管"和"确保税款应收尽收"的原则,海关稽查人员针对"ECFA"项下进口机床涉税案件的办理难点,采取的相关措施可以包括:

一是迅速开展行业性专项稽查行动。通过对近年来进出口数据进行风险分析,确定打击重点。① 在此基础上,上报行业稽查建议书,建议由总署统一部署,各主要进口地海关联合对"ECFA"项下台湾机床进口情况开展大范围专项行动,防止不法企业在各口岸间"试单"并转移申报口岸,以期实现对行业整体进出口行为进行规范与整治的目标。

二是全面收集"原产地认定标准"的界定和认定分歧等影响执法统一性的问题,及时通报给关税等有关部门,积极促成权威部门进行

---

① 2016 年 1 月至 4 月 26 日,上海口岸以一般贸易方式零关税进口我国台湾地区数控机床(包含税号 84581100、84589100、84604020、84592100、84601100、84615000、84621010、846299100)合计 1735 台,货值达到 5.1 亿元人民币。

专门认定和专业解读。与关税部门共同研究并明确:“在大陆和台湾地区(子公司的)域外母公司生产的数控装置(系统),仅运往台湾地区子公司进行简单组装、试验、测试后,销售给台湾地区机床企业并安装的情形”不属于“ECFA”原产地认定规则中的“生产加工”。2017年8月,海关总署关税司就《上海海关关于请明确ECFA项下进口数控机床原产地认定标准的函》(沪关税函〔2017〕204号)做出《关于ECFA项下进口数控机床原产地认定问题的复函》,明确指出,《海关总署2011年第83号公告》附件《ECFA货物贸易早期收获产品的产品特定原产地规则(2012年版)》有关数控机床原产地标准中的“数控系统”,是指《海关进出口税则》中列明的子目853710项下“数控装置”。这就从根本上扫清了原产地案件办理中的认定障碍,有利于加强海关执法统一性。

三是建议有关部门尽快完善报关单申报流程,增加机床数控装置品牌和原产地等关键申报参数,引导企业规范申报;适时建立ECFA原产地商品数据信息库,向全国海关发布ECFA项下主要受惠进口商品的生产、制造、产品规格等信息,统一加载风险参数,提升监管效能;统筹优化原产地专业认定工作机制,在原产地证书内容规范性审核之外,科学设置原产地专业认定的程序、效力和配套机制,进一步严密监管链条。

四是通过两岸海关信息交流等渠道,向中国台湾地区定期通报中国大陆发现的原产地签证问题,督促相关机构严格履行审核义务,并敦促我国台湾地区加强对出口企业的培训与管理;与我国台湾地区有关机构协商,进一步规范原产地证书签发标准和流程,并对我国台湾地区出口企业加强政策宣传和引导;督促我国台湾地区原产地出证机构对相关涉案出口企业申领行为进行调查,确实存在瞒骗行为的,应及时撤销不实的原产地证书,并追究责任人相关法律责任。

五、由ECFA项下进口机床涉税案件处理所引起的思考

一是在全国通关一体化和“多查合一”改革大背景之下,海关后续

监管部门必将面临更大的挑战。此次是近年来全国海关首次查发此类案件,类型新,手法隐蔽,涉税风险较大,同时关涉两岸优惠贸易协定,比较敏感。据悉,部分海外主要数控装置厂家为应对海关稽核查,已经在着手重新调整产业布局和界定商品产地,海关后续监管难度将进一步加大。面对新形势和新挑战,海关稽查部门应进一步加强与关税、缉私等部门的密切合作,切实形成打击合力。

二是在经济全球化和区域经济一体化的时代背景下,包括海峡两岸在内的全球经济贸易主体互惠互补、相互依存发展的程度必将进一步加深。海关作为国家进出关境的监管部门,在服务国家和地方经济发展中将会承担更多更重要的职责。准确把握和灵活运用包括优惠贸易原产地规则在内的各种经济监管手段,加强对新类型进出口情事和案件的研究和关注,是包括稽查关员在内的每一名海关关员必备的基本技能和应尽职责。

三是在新的形势下,我国应大力开展自主知识产权的研发和保护,尽快缩小与发达工业国家的差距。全球范围内,主要品牌的数控装置的研发和生产,一直牢牢把控在日本和欧美国家的少数企业手中,这些企业对自身品牌采取严格甚至严苛的保护策略,形成事实上的品牌霸权和技术垄断,对发展中国家和地区的产业升级和经济发展形成严重制约。

四是在"一国两制"基本国策的大背景下,海关稽查部门在办理包括"ECFA"项下原产地案件在内的涉台案件时,一定要慎之又慎,小处着手,大处着眼,做到有所为,有所不为。既要严格依法把关,又要讲政治顾大局,使海关工作始终服从和服务于中央经济工作大局和对台政策方针。

Suggestions on Fiscal Cases of Imported Machine Tools under the Cross-strait Economic Cooperation Framework Agreement

HONG Gengqiang

[**Abstract**] Under the current Cross-strait Economic Cooperation Framework Agreement (ECFA), there are risks in the machine tools imported from Taiwan including incautious certifications, unsophisticated authentication of the of origin certificate and the difficulties in preventing industrial risks, which require urgent attention from the relevant agencies including the customs. Departing from the newly identified typical cases of place of origin in Shanghai Customs, the paper introduces relevant background, difficulties and confusions in handling the case, and proposes suggestions in dealing with the cases, so as to shed light on how to improve customs audit and strengthen the post-clearance control in the new situations under the background of the national integration of customs clearance and one-stop service.

[**Key words**] cross-strait; cases of place of origin; difficulties in handling the cases

外贸综合服务新业态的法律促进和发展

李 繇 曹艳华*

[摘 要] 跨境电子商务、市场采购贸易,外贸综合服务企业,是外贸新业态的三个重点。相较于前两者,外贸综合服务企业与海关传统管理体制的不兼容性体现得更为明显。其对于海关法律和监管创新的需求也更为迫切。因此,结合外贸综合服务企业实例,针对外贸综合服务企业的概念特点和海关监管中存在的进出口企业信息平台建设有待加强,海关监管与处罚法律体系有待更新,企业分类管理标准有待细化等问题。建议完善海关法律制度体系,重构海关监管逻辑;完善海关政府信息主动公开,进一步提高信息系统建设水平;进一步完善企业信用管理办法,探索企业细化分类管理新模式;以及提升法律理论研究深度,加大行业培育力度等。

[关键词] 海关;新业态;法律;外贸综合服务

改革开放40年以来,传统外贸从高速增长转变为低速增长,而近年来随着大数据、云计算、物联网、移动互联网等技术革命的发展,全球贸易结构和贸易方式也在进行调整和变革。这一过程中,各类新兴

---

* 李繇:国浩律师(南京)事务所合伙人,曾就职于南京海关法规处。曹艳华:张家港海关。

贸易业态迅猛发展,无论是消费终端还是贸易主体的数量都急剧增加。商务部发布的《对外贸易发展“十三五”规划》,将促进跨境电子商务、市场采购贸易发展,培育一批外贸综合服务企业,作为积极发展外贸新业态的三个重点。近年来,海关针对跨境电子商务、市场采购贸易的促进发展推出了大量改革创新举措:跨境电商已经在全国13个城市设立跨境电子商务综合试验区,海关行邮税收体系也迎来重大改革;市场采购方面,以浙江义乌、江苏南通等地区为代表,出台了一整套税收、申报、监管的改革规定,适应市场采购贸易特点。但唯独外贸综合服务方面,未能形成统一的改革方向和能够适应外贸综合服务(外综服)企业特点的监管体系。《“十三五”时期海关发展规划》对海关创新发展提出明确要求,具有前瞻性的部署了创新发展的思路,如推进海关管理思路创新,培育顺势监管思维。因此,从海关法和海关监管角度分析外综服企业的特点及如何通过管理创新促进其发展,就很有研究的必要。

一、外贸综合服务企业的概念和特点

(一)外贸综合服务企业的政策沿革和概念

根据海关信息网公布的数据,2016年下半年我国一般贸易企业出口百强榜前十位中有包括一达通、深圳朗华在内的4家外综服企业。在2013年国务院发布“外贸国六条”首次认可外贸综合服务企业以来,其发展速度令人吃惊。但与其说是外综服企业表现出的出口贸易数量让人震惊,倒不如说是国内中小企业展现出的参与世界经济的生产能力令人震惊。“外贸综合服务平台将商品贸易和流通服务两个传统的环节进行分离,让企业专注贸易本身,而把外贸服务外包给综合服务企业”,[①]利用其平台效应是为这些中小企业解决融资、物流、政府监管等一系列问题,从而充分释放这些中小企业在开发产品和市场上

① 季湘红等:《外贸综合服务企业出口模式比较探析》,载《国际商务财会》2015年第12期。

的生命力。在上述问题中,融资、物流都是市场化充分的领域,对于中小企业来说,最需要解决的还是如何应对政府对外贸包括外汇、税务、海关、商检在内的全面监管问题。因此,外综服企业能否妥善帮助中小企业完成适应政府监管的贸易程序就成为关键。

从政策沿革来看,中央和地方政府对于外贸综合服务企业高度重视,自2013年7月24日国务院常务会议出台的"外贸国六条"首次提出外贸综合服务的概念以来,为大力推动外贸综合服务企业发展,服务于中小外贸企业,国务院七次出台对于外贸综合服务企业的支持政策(见表1):

表1 国务院关于支持外贸综合服务企业的政策

序号	政策文件名称	文号
1	《国务院办公厅关于促进进出口稳增长、调结构的若干意见》	国办发〔2013〕83号
2	《国务院办公厅关于支持外贸稳定增长的若干意见》	国办发〔2014〕19号
3	《国务院关于加快培育外贸竞争新优势的若干意见》	国发〔2015〕9号
4	《国务院关于改进口岸工作支持外贸发展的若干意见》	国发〔2015〕16号
5	《国务院办公厅关于促进跨境电子商务健康快速发展的指导意见》	国办发〔2015〕46号
6	《国务院办公厅关于促进进出口稳定增长的若干意见》	国办发〔2015〕55号
7	《国务院关于促进外贸回稳向好的若干意见》	国发〔2016〕27号

为落实国务院出台的相关政策,商务部、海关总署、(原)质检总局、国家税务总局纷纷出台了支持外贸发展的政策措施。而对外贸综合服务企业的支持方面,国税总局力度尤为明显,先后出台了:《国家税务总局关于外贸综合服务企业出口货物退(免)税有关问题的公告》(国家税务总局公告2014年第13号)、《出口退(免)税企业分类管理办法》(国家税务总局公告2016年第46号)、《国家税务总局关于进一

步优化外贸综合服务企业出口货物退(免)税管理的公告》(国家税务总局公告2016年第61号)。上述规定,突破了对传统外贸代理企业"四自三不见"的严格监管规定,不仅从国税监管角度单独定义了外贸综合服务企业,更是为外贸综合服务企业量身定做了分类管理标准和退税管理制度。

基于政策的支持和更新,当前外贸综合服务企业是传统外贸随着现代电子商务、供应链整合,基于"互联网+物联网"技术,为外贸生产型企业全方位提供融资、信保、物流、清关、收汇、退税等服务的平台式企业。其往往通过建立互联网平台突破地域限制直接与生产型中小企业对接,利用自身高授信降低企业融资成本,为生产企业出口完成物流、仓储,并代理办结清关、退税等一系列政府监管程序。

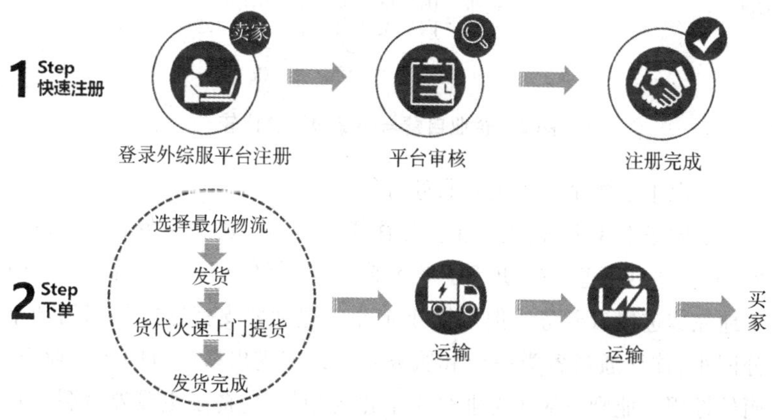

图1 外贸综合服务企业服务流程

(二)外贸综合服务企业的特点

1.以互联网科技实现服务的一体化

在传统外贸服务的模式下,生产企业要完成进出口贸易必须借助于本地外贸经营企业的资源,获得金融、物流、仓储、报关报检等一系列的服务,因此地域性、行业性特征明显。但随着互联网技术的发展,信息交换、交易达成、支付结算、物流提供全部可以通过统一的互联网平台"一站式"完成,以自动化技术应对碎片化外贸业务,最大化地提高了外贸中小企业的进出口效率,这不仅打破了地域的限制,也实现了行业服务的互通,大大减少中小企业进出口的时间、经济成本。同时,互联网技术的大数据效应,可以大大减少完成相同进出口量的服务人力投入,更为准确的判断进出口风险和企业资质。

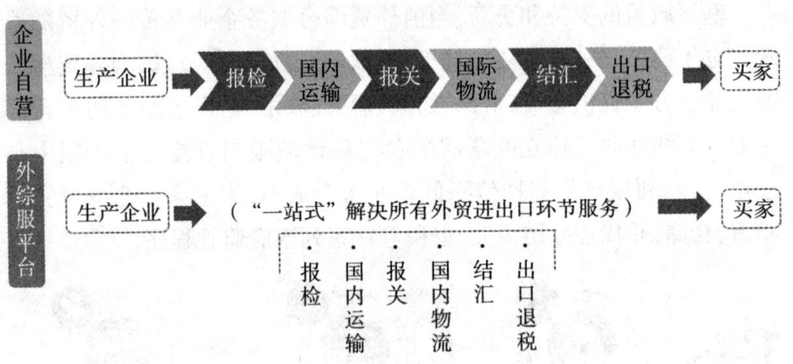

图2 企业自营与外综服平台比较

2. 以中小微企业为主要服务对象

从服务对象上看,大型企业往往能够有实力建立完备的进出口服务部门,并且这些部门更为了解本企业生产和市场特点,可以更有效率地完成进出口业务。但以中小企业的盈利要支持这样的部门却十分困难,往往通过各类中介和服务企业办理进出口环节的各项业务。而外综服企业则顺应了专业分工细化的趋势,包揽了主要外贸服务直接连接生产企业和海外市场,让资本、人力有限的中小企业能够全力关注产品与市场,避免中小企业申请各类资质需要投入的成本,缩短企业从生产到汇款到再生产的商业周期,增强中小企业的新陈代谢能力。

3. 区别于传统外贸服务的盈利模式

与传统外贸服务企业直接收取佣金,或者赚取贸易差价不同,发展较好的外贸综合服务企业主要是依托于平台的规模效应、高授信能力、快速完成贸易的能力,从物流、金融等第三方合作企业分享收益,或者是通过提高企业的资金利用率与周转率在企业降低的融资成本中获取收益。特别是从金融角度看,“外贸综合服务平台掌握了完整的贸易交易流程和应收账款,能够最大程度地减低中小企业的融资风险……为其提供直接的贸易融资。……通过掌握中小企业的真实性,为海关与银行提供真实可信的交易数据,为出口商提供耗时短的退税服务”。①

(三)外贸综合服务企业发展的宏观性问题

由于经营模式迥异于传统外贸服务模式,以及外综服平台跨越多部门的特点,已经显现出大量问题。这也是近年来经济形态和科技发展高速创新变革给政府传统升级节奏带来的倒逼。这些问题有的随着政府政策的改革和创新逐步化解,有的还仍然存在,需要通过深层次改革创新适应。

1.新业态进化尚未完成,政策法规严重滞后

虽然国务院2013年即认可和鼓励外综服新业态的发展,但是由于外综服企业发展过快,没有形成统一的行业规定或者行业惯例,使得政府职能部门也只能“摸着石头过河”,逐步探索、总结和制定相应的配套政策措施。但这一进程还远远不能适应新业态的发展。特别是由于进出口业务的分工细化,外综服企业本身的业务范围种类也在不断细分、服务内容不断增加,先创新还是先定义,先规范还是先发展,成为外贸服务改革中反复遇到的难题。因此政策的及时跟进和适度的开放性尤为重要。

2.外综服企业法律主体地位尚不明确,经营风险较高

由于外综服企业整合和兼容了大量原本泾渭分明的政府监管领域,导致对传统部门行政监管制度突破过大,权利义务、主体责任的边界难以清晰,最终导致外综服企业将上下游企业所承担的经营风险也进行了全面整合,平台承担风险压力较大。

---

① 夏海霞、尤润怡:《外贸综合服务平台策略研究——以“一达通”为例》,载《现代商贸工业》2017年第32期。

3.行业标准不统一,竞争无序

外综服作为新兴业态,无论是服务标准、盈利模式、专业标准都未能统一,全国短时间内涌现出了数百家外贸综合服务企业良莠不齐。"有的企业为了上规模,滥用不公平竞争行为,以在平台出口一美元给五分钱补贴为诱饵争流量、抢客户,忽视了服务质量,扰乱了市场和行业规则。"①

二、外贸综合服务新业态在海关监管体系中的问题

曾有学者以江苏省跨境电子商务服务有限公司为对象,列举了两个案例,一是由于国税和海关的信息核实仍在通过"函调"方式进行,严重影响企业出口效率;二是出口企业故意瞒报出口数据导致外贸综合服务企业被罚。② 而这些问题并非个案,新业态在与传统海关管理与监管体制间互相适应的过程中,出现了不少兼容性问题。

(一)进出口企业信息平台建设有待加强

根据中国社科院发布的《中国政府透明度指数报告(2015)》,国务院部门中政府信息公开透明度最高的是海关总署。③ 但是该报告是围绕政府信息公开专栏、规范性文件、财政信息、行政审批信息、环境保护信息、政府信息公开年度报告、依申请公开等事项进行观察分析得出的排名。这些信息属于政府部门无差别的常规动作,从海关监管对象的特点来看,进出口企业对于政府信息化服务明显有着更高的要求。特别是外贸综合服务这种新业态,大大突破了海关管辖地域性的限制,"涉及商务、税务、海关、检验检疫、外管等多个部门,目前配套管

---

① 李文峰、吕薇:《把握大趋势、突破口和临界点,做优做强外贸——外贸综合服务平台及供应链平台经济座谈会议综述》,载《全球化》2017年第5期。

② 李琰、管永昊:《外贸综合服务企业公共政策落地性与合理性探析》,载《税收经济研究》2017年第4期。

③ 中国社会科学院法学研究所法治指数创新工程项目组:《中国政府透明度指数报告(2015)——以政府网站信息公开为视角》,载李林主编:《中国法治发展报告2016》,社会科学文献出版社2016年版,第203页。

理制度尚不健全,缺少信息化综合管理平台的支撑"。[①] 例如,进出口企业对于本企业的进出口预录入数据通过QP系统(电子口岸预录入系统)只能查询到属地海关辖区的口岸信息,无法了解到本企业在全国的进出口信息,特别是在无纸化通关之后,企业无法通过即时的监控了解来避免报关差错和违法风险,甚至维护企业的正当利益。如:

案例一:江苏某外综服企业,在办理海关信用评级事项时发现在深圳海关有处罚信息,而该公司从未从事被处罚的进出口业务,后经查询系当地报关公司未经该公司授权盗用该公司名义从事的报关行为,甚至在被处罚后伪造授权文书缴纳了罚款,由于进出口信息和处罚信息无法跨关区实时查询,江苏企业无法查知上述情况,虽然未承担罚款,但严重影响了企业的信用评级,造成了比行政处罚更严重的损失。

在这个问题上,实际上盗用名义的企业对于外贸综合服务企业和海关来说都是造成风险的外部第三方,而在海关和企业信息不对称的背景下,海关作为信息优势方应当主动加强信息披露,以确保进出口企业能够和海关一起构建风险屏障,保障进出口贸易秩序。

(二)海关监管与处罚法律体系有待更新

海关的传统监管理念是通过对实体货物和进出口收发货人的管控,实现监管目的。特别是在传统外贸经营活动禁止"四自三不见"的前提下,要求专业的进出口经营企业承担更多的审慎义务无可厚非。但随着跨境电商、外贸综合服务企业等外贸新业态的出现,传统的进出口主体结构发生了变化,外贸服务平台类企业继续套用传统海关法体系中的收发货人、进出口代理、报关企业、生产销售单位,是否既符合海关规定,又公平的利于新业态企业发展,有利于贸易便利化水平提高,尚需探讨。对于外综服企业来说,"虽然国务院已经肯定了综服平台是新业态,但是监管部门目前并没有专门针对平台的管理政策,通过平台进行的外贸流程中,一旦有企业存在不合规行为,风险都由

---

① 苏州工业园区海关课题组:《海关服务创新驱动发展战略研究》,载《海关与经贸研究》2015年第5期。

平台承担”。①

案例二:某B公司在某A外综服平台上申请外综服服务,A公司在审核B公司基本信息并实地验核该公司生产经营情况后,接受该公司申请,通过第三方物流公司为其提供了运输物流服务,第三方报关公司为其提供申报服务。B公司因发货存在过错,实际出口货物与提供给A公司的平台数据、向海关申报的数据不符,最终A公司因作为该票货物的进出口收发货人被海关共同处罚。

在上述案例中,外综服企业与传统外贸经营企业区别体现的就较为明显,在审核生产销售单位的基本资质和信用情况后,外综服企业实际是联系第三方物流、报关企业为其提供服务,但是本身无法对货物实际状况进行申报前检验。从违法的期待可能性角度考量,固然外综服企业可以通过增加人力成本对每笔货物进行监督审查,保证单货一致;但从新业态特点来看,外综服企业的审核义务已经完成,相关申报不实行为实际是因为生产销售单位和报关企业过错造成,外综服企业虽然是收发货人,但是对申报不实结果并无过错。从《海关行政处罚实施条例》规定来看,“对申报不实责任主体并没有作出限制规定,应该包括一切实施申报不实的行为人”②《海关行政处罚实施条例》同样对收发货人、报关企业未如实提供真实情况或审核不尽职的情形做了处罚规定,但对于报关企业、生产销售单位过错造成的申报不实,收发货人是否仍然承担责任,以及责任如何划分,则没有明确规定。应该说,企业的可罚性应当与其过错程度、履行审慎义务的期待可能性直接相关,但海关法中并未对外贸综合服务企业这种形态的企业细化责任和义务标准,而用传统外贸收发货人概念要求之,必然会产生增加外综服企业义务和成本,不利于新业态创新发展的问题。当然,海

---

① 韦阿静:《外贸综合服务平台:光鲜的背后却是万丈深渊》,载 http://info.10000link.com/newsdetail.aspx?doc=2016121290001,最后访问日期:2018年12月28日。

② 曾虎:《关于海关对“申报不实”行为实施处罚的若干争议性问题研究》,载陈晖主编:《海关法评论》(第3卷),法律出版社2013年版,第160页。

关监管体系的更新和改革不应以顺应企业需求为导向,但针对新业态企业及时细化标准,做出示范和引导是极其必要的。

案例三:某B公司在某A外综服平台上申请外综服服务,A公司在审核B公司基本信息并实地验核该公司生产经营情况后,认为B公司申报出口业务存在较大风险,未予接受。B公司遂找到A公司长期合作的报关物流企业C公司,C公司按照A公司之前与之合作使用的委托书样本伪造复制了A公司的委托书,代B公司完成出口。B公司的出口行为除伪造进出口收发货人外,并未违反其他海关监管规定,对该行为海关是否应当处罚,处罚依据和结果分别应当如何。

案例三反映的是平台企业做大做强后经常会遇到的问题——被冒名。除了民事追偿途径之外,由于收发货人是海关监管义务的主要承担者,但是如果没有其他违法情形又不直接影响海关税款征收和贸易管制规定的情况下,这种行为是否具有可罚性,同样需要从海关法对贸易监管的源头予以思考。特别是虚假贸易成为进出口监管重点,乃至司法关注重点情况下,因外综服企业而产生的新的违法情形值得研究。

(三)企业分类管理标准不科学

原《海关企业信用管理暂行办法》(总署第225号令)在认定失信企业的条件上,仅将企业区分为报关企业和非报关企业[2018年5月1日《海关企业信用管理办法》(海关总署令第237号)颁布,但该分类未变更,也未留下开放性的分类空间],原《海关认证企业标准》则有相对细化,对具体评价申请认证企业的标准时,采用了不同的企业类型划分标准,分别将申请认证企业区分为“进出口货物收发货人/报关企业/物流企业”“生产型进出口货物收发货人/非生产型进出口货物收发货人”“报关单位/其他企业”。但是外贸综合服务企业,已经远远突破了传统进出口企业的类型,在提供报关、物流等传统服务的基础上,外综服企业主要营业收入是通过高授信的平台优势和大数据技术优势,为成千上万家没有进出口资质或者完成进出口业务资金能力中小型企业提供结算、退税、融资等综合服务,因此外综服企业具有资产负债率高、规模大、品类多,覆盖口岸广的特点。而这些特点使外综服企业在适用海关划分标准时,几乎无法被评估为高信用级别企业。以“一达通”为例,“今年平台预计申报157万笔业务,如果万分之一出现问题,都有157笔,平台将面临各种补税、罚款乃至降级”。[①] 但这一情形随着新业态的蓬勃发展,引起了立法部门的注意。虽然《海关企业信用管理办法》(海关总署令第237号)颁布时仍继续沿用原《海关认证企业标准》[②],但2018年年底,海关总署重新颁布的标准则“含通用标准和进出口货物收发货人、报关企业、外贸综合服务企业单项标准”,即各类型企业在均需满足“通用标准”的前提下,不同类型企业根据特点有各自单独适用的标准,其中就包括了跨境电子商务企业以及外贸综合服务企业等,而未来也会出台更多的单项标准匹配不同类新的进出口企业。应该说,海关总署以极高的效率对新业态企业的发展诉求做了全面回应,但新标准的适用是否能够达到立法意图,尚有待观察。

三、海关法律体系和管理制度创新的思考

《“十三五”时期海关发展规划》明确提出,要落实国务院“支持外贸综合服务企业为中小民营企业出口提供通关、退税、融资等服务”的要求,助力外贸综合服务企业整合国际金融、国际物流服务资源,培育一批外贸综合服务企业。但相比同为新业态的电子商务和市场采购来说,海关对于外贸综合服务企业的理论研究和制度设计仍显落后。比较而言,国税部门因为与外贸综合服务企业退税诉求直接相关,对

① 韦阿静:《外贸综合服务平台:光鲜的背后却是万丈深渊》,载 http://info.10000link.com/newsdetail.aspx? doc = 2016121290001,最后访问日期:2018年12月28日。

② “自2018年5月1日起,《海关认证企业标准》(海关总署公告2014年第82号)作为《信用办法》配套执行文件继续有效。海关按照《信用办法》和《海关认证企业标准》对企业实施认证。”参见《关于〈中华人民共和国海关企业信用管理办法〉及相关配套制度实施有关事项的公告》(海关总署公告2018年第32号)。

该种新业态的研究、响应均起步较早。国税总局除了最早定义和规范外综服企业的外延外,在实际举措上也走在前面,为外综服企业量身打造了一系列退免税的优惠措施,如试点企业的绿色版税通道、便捷开具《代理出口货物证明》等。[①] 而外综服等新业态企业的诉求,不仅是对海关创新改革的挑战,同样也是对完善海关管理的外力驱动,促进海关治理体系和治理能力现代化。更重要的是,海关通过落实供给侧改革思路,主动创新,有利于贸易便利化和新业态企业发展,更能够为规范市场和行业起到推动作用。对此,提出如下思考和建议。

(一)完善海关法律制度体系,重构海关监管逻辑

《"十三五"时期海关发展规划》指出,海关业务制度在全关境以公开透明、规范一致以及可预期的方式实施,各类市场主体均可获得公平公正、普惠便捷的监管服务明确主体责任,科学化管理体系。除了上文论述的对海关监管对象的精分细化,对监管责任的再研究,海关有必要借助系统内智囊和各行业外脑,全局性、前瞻性的审视进出口贸易发展方向,在加工贸易监管、通关便利化提高、税收制度改革的传统强项基础上,深入思考海关法与现代贸易发展的兼容性,对于非海关监管义务承担主体(如境内外承运人、生产经营单位)的责任承担方式、无形货物(如最终产品是为境外发包商提供的检测、研究报告[②])的监管方式、违反海关监管规定的新情形等从源头予以思考,设计符合经济和科技发展趋势的监管模式,顺应贸易碎片化加剧,智慧供应链兴起的发展趋势。

(二)完善海关政府信息主动公开,进一步提高信息系统建设水平

一方面,政府提供大数据已经是各行政机关积极推进的重要服务抓手,如社会信用体系的数据共享,个人信用报告的获取,户籍信息的查询,违法信息的查询。在不侵犯国家秘密、商业秘密、个人隐私的前

① 尹慧敏、查贵勇:《外贸综合服务新业态发展态势与策略分析》,载《对外贸易》2017年第4期。

② 苏州工业园区海关课题组:《海关服务创新驱动发展战略研究》,载《海关与经贸研究》2015年第5期。

提下,政府数据的高效率共享已经成为社会发展的迫切需求。2017年5月19日,海关总署公告2017年第20号发布了《海关开放预录入系统对外服务方案》,正是海关在信息公开和数据建设方面一贯的领先表现。另一方面,需要认识到,当前通过互联网和信息系统的政府信息公开水平已经远远超过了《政府信息公开条例》立法预期,信息共享水平的提高不仅是服务,更可以提高监管水平。近年来,海关在委托中介机构稽查的改革试点中,已经摸索出了利用第三方机构的专业性辅助海关监管的模式。同样,对于外贸综合服务平台而言,其为保证自身企业信用等级需要,对于使用平台的进出口生产销售企业从前期尽调到后期进出口数据跟踪,再到行业进出口风险大数据分析,不仅能用市场化手段优选遵纪守法的生产经营主体,提高进出口合规水平,更能够利用大数据前瞻性的发现包括走私在内的各类违法预警和风险信息,为海关严密监管提供辅助。这是从政府信息提供的单向模式,向双向反馈的跨越式革新,具有极高的研究价值和发展前景。

(三)提升法律理论研究深度,加大行业培育力度

根据国务院印发的《国务院关于促进外贸回稳向好的若干意见》(国发〔2016〕27号)要求,商务部会同海关总署、税务总局、质检总局、外汇局等部门将中建材国际贸易有限公司、宁波世贸通国际贸易有限公司、厦门嘉晟供应链股份有限公司、广东汇富控股集团股份有限公司纳入试点。但一年以来相关试点改革措施、改革成果、改革分析均未体现,外贸综合服务企业翘首以盼的行业标准和监管模式迟迟未能到来,这也一定程度上影响了外综服企业的健康发展。对海关而言,供给侧改革的核心凝聚在科技创新和制度改革的融合上,而这种创新离不开与新兴行业的相互配合与支持,更离不开从理论源头、从法律制度设计的顶层设计上予以深入研究。通过对新业态的同步研究、分析和培育,不仅让海关能够与经济创新节奏一致,也能降低企业在创新中产生的不必要的违法成本,提高海关的监管效率和效果。

海关的管理与执法创新对于外贸综合服务在内的新业态有着积极、深远的影响。有学者提出智慧海关的治理体系,其内容包括:“根据现代

对外开放发展趋势,明确法律授权给海关的职能定位和履职目标,重新界定海关与企业、社会、中介之间的权力、责任边界,运用互联网、云计算、大数据、物联网等现代科技手段,加强海关与其他政府机关、进出口企业、进出境人员、物流仓储、行业协会商会及其他社会中介,以及平台服务商(包括电子商务平台和第四方物流集成商等)的信息沟通和交换。通过对海关通关作业模式和自身管理制度的改革,通过加强国际海关间的合作,延伸海关监管与执法的神经末梢,在不突破海关职能界限的前提下,积极拓展履职的方式和空间。"①这是对海关管理创新促进外贸综合服务新业态发展的恰当总结,而外贸新业态的健康发展也必然为中国海关建立世界一流的海关管理模式提供助力。

Legal Improvement for the New Business Mode of Foreign Trade One-stop Services

LI You CAO Yanhua

[**Abstract**] The cross-border electronic commerce, market purchasing trade and foreign trade one-stop services are three focuses in the new business formats of foreign trade. Compared with the first two, the foreign trade one-stop services appears to be more largely incompatible with the traditional management system of customs and is in dire need for innovation of customs laws and supervision. Therefore, for the problems like the conceptual characteristics of foreign trade one-stop services and the construction of information platform of import and export enterprises in the supervision and control by the customs need to be enhanced, the

① 张建国:《智慧治理:海关应对新形势的理念选择与实现架构》,载《海关与经贸研究》2017年第2期。

legal system of supervision and punishment by the customs needs to be updated, the standards for classified management of the enterprises need to be refined, etc., based on the examples of foreign trade one-stop services, it is recommended to perfect the legal system of customs, reconstruct the logic of supervision and control by the customs, improve the active publicity of customs' governmental information, further raise the construction level of information system, perfect the management method of enterprise credit, explore into the new model of refining the classified management of enterprises, deepen the depth of legal theoretical investigation and enhance the cultivation efforts of industry, etc.

[**Key words**] customs; new business mode; legislation; foreign trade one-stop services

从海关监管的角度谈外贸综合服务企业的法律责任

范筱静*

[摘　要]　外贸综合服务业态源于外贸代理制度,在信息通信技术(ICT)的大数据时代,具有了平台经济的属性,从单一的贸易代理走向了通关、退税、结汇、融资、物流等全链条服务的时代。外贸综合服务,提升了中小企业外贸出口的能力,便利了出口贸易流程,释放了我国外贸代理制度备案制政策优势。外贸综合服务企业的发展,是我国服务贸易输出的重要契机,应在政策设计和法律法规中,单列外贸综合服务贸易类别,明确外贸综合服务行为和责任,探索符合外贸综合服务贸易性质的便利高效的海关监管模式。

[关键词]　外贸综合服务行为;外贸综合服务企业;服务贸易;监管模式

随着外贸"国十六条"出台和2015年政府工作报告提出鼓励外贸综合服务发展,我国外贸综合服务企业近年来快速发展,提高了中小企业出口能力,使中小企业获得国家的优惠政策、共享银行、税务、信保和大企业各种优势资源;通过平台的集约化经营,有效降低企业运营成本,扩大利润空间,提高了政府的边境监管效率。外贸综合服务

* 范筱静:上海海关学院法律系讲师,法学博士。

企业代理出口的模式,基本是由国内生产企业直接通过外贸综合服务企业的平台出口给国外买家,外贸综合服务企业代为完成一系列的出口服务。

一、外贸综合服务的国内外发展现状

(一)外贸代理是发达市场经济的重要特征之一

专业化和分工可带来规模经济效益,外贸代理制度降低了交易成本,是规模经济效益的产物。因为进出口通关手续、外汇管理措施和贸易管制措施等国家边境管理制度的专业性,企业将进出口事务专门交给专业的外贸代理公司,支付一定金额的代理费用是社会分工的必然结果。① 凡是市场经济发展较为成功的国家都是代理制和外贸服务外包比较成功的国家。据统计,外贸代理在日本占该国流通的90%,9大商社本身即是最大的代理商,日本7000多家代理机构占其外贸进出口总额的80%;在德国,有6万余家代理机构占据其外贸进出口额的30%;英国商人大都不在海外市场设立自己的代表处或分支机构而大都喜欢采用代理的形式;而美国出口占比达60%以上的制成品中,有90%左右采用代理出口形式,其中代理机构包括专业外贸公司、本国大型生产企业、海外售货代理商、中小型企业联合体、贸易商联营组织等。外贸代理机构的普遍性是发达市场经济的重要特征之一,一些发达国家还设立了专门的政府机构来支持外贸代理制的运作。例如,美国政府在商务部专门成立了代理商与经销商服务处,有效地推进了美国外贸代理制的发展。美国的外贸代理制走在世界的前列,其标准化的代理合同、完善的代理体系和代理法规使其外贸代理对经济发展的作用得到了充分的体现。

(二)我国外贸综合服务的企业模式

我国目前的外贸综合服务企业,服务对象地域性明显,主要是为

---

① 委托代理制度起源于12~13世纪的地中海沿岸城市海上贸易,并在17世纪资本主义阶段逐步成为一种独立的法律制度。

国内生产企业出口提供报关报检、结汇、退税、融资等一系列出口服务。因为法律和政策所限,形式上外贸综合服务企业要自营采购生产企业自产的出口货物,再以自营方式出口给国外买家。外贸综合服务企业出于退税政策和涉税风险管控的原因,外贸综合服务企业一般会对生产企业相关资质、出口商品品类、货源地等设置准入标准,进行准入审核。我国目前公认的从事外贸代理服务的企业不乏脱胎于传统外贸代理的外贸公司,提供整合物流的供应链企业,以及基于互联网技术而产生的平台企业。

1. 传统外贸代理企业

传统外贸企业的服务优势在贸易领域,包括国际结算、外汇、收支、退税。这类企业的弱势在于物流方面,难以为客户提供门到门的一站式服务。外贸综合服务,从法律关系角度来看,它是一种企业的出口代理行为。就我国而言,传统的外贸代理出口有3种模式,即专业外贸公司的自营出口模式、"真代理假自营出口"模式、外贸代理制下的代理出口。这些模式的比较和风险分析有较多论述,本文不再赘述。

2. 供应链兼营外贸代理企业

电子商务迅猛发展,跨境B2B业务量不断攀升,传统外贸企业的业务局限性已经不能适应跨国贸易对物流时效的要求,面临被淘汰和转型物流企业的压力。从传统的物流企业转型升级到供应链管理的企业,则利用物流网络优势,整合物流和供应链资源,对货物的物流方式和成本进行准确计算,为客户提供门到门、点到点的精准服务。这类供应链企业的外贸代理专业性和经验上可以从企业并购和经营经验中迅速增强,但其业务规模、客户数量和服务质量却严格受自身规模限制。这类供应链企业开始运用互联网技术提高服务质量和范围的传统的供应链企业。全国外综服试点企业"厦门嘉晟供应链股份有限公司"就属于该类。

3. 互联网平台企业

这类企业是随着互联网信息通信技术(ICT)的发展而产生的平台企业,也是这一新业态的创造者。他们虽无传统的外贸代理经验和物流管理经验,但借助于平台对传统外贸代理企业和供应链企业的收购整合、依靠对平台数据沉淀和分析,通过对市场资源的整合,迅速成为外贸综合服务市场的引领者。该类企业的服务平台产生于"后互联网时代",风险控制、贸易合规和服务质量依赖于信息技术的进步,政府信息共享的程序,以及平台对大数据的分析能力。深圳一达通是该类企业的代表。

第二类和第三类企业构成了我国外贸综合服务企业的主要类型。两类企业具有类似的监管诉求、发展瓶颈、贸易合规问题,也因企业出身和经营理念不同,在另外一些方面体现了差异,如对互联网技术的依赖程度、风险控制的手段、平台的容量、客户之间的关系、企业愿景,等等。在前期调研的基础上,通过下表对两类企业的异同进行比较。

表1 外贸综合服务企业性质和诉求比较

<table>
<tr><td colspan="2">企业类别</td><td>传统供应链企业</td><td>互联网平台企业</td></tr>
<tr><td colspan="2">代表企业</td><td>厦门嘉晟供应链股份有限公司</td><td>深圳一达通</td></tr>
<tr><td rowspan="4">相同</td><td>企业现状</td><td colspan="2">提供外贸服务</td></tr>
<tr><td>法律身份</td><td colspan="2">要求确认外贸服务行为的法律地位</td></tr>
<tr><td>监管需求</td><td colspan="2">按照外综服服务企业身份进行监管</td></tr>
<tr><td>责任分配</td><td colspan="2">要求明确服务企业与进出口上之间的法律责任</td></tr>
<tr><td rowspan="2">不同</td><td>企业出身</td><td>源于传统进出口贸易的代理服务的1.0时代,经过供应链服务的2.0时代</td><td>源于跨境电子商务B2B的平台服务,为中小企业提供商品展示、交易磋商、合同订立、仓储、物流和支付</td></tr>
<tr><td>企业性质</td><td>"供应链企业+互联网"模式,传统物流/供应链企业借助于互联网技术,为进出口商提供在通关、物流服务之外的仓储退税、结汇、融资等进出口代理服务</td><td>"互联网+外综服企业"模式,平台企业在互联网信息通信技术的基础上,依赖大数据的沉淀和分析,通过建立在大数据基础上的风险控制来管理服务商品和客户的合规性审查</td></tr>
</table>

续表

企业类别		传统供应链企业	互联网平台企业
不同	核心竞争力	对长期合作的客户资质、产品情况把握度高;对自建供应链的掌控度高	信息通信技术(ICT)、大数据 Data、信息共享、开放平台
	挑战	业务扩张(增加新客户、提供新服务)受到自身规模和经营经验的影响	企业发展受国家信息安全和信息开放程序,和信息通信技术的发展水平制约

可见,当前外贸综合服务企业的类型很多,信息通信技术的包容性和飞速发展为各类相关企业提供了参与外贸综合服务贸易发展的机遇,不论是传统的外贸代理企业,还是加入外贸服务的供应链企业,抑或新型平台企业,都参与到外贸综合服务这一新的贸易业态的产生和形成之中。因此,企业不论提供服务的范围还是层次,都可以涵盖在我国外贸综合服务这一新的贸易业态之下,享受国家对外贸综合服务企业的政策支持。鉴于法律法规和行政监管的属性和职责不同,可以从法律上规定"外贸综合服务行为",从监管上确认提供外贸综合服务的企业类别,并适用适合的监管方式。

二、我国外贸综合服务企业责任界限的法律症结

制约外贸综合服务企业发展的各种问题可以归纳为三大类,分别是法律法规不明确、监管滞后和经营模式创新不足,核心原因是外贸综合服务企业的法律地位不明确,服务企业与被服务企业之间的责任界限不清晰。外综服企业与所服务的出口企业之间责任不明确的问题是我国外贸代理制度的痼疾,如"真代理,假自营"的外贸代理制度的问题。

我国法律关于代理制度的法律法规之间存在矛盾,不能为外贸代理服务提供合法性依据。《民法通则》第4章对直接代理进行规定,代理人在其权限内以被代理人的名义实施民事法律行为,被代理人要承担代理行为产生的民事责任。《合同法》在"委托合同""行纪合同"两

章分别规定了直接代理、未披露本人的代理和隐名代理。其中未披露本人的代理中委托人可以行使介入权和第三人选择权,解决委托人作为进出口合同的实际履行者出现的权责失衡的问题。行纪合同中,行纪人具有特殊准入资格和严格的准入条件,委托人和第三人之间没有了解和知晓的机会。委托人即使最终是合同权责的实际承受者,也不能直接对第三人主张任何要求。现实中,我国的外贸代理可能采取直接代理、未披露本人的代理和行纪合同等各种形式。2004 年《对外贸易法》将外贸经营权由“审批制”改为“登记制”。在 2017 年 10 月 1 日生效的《民法总则》第 7 章对代理制度主要进行了三方面的调整。第一,规定授权不明的法律风险由被代理人承担,代理人不再承担连带责任;第二,被代理人的沉默由“视为同意”变更为“拒绝追认”;第三,明文规定了表见代理制度适用于所有的民事法律行为。

综上所述,对代理制度规定最全面的《合同法》虽然借鉴了英美法的代理法理论,但对于如何判断第三人“应知道”权益受损,并行使选择权和介入权的标准规定不清晰,以及代理人和被代理人、第三人之间的权利义务关系也不明确。可见,相关法律法规对代理制度的规定不统一是我国外贸代理制度中责任界限的根源,现在又成为外贸综合服务企业责任界限的梦魇。

三、外贸综合服务法律理论分析

(一)外贸代理制度的法理基础

外贸代理在国际上主要存在两种制度:大陆法系的代理制度和英美法系的代理制度。

大陆法的代理制度分为直接代理和间接代理。直接代理指代理人在代理权限内以委托人(生产企业)的名义同第三人(国外商家)签订合同,办理进出口业务,并收取一定佣金,合同对本人直接发生效力。间接代理也称行纪,它是指间接代理人(行纪人)为委托人的利益计算,但以自己名义与第三人(国外商家)签订合同,并收取一定佣金,同时对第三人承担合同中的义务,享有合同中的介入权。对于代理人来说,直接代理风险小,收益也相对少,而间接代理风险大,收益也相对大。

英美法系根据代理人的法律地位将代理分为三类:显名代理、隐名代理,不公开被代理人身份的代理。“显名代理”是指代理人以被代理人的名义签订合同,在合同中公开被代理人的姓名,公开代理关系的存在,该合同的主体是被代理人与第三人,由被代理人承担法律后果。“隐名代理”是指代理人以自己的名义签订合同时,公开代理关系的存在,承认自己的代理人地位,但不实际向第三人公开被代理人的姓名,该合同视为被代理人与第三人的合同,由被代理人承担合同后果。“不公开被代理人身份的代理”为代理人以自己的名义签订合同时,不公开代理关系以及被代理人的存在,该合同视为代理人与第三人的合同,由代理人承担法律后果。在合同履行或诉讼过程中,被代理人可以追认合同,从而取得合同上的权利并承担义务。因而第三人既可向被代理人也可向代理人要求承担合同义务。三种代理的风险大小关系是不公开被代理人身份的代理 > 隐名代理 > 显名代理,收益大小关系也相应为不公开被代理人身份的代理 > 隐名代理 > 显名代理。

无论是大陆法系的国家还是英美法系的国家,其关于外贸代理的规定都出自于该国的商法或民法,与中国相比,其立法是统一而健全的;其委托双方的权利义务是对等的,风险划分也是合理的。因而外贸代理在这些国家的运用较为广泛,效率也较高。目前被普遍认为是有关国际贸易代理方面最为成功完备的《国际货物销售代理公约》(1983 年)第 12 条和第 13 条对代理权限和责任进行了规定。该公约虽未生效,但它既吸收了大陆法系直接代理立法的合理因素,又吸收了英美法系隐名代理立法的合理内核;它还反映了当事人的意思自治;而且考虑了不少国家实行外贸垄断经营的现实,是国际代理立法统一化趋势的要求。

(二)外贸综合服务平台的法律责任

根据参与主体和法律调整范围的不同,外贸综合服务的商事法律关系和外贸综合服务的行政法律关系,分别受民商事法律和行政法律调整。外贸综合服务企业与出口企业通过服务贸易合同约定双方提供服务的方式方法、服务费用的金额和支付方法以及双方的违约责任;而外贸综合服务企业与国家边境监管机关、出口企业与国家边境监管机关之间是受我国相关行政法律法规和规章约束,外贸综合服务企业和出口企业作为行政管理相对人必须符合相关法律文件对进出口的管理规定,边境监管机关作为行政管理机关亦依法履行行政监管职责。

国际上,平台与用户对第三人侵权责任划分普遍遵循“避风港原则”。该原则可以为外综服企业与所代理的出口企业之间对第三人侵权法律责任的分担争议的解决提供参考,即因出口企业的过错导致侵犯第三人权利,外综服企业仅在未尽合理审查义务的范围承担责任。当外贸综合服务企业作为海关管理相对人,承担了海关法上的行政责任。但这并不妨碍外贸综合服务企业依照其与服务企业之间的民商事合同追偿后者的民商事责任,甚至司法机关依据刑法对出口企业进行制裁。2015 年深圳一达通因客户的知识产权侵权行为而承担了海关责任。海关在行政复议中答复:海关与“一达通”之间的行政法律关系客体是进出口侵权行为,而并非商标侵权行为,故申请人是否属于实际货物的所有权人、或是否实施了商标侵权行为,与海关做出行政处罚需要认定的法律事实无关。① 在该答复中,海关也明确,对进出口侵权货物行为人实施行政处罚,不排斥商品权利人对侵权行为人按照民商法和合同约定等法律规定予以追偿,甚至其他国家机关依据刑法进行制裁。

四、外贸综合服务平台法律定位和监管的对策建议

随着计算机信息技术(ICT)和电子商务(E-Commerce)的发展,线

---

① 根据《海关法》第 44 条第 2 款、《知识产权海关保护条例》第 5 条规定,进出口货物的收发货人及其代理人应当按照海关的要求,向海关如实申报与进出口货物有关的知识产权状况并附交有关拥有或合法使用有关知识产权的证明文件。

上和线下(O2O)相结合的外贸综合服务体系被越来越多的中小企业所接受。外贸综合服务涵盖了贸易、物流、仓储、金融等贸易链条上的各个领域,是典型的贸易服务。首先,宏观层面,应从转变对外贸综合服务的理念出发,进行顶层设计,制定适合服务贸易发展的政策,以促进服务贸易的健康发展。其次,从政策上先明确外综服企业从事的是贸易进出口的服务,而不是进出口贸易。最后,在法律上明确外贸综合服务行为,从监管政策上制定灵活和适时的监管模式,促进信息流、物流、人才流、技术流有效结合,促进外综服商业模式的发展和深入。

(一)外贸综合服务行为的法律定位

1. 定义"外贸综合服务行为"

关于外贸综合服务企业,在我国各地出现过"中小微企业外贸供应链服务平台""国际贸易服务平台"等名称,这是因为外贸综合服务企业与外贸代理、物流企业、供应链企业等各种企业之间的渊源和交叉等关系。另外作为一种新型的贸易类型,还处于发展初期,不排除也不应排除其他从事外贸综合服务的企业,因此从法律上定义"外贸综合服务企业"这种法律主体不宜过早。建议可先从法律客体上定义"外贸综合服务行为",确定构成外贸综合服务行为的特征和内容,凡是从事外贸综合服务行为的企业,都应属于外贸综合服务贸易业态,享受国家相关政策支持。

2. 区分行政法律关系和民事法律关系,根据"避风港原则"确定民事责任划分,根据行政管理相对人原则确定行政责任划分

在明确"外贸综合服务行为"的基础上,规定凡从事外综服务行为的企业对其提供的服务承担责任,其服务包括报关、通关、退税、仓储、结汇、融资等。外综服务企业应该对客户的资质、出口商品的备案、货物的归类税号等承担独立责任,而对货物的知识产权侵权等客户过错致第三人损害的,在未尽合理审查义务的范围内承担民商事赔偿责任。作为海关管理相对人,外综服企业独立承担海关行政责任,但并不排除受到海关处罚后再根据商事合同向出口企业追偿。考虑到鼓励外综服企业的发展,海关可以考虑将外综服企业和出口企业作为共

同的管理相对人,将违法违规出口企业作为第一责任人,同时并不否定外综服企业的连带责任。

(二)外贸综合服务行业的海关管理模式

1. 监管对象单列"外贸综合服务企业",创新海关监管模式

外贸综合服务企业以为出口企业提供国际贸易流通服务为主营业务,服务客户数量多、货物通关票数庞大,仅从概率来考虑,非主观过错的差错量要比一般进出口自产商品的企业高。我国海关企业分类管理主要以企业年度违规次数和累计金额的绝对指标作为评估企业信用和等级的标准。按照这一指标评价外贸综合服务企业,不符合贸易公平原则,也不利于支持外综服企业的鼓励政策的落实。

2. 利用国际贸易"单一窗口"的建设,提高外贸综合服务的贸易便利化

"单一窗口"是国际上提升贸易便利化水平,提高对外贸易的竞争力、效益和效率的有效措施和普遍做法,是发展跨境电子商务的核心手段。全面推进"单一窗口"建设也是我国作为世界贸易组织成员国必须履行的国际义务。外综服企业的服务链条延伸,意味着要为客户出口在口岸与各个监管机关交互,通过"单一窗口"在前台一次提交申请,相关监管机关在后台抓取所需数据,完成审查。外贸出口和监管由"无数进出口公司——几个边境监管部门"的低效状况,转化为"外综服务企业——单一窗口"的简洁模式。

3. 以行政合作理论为指导,探索关企"协同治理"模式

网络自治和协同治理,是互联网时代企业生态中的主要规范模式。前者是指互联网日新月异,法律规范制定的谨慎性和滞后性难以跟上信息技术发展的速度,互联网生态中评价机制、行业惯例和行业规则,可以规范和引导互联网行业。

政府职能外包,能够减轻政府负担,引进社会力量提高政府服务效率。在行政合作的最新理念下,我们必须看到按照市场经济规律成长起来的平台企业沉淀了大量的贸易交易数据,具有较强的数据分析能力,政府与平台开展更深入和广泛的合作,共享数据、分担执法,不

仅仅是减轻政府负担,也是激活政府掌握的数据资源,增强政府的管理能力的必然选择。

The Legal Liability of Foreign Trade One-stop Services from the Perspective of Customs Supervision

FAN Xiaojing

[**Abstract**] Originated from foreign trade agency, foreign trade one-stop services gain the attributes of platform business aided with the ICT in the era of big data, and provide the full range of services in the whole chain of foreign trade, including clearance, tax rebate, payment, financing and logistics. Foreign trade one-stop services have enhanced the capacities of SMEs in export by facilitating their trade process, and also unleashed the advantages of recordation of foreign trade agency. The development of foreign trade one-stop service enterprises is an important opportunity for the export of China's trade in services. Thus it is imperative to provide for it as a separate category in the policies and legislations, clearly define its acts and the responsibilities and explore efficient customs procedures fit for the properties of the one-stop services.

[**Key words**] acts of foreign trade one-stop services; foreign trade one-stop services; trade in service; customs procedure

中国现行出口管制制度与新法草案刍议

赵德铭*

[摘　要]　我国已经有一个严格的出口管制法律体系。依据《出口管制法(草案征求意见稿)》,相关的出口管制行政法规将合并为一部法律,与现行出口管制制度相比,完善了管制清单和许可管理制度,扩大了现行管制物项范围,提高了对违法行为的处罚力度。企业如果违反出口管制,将严重影响其出口业务,甚至须承担刑事责任。因此,建议为了出口合规的目的,出口经营者须正确进行出口商品归类并确定管制项目清单的HS编码,有恰当的事先尽职调查程序,并且对出口物品、运输路线、进口国、最终用途和最终用户的性质进行合理审查。

[关键词]　出口管制;出口合规;海关监管

2017年6月16日,中华人民共和国商务部发布《出口管制法(草案征求意见稿)》(以下简称新法草案)向公众征求意见,意见反馈截止日期为2017年7月15日。新法草案引起了商界的广泛关注,其主要原因是,根据新法草案,对违法行为的处罚将按照非法经营数额的倍数计,罚款数额动辄非常巨大。

---

* 赵德铭:环球律师事务所合伙人。

一、现行中国出口管制制度

虽然中国目前尚没有国家法律层面的出口管制法,但是在法规和规章层面的出口管制制度已经存在,企业如果没有遵守出口管制制度,则会面临很大的法律风险。

(一)典型案例

以一家在中国的外商投资企业将混合化工产品出口到美国为例。出口前,公司向报关行咨询,出口产品的税号不属于商务部出口管制清单上的产品范围。公司因而确定出口该混合化工产品不受中国两用物项出口许可证管制,不需要申领两用物项出口许可证。

在第一批货物成功出口后,中国海关扣押了第二批出口货物,并要求企业向商务主管部门咨询。海关认为该出口产品可能需要两用出口许可证,尽管该出口产品本身不受管制,但是该产品中含有一种可用于大规模杀伤性武器(如远程导弹)的化学物质,有两用物项风险。

在承认此前出口的产品与此次出口的为同一种产品的情况下,公司自行向商务主管部门进行咨询。商务主管部门最后通知,该出口产品有用于大规模杀伤性武器的风险,需要申领两用物项出口许可证。鉴于中国海关也收到了商务主管部门同样的通知,中国海关将此案移送海关缉私局进一步调查,同时,公司被禁止出口该产品,其业务处于崩溃的边缘。

这个案件的关键法律问题似乎是,根据《导弹及相关物项和技术出口管制条例》第16条,企业是否知道或应当知道所出口的产品可用于大规模的杀伤性武器。如果答案是肯定的,则应主动申领许可证。但是,企业并没有通过抗辩反驳其知道或应当知道上述情况。

由于加工成品所需的含有敏感物质的化合物最初是为了加工目的而从美国进口的,如果认为在中国予以加工混合后再出口到美国,就有从中提取上述可用于大规模杀伤性武器的化学物质的风险,是荒谬的。如果确实存在这样的提取风险,那么为什么外国买方不在美国国内从化合原料中直接提取而需要在中国加工混合一遍呢？最终，该企业及其代理人说服了商务主管部门，同意该产品出口不需要许可证，从而挽救了企业的业务。

上述实例中，企业需要吸取的教训有四：第一，虽然中国法律层面上的出口管制法尚未出台，企业的出口管制法律风险一直存在；第二，出口管制合规具有复杂性，涉及出口物项的准确税号归类，同时涉及对于是否存在明知和应知指定的出口项目可用于军事大规模杀伤性武器的目的的法律抗辩问题；第三，企业没有适当健全的出口管制制度；第四，企业没能从一开始积极合法地提出法律抗辩，而陷于被动的境地。

(二) 中国的出口管制制度

1. 清单管理

每年商务部和海关总署联合发布包括相关服务在内的《两用物项和技术进出口许可证管理目录》，其中就出口而言，包括下列清单：

(1) 核出口管制清单所列物项和技术；(2) 核两用品及相关技术出口管制清单所列物项和技术；(3) 生物两用品及相关设备和技术出口管制清单所列物项和技术；(4) 监控化学品管理条例监控名录所列物项；(5) 有关化学品及相关设备和技术出口管制清单所列物项和技术；(6) 导弹及相关物项和技术出口管制清单所列物项和技术；(7) 易制毒化学品管制清单(一)；(8) 易制毒化学品管制清单(二)；(9) 其他两用物项和技术的管制清单。

对于(1)至(8)中的管制项目，每个清单是根据国务院针对这些项目分别颁布的行政法规所制定的。中国出口管制制度下的两用物项项目包括核、生物、控制和其他化学品、导弹、易制毒化学品和其他受管制物品。“两用”仅指任何可用于军民两用或其他限制用途的物品。对于两用物项，如果实际用途是民用的，需要两用出口许可证；如果实际是军事用途，则作为军用物品受到管制，申领军用物品的出口许可。

2. 军用物项管制清单

如果任何既定的物项是用于军事用途出口的，出口经营者必须是被特许从事军事物项出口的公司,在这种情况下,还需要就出口交易申领出口许可证。

3. 出口经营者登记

两用物项的出口经营者在出口两用物项前,必须向商务部申请登记。商务部有一个简单的申请程序。

4. 最终用途和最终用户

在确定是否授予出口许可证时,商务部将考虑出口物项的最终用户和最终用途、物项的性质和敏感程度。有时航运路线对确定是否有扩散风险也很重要。来自外国买方的协议和确认有助于确认这种最终用途和最终用户。

5. "知道和应当知道"标准

上述实例表明,出口许可证不限于两用物项的管制清单。一般情况下,如果出口经营者知道或应当知道两用物项用于军事或其他限制用途,出口经营者将承担违反出口管制制度的法律责任。在实践中,出口经营者可能有三个层次的辩护路径:

(1)该物项不具有军事用途;

(2)该物项不可能用于军事用途;

(3)出口经营者事前做了一切合理必要措施确定其用于民用用途。

海关在出口监管过程中可能对出口(境)物品的真实属性理解有误,尤其是针对已经出口的货物,第(1)项及第(2)项抗辩可能适用。第(3)项抗辩是一种证明企业没有责任的常见抗辩,抗辩如果成功,就不需要为无许可证出口负责。为此,企业制定出口管制合规机制,并记录针对所有出口物项、用途和最终用户所做的每一项工作、询问和答复至关重要。如果没有这些文件,对出口经营者来说,可能就其是否知道和应当知道提出反证,可能也会引发海关缉私局的刑事调查。

(三)执法机关

商务部是审批出口许可证申请的机构,在必要时与其他部门联合审批,准予或拒绝准予颁发出口许可证。

中国海关负责监督两用物项的出口清关。由于海关更容易发现出口货物违规问题,海关一直是调查、处罚违反《出口管制法》的主要机关。

根据目前的规定,商务部对发证程序有管辖权,并对该程序中的违规行为予以处罚。海关对出口清关程序有管辖权,并对违反海关监管的行为进行处罚。如果一项违规行为导致两项不同的处罚,则适用更严厉的处罚。

(四)咨询程序

如果海关不确定是否需要出口许可证,海关将首先中止出口,并要求出口经营者向商务部咨询。先前的案例,就是这种情况。如果不需要许可证,海关会根据商务部的决定,放行出口货物,否则,缉私部门将继续调查,追究企业的行政或刑事责任。

(五)法律责任

在现行的出口法律制度规定下,如果出口经营者故意出口没有出口许可证的两用物项,出口经营者可能犯走私罪、非法经营罪和/或泄露国家秘密罪。

如果不能认定出口经营者知情或故意,缉私部门对出口经营者可以处以出口货物价值30%以下的罚款,或者由商务部处违法所得1倍以上5倍以下的罚款,暂停或吊销对外贸易经营许可证。鉴于在实践中查明违法所得不是一件容易的事,商务部的处罚通常不严重,一般由海关处以更多的罚款结案。

在骗取出口许可证的情况下,出口经营者的出口许可证将被吊销,处以3万元人民币以下罚款,同时出口经营者的出口资格被吊销。如果涉及与导弹有关的物品,罚款将上升到非法所得的数额。

如果出口经营者及时查核并遵守出口管制清单,并且成功地就其知道或应当知道两用的性质和非法最终用途提出有力的抗辩,则即使外国买方和最终用户违反中国出口管制规定,出口经营者通常也没有法律责任。

二、新法草案中的变化

依据新法草案,相关的出口管制行政法规合并为一部法律,与现行出口管制制度相比,其中的变化如下:

(一)管制物项的范围

核相关物项不再作为两用物项加以管制,而是与军用物项同样的单独管制清单加以管制。除货物外,相关的技术和服务被重申为新法草案中的管制物项。

其他与国家安全有关的物项也受到同样的出口管制约束。

(二)管制项下的出口

管制项下的"出口"不仅指管制物项的跨境转移,还包括向外国个人或实体提供管制物项,无论该提供的行为发生在何地。

向第三方国家或地区出口管制物项或者含有超出特定比例的管制物项的国外产品,也将受到本法律草案的制约。

(三)管制物项的含义进一步清晰

根据新法草案第3条,两用物项是指既有民事用途,又有军事用途或有助于提升军事潜力,特别是可用于设计、开发、生产或使用大规模杀伤性武器的货物、技术和服务等物项。

军品是指用于军事目的的装备,专用生产设备及其他物资、技术和有关服务。

核是指相关核材料、核设备和反应堆用非核材料及相关技术和服务。

(四)出口交易方潜在的新风险

一是报复行为。如果外国进口国对中国采取歧视性出口管制措施,中国可以对该国采取相应的出口管制措施(第9条);

二是临时出口管制措施。这种措施都是临时颁布的,正常实施期限不超过2年(第14条);

三是禁运令。经国务院或中央军事委员会批准,禁止向特定个人或实体出口某些物项。

(五)备案要求

根据新法草案,现行的出口两用物项和军用物项的特殊注册要求变更为备案要求。从字面上来说,备案程序可能比现有的注册程序简单,实际情况如何,只能拭目以待。改为备案要求也可能是为了避免或者减少政府的行政责任,因为备案可能被视为纯粹的形式程序而不是行政审批性质。

(六)授予出口许可证的透明度

新法草案第22条规定了在审查出口许可申请时应考虑的因素,其中包括:(1)国家安全和发展利益;(2)国际义务和对外承诺;(3)物项敏感程度;(4)市场供应情况;(5)最终用户和最终用途;(6)出口经营者的相关内部合规机制;(7)法律法规规定的其他情形。

(七)海外进口商和最终用户的义务

商务部可以要求出口商提供海外进口商的最终用途和最终用户承诺(第25条和第26条)。如果进口商违反此类承诺,进口商和最终用户可能被商务部列入黑名单。与此类进口商或最终用户的交易也将被禁止(第29条)。

(八)出口经营者的义务

除了履行备案要求并遵守管制清单外,草案重申,出口经营者在知道或应当知道出口管制清单外的任何物项可能危及国家安全,存在扩散风险或被用于恐怖主义目的的(第23条),或者如果出口商被政府通知的情况下,需要申请出口许可证。

在任何情况下,出口经营者在签订出口合同时,应当对最终用户和最终用途进行必要的审核。出口后,一旦发现最终用户和最终用途改变的,应立即向商务部报告(第27条)。

出口经营者也有义务避免规避《出口管制法》(第55条)。这就要求企业必须认真审核出口业务是否具有法律风险,而不应采取权宜规避的措施。

(九)政府调查

商务部将建立最终用户和最终用途风险评估制度。如有需要,商务部可派遣调查人员到境外进行实地核查(第28条)。

根据新法草案,商务部有权在中国进行调查,且具有以下权限:(1)进行现场检查;(2)进行询问和要求解释;(3)复制记录和数据;(4)检查并制止运输工具;(5)要求运回出口物项;(6)查封、扣押相关涉案物项;(7)查询、冻结银行账户。

根据新法草案,中国海关对海关监管范围内发生的违法行为具有同等的调查权力。根据《海关法》,海关监管区是指海关对进出口货物通关进行监管的港口或地方等指定区域。中国海关如果在办理出口清关时或在自由贸易区内发现违规行为,海关有权对此案进行查处。新法草案"海关监管区域"提法不准确,有人已经将之误解为保税区域,应该改为"海关监管区"。

(十)法律责任

新法草案规定了不同违法行为下的严重法律后果。最引人注目的变化是,将在出口业务违法经营额5~10倍的范围内确定罚款,数额可能很大。违法行为包括无许可出口,骗取许可证,向第三方提供出口许可证或向第三方提供协助,规避出口管制,与列入黑名单的最终用户进行交易,等等。如果出口经营者和其他合作方通谋的话,那么双方都有刑事责任。

(十一)减轻处罚

如果出口经营者主动停止或根据主管部门通知立即停止违法行为并积极配合调查,或对出口后可能存在的风险及时向国家出口管制部门报告并积极配合调查,可以免除处罚或减轻行政处罚。

中国已经有一个严格的出口管制法律体系,如果违反出口管制,将严重影响企业的出口业务,甚至有刑事责任。然而,这样的案例却没有见诸报章报道,很多企业并没有意识到这种风险。该法草案大大增加了行政处罚的金额,这将对出口企业产生更大的合规压力。

为了出口合规的目的,出口经营者必须正确进行出口商品归类并确定管制项目清单的HS编码。此外,出口经营者必须有恰当的事先尽职调查程序,必须对出口物品、运输路线、进口国、最终用途和最终用户的性质进行合理审查。这样的尽职调查将有助于排除犯罪故意,避免企业或个人的刑事责任,还可以据此否定"知道或应当知道",避免巨额的行政处罚。

China Current Export Control Scheme and the Draft New Law

ZHAO Deming

[**Abstract**] China has already had a rigid legal scheme in place for export control. By virtue of Export Control Law(Draft for Opinion), the relevant administrative regulations on export control are consolidated into one law, which, compared with the current export control scheme, has improved Control Lists and permit management system, expanded the current control items, and increased the penalties for violation of the law. If an enterprise violates export controls, its export business will be seriously affected and it will even bear criminal responsibility. Based the relevant cases, this paper introduces the China's current export control system, reviews in brief the relevant provisions of the Export Control Laws(Draft for Opinion), and for the purpose of export compliance, suggests that the exporter should carefully classify and determine the HS codes for listed controlled items, have a proper advance investigation procedure in place, under which the description of export items, shipping route, import country, end-use and end-user must be properly examined.

[**Key words**] export control; export compliance; customs control

海关监管区内超期滞留集装箱之处理

刘达芳*

[摘　要]　因为贸易纠纷、货物本身属于禁止限制进出口货物等多种原因,有些货物随同载运货物的集装箱进入海关监管区并完成了最初的申报手续后,没有办结剩余海关手续,长期滞留在海关监管区内。集装箱经营人虽然承担着不断增长的堆场费等各种费用,但是由于不是海关法规定的权利义务主体,无法向海关提出处置滞留集装箱的请求;海关也因为法律授权的限制,无法径行处置相关货物。为避免各方损失的扩大,海关需要法律更多地授权以处置相关滞留集装箱及货物,集装箱经营人也应该能够援引有关解释,成为海关法律关系的主体。

[关键词]　海关监管;滞留;集装箱;处理

在各口岸,有一类集装箱货物长期滞留于海关监管区内,由于海关已收到其进出境或者进出口申报,但一直未办结海关手续,海关无法确定是否是无主货物,其他利益各方因货物尚处于海关监管中也不能任意处置。面对集装箱占用费、场地堆存费等各项费用的不断增长,收发货人、承运人、码头经营人、海关等都束手无策,最终各类损失越来越大,成为各方都感棘手的老大难问题。

* 刘达芳:上海海事大学法学院副教授。

上述集装箱长期滞留海关监管区的情况,按照货物流向大致可以分为进境货物和出境货物两种。出境货物主要是出口货物发货人向海关申报了出口,但是在装船前承运人又得到通知不再装船,而出口货物发货人并未向海关办理退关手续,货物连同集装箱处于海关监管之下,集装箱经营人无权向海关提出退关,海关也无法启动退关程序,结果无论集装箱经营人如何着急,只要发货人不主动申报退关,谁都不能提取集装箱和货物,只能看着这些货物和集装箱长期堆放在堆场。进境货物主要是承运人向海关申报了进境,但是收货人没有向海关申报进口或者申报了进口海关没有放行,结果和前述托运人不退关一样,没人能够处置这些货物和集装箱。

无论哪种情况,海关因为没有收到收发货人申请或者相关货物处于海关缉私等查缉程序中,都不能解除监管。集装箱经营人自身无法启动任何程序使集装箱随同货物解除海关监管,只能被动等待。虽然能够向收发货人或者租箱人主张集装箱超期使用费,但是可能即使赢得诉讼仍然无法执行,而且部分法院的判决还表明这样的诉讼请求只能以集装箱重置费用为上限。① 码头、堆场经营人虽然可以向集装箱经营人或者承运人主张巨额堆存费用,但是面对已经承担同样损失的集装箱经营人或承运人,为维护长期合作关系,也难以要求全额支付。这样日积月累,滞留集装箱数量和每个滞留集装箱产生的各种费用都在不断增加,成为承运人、港口、海关等各方面都感棘手的问题。

一、集装箱货物滞留海关监管区成因

这些集装箱及所装载货物长期滞留海关监管区,由于属于海关监

---

① 相关判决可以参阅上海市高级人民法院(2015)沪高民四(海)终字第13号判决,载裁判文书网:http://wenshu.court.gov.cn/content/content?DocID=c0bb5e1d-3821-4af4-9d9b-cb0d3d677604,广州海事法院(2012)广海法初字第329号判决,载裁判文书网 http://wenshu.court.gov.cn/content/content?DocID=64fe9971-b0f9-442f-a88f-6b711b71962b&KeyWord=%E4%B8%8A%E6%B5%B7%E8%9D%89%E8%81%94%E6%90%BA%E8%BF%90,最后访问日期:2018年12月28日。

管货物,非经海关许可,承运人或者集装箱经营人无权主动提取、处置集装箱和货物。而滞留海关监管区的原因多种多样,据不完全统计,主要有这样几种:承运人误卸,买卖双方因质量、数量、价格等争议长期僵持无法解决,因权属争议、债务纠纷等原因货物遭司法查封,货物本身因违反国家禁限规定被海关等部门立案调查或货主隐匿,其他原因造成的货物长期无人申报进口或出口等。

其中,买卖双方的争议除了双方直接的协商谈判外,很多情况下还需要等待第三方检验的结果。有时,即使有检验结果,还会对检验结果存在争议。有些争议还会通过仲裁、司法等途径解决。由于事涉国际贸易,争议解决也往往需要跨国进行,比一般国内争议解决更加耗费时日。在争议解决前,如果一方选择不报关进口或者停止装运出口,货物就有可能滞留在海关监管区内。由于货物是争议标的,海关一般不会主动介入,而是静待争议结果。

因权属争议、债务纠纷被司法查封的货物不仅仅面临法律诉讼的漫长等待,还可能会面临最终判决的胜诉方并非海关法上的进出口货物的收发货人的局面。如果原来报关的收发货人不予配合,或者原来的许可证件过期,则又会因为新的问题继续滞留于海关监管区。

货物本身违反禁限规定的情况比较复杂,可能是因为国内外法律法规的变化,使装运前还完全合法或者不需要许可证件的货物成为被禁止或者限制进出口的货物;也可能是托运人或者收货人向承运人隐瞒货物实情,但是在实际装运或者申报进口前又由于害怕被海关查获而将货物弃之不顾。例如,某海关就曾在一个滞留的集装箱中查获大批烟花爆竹,鉴于其严重的安全隐患,将其强制处理。而一旦海关发现这些货物违反禁限规定或者涉及伪报瞒报,必然会展开调查。如果案情复杂或者相关当事人难以到案,导致相关程序进展缓慢,货物连同装载货物的集装箱一同滞留就在所难免了。

与此类似的是一些需要许可证或者配额才能进出口的货物,由于进出口人没有办理或者获得相关许可证或配额,货物无法进出口,而货物已经托运,并经承运人向海关申报后运抵海关监管区。这时货物处于海关监管下,承运人不能擅自处理,进出口人因为没有相关许可证件或者配额,明知无法通关,干脆不去海关办理申报手续,货物就只能滞留在海关监管区了。

此外,还有一些货物长期处于无人认领状态,其中有些是由于货物收货人与承运人之间沟通不畅或者收货人管理问题,造成货物到港后收货人不知道,一直没有办理进口报关手续;也有一些是货物从国外退回,收货人损失较大,感到向海关申报退运手续不熟悉或者比较麻烦,或者货物运费等各项费用已经接近或者超过货物本身价值,因而主动弃货。而上述因纠纷等原因长期滞留海关监管区后,也会发生集装箱超期使用费、堆存费等费用接近或超过货物本身价值,最终导致货物所有人弃货,货物于是无人申报进出口,长期滞留于海关监管区内。

二、滞留集装箱货物对相关各方的影响

通过上述分析可知,当货物滞留海关监管区后,与这些滞留货物相关的各方都受到了影响,承受了损失也引发了纠纷:货物所有人或者收发货人面临巨额的集装箱超期使用费、仓储费、合同违约的索赔等损失;承运人或者集装箱经营人面临港口方面不断增长的仓储支出、集装箱周转负担增加等问题;港口仓储方面虽然账面上会有越来越多的仓储费用,但是由于这些集装箱长期滞留,最终如何解决存在很大的不确定性,所以无法保证实现其全部债权,而且还会面临自己场地被占用后,能够有效使用的场地减少的问题;海关等管理方则面临来自港口、航运业、社会以及管理层的压力,也希望能够尽快处理这些滞留集装箱货物。

上述各方的损失之间环环相扣,存在一定的因果关系。例如,集装箱的超期使用费并非承运人或者集装箱经营人全为弥补集装箱被占用造成的集装箱周转、无法再次出租产生的损失,而是很大部分是为支付码头、堆场方面向其收取的仓储、堆存费用。笔者曾经处理过一起类似案件,近百只集装箱在堆场存放了4年多,仅堆场方面收取

的费用如果不打折的话就超过人民币500万元。码头方面很自然地就想到向承运人索要该笔费用,因为集装箱存放的仓储法律关系是发生于承运人和堆场之间,向承运人追偿顺理成章,而且对承运人的执行有各项便利和保障。相反,向收发货人追偿反而会面临确定主体、举证、执行等各种巨大的困难和不确定因素。

但是,承运人和集装箱经营人却并不总能从货物的收发货人或者托运人处获得损失的赔偿。司法实践中有一种观点认为,承运人或者集装箱经营人在明知集装箱被长期占用的情况下,应当及时重置新集装箱并投入运营,以防止损失进一步扩大。进而,这种观点倾向于以集装箱重置费用作为承运人主张集装箱超期使用费的上限。① 这种情况下,承运人和集装箱经营人对超出重置费用部分的损失有可能只能自己承担。

然而,如此巨额损失的产生不是承运人或者集装箱经营人的过错造成的,在整个集装箱被占用过程中,承运人或者集装箱经营人始终处于被动等待的地位,完全没有能力及时阻止损失扩大。因此,让承运人或者集装箱经营人承担这样的损失,有失公平。

而且,重置集装箱虽然能够减少部分损失,但并不能阻止相关损失继续扩大。这里的损失除了集装箱不能被再次出租营利外,主要是集装箱存放于码头、堆场产生的巨额仓储费用。面对码头、堆场方面的权利主张,承运人或者集装箱经营人能够议价的能力和空间有限,一般只能以长期合作关系、日后在特定码头堆场多卸货多存货等这些非直接的好处去要求码头堆场给一些仓储费用的折让。

承运人或者集装箱经营人在承担了上述损失后,极有可能无法从

① 相关判决可以参阅上海市高级人民法院(2015)沪高民四(海)终字第13号判决,载裁判文书网:http://wenshu. court. gov. cn/content/content? DocID = c0bb5e1d - 3821 - 4af4 - 9d9b - cb0d3d677604;广州海事法院(2012)广海法初字第329号判决,载裁判文书网:http://wenshu. court. gov. cn/content/content? DocID = 64fe9971 - b0f9 - 442f - a88f - 6b711b71962b&KeyWord = %E4%B8%8A%E6%B5%B7%E8%9D%89%E8%81%94%E6%90%BA%E8%BF%90,最后访问日期:2018年12月28日。

托运人或者收货人处获得所支付的码头仓储费用的全部补偿。前已述及,滞留于海关监管区的货物有些是由于出口货物发货人或托运人、收货人主动弃货、海关或者其他执法机关正在开展调查、侦查等执法行动。如果托运人或者收发货人使用了自身以外的其他主体,特别是空壳主体进行托运或者收货,或者托运人、收货人本身已经陷入资不抵债等困境中时,承运人或者集装箱经营人即使通过诉讼,恐也难以获得对已经付出的码头仓储费等成本的补偿。还是笔者前述处理的那个近百只集装箱滞留港口的案件,收货人的财产已经被多家法院司法冻结,根本无力偿付任何集装箱使用费用,集装箱在码头的仓储费用只能由承运人自行承担。

另外,相关各方还将承担最终处置超期滞留集装箱及其货物的后续义务和费用。货物长期滞留于海关监管区,日晒雨淋,容易损坏。有些即使不容易损坏,但是随着时间的推移,其价值也会迅速贬损。例如曾有某航运企业统计资料,有些标明装运服装或者布料的集装箱已经在海关监管区滞留3~4年之久。这些服装或布料即使没有损坏,恐怕也早已款式、图案陈旧,乏人问津了。如果集装箱中装运的是国家禁止进口的货物,如固体废物等,不仅是无人问津,还要退运或者无害化处理,这些都需要费用,而且这些费用,与堆存费相比,可能并不会少。因此,集装箱在海关监管区滞留时间越长,后续处置费用越有可能无法收回。越无法收回,越没有人愿意处置,如此恶性循环,事情变得越来越棘手。

三、海关可能采取的减少超期滞留集装箱的措施

超期滞留在海关监管区的集装箱及其货物虽然主要影响的是航运企业、集装箱经营人和码头经营人,但是海关面对监管区内长期滞留的状态不明货物,恐怕也难以置身事外;其他各方达成解决协议,或者诉讼得到判决,没有海关配合,允许其报关或者退关、退运,也无法落实。因此,由海关、航运企业、集装箱经营人和码头经营人企业多方配合,合理分担责任和费用是比较经济和可行解决途径。这其中,海

关由于相对较少利益牵扯,而且作为国家进出口监管机关,公信力较高,比较适合作为牵头协调的部门。

但是,要比较高效地完成牵头协调工作,海关还需要一些法律授权。

对处于贸易纠纷中的货物,如果是因为收货人拒绝提货,那么无论托运人还是收货人都对货物及集装箱长期滞留于海关监管区的后果非常清楚,只不过都想让对方去承担不利后果。无论谁对谁错,争议中总有一方负有采取措施避免损失扩大的义务。法律也明确规定了负有防止损失扩大的义务的一方怠于采取措施防止损失扩大的,无权就扩大的损失请求损害赔偿。换言之,当贸易纠纷的双方放任集装箱及货物在海关监管区长期滞留时,他们就应该做好日后承担扩大的损失的准备。由托运人或收货人承担超期滞留产生的费用应该在他们自己的预期范围之内,并且公平合理。

但是,收货人或者托运人有可能在旷日持久的诉讼后突然发现,他们激烈争议的货物已经都抵不上码头费用或者运输费用了。这时候,胜诉一方可能会选择向对方继续主张赔偿损失,同时选择抛弃货物。败诉一方大概也没有兴趣再来取回货物。这时承运人当然可以选择向托运人主张各种费用,但是,一来,这种主张意味着可能又一场马拉松式的诉讼甚至是跨国诉讼,因为托运人可能远在海外;二来,托运人极有可能就是败诉一方,已经无力偿付相关费用。这时,前文讨论的货物占用集装箱并长期滞留海关监管区,且最终除承运人外无人偿付相关费用的情况就出现了。

基于前文的论证,这种情况下海关还是尽早介入比较有利于事情的解决。但是,这时候可能进口货物的收货人没有报关或者没有完成整个报关程序,或者出口货物的发货人已经报关但没有退关,而无论收货人还是发货人,都已经没有意愿继续办理海关手续,并且已经在承运人或者集装箱经营人多次催促后表示无力承担相关费用或者消极对待,甚至干脆不再出现。正常情况下,海关这时难以强制要求收发货人来办结海关手续,承运人或者集装箱经营人也不是海关法上的主体,无从向海关提出处置要求。

为此,需要法律授权海关在相关收发货人超出合理期限没有办结手续时,允许承运人、集装箱经营人能够代替收发货人成为法律关系的主体,以使他们代替收发货人完成所有海关手续。之所以允许承运人、集装箱经营人代替收货人,主要是考虑到他们对货物拥有留置权,法律上最有可能通过行使留置权具有对进出口货物的处置权利。《全国人大常委会法制工作委员会对海关法第30条规定具体适用问题的答复意见》(法工委复字〔2003〕9号)认为,海关法对"收货人"未作定义,对此应当按照通常的理解和其他法律的规定确定。按照通常理解和合同法、海商法的有关规定,"收货人"应当是指在运输合同中载明的收货人或凭指示的收货人,或者是不记名提单的持有人等有权提取货物的人。从这个对收货人的解释不难看出,收货人是有权提取货物的人。而行使留置权的承运人或者集装箱经营人正是有权提取货物的人,因此他们能够被视作进口货物的收货人。而对于出口货物而言,发货人虽然已经申报出口,但是如果承运人或者集装箱经营人通过留置权取得对出口货物的处置权,货物已经不可能再按照原来申报的方式和对象出口。这时,货物就如同是误卸在海关监管区的货物,而与之最相类似的是《海关法》第30条第2款"确属误卸或者溢卸的进境货物,经海关审定,由原运输工具负责人或者货物的收发货人自该运输工具卸货之日起三个月内,办理退运或者进口手续"。因此,承运人或者集装箱经营人应当可以按照同样原理可以办理退关的手续。

因而,承运人或者集装箱经营人应当能够代替收发货人成为法律关系的主体,并代替收发货人完成所有海关手续。

这个合理期限,应当以3个月为宜。之所以规定3个月,一方面是要留出足够的时间允许进出口货物收发货人完成相应的海关手续,超过这段时间,可视作进出口货物收发货人不能或者没有意愿完成海关手续。另一方面,由于《海关法》第30条对超期未报货物给予的补救时间也是3个月,可以推断,立法原意也是认可3个月没有申报可以推定为进出口货物收发货人不能或者没有意愿完成海关手续。当然,为谨慎周全起见,应当规定由承运人或者集装箱经营人向海关提供3个月内催促收发货人办理海关手续,相关收发货人拒绝办理的证据。收发货人不予回复的,可以由承运人或者集装箱承运人提供担保。担保可以是现金,也可以是银行或非银行金融机构的保函。现在各级法院在财产保全中广泛接受的保险公司的担保不失为一种经济有效的担保。

其起算时间,则根据不同情况各不相同:对进口未报关的货物,则参照《海关法》第30条,自运输工具申报进境之日起计算;如果是货物的收货人已经报关,但是没有提交符合海关要求的相关单证或者没有缴纳相关税收,则从收货人申报之日起计算;对出口申报后既没有实际装船出运又没有退关的,从出口申报之日起算。

另外,如果因货物本身属于禁限商品而无法清关。这种情况即使不是由于托运人或者收货人明知而引起,也应该承担重大过错的责任。在实践中可以发现有些托运人或收货人存在侥幸心理,明知所托运或者购买的货物是违反国家禁限规定的,仍然用指示提单,委托一个第三方的贸易公司,以一个似是而非的品名向海关申报,一旦被海关查获或者发现海关监管比较严格,则直接隐遁,造成货物因受海关调查而长期滞留海关监管区。这类情况在报检报关阶段因为(原)检验检疫机关或者海关发现所进出口的货物违反国家禁限规定,调查取证处罚程序耗费时日较多,即便托运人或者收货人没有隐匿,也会因为调查而使相关货物和集装箱在海关监管区长时间滞留。一旦因为案情复杂或者相关处罚难以做出,很可能会延宕非常长的时间,这时围绕集装箱及货物产生的费用日增夜长。

对这种情况,如果是禁止进出口商品,无论收发货人是否明知,其处罚结果都包括了没收、销毁或者责令退运相关货物,在确定最终处罚前,可以先行处置该类货物。涉及后续销毁或者退运费用的,如果收发货人明确存在并且可以找到,自然应该由他们承担。但是,当发现他们无力承担时,海关介入确定费用承担方,这需要法律更加明确的授权。

如曾有实际案例如下:国内某企业进口固体废物被海关查获,但因为该企业随后处于停产状态,无力支付退运费用。案件的事实清楚,就因为收货人无力退运,案件处理被迫延宕。海关面临的主要法律障碍是《固体废物进口管理办法》第29条和第31条。第29条第1款规定:“将境外的固体废物进境倾倒、堆放、处置的,进口属于禁止进口的固体废物或者未经许可擅自进口固体废物的,以及检验不合格的进口固体废物,由口岸海关依法责令进口者或者承运人在规定的期限内将有关固体废物原状退运至原出口国,进口者或者承运人承担相应责任和费用……”第2款规定:“收货人无法确认的进境固体废物,由承运人向海关提出退运申请或者可以由海关依法责令承运人退运。”一般海关关员的理解是当存在明确的收货人时,应当责令收货人承担退运的责任和费用,只有收货人无法确认时,才由承运人承担退运责任和费用。特别是当海关已经依法立案查处收货人时,责令承运人退运似乎依据不足。因此,当存在明确的收货人时,无论其是否有退运的能力,都应该首先责令收货人承担退运责任和费用。

而《固体废物进口管理办法》第31条第1款似乎更加支持了上述观点。该款规定:“对确属无法退运出境或者海关决定不予退运的固体废物,经进口者向口岸海关申请(进口者不明时由承运人或者负有连带责任的第三人申请),参考就近原则,由海关以拍卖或者委托方式移交省、自治区、直辖市环境保护行政主管部门认定的具有无害化利用或者处置能力的单位进行综合利用或者无害化处置,相关滞港费用和处置费用由进口者承担,进口者不明的由承运人承担。”这使实践中,海关不倾向于援引第29条第1款直接责令承运人退运并承担费用,而由于进口者无力承担退运费用而使退运被拖延,在港口产生的费用不断增加,错过了退运的最佳时机,从而使退运的难度越来越大。

因此,亟须由海关总署或者该管理办法的其他制定单位发布相关解释,说明援引第29条第1款时,即使收货人正在接受海关调查,也可以责令承运人承担费用先行退运。这样看似使进口者或者收货人逃避了退运的责任,但是考虑到减少了日后承运人可能面临的更高的退运费用和退运难度,还是属于两害相权取其轻的做法,有利于案件的最终解决。而对于进口收货人而言,承运人日后也可以再向其索赔,海关还可以追究其行政或刑事责任,并且可以把其未承担退运责任作为从重情节,从重处罚。因此,即使其暂时逃脱了退运责任,也不代表其能够最终逃脱法律的惩罚。

对其他需要海关做销毁处理的禁止进出口货物,例如知识产权侵权货物、超过产品保质期或者未按照我国安全标准生产的货物,海关本身并没有处理这些货物的预算,会导致销毁时间拖后,产生较高的费用。故这部分货物的销毁,可以通过编列相关预算的途径,赋予海关相应的执行能力以加以及时解决。

如果进出口货物属于限制进出口货物,而收发货人无法提供相应许可证件,可以通过及时要求进出口收发货人退运或者加快处理节奏的方式尽量减少其在海关监管区的滞留时间。

此外,对那些长期处于无人认领状态的货物,可以要求承运人及时查明情况。如果是由于货物收货人与承运人之间沟通不畅或者收货人管理问题,造成货物到港后收货人不知道,一直没有办理进口报关手续的,通知其尽快报关;如果是货物从国外退回,收货人损失较大,感到向海关申报退运手续不熟悉或者较麻烦,或者货物运费等各项费用已接近或者超过货物本身价值,因而主动弃货的,则按照海关对超期未报货物的处置办法在到港后3个月及时处理。

然而,海关处理超期未报货物的过程中也会出现一些实际问题,主要是货物在海关提取后要变卖需要由财政部门指定的拍卖行拍卖。作为商业企业的拍卖行,对不同的货物其拍卖动力不同,在拍卖安排上难免有所选择,或者货物屡次流拍。因此,即使进入超期未报的处理程序,何时能够拍卖仍未可知,承运人、集装箱经营人、仓储方等可能需要等待较长时间。而这个等待期间,海关限于自身场地等条件,并没有从海关监管区实际移出相关货物,因而各项费用仍然在不断增加中。对此,建议由财政部门出台规范拍卖行接受指定拍卖的相关规定,限制拍卖行挑选拍卖品的权利,由海关安排拍卖计划,拍卖行必须遵照执行。对流拍一定次数的,例如3次,则直接在第3次拍卖的委托价基础上给予50%的折扣或者不再拍卖,直接按销毁处理。销毁费用编列相应预算。

综上所述,解决超期滞留于海关监管区内的集装箱及其货物产生的问题对相关各方都有着比较重要的意义。海关由于其独特的地位,能够在解决这一问题上发挥积极的主导作用,既能为相关各方减少损失,也能净化进出口环境,提高进出口环节安全。因此,通过法律的明确授权和适当对进出口货物收发货人进行扩大解释,使承运人、集装箱经营人等主体能够顺利地加入海关法律关系中来,对解决问题有益,对相关各方无害。

Disposal of the Containers Stranded in Customs-Controlled Areas

LIU Dafang

[**Abstract**] Due to the trade disputes or prohibited or restricted items in the import and export, some goods together with their carrying containers are not cleared with the customs procedure and as a result stranded in the customs-controlled areas after they enter the area with the initial declarations fulfilled. Although they have to bear the increasing costs of the storage in the container yard, container operators are not allowed to apply to the customs for the disposal of the stranded containers due to the fact that they are not the very subject of rights and obligations according to the customs legislations. In turn, the customs is not in the position either to dispose of the goods due to the limitation of its legal authority. To avoid further loss of parties concerned, the customs administration requires more authority to handle the stranded goods and containers, and the container operator can also become the subject of rights and obligations in customs legislations by invoking relevant interpretations.

[**Key words**] customs control; demurrage; containers; disposal

海关法评论(第8卷)

国际与外国海关法

International and Foreign Customs Law

“一带一路”建设中海关价格信息交换国际合作问题

陈淑国*

[摘　要]　党的十九大报告提出,要以“一带一路”建设为重点,坚持引进来和走出去并重,遵循共商共建共享原则,加强创新能力开放合作,形成陆海内外联动、东西双向互济的开放格局。随着经济全球化和国际贸易的发展,中国海关与“一带一路”沿线国家海关的国际交往越来越频繁,国际合作不断深化,不少国家海关迫切希望中国海关交换包括价格信息在内的进出口货物信息,但实践中对上述信息能否交换一直存在不同认识。本文将对此进行法律分析和实证研究,并提出相关建议。

[关键词]　国际合作;信息交换;风险防控

习近平总书记指出:“一带一路”倡议,是为了造福天下这一共同事业而提出的,是一个“深度合作的黄金机遇”。① 自2013年习近平总书记提出“一带一路”重大倡议以来,已经有100多个国家和国际组织

---

* 陈淑国:海关总署政法司复议处调研员。

① 习近平:《弘扬人民友谊共创美好未来》,载人民网:http://politics.people.com.cn/n/2013/0908/c1001-22842914.html,最后访问日期:2018年12月27日。

参与其中,中国同 30 多个沿线国家签署了共建合作协议。[①] 2015 年 3 月,《推动共建丝绸之路经济带和 21 世纪海上丝绸之路的愿景与行动》提出:“沿线国家宜加强信息互换、监管互认、执法互助的海关合作”。2016 年 3 月,国民经济与社会发展第十三个五年规划纲要正式发布,“一带一路”成为其中专门一章。海关总署坚决贯彻落实中央部署,于 2015 年 5 月在西安举办“互联互通,共建共赢——‘一带一路’海关高层论坛”,沿线近 70 个国家(地区)的海关负责人及相关代表共同探讨推动互联互通与贸易便利化海关合作的措施和项目,[②]并制定服务“一带一路”建设实施方案,提出 16 条支持措施,全力服务“一带一路”建设。[③] 截至 2017 年 9 月,中国海关共签署各类海关国际合作协定等双边合作文件 187 个。不少国家海关希望中国海关交换出口货物价格信息,以加大对违法高风险货物的监控,发现和查处价格低报行为,有的国家海关甚至要求中方实时交换协定项下出口报关单价格信息。中国海关在与“一带一路”沿线国家的国际合作实践中,这个问题表现得更加突出、更为重要、更为紧迫。例如,外方在谈判中提出“在可获得的情况下通过纸质或电子方式,按照请求方要求的文件格式提供进出口申报的随附单证材料的具体信息,包括:商业发票、装箱单、原产地证明或提单”。应该如何正确认识和处理价格信息交换问题,是中国海关与“一带一路”沿线国家国际合作中不容回避的一个现实课题。

一、首先明确的三个问题

在研究进出口货物价格信息交换问题之前,应当首先明确几个问题,这是决定信息能否交换的前提和基础。

---

① 靳诺等:《全球治理的中国担当》,中国人民大学出版社 2017 年版,第 7 页;张燕主编:《震撼世界的中国》,浙江人民出版社 2017 年版,第 164 页。

② 《“一带一路”沿线 70 国海关共商通关》,载《人民日报海外版》2015 年 5 月 28 日。

③ 《海关 16 条措施服务“一带一路”》,载《人民日报》2015 年 5 月 28 日。

(一)进出口货物报关价格信息属于商业秘密

美国著名的可口可乐公司有一句名言:“保住了秘密就保住了市场”。[①] 现代意义上的商业秘密,是泛指工业、商业和管理等方面的秘密信息,包括工业技术、商务管理、财务或其他性质的秘密技术、信息与经验。我国于1991年4月修订颁布的《民事诉讼法》首次使用了商业秘密。1992年7月,《最高人民法院关于适用〈中华人民共和国民事诉讼法〉若干问题的意见》进一步界定了“商业秘密”的内涵和外延,[②] 商业秘密主要指技术秘密、商业情报及信息等,如生产工艺、配方、贸易联系、购销渠道等当事人不愿公开的工商业秘密。1993年,《反不正当竞争法》第一次明确了商业秘密的定义:指不为公众所知悉、能为权利人带来经济利益,具有实用性并经权利人采取保密措施的技术信息和经营信息。

商业秘密具有秘密性、价值性、实用性、保密性四方面的特征。根据国家工商行政管理局1995年11月出台的《国家工商行政管理局关于禁止侵犯商业秘密行为的若干规定》(国家工商行政管理局〔1995〕第41号令,〔1998〕第86号令修订,以下简称《若干规定》),秘密性指不为公众所知悉,该信息不能从公开渠道直接获得。价值性、实用性指能为权利人带来经济效益、具有实用性,该信息具有确定的可应用性,能为权利人带来现实的或者潜在的经济效益或者竞争优势。保密性系指“权利人采取保密措施,包括订立保密协议,建立保密制度及采取其他合理的保密措施”。该规定明确招投标中的标底及标书内容等属于商业秘密。1998年6月,《国家工商行政局关于商业秘密构成要件问题的答复》专门解释了构成要件。实践中将产品的成本价格作为

---

① 张黎:《中华全国律师协会律师办理商业秘密法律业务操作指引释解》,北京大学出版社2017年版,第3页。

② 徐家力:《我国商业秘密的法律保护现状、不足及立法建议》,载http://blog.sina.com.cn/s/blog_3fe560cb0102vqen.html,最后访问日期:2018年12月27日。

商业秘密[①]的做法一般不会引起异议。

尽管没有关于进出口货物价格作为商业秘密的直接规定,但对照上述规定和要求,进出口货物价格信息是企业获得竞争优势的有力武器,是具体有用的,并且能够为企业创造一定的经济利益,因此具有价值性和实用性,只要企业主观上愿意将价格信息限制在一定范围内传播,客观上采取必要的保密措施,就应当认定为企业的商业秘密。

(二)海关及其工作人员有保守商业秘密的义务

各政府部门掌握了大量涉及企业商业秘密的重要信息。[②] 我国关于商业秘密的法律保护起步于20世纪80年代,随着社会主义市场经济的不断发展,保守商业秘密的法律制度越来越完善,不仅行政法对此有规定,民法、刑法等领域也有相关规定,如《劳动法》《劳动合同法》《合同法》《刑法》等。[③] 单从行政法领域看,《对外贸易法》规定:有关部门应当为提供者保守商业秘密。《统计法》第25条规定:统计调查中获得的能够识别或者推断单个统计调查对象身份的资料,任何单位和个人不得对外提供、泄露,不得用于统计以外的目的。《保守国家秘密法》第9条规定:国民经济和社会发展中的秘密事项,科学技术中的秘密事项,属于国家机密的组成部分,受该法保护。《保守国家秘密法实施条例》第5条规定:机关、单位……不得将涉及国家秘密的信息公开。《政府信息公开条例》第14条规定:行政机关不得公开涉及国家秘密、商业秘密、个人隐私的政府信息。《若干规定》第10条第1款规定:国家机关及其公务人员在履行公务时,不得披露或者允许他人使用权利人的商业秘密。

根据上述规定,保守商业秘密是行政机关应尽的义务。在《海关

---

① 何能高:《试论商业秘密的法律保护及立法完善》,载《法律适用》1998年第4期。

② 郭建利主编:《"互联网+"法治思维与法律热点问题探析》,法律出版社2016年版,第99页。

③ 沈威:《论商业秘密的法律保护》,载 http://blog.sina.com.cn/s/blog_7a32d45d0102v8oc.html,最后访问日期:2018年12月27日。

法》、有关行政法规和海关规章中对此也有明确规定。如《海关法》第72条第5项规定,海关工作人员不得泄露国家秘密、商业秘密和海关工作秘密。行政法规方面,《海关行政处罚实施条例》第33条、《知识产权海关保护条例》第6条、《进出口关税条例》第7条、《海关统计条例》第18条、《海关稽查条例》第4条等都有规定。在海关规章层面,对商业秘密保护的规定大致可以分为两类:一类是仅规定保守商业秘密,如《海关实施〈中华人民共和国行政许可法〉办法》第4条第2款、《海关行政复议办法》第6条、《海关进出境运输工具舱单管理办法》第7条第2款等。另一类是规定未经权利人同意,海关不得泄露商业秘密或将商业秘密用于其他用途,如《中华人民共和国海关〈海峡两岸经济合作框架协议〉项下进出口货物原产地管理办法》《中华人民共和国〈亚太贸易协定〉项下进出口货物原产地管理办法》等。

通过上述法律规范可以看出,保守商业秘密是海关和海关工作人员的法定义务,在履职过程中获得的商业秘密,不得泄露、不得公开,不得用于其他用途。

(三)中国海关具有签订国际合作协定的能力

国际法的渊源主要是国际条约和国际习惯。《维也纳条约法公约》规定,国际条约是指国际法主体之间,主要是国家之间依据国际法所缔结的,据以确定其相互权利与义务的国际协议。国际条约的订立主体必须是国际法主体,即在国际关系中具有国际法上的权利能力和行为能力的实体,主要包括国家和国际组织。

《宪法》第67条、第81条、第89条分别规定:全国人大常委会决定同外国缔结的条约和重要协定的批准和废止;国家主席根据全国人大常委会的决定批准和废除同外国缔结的条约和重要协定;国务院管理对外事务,同外国缔结条约和协定。而根据《缔结条约程序法》第5条第1款第3项规定,对于属于本部门职权范围内事项的协定,由本部门决定或者本部门同外交部会商后决定。涉及重大问题或者涉及国务院其他有关部门职权范围的,由本部门或者本部门同国务院其他有关部门会商后,报请国务院决定。

因此,海关虽不具备国际法主体资格,不能对外签订国际条约,但根据《缔结条约程序法》规定,海关可在自身职权范围内或根据国务院授权,与外国海关或者其他政府部门签订“行政互助与合作协议”“谅解备忘录”等协定性质的文件。此类文件虽然不是严格意义上的国际条约,但对缔约双方仍具有约束力。

二、海关国际合作中价格信息交换有关问题的分析

有观点认为,国内法律法规规章对关于商业秘密保护的法律规定非常多,却没有关于信息交换的专门规定,因此,按照“法无授权不可为”的法律原则,海关不应在国际合作中交换进出口货物报关价格等可能涉及商业秘密的信息。对此分析如下:

(一)法律分析

1. 海关保护商业秘密是针对特定对象而言

根据法律、行政法规、海关规章等规定,海关有保守商业秘密的法定义务。这种保护是海关履行职责过程中与商业秘密权利人形成的行政法律关系背景下而言的,主要从特定对象角度出发,要求海关不能将权利人的商业秘密随意向社会公开,或者提供给权利人之外的第三方的企业,否则构成泄露商业秘密,海关及其工作人员应当承担相应的法律责任,但禁止提供的对象并不必然包括国家机关、外国海关。目前已有的系统中,海关可以与相关政府机构和有关单位交换包括价格在内的有关数据信息。例如,出口收汇联网核查系统,海关向外汇局提供出口报关单业务数据;出口退税联网核查系统,海关向国税部门提供出口报关单业务数据;①进口增值税联网核查系统,海关向国税传送进口增值税信息②等。《中共中央关于全面深化改革若干重大问题的决定》提出:推动内陆同沿海沿边通关协作,实现口岸管理相关部门信息互换、监管互认、执法互助。根据《国务院印发关于促进大数据

---

① 李小刚主编:《海关科技》,中国海关出版社2008年版,第443页。

② 同上注,第444页。

发展行动纲要的通知》《国务院关于加快推进"互联网+政务服务"工作的指导意见》《国务院办公厅关于政务信息系统整合共享实施方案的通知》等要求,海关与相关政府机关的信息共享的工作要继续深入开展。另外,根据《行政诉讼法》等规定,人民法院有权调取证据,行政机关有配合提供的义务。价格信息作为调取证据的对象时,海关不能以遵守商业秘密为由拒绝配合司法机关,否则将承担相应的法律责任。

2. 商业秘密保护受国家利益、社会公共利益的制约

从我国现有法律制度看,对商业秘密的保护也不是全方位、全口径、全覆盖:一是不受法律保护的情形。我国不少地方性法规规定,违反法律、法规,损害国家利益、社会公共利益和违背公共道德的技术秘密,不纳入保护范围。例如,1997年《珠海市企业技术秘密保护条例》第5条、1999年《广东省技术秘密保护条例》第3条、2009年《深圳经济特区企业技术秘密保护条例》第9条。不受法律保护的"商业秘密",通常包括:损害国家利益或者危及国家安全的信息;损害公共利益、公众健康的信息;违背公序良俗、伦理道德的信息等。① 二是商业秘密与公共利益冲突时的取舍。例如,《政府信息公开条例》第14条规定:"经权利人同意公开或者行政机关认为不公开可能对公共利益造成重大影响的涉及商业秘密、个人隐私的政府信息,可以予以公开。"《最高人民法院关于审理政府信息公开行政案件若干问题的规定》(法释〔2011〕17号)规定:"政府信息涉及商业秘密、个人隐私的,但权利人同意公开,或者不公开可能对公共利益造成重大影响的,不受前款规定的限制。"这说明在商业秘密、个人隐私与公共利益冲突的前提下,行政机关可以为保护公共利益而公开信息。三是商业秘密与国家秘密互相包含、转化时的取舍。国家秘密关系国家安全和利益,其内容涉及国家的政治、军事、外交和外事、国民经济和社会发展、科

① 张黎:《中华全国律师协会律师办理商业秘密法律业务操作指引释解》,北京大学出版社2017年版,第44页。

学技术、国家安全和刑事司法等领域。商业秘密与经济、科技领域中的国家秘密,都是具有保密价值的信息,二者可以相互包含、相互转化。[①] 2016年2月,欧洲委员会与美国达成的数据跨境协定《欧盟-美国隐私护盾》对美国政府进行网络监控、获取个人信息作出明确限制,例外情形包括:为了满足必要的国家利益、公共利益或者执法需求等。[②] 上述几种情形说明商业秘密保护不是绝对的,这为国际合作中的价格信息交换提供了借鉴。

3. 海关应当遵守国家关于信息互换的法规性文件

《海关企业信用管理暂行办法》第5条规定:"海关根据社会信用体系建设和国际合作需要,与国家有关部门以及其他国家或者地区海关建立合作机制,推进信息互换、监管互认、执法互助。"从海关规章层面直接规定信息互换问题。《海关法》第2条规定:海关依照本法和其他有关法律、行政法规,履行监管、征税、缉私、统计和办理其他海关业务等职责。《落实"三互"推进大通关建设改革方案》(国发〔2015〕180号)规定:加强与"一带一路"沿线国家口岸执法机构的机制化合作,推进信息互换、监管互认、执法互助的海关合作。从《立法法》《行政法规制定程序条例》等规定看,行政法规有其严格的立法权限和程序。国发〔2015〕180号虽然不是行政法规,但是属于国务院印发的法规性文件,同样是海关要贯彻执行的依据。

(二)交换价格信息是履行国际条约的应尽义务

商业秘密作为一种重要的财产权利较早得到了国际社会的普遍承认与保护,关于商业秘密的国际立法保护最早可以追到1883年的《保护工业产权巴黎公约》,该公约并未提及商业秘密的概念,但公约1967年文本却成为以后几个国际公约关于商业秘密保护的基准性法案。《与贸易有关的知识产权协定》(TRIPs)将商业秘密保护纳入知

---

① 张黎:《中华全国律师协会律师办理商业秘密法律业务操作指引释解》,北京大学出版社2017年版,第48页。

② 郭建利主编:《"互联网+"法治思维与法律热点问题探析》,法律出版社2016年版,第80页。

识产权保护协议中,第39条要求成员在依《保护工业产权巴黎公约》为反不正当竞争提供有效保护的过程中,应保护未披露信息和向政府或政府的代理机构提交的数据。后来《反不正当竞争示范法》也规定了商业秘密的保护。①

《全球贸易安全与便利标准框架》指出:"海关在加强全球供应链安全、通过征收税款和便利贸易为社会经济发展作贡献等方面有着独特的地位",海关与海关的合作是两大支柱之一。2015年9月4日,中国作出接受世界贸易组织《贸易便利化协定》(以下简称《贸便协定》)议定书的决定。《贸便协定》第12条第2款第1项规定:"应请求,并在符合本条规定的前提下,各成员应交换第6.1(b)项和/或(c)项所列信息,以便在有合理理由怀疑一进口或出口申报的真实性或准确性时,对该项申报进行核实。"该(b)项是进口或出口申报所列具体信息,该(c)项是用于证明进口或出口申报单证中所列的具体信息,或在可获得的情况下提供单证本身:商业发票、装箱单、原产地证书以及提单。据此,商业发票中的价格信息是纳入交换范围的。《贸便协定》中关于信息交换的规定是中国海关对外提供信息的重要依据,交换相关信息是中国作为缔约方必须履行的义务。2017年8月,联合国亚太经社会(UNESCAP)举行东北亚无纸贸易便利化研讨会,会上我方签署了《亚太跨境无纸贸易便利化框架协定》,该协定要求各参与国开发或使用无纸化系统促进无纸贸易(包括使用"单一窗口"),建立跨境贸易数据交换机制等方面的内容。

(三)国际合作中信息交换实践

1.交换信息已在海关国际合作文件中有明确规定

如《中欧海关协议》第11条规定:"经请求当局请求,被请求当局应向其提供确保海关法规正确实施的一切有关信息……"《关于经欧亚经济联盟和中华人民共和国关境进出境货物和国际运输工具信息

① 刘介明、杨祝顺:《我国商业秘密保护的法律现状及完善建议》,载《知识产权》2012年第12期。

交换协定》规定:各方中央海关机构通过交换经联盟和中国关境进出境货物及运输工具信息以达到合作目标。再如,《中华人民共和国政府和阿拉伯埃及共和国政府关于海关事务的行政互助与合作协定》规定:应请求,被请求方当局应当提供与调查某一违反海关法行为相关的该方适用的海关法和手续的信息。上海合作组织(SCO)海关工作组多次就《上合组织海关关于交换商品估价和审价必要信息的议定书》进行磋商。

2. 中国海关与国际海关数据共享和交换的实例

2007年11月19日,中欧海关数据共享系统上线运行,到2015年4月28日,中国海关与英国、荷兰、比利时、法国、德国、意大利、波兰、西班牙等8个欧盟国家共享了海关数据。其中,中国共享给欧盟的出口报关单总数为1.9万票,欧盟共享给中国的进口报关单总数为2459票。再如,海关报关单数据交换方面,2009年,中国与俄罗斯海关建立了双边贸易信息交换机制,到2015年4月已经接收俄方数据27.5万票,中方发送数据18.3万票;2011年,中国与哈萨克斯坦海关建立了预先信息交换机制。

综上所述,海关严格遵循国内法律、行政法规、海关规章关于保护商业秘密的规定,但在国际合作中信息交换不是禁区。基于平等、对等、互惠互利原则,中国海关与不同国家海关之间通过交换信息的方式进行国际合作,能够降低监管成本、缩短通关时限、最大限度降低风险和精准打击走私违法行为,因此交换价格信息有其必要性、特殊性和现实性,符合创新、协调、绿色、开放、共享的发展理念,也符合中国海关倡导的"信息互享、监管互认、执法互助"海关国际合作理念,在国际合作中有非常强的现实必要性,将有效提升海关治理能力,树立中国海关严格执法和互助合作的正面形象,不能一律以"法无授权不可为"原则和海关无此职权范围为理由拒绝价格信息交换。

三、海关在价格信息交换国际合作中的路径选择

《中国共产党第十九次全国代表大会报告》(以下简称《十九大报

告》)提出“推动构建人类命运共同体”。近5年来,习近平主席在国际国内重要场合先后100多次谈及“命运共同体”,不断与国际社会就人类命运共同体理念与实践加强沟通,推动双边、地区、全球等多层级命运共同体的构建。[①]“一带一路”是构建人类命运共同体的重要“抓手”之一,[②]能够促进命运共同体走向现实。习近平总书记指出:“要积极开展双边、多边的互联网国家交流合作”。例如,2014年10月,中日韩签署《关于加强网络安全领域合作的谅解备忘录》;2015年5月,中国和俄罗斯签订《关于在保障国际信息安全领域合作协定》,规定了两国部委、外交部和强力机构之间最为深入广泛的信息交换。[③] 信息安全互信与合作是国家与国家之间合作的重要方面,这也是国际关系发展的趋势。在“‘一带一路’海关高层论坛”上,中国海关表示愿与沿线海关在建立“一带一路”海关数据与共享服务平台等6个方面共同努力。海关在今后的国际合作中会面临更多的价格信息交换需求,因此,海关应当高度重视国际合作中价格信息交换问题,并正确处理。

(一)国际合作中价格信息交换应遵循的原则

基于价格信息交换的特殊性、敏感性和重要性,在坚持“平等、对等、互惠互利”国际合作原则的基础上,遵循以下原则:

1. 维护国家利益原则

国家安全是一个以国家利益为核心的多维度、全方位、大融合的复杂巨系统,涵盖了政治、国土、军事、经济、文化、社会、科技、信息、生态、资源和安全等领域。数据则渗透到国家安全的各个方面,与各个领域相互交织,共同推动着这个巨系统的发展演化。[④] 2014年2月,中央网络安全和信息化领导小组第一次会议召开,习近平总书记指出:

① 王帆、凌胜利:《人类命运共同体——全球治理的中国方案》,湖南人民出版社2017年版,第1页。

② 同上注,第4页。

③ 《俄官员:俄中网络安全协议之有效并带来成果》,载http://oversea.huanqiu.com/article/2017-07/11047771.html?agt=46,最后访问日期:2018年12月27日。

④ 吕欣等:《大数据与国家治理》,电子工业出版社2017年版,第56页。

"没有网络安全就没有国家安全、没有信息化就没有现代化。"《国家安全法》第47条规定:各部门、各地区应当采取有效措施,贯彻实施国家安全战略。《国务院办公厅关于促进电子政务协调发展的指导意见》(国办发〔2014〕66号)提出:切实加强安全保密。《国务院关于印发促进大数据发展行动纲要的通知》提出切实加强对涉及国家利益、公共安全、商业秘密、个人隐私、军工科研生产等信息的保护。《国家信息化发展战略纲要》提出切实维护国家网络空间主权、安全、发展利益。信息安全是交换共享的前提条件,在国际合作中应当坚持国家利益至上原则,应当充分考虑价格信息涉及的产业、行业、领域和涉及的主体、货物、内容等因素,在维护国家主权和利益、保障国家经济安全的前提下开展价格信息交换工作,保护绝大多数守法企业的利益,维护企业的核心竞争力。

2. 有限使用原则

在互助协定谈判过程中应当进一步规范交换价格信息的保密条款、使用条款和违约责任条款。如请求方就提供的保护和保密等级进行描述;请求方对被请求方提供的所有信息或文件严格保密,至少提供与被请求方法律法规所要求的同一水平的保护和保密性;未经信息提供方同意,所交换信息不得在司法和行政程序中作为证据使用,不得用于其他用途,不得向海关之外的第三方提供;一旦违反约定,提供方有权终止执行协定并采取反制措施等,并建立信息互换的提出、审查和反馈的良性机制,避免信息非法泄露或扩散。

3. 必要合理原则

目前从各方对信息交换的需求来看,总体上处于外部需求迅速增长,内部需求始终不旺的状况。从符合监管需要的必要性和合理性出发,充分考虑价格信息交换的范围、时效,既不能畏首畏尾,不敢越雷池一步而无所作为,也不能全盘接受,全方位全口径全覆盖提供而无所保留。可以针对有违法嫌疑的部分特定企业和特定报关单开展,或者针对失信企业,灵活掌握范围和频次,推动价格信息交换工作稳步有序开展,体现中国海关合作的立场和姿态。

(二)完善价格信息交换法律体系建设

1. 借鉴国际先例通过立法提高信息交换依据层级

《欧盟海关法典》规定,海关当局在国际协定下或者在共同商业政策领域内的欧盟法律框架下,为了与欧盟关境以外的国家或地区开展海关合作,保密信息可以传递给上述国家的海关当局及其他主管部门。日本《关税法》规定,财务大臣依照《关税法》《关税定律法》及其海关相关法令有权决定对外国相应执法部门提供有助于执法的信息。美国海关在对外签署行政互助协定时,对规定可以交换的信息以及信息的使用都比较开放,实践中美国海关也没有将商品的价格信息作为机密并在对外行政互助中加以限制。我国在加入《贸易便利化协定》时将第12条作为B类承诺,即为发展中或最不发达国家成员指定的在本协定生效后的一过渡期结束后的日期起实施的条款。在制定《关税法》或者修改《海关法》过程中,建议考虑增加在国际合作中开展信息交换的规定的可行性,提高价格信息交换依据的层级和权威性。

2. 参照司法互助做法对行政互助做出规定

《刑事诉讼法》第18条规定:"根据中华人民共和国缔结或者参加的国际条约,或者按照互惠原则,我国司法机关和外国司法机关可以请求刑事司法协助。"《刑事诉讼法》的规定使我国司法机关与外国司法机关的司法互助有法可依。在行政执法领域,建议可借鉴司法互助的做法,在《行政诉讼法》修改时增加关于行政互助的内容,为包括海关在内的所有行政机关与国外执法机关开展执法互助提供法律依据。

(三)加强价格信息交换的管理

1. 实行价格信息的归口管理

价格信息的互换,首先需要确保信息及时、完整、准确,这就要求海关信息的管理要专业、高效。因此,要制定海关价格信息使用管理办法,健全信息交换管理机制,指定专门机构统筹协调全国海关的价格信息资源,实现数据"数汇一门""数出一门",避免分头管理造成的资源浪费等现象,确保海关数据信息及时、完整、准确,保障权威性,更好地为国家宏观调控、政策决策服务,为海关治理服务。

2. 划分价格信息的安全等级

信息安全等级保护制度是国家在国民经济和社会信息化的发展过程中,为提高信息安全保障能力和水平,维护国家安全、社会稳定和公共利益,保障和促进信息化建设健康发展而形成的一项基本制度。如根据涉密信息的涉密等级,涉密信息系统的重要性,遭到破坏后对国计民生造成的危害性,以及涉密信息系统必须达到的安全保护水平划分为秘密级、机密级和绝密级三个等级。[①] 借鉴上述做法,可以把海关交换的价格信息进行分类,根据关注度、价值、实效性、重要性、影响力等因素区分三到五级,在信息交换时进行考量和选择,并确定相应的保密方式。

3. 严格把握价格信息交换节奏

"一带一路"沿线国家国内法律体系的完备程度各不相同,法律环境差异大,国别法律风险值得关注。根据中信保和达信(MARSH)的政治风险评估,"一带一路"约有42.2%的国家具有较高的政治风险[②]。根据合作国家、贸易量等因素的不同,开展价格信息交换试点,总结试点经验,然后稳步推广。

(四)加强与相关方的密切合作

1. 适时要求企业认可海关在国际合作中提供信息

《全球贸易安全与便利标准框架》指出:海关与企业的合作是两大支柱之一。鉴于货物价格信息所有人可以采取保密措施将价格信息确定为商业秘密,而《反不正当竞争法》《若干规定》等关于保密措施的要求又相对宽泛。《海关进出境运输工具舱单管理办法》[③]第7条第1款规定:舱单传输人可以书面向海关提出为其保守商业秘密的要求,并具体列明需要保密的内容。为保险起见,建议海关在履职过程

---

① 李小刚主编:《海关科技》,中国海关出版社2008年版,第396页。

② 郑之杰主编:《"走出去"的法律问题与实践》,法律出版社2016年版,第433页。

③ 海关总署〔2018〕第240号令。

中考虑增加要求企业允许海关向外国海关或地区提供相关信息的环节和程序。

2. 参照信息公开做法寻求主管部门支持

《政府信息公开条例》第14条规定:行政机关对政府信息不能确定是否可以公开时,应当依照法律、法规和国家有关规定报有关主管部门或者同级保密工作部门确定。《国务院办公厅关于做好政府信息依申请公开工作的意见》(国办发〔2010〕5号)第7点规定:遇到情况复杂或者可能涉及国家安全、公共安全、经济安全和社会稳定的申请,应加强相关部门间的协调会商。海关国际合作中对于价格信息是否涉及国家安全、能否交换有疑问,可以参照信息公开的有关规定,向国家主管部门申请确定。

《十九大报告》提出:中国坚持对外开放的基本国策,坚持打开国门搞建设,积极促进"一带一路"国际合作,努力实现政策沟通、设施联通、贸易畅通、资金融通、民心相通,打造国际合作新平台,增添共同发展新动力。"一带一路"适应了当代世界发展的多极化、经济全球化、文化多样化、社会信息化的浪潮,涉及沿线60多个国家,覆盖全球半数以上人口,沿线国家经济总量约占全球1/3,①东联亚太经济圈,西接欧洲经济圈,跨越高山深海,正在逐步构建世界上最壮美的经济走廊②。"一带一路"建设中海关国际合作是一篇大文章。倪岳峰书记指出:要贯彻新发展理念,主动融入"一带一路"建设大局,"既要着眼国内,切实提出支持推动'一带一路'核心区建设发展,在更大范围、更宽领域、更深层次上发挥好海关作用的有力措施,也要放眼世界,全方位加强与沿线国家和地区海关的机制化合作,深化沿线大通关"。因此,海关要遵循共商共建共享原则,加快海关国际合作步伐,全方位深化沿线大通关合作,推动与沿线国家海关的机制化合作促进供应链安

① 郑永年、张弛:《一带一路与中国外交》,载綦大鹏主编:《国际战略形势与中国国家安全(2015-2016)》,东方出版社2016年版,第241页。

② 赵银平:《一带一路:习近平打开的"筑梦空间"》,载http://www.xinhuanet.com//politics/2016-09/21/c_1119594710.htm,最后访问日期:2018年12月27日。

全和贸易便利,扎实推进和服务"一带一路"建设,共同把海关合作水平推向一个新高度,为区域经济发展和全球经济增长注入强劲动力。

International Cooperation of Customs in Price Information Exchange in the Development of "the Belt and Road" Initiative

CHEN Shuguo

[**Abstract**] The report of the 19th Party Congress puts forward: It is necessary to focus on the development of "the Belt and Road" Initiative, adhere to bringing in and going out, follow the principle of consultation and joint construction, and strengthen innovation and cooperation of opening-up, so as to form an open pattern linking domestic and foreign land and sea, and promoting east-west mutual cooperation. With the globalization of economy and the development of international trade, international exchanges of China Customs and foreign counterparts along "the Belt and Road" become more and more frequent. As international cooperation deepens, many foreign customs administrations urgently hope that China Customs can exchange cargo information with them including price information. However, in practice, there is a different understanding of whether the above information can be exchanged. This paper makes legal analysis and empirical research on the issue, and puts forward relevant recommendations.

[**Key words**] international cooperation; information exchange; risk prevention and control

从国际法软法来看WCO《海关估价与转让定价指南》

何　力*

[摘　要]　WCO《海关估价与转让定价指南》于2015年6月颁布,使各国海关和跨国公司在进行海关估价时对转让定价问题有了一个统一的国际规则。它是国际法软法,而国际法软法在现代国际社会和经济活动中发挥着重要的作用,已为各国学界和商界所认可。该指南是在WCO机制下形成的,也是在经济合作与发展组织的合作下的产物。WCO的海关国际条约、WCO的建议书和指南构成WCO的法律规则体系,《海关估价与转让定价指南》就是其中之一。

[关键词]　WCO;海关估价;转让定价;国际法软法

一、WCO《海关估价与转让定价指南》的颁布及问题的提出

海关估价是一个海关征税环节。进出口货物进行海关通关时,经海关审查确定一个完税价格,并在此基础上进行海关征税。转让定价是跨国公司比较普遍采用的税务对策行为,也是税务部门要面对的问题。它是关联企业之间在销售货物、提供劳务、转让无形资产等时采用的价格,不可否认很多具有避税的目的。海关是主要负责征收关税等,与一般国家的税务部门分别设置,属于不同的征税体系。但跨国

* 何力:复旦大学法学院教授,博士生导师,上海海关学院兼职教授,法学博士。

公司等企业的转让定价行为也会影响到海关征税,特别是海关估价。这样,对于具有转让定价的货物进出口如何进行正确的海关估价,成为海关、进出口企业和报关企业必须要解决的问题。

世界海关组织(World Customs Organization,WCO)为了解决这个问题,于2015年6月颁布了WCO《海关估价与转让定价指南》(2015年版《指南》)。[①] 2018年6月,WCO发布了新的《海关估价与转让定价指南》(2018年版《指南》)。[②] 该系列《指南》是在《经济合作与发展组织转让定价指南》基础之上所确定的关于转让定价的海关估价规则和方法,使海关能够确保进口货物交易的价格不受买卖双方关系的影响。而WCO内与《WTO海关估价协定》相配套成立的WCO海关估价技术委员会(TCCV)也已经确认,海关确定海关估价环节时在审查跨国公司那样的关联企业之间交易,是可以直接采用转让定价的税务审查的。海关估价技术委员会正在进一步研究,以提供转移定价数据在海关估价中运用的具体事例。这部《海关估价与转让定价指南》就是在这样的背景下出台。

正如该指南前言所说的,该指南旨在为从事海关估价的海关和从事审查转让定价的税务机关这两个领域的专家和非专家提供便利,为这两个制度提供了相关方法,并探讨了海关使用转让定价信息审查关联方交易的关联性和可能性。这将鼓励海关和税务部门共同努力,相互交流相关信息和知识。这也将鼓励跨国公司企业在进行转让定价研究和起草预估价协议等文件时也要充分考虑到海关的要求。该指

---

① WCO,WCO Guide to Customs Valuation and Transfer Pricing(2018 edition),Accessed Dec. 30,2018,http://120. 52. 51. 16/www. wcoomd. org/ –/media/wco/public/global/pdf/topics/key-issues/revenue-package/wco-guide-to-customs-valuation-and-transfer-pricing. pdf? db = web.

② 2018年版《指南》一共7章,其中第6章为新增加内容,同时增加了11个附件,特别关注11个附件中的国别实践、案例研究、常见转让定价术语汇编表及转让定价同期资料内容结构。参见《世界海关组织(WCO)发布〈海关估价与转让定价指南〉(2018年版)(含转让定价同期资料内容结构体系)》,载https://www. sohu. com/a/245412846_611489,最后访问日期:2018年12月31日。

南在编写过程中也得到了经济合作组织(Organisation for Economic Co-operation and Development,OECD)、世界银行集团和国际商会的帮助。①

显然,这一《指南》的颁布,对于各国海关的海关估价制度有着重大的指导意义,必将直接或间接地影响到各国海关在制定和处理海关估价与转让定价问题上的规则和做法,并且也会牵动各国进出口企业的进出口报关的实践。对于这样一种规则我们有必要进行法律分析。WCO的《海关估价与转让定价指南》是一个什么性质的法律文件?它是法律规则吗?如果说它是法律规则,是否具有国际法上的效力呢?是否可以拘束主权国家呢?各国海关当局是否必须全面遵守这一《指南》的规定呢?在这样的指南颁布和实施的情况下,各国进出口企业应该如何应对?所有这些,都是我们要在本文中试图分析和回答的问题。

二、调整国际经济关系的国际法软法规则存在的事实和必要性

软法(Soft Law)是一种法律形态,是相对于传统的法律,即"硬法"(Hard Law)而存在。它是指那些不依靠国家强制力保证实施的法律规范。软法可以指国内法,也可指国际法,其概念是从国际法中产生。国际法软法最早可以追溯到1948年联合国通过的《世界人权宣言》。从20世纪60年代或70年代开始,重要的国际组织和国际会议通过了更多的国际宣言或决议,比如1972年联合国人类环境会议通过的《联合国人类环境会议宣言》、1974年联合国大会通过的《建立国际经济新秩序宣言》等。在传统国际法中,国际宣言或决议对国家并无国际法约束力,因此并非在国际法规则体系之中。但这些宣言、决议等国际法文件却体现了国际社会的共识,表达了全人类对国际社会

---

① 关于2015年版《指南》制定的背景说明,参见New WCO Guide to Customs Valuation and Transfer Pricing, 2 载WCO官网:http://www.wcoomd.org/en/media/newsroom/2015/june/new-wco-guide-to-customs-valuation-and-transfer-pricing.aspx,最后访问日期:2018年12月31日。

某些问题的共同的价值观和基本认识,事实上对将来的国际立法具有指导性作用,很多规则后来通过各种多边或双边条约的规定成为实在的国际法规范,所以它们就不能简单被排除到国际法规则体系之外。这样的法律现象后来被概括为“国际法软法”。[①] 这样的软法概念后来又延伸到国内法领域,能够解释很多国内法领域所存在的介于法律规则和非法律规则之间的事实和现象,于是成为法理学上的一个概念被接受。[②] 因此,国际法软法就是原则上没有法律约束力,但却有实际效力的国际行为规则。它对国家的约束力比较弱,但其出现或者被制定时是期待可以通过后续的国内法或者国际协定而获得法律效力。

国际法软法主要出现在国际人权法、国际环境法、国际经济法以及其他一些专业性的国际法领域。比如世界卫生组织,除了有关国际条约之外,也存在经条约授权而形成的各种各样的软法规则。[③] 联合国粮农组织、世界知识产权组织、联合国教科文组织等等,也都存在这个各种软法规则。

而国际经济领域则是孕育软法规则的肥沃土壤。调整国际经济关系的法律规则也有两类:一类是硬法,即国际条约类的规则,包括公约、条约、协定、议定书等对国家及经济体有约束力的法律规则;另一类是软法,为各种政府间国际组织或非政府组织(主要是指国际商会以及其他行业和专业机构)制定的对国家没有约束力的规则。对于前者,在法理上没有争议,其法律特征按照国际法以及法学原理能够得到解释。但对于后者,在法律和非法律之间的界限不好划定,因此并无一致的观点。当然,“软法”一词的应用是在认可这一类规则也属于法律规则为前提的。

如今的国际经济已经成为极其复杂的体系,离开了法律规则的调整是无法运转的。这样的规则首先就是国际经济领域的国际条约。

---

① 万霞:《国际法中的“软法”现象探析》,载《外交评论》2005 年第 1 期。

② 罗豪才:《软法研究的缘起》,载《人民法治》2016 年第 1 期。

③ 龚向前:《浅析国际法上的“软法”——以世界卫生组织“软法”为例》,载《社会科学家》2006 年第 2 期。

第二次世界大战后成立的国际货币基金、世界银行和GATT(及其后来的WTO)都是在相应的国际条约(IMF协定、IBRD协定、GATT协定以及WTO协定)规范下运行的,并通过这些国际条约实行着事实上的国际经济法律治理。但是,它们不可能覆盖国际经济的全领域,更不可能取代国际经济各个行业和专业领域的规则。

因此,各种政府间国际组织或非政府组织制定的关于国际经济规则,特别是那些行业性和专业性规则,事实上起着调整国际经济关系的法律规则的作用。我们可以用国际法软法的理论来解释和说明这一现象。

国际法软法如此盛行,原因有以下几点。

第一,国际法软法在当今国际社会中可以对国际法起到补充和辅助的作用。国际法在第二次世界大战后已经演变成国际条约法为主的法律规则体系。国际条约将缔约国的国际法义务明文化,在条约必须遵守原则下缔约国必须履行相关的国际义务,否则必须承担国际法下的国家责任。国际条约保证了国家间的权利义务明确性,保障了国家间关系的稳定性。但是,国际条约不可能包揽一切。很多细微的领域是国际条约难以涵盖的。这就需要国际法软法进行全面覆盖,并对国际条约的规定进行补充。

第二,国际法软法可以适应国际社会的新情况和新发展。国际条约具有稳定性,但同时却存在滞后性。国际条约明确规定了缔约国之间的权利和义务,如果形势出现新发展新变化,很难迅速做出相应的调整。这是因为国际条约一旦缔结和生效,要修改条款则需要重新在缔约国之间达成合意,而且往往还需要复杂而费事的批准程序。而国际法软法并无此限制,因为它们本来就介于法律规则和非法律规则之间,对国家并没有强制约束力,所以能够充分适应形势变化而进行相应调整和修正。

第三,国际法软法可以解决很多国际条约难以解决的问题。特别是在国际经济法领域,已经出现了国际条约法软化现象。第二次世界大战后国际法领域出现了法典化现象。联合国经社理事会下属的专门委员会国际法委员会成为推动国际法法典化的主要力量,经它的努力完成了《维也纳条约法公约》《维也纳外交关系公约》《维也纳领事关系公约》《联合国海洋法公约》等伟业。在国际经济法领域,联合国经社理事会也于 1966 年成立了联合国国际贸易法委员会,对国际贸易法进行官方编纂,以便形成国际贸易法的统一规则,制定了包括 1980 年《联合国国际销售合同公约》等有价值的国际贸易法公约。联合国贸易与发展会议也于 2008 年制定了《联合国全程或部分海上货物运输合同公约》(鹿特丹规则)。但是,联合国主导下采取多边条约的形式达成统一规则越来越困难了。各国更加倾向于达成示范法(model law)的方式制定国际规则,以减少谈判和达成协议的时间和成本,比如 1985 年联合国国际贸易法委员会制定的《联合国国际商事仲裁示范法》。示范法对各国并不具有约束力。各国可以根据自己的情况全盘接受、部分接受或者不接受。因此,示范法也属于国际法软法规则。

第四,国际法软法由于其灵活性,甚至可以不拘泥于国家和主权。国际法软法可以由主权国家或政府间国际组织制定,也可以由非政府组织制定。后者比如国际商会、国际奥林匹克委员会、国际红十字会、巴塞尔银行监理委员会、国际证券监督委员会、国际标准化组织,等等。当然,非政府组织千千万万,五花八门,并非它们制定的规则都算国际法软法。能成为国际法软法的应该是那些行业性、专业性的国际组织,在本领域具有决定性权威。甚至某些跨国公司或国际银行也可以参与国际法软法的制定。国际法软法可以有很多形式,有政府间国际组织制定的内部政策指南和操作规程,也有一些国际行业性机构颁布的指导性文件,包括各种国际标准。

三、WCO《海关估价与转让定价指南》的性质

要分析定位 WCO《海关估价与转让定价指南》的性质,就要了解 WCO 的组织构造和规则制定机制。WCO 的正式名称是海关合作理事会,根据 1950 年制定,1952 年生效的《关于建立海关合作理事会公

约》成立,1995年1月1日起工作名称为世界海关组织,是一个政府间国际组织,而且也是全球最具有权威性的海关专业国际组织。WCO的基本宗旨是,“使各国海关制度达到高度的协调和统一,特别对于和海关制度有关的海关技术和海关立法在发展和改进中存在的问题进行研究是可取的,深信关心这些问题包含的经济和技术因素,促进各国政府在这些事务上的合作”。[①] 因此,WCO是有职权制定海关职能相关的各种规则的,并且对于各成员方有一定的拘束力。

WCO作为国际组织,它可以主持起草相关的海关国际条约草案,确保各成员之间在商品归类目录、海关手续和技术等方面取得最大限度的协调和一致。它主导制定的海关国际条约已经有接近20部。海关国际条约生效后,WCO依职权对其进行管理,为此其海关合作理事会可以制定建议书(Recommendation),以确保对相关协定和规则的统一解释和实施WCO主持制定和管理的各项海关国际公约,就协调解决涉及公约解释和实施方面的争议提出建议书,为当事各方解决争端和分歧提供帮助。这样的建议书所涉及的海关业务制度更为具体和广泛,包括税则目录、海关估价、完税和退税的相关做法、货物运输和人员流动、海关技术和信息交换等多方面内容。建议书是一个国际组织向其成员的一方或多方发出的文件,并提请其接受文件中规定的行为和做法,成员国接受某项建议书被视为要履行建议书中的义务而不仅仅表示愿望,接受的程序一般由海关或驻外使馆书面通知理事会秘书长即可,但是在任何情况下各成员都可以不接受与自己意愿相违背或实施有困难的建议书。因此,建议书的性质并非国际法硬法,而是国际法软法。建议书中最有名的就是理事会于2005年年会上通过的《全球贸易安全与便利标准框架》。它虽然并非正式的海关国际条约,没有其所具备的对成员方的国际法义务的约束力,但它要求成员方尽早提出该框架的实施意向书。成员方一旦提出了意向书,可以认为构成成员方政府的承诺,从而形成了某种国际法上的义务。这样,建议

① 《关于建立海关合作理事会公约》前言。

书就带有了法律义务的属性,成为国际法软法规则。其他还有1953年《关于行政互助的建议书》、1994年的《关于更有效地制止侵犯版权和商标权货物进出境的建议书》,等等。

作为WCO运营的机构设置,考虑到WCO理事会不能常常开会,所以需要下设各种委员会作为其辅助和工作机构。根据《关于建立海关合作理事会公约》第5条和第10条的规定,WCO设立常设技术委员会,并从一开始就根据工作需要设置了海关估价委员会、财政委员会。后随着WCO职能的增多,WCO成立了政策委员会,并在常设技术委员会之外还根据需要设立很多专业技术委员会,负责具体管理各项海关国际条约。比如目录委员会管理1950年《海关税则商品归类目录公约》,协调制度委员会负责管理1983年《商品名称及编码协调制度国际公约》。这些委员会还对相关海关国际条约进行解释,提出很多意见和建议,虽然没有国际法上的强制约束力,但具有权威性,并且事实上在各国海关执法和相关诉讼中得到法院的支持,因此事实上也具有一定的国际法效力。

WCO的技术委员会不仅对WCO项下的海关国际条约进行管理和解释,而且还对涉及海关事务的非WCO项下的其他相关国际条约提供技术支持。比如WTO的《海关估价协定》和《原产地规则协定》本是WTO的协定体系的一部分,但这两个协定与海关事务有重大关联,所以关于这两个协定的技术支持和专业解释是有WCO进行的。WCO专门为此设立了两个技术委员会:海关估价技术委员会和原产地规则技术委员会。

在WCO的国际法软法规则体系中,WCO《海关估价与转让定价指南》就属于WCO的委员会层次的规则。它的制定机构是WCO的海关估价委员会。这个委员会是从WCO成立时就建立起来的委员会,负责为WCO成员及私人主体提供技术支援和海关估价专业训练,以及为跨国公司海关征税方面的海关估价和转让定价方面制定有关指针。

跨国公司在两个子公司之间的交易的转让定价现象是普遍存在的,扭曲的转让定价影响税收公平,对于海关征税有很多影响。如何保证对跨国公司转让定价进行公平的海关估价,征收关税,既消除扭曲转让定价的不良影响,又防止不适当的海关估价对跨国公司造成双重征税,需要有一个国际标准,以便使各国海关和跨国公司在进行海关估价时有章可循。2006 年和 2007 年,WCO 和 OECD 在布鲁塞尔举行了两次联合会议,专门研究海关估价与转让定价问题。每次会议都有将近 300 人参加会议,除了各国海关当局、税务机关官员之外,跨国公司、相关国际组织、咨询公司和学术机构人士也参加其中。[①] 2007 年会议后成立了一个工作小组,针对会议提出的问题进行深入研究,并对于 WTO《海关估价协定》第 1.2 条中关于转让定价问题进行了详细的探讨。经济合作与发展组织和国际刑事法院也协助了这项工作,因为这涉及如何对于因转让定价引起的海关走私犯罪的认定问题。最后在 2015 年形成了《海关估价与转让定价指南》。

由此可见,虽然 WCO 完全可以发起和组织海关国际条约的谈判和主持签署,但在海关国家和转让定价方面,却并没有采取海关国际条约的形式,而是采用了“指南”的形式。国际组织或权威性非政府机构颁布的指南与行业的国际标准比较相似。国际标准(international standard)就是国际标准化团体制定的国际通用的标准。这些团体中最有名的就是国际标准化组织(International Organization of Standard, ISO),其他还有国际电气标准会议(IEC)、国际电信联盟(ITU)等,巴塞尔银行监理委员会(BCBS,也叫巴塞尔委员会),等等。这些国际法软法规则一般都是在国际习惯或国际共识基础上发展起来,并为有关国家、社会组织和个人所普遍接受的行为规则。[②] 它们有的是政府间机构制定,有的则没有政府参与。但由于在专业性和行业性方面具有国际公认的权威性,因此能够得到各国普遍适用,包括在法庭上作为

① WCO, Customs Valuation and Transfer Pricing, Accessed Dec. 31, 2018, http://www.wcoomd.org/en/topics/valuation/activities-and-programmes/customs-valuation-and-transfer-pricing.aspx.

② 朱景文:《国际标准与中国的法律改革——以贸易、金融和公司治理》,载《法学家》2003 年第 3 期。

判案的依据,成为事实上的法律渊源。关于WCO《海关估价与转让定价指南》,由于WCO海关估价技术委员会就是当今世界上海关估价领域的权威机构,所以该机构颁布的指南对于各国海关就具有权威性指导意义。由于它会成为各国海关的实施规则,所以跨国公司和报关公司必然会以该指南作为标准。

当然,由于它是国际法软法规则,所以并无海关国际条约那样的通常的强制拘束力,也没有必要经过各成员方的国内批准程序。它也不会强求各成员方的海关以及税务当局必须不折不扣地按照该指南的规则行事,各成员方在实行该指南时也可以根据本国的具体情况有所取舍和调整。

四、作为海关国际法律规则的WCO《海关估价与转让定价指南》

WCO《海关估价与转让定价指南》是WCO与OECD合作的成果。OECD由发达国家组成(中国台湾地区作为OECD观察员参与其活动),被称为"富国俱乐部"。它并非一个像WTO那样的有拘束力的国际组织,更多采用了国际法软法的方式产生很多国际规则,特别是国际经济规则,成为很多国际经济法律规则的最初发源地。这些规则涉及的领域非常广泛,包括农业与渔业、贪污与腐败的防止、化学安全与生物安全、竞争、发展中国家支援、宏观经济、教育、雇佣、环境、会计、绿色增长与可持续发展、健康、产业和创业、技术革新、保险与年金、移民、互联网、投资、公共管理、地域和城市发展、制度改革、科学与技术、社会与福利、税金、贸易,等等。其中经济与合作发展组织《多国企业和税收管理的转让定价指南》(OECD Transfer Pricing Guidelines for Multinational Enterprises and Tax Administrations)①则是WCO《海关估价与转让定价指南》制定的基础。值得注意的是,OECD的《多国企

---

① OECD Transfer Pricing Guidelines for Multinational Enterprises and Tax Administrations(2017年版为其最新版本),载OECD官网:http://www.oecd.org/tax/transfer-pricing/oecd-transfer-pricing-guidelines-for-multinational-enterprises-and-tax-administrations-20769717.htm,最后访问日期:2018年12月31日。

业和税收管理的转让定价指南》和WCO的《海关估价与转让定价指南》都采用了指南的形式,也说明了国际组织的指南已成为国际法软法中被普遍接受的法律形式。

OECD的《转让定价指南》是由OECD财政事务委员会制定。为了制定该指南,OECD从20世纪70年代起就开始进行调查研究,先后颁布了几个报告,确立了以价格为基础进行税收评估时的调整方法。它们是在贯彻正常交易原则和公平交易原则基础上的可比非受控价格法(Comparable Uncontrolled Price Method,CUP)、再销售价格法(Resale Price Method,RPM)、成本加成法(Cost-Plus Method,CPM)、交易利润法,包括利润分割法(Profit-Split Method,PS)和交易净利润法(Trade Net Margin Method,TNMM)。这样,在2009年颁布了第一个OECD《转让定价指南》。后来又在2010年、2017年陆续颁布了新版的《转让定价指南》,而2010年版的《转让定价指南》就是WCO2015年版《海关估价与转让定价指南》制定的参考。[①] 在WCO制定其《指南》的时候,OECD也参与了相关的讨论。因此,WCO《海关估价与转让定价指南》实际上也是两个国际组织之间合作的成果。

两个《指南》的共同之处就是转让定价,这本来是一个国内税收当局对于跨国纳税人,主要是跨国公司的征税进行税收调整的问题,但在海关当局进行海关估价环节中也面临同样的问题,因而可以充分借鉴OECD的《转让定价指南》的成果而制定海关估价的转让定价相关规则。OECD《转让定价指南》的制定也考虑到了海关估价中的转让定价情况,也作了相应的规定,专门设置了“海关估价的运用”这部分内容。[②]

---

① Danny Oosternoff & Bo Wingerter:《2010年版OECD转让定价指南解析》,贾楠、魏睿译,载《世界税收信息》2011年第3期。

② OECD,OECD Transfer Pricing Guidelines for Multinational Enterprises and Tax Administrations 2010, Accessed Dec. 31, 2018, http://www.oecd-ilibrary.org/taxation/oecd-transfer-pricing-guidelines-for-multinational-enterprises-and-tax-administrations-2010_tpg-2010-en;jsessionid=2926jafosanri.x-oecd-live-03.

WCO《海关估价与转让定价指南》作为国际法软法,在海关国际法规则体系中占有一席之地。海关法本是国内法,是国内法中的涉外法律中的一个。第二次世界大战后,国际经济交往日益加深,海关主权下各国海关法律规则各自为政的状况成为国际贸易的一大障碍,于是如何打破这一障碍,逐步建立国际统一的海关法律规则,成为摆在各国政府面前的重要课题。

最早开始进行国际海关法律统一规则尝试的是GATT。在1947年制定的GATT第7条在美国的主导下建立了以成交价为基础的海关估价规则,颠覆了欧洲各国海关多年实行的正常价格为基础的海关估价规则。但是GATT虽然也是国际条约,但属于契约性条约,并不伴随着一般国际条约所具备的强制性约束力,所以这条规则虽然存在,但并没有产生统一各国海关估价规则的效果。只是到了1995年WTO成立,WTO《海关估价协定》才使GATT第7条的海关估价规则真正产生了实际效力。由于WTO机制的强制约束力,WTO各成员方都必须要将其海关估价规则与WTO《海关估价协定》和GATT第7条规定相一致,各国统一的海关估价规则从此得以建立。关于原产地规则的国际海关法律统一规则也是在WTO主导下以同样的方式建立起来的。

国际海关法律统一规则的另一个主要创建者就是WCO。WCO及其前身海关合作理事会自从20世纪50年代初成立以来,主导制定了大量的海关国际条约,包括1953年《海关商品估价公约》、1959年《海关税则商品归类目录公约》、1963年《关于货物凭ATA报关单证册暂准进口海关公约》(《ATA公约》)、1974年《关于简化和协调海关业务制度公约》(《京都公约》,2006年修改后的《京都公约》生效)、1998年《关于协调商品名称及编码制度国际公约》,等等。但WCO由于缺乏WTO机制的强制性,因此它所建立起来的海关国际条约下的海关国际法律统一规则虽然也有国际条约法上的约束力,但缺乏对于违反条约的处罚机制和争端解决机制,所以从其强制力上看更接近国际法软法。

至于WCO制定的建议书和WCO下设委员会制定的指南和各种规则,则是完全的国际法软法规则了。它们并无国际法强制约束力,各国海关当局可以根据自己的情况决定是否全面采用或者部分采用或者暂时不采用,并不因此会承担违反国际法义务的后果。这是一种最容易实现的海关国际法律统一规则,但缺乏的是强制约束力。这样的状态还可以称之为法律吗?答案应该是肯定的,因为我们可以用国际法软法的理论和实践充分解释的。

事实上在现实中,包括WCO《海关估价与转让定价指南》在内的WCO的建议书和指南等WCO主导下形成的海关国际法律统一规则被积极运用和实施的可能性是非常大的。这主要是因为WCO在海关规则领域的权威性所决定的。在海关领域,WCO既是政府间组织,当然受到各国海关当局的全力支持,同时也因为其高素质的专业水准得到各国商界广泛认可。多年来的实践表明,WCO制定的海关规则具有一定的普遍适用性。在发生海关法律讼争之际也常常作为适用的法律规则。如果这些规则还没有国内法化,则可以解释为国际习惯加以适用。

Approaching the WCO Customs Valuation and Transfer Pricing Guide from the Perspective of Soft International Law

HE Li

[**Abstract**] WCO Customs Valuation and Transfer Pricing Guide was promulgated in June 2015, which enables customs and multinational corporations of various countries to have a uniform international rule on transfer pricing issues in customs valuation. It is a soft international law, which plays an important role in the modern international society and economic activities and has been recognized by the academic circles and business circles of various countries. The Guide was formed under the WCO mechanism and was also a product of the cooperation of the Organization for Economic Cooperation and Development. WCO customs international treaties, WCO proposals and guides constitute the WCO legal rules system, to which the Customs Valuation and Transfer Pricing Guide belongs.

[**Key words**] WCO; customs valuation; transfer pricing; soft international law

比较视野下中国 AEO 制度存在的不足之处和改进措施

江清云 鄢玲荣*

[摘 要] 当前中国海关贸易便利化的改革包括强化经营者认证制度(下文简称 AEO 制度)以及国内贸易自由区内特殊监管下的无纸化通关。通过梳理海关管理制度中的不同理念,整理中国海关的监督体系和相关法律和法规,结合中国的中小企业申请认证的制度与欧盟的经营者认证自我评估表,对比中美现行 AEO 制度,提出实现国际合作展望的改进建议。

[关键词] AEO 制度;海关监管;中小企业

AEO(Authorized Economic Operator)制度作为近年来重要的海关监管措施,对全球贸易便利化具有深远的影响。中国作为贸易大国,与欧美等合作 AEO 制度无疑有利于提高彼此的海关监管水平和通关效率。2015 年 11 月 1 日中欧 AEO 互认协议的生效表明,中国正在逐步落实与世界各贸易伙伴的 AEO 合作关系。

本文将首先分析企业分类管理制度的框架以及中国的 AEO 制度并讨论其最新进展。中国 AEO 制度的改革将会加强信用管理制度,

---

* 江清云:上海对外经贸大学贸易谈判学院副教授,德国汉堡大学博士;鄢玲荣:上海对外经贸大学贸易谈判学院研究生。

提高国内外进出口经营者的海关通关效率。然后,文章将回顾对海关总署在不同阶段的管理理念:风险管理理念、分类管理理念、信用管理理念。通过与欧盟 AEO 制度实施的比较以及基于中美现有的合作框架,文章建议海关监管措施应更多地关注全球标准化和合规性以及为中小企业申请 AEO 资格设立筛选程序和单独的指南等,并依据较为成熟的欧美 AEO 制度做出相应调整,为国际间的 AEO 互认工作创造条件。

一、引言

AEO(经认证的经营者)由世界海关组织制定,旨在促进企业与海关之间合作并且为各国提供一种更安全、高效的国际供应链。总体上说,任何满足下列标准的经营者都可以被授予 AEO 资格,包括:遵守海关规定,真实准确的进出口活动记录,经济可靠性,以及相关严密的安全保密措施。近几年来,中国海关在世界海关组织的推动下积极地发展贸易安全和贸易便利化的理念,推进将经营者认证制度国内立法。中国引进经营者认证制度以及通过互认加强国际合作提高国家间的通关效率并增进了国际贸易往来。

在过去的几年里,中国海关一直致力于在公司管理方面的改革:通过引入经营者认证(AEO)标准,根据企业的进出口活动对海关规定的遵守情况对企业进行认证,通过认证的企业(AEO 企业)将会享受到差别化待遇下的通关便利。换句话说,“诚信守法便利、失信违法惩戒”。AEO 企业可享受到海关信用管理释放的红利:通关待遇得到提升,通关时间缩短,通关成本降低,从而进一步提高企业的国际贸易竞争力。AEO 企业出口货物到 AEO 互认的国家(地区)时,可享受到对方海关进口通关便利。

目前,中国海关总署已与重要的国际贸易伙伴签署了 AEO 互认协议,包括新加坡、韩国、欧盟以及中国香港。另外,在暂没有互认协议的国家(地区),中国也在积极努力,如与美国在海关—商贸反恐联盟

(Customs Trade Partnership Against Terrorism,C-TPAT)①下的合作。

二、中国企业分类管理制度的变革以及贸易便利化改革

(一)三个阶段的管理理念与国内改革

1. 风险管理理念

20世纪90年代中国进出口贸易发展迅速,此时引入了风险管理理念。但是这种分类方法并未实际应用于实践当中。20世纪90年代中国开始将劳动力和自然资源,外资以及科技投入出口产品的生产中,风险管理的理念才开始应用到进出口经营者的监管系统中。海关监管系统将重点检查进出口商品,例如,商品的质量、数量、重量以及合同的真实性。同时,对进出口公司的会记账簿的例行检查也作为检查进出口公司是否存在欺诈行为的补充方法。风险管理的理念更多用于货物查验而非进出口贸易的经营者。海关在港口或海关监管的区域内进行检查,如果发现有走私嫌疑,海关可以扣留货物。由于20世纪90年代的进出口经营者严重违规事件的发生,比如对外贸易中的欺诈行为,特别是经营者为逃避缴纳关税在报关时以低价进口,或用捏造的增值税专用发票索取和挪用退税资金。在一些案件中,出口经营者甚至会虚构订单,将外汇资金汇往国外。因此,风险管理的理念已不足以解决当下复杂的商业经营模式中产生的问题,需要不仅针对货物本身还要有针对企业所采取深层次的检查和分类措施。于是,在进出口环节,海关检查的范围扩大,由物及企,审核公司的记账并对企业开展定期检查。中国海关意识到,除了对货物的查验,监督进出口经营者对海关法规的遵守也十分重要。

① 海关—商贸反恐联盟(Customs Trade Partnership Against Terrorism):是美国边境保护局[U. S. Customs and Border Protection's(CBP)]在"9·11"事件后倡导设立的以确保国际供应链安全为宗旨的企业认证制度,通过该制度认证的企业将在美国边境享受到快速通关等海关便利。

2. 加工贸易企业的分类管理理念

作为中国对外贸易中的最重要贸易形式,加工贸易于20世纪80年代即中国实施改革开放后,在沿海地区兴起。在加工贸易模式之下,中国的进出口公司开始加工国外提供的材料,也可称之为外国买家。加工贸易对于中国的进出口行业的特别之处体现在对外资的利用、科技以及管理技术方面。加工贸易推动了区域经济发展,同时也提高了地方的就业率。自2003年开始,加工贸易的比重增至中国外汇总量的1/2,但是骗税、走私、加工贸易中对外汇的规避造成对外贸易的扭曲。为了解决这个问题,政府在1995年建立了一个专为加工贸易而设立保证金台账系统,并于1999年发布了《对进一步完善加工贸易银行保证金台账制度的意见》,首次将加工贸易企业分为4个类别,分别为"A""B""C""D"。"A""C""D"类企业的认证统一由海关总署和商务部决定,"B"类企业没有被单独列出。进出口记录不良的企业应该在进出口贸易活动全部完成前缴纳保证金。分类制度的实施通过对违反进出口法规的企业的处罚施加潜在压力,例如海关有关主管部门将会扣留、扣除或者没收保证金。

1999年3月,海关总署、对外贸易经济合作部和国家经济贸易委员会联合发布了《中华人民共和国海关企业分类管理办法》(失效)(以下简称《分类办法》)为企业归类为A、B、C、D四个类别以及基于企业的分类如何给予差别待遇或优惠待遇提供了评估标准。换言之,严格遵守法律法规的企业将会享受通关的优惠待遇。为了更好地实施分类制度,将会新设一个进出口经营者存档制度。同时,设立进出口的海关规定遵守的评估制度有助于对企业实行差别化贸易便利的优惠待遇。在动态评估过程中,企业的类别会根据其法规遵守记录变更。《分类办法》也标志着海关管理模式的一项重大变革也被视为后来推出的AEO模式或信用管理模式。

3. 统一分类管理理念

2008年4月1日对《分类办法》进行修订并使其正式的合法化。修订版的《分类办法》(2008年)介绍了经营者认证制度的认证和安全标准及其相关的实质要件、贸易便利化措施和认证的程序。修订版的《分类办法》同样为经营者认证制度在中国的应用提供了法律基础,推进了经营者认证制度在中国转化为国内法的进程。

修订版的《分类办法》扩大了进出口贸易经营者对参与加工贸易代理商和制造商的分类。另外,在企业分类类别中增加了AA类,只有中国的经营者认证企业可以被评为AA类。AA类别企业受海关内部管控,由海关主管部门对其进行贸易安全检查。AA类别的企业将享受在海关管理和通关时的优先待遇。在保证金台账制度下,海关管理将依据企业和货物的分类。实际的付款是否会被存入保证金账户中取决于企业的类别以及进出口的货物类别。

修订版的《分类办法》也包括了进行加工贸易的企业会被分为5个类别,即AA、A、B、C、D。除了AA类别企业,其他企业都要设立保证金账户。根据企业的类别以及货物的种类对银行保证金账户管理也将不同。货物会分为三个类别:(1)禁止型:所有企业都不能加工禁止进出口的货物;(2)限制型:AA类和A类企业不需要缴纳保证金,中国东部城市的B类企业需要支付一半的保证金,在中部或者东部城市的企业也不需要支付保证金;(3)许可型:除了D类企业,其他所有企业都可参与到加工贸易中,然而C型企业必须开设一个保证金账户,并需缴纳等同于对进口物资的数额。

在分类管理模式下,只有AA类企业无需设保证金账户,其他类别企业尽管不需要实际存保证金到账户中,但都必须有保证金账户。在这种模式下,企业将会受到严格监管以保证企业认真遵守加工贸易相关的法律法规。通过对保证金的使用要求不同,海关正试图制止非法活动的发生,如偷税、走私以及对外汇的规避,等等。

4. 信用管理模式与AEO制度的一致化

2014年10月8日,《海关总署企业信用管理暂行规定》出台并于2014年12月1日生效,这些新的措施,将会根据企业的信用状况对其分类,也就是说,以前的企业分类管理制度会发生改变,取而代之的是AEO制度或信用管理模式。企业被分为4种类别:(1)高级认证企业;(2)一般认证企业;(3)一般信用企业;(4)失信企业。与"分类办法"相比,AA类企业就是指高级认证企业,AA类和A类企业可以向海关申请高级认证和一般认证。B类企业变更为一般信用企业,C和D类企业将会被重新评估和分类,变为一般信用企业或者失信企业。在这种分类模式下,AA类和A类企业将会成为认证企业以及在现行法律法规下经认证的经营者。

相比分类管理模式,信用管理制度扩大了认证企业的范围,取消了对企业规模和企业成立年限的要求,中小企业也可申请经营者认证。这项认证是基于对企业信息的评估以及公示制度,比分类管理模式更透明。将其与分类管理模式相比较,对信用管理制度的主要内容总结列举如下:

• 所有管理企业根据统一的评价标准都可申请AEO认证,无关企业大小和创立时间。

• 每3年会基于重新评估的结果对认证企业进行调整。

• 除海关之外,第三方的认证也可作为参考。

• 该条例明确规定认证企业是中国海关经认证的经营者(AEO),中国海关依法开展与其他国家或者地区海关的AEO互认,并给予互认AEO企业相应通关便利措施。

• 该条例明确规定海关应将接受处罚的企业信用信息公示,海关对企业行政处罚信息的公示期限为5年。

2018年3月3日,海关总署公布了《海关企业信用管理办法》①,自2018年5月1日起施行。此后,海关总署连续发布2018年第177号、178号公告,完善《海关企业信用管理办法》(海关总署令〔2018〕第237号)实施工作,发布与《海关企业信用管理办法》(海关总署令〔2018〕第237号)配套执行的《海关认证企业标准》(含通用标准和进出口货物收发货人、报关企业、外贸综合服务企业单项标准),这标志

① 海关总署令2018年第237号。

着海关总署海关企业信用管理制度进一步优化和完善。①

(二)政策规范汇总

1999年以来,中国海关总署以及其他政府机构例如商务部,开始出台管理企业分类管理的法律法规。为了更好地理解企业分类管理改革,以及对信用基础管理的新发展,以下列举了进出口经营者在企业分类管理和信用基础管理方面需遵守的主要政策规范:

•《国务院办公厅转发国家经贸委等部门关于进一步完善加工贸易银行保证金台账制度意见的通知》(1994年4月5日由国务院办公厅颁布);

•《海关总署关于下发〈中华人民共和国海关关于异地加工贸易的管理办法〉的通知》(1999年9月22日由海关总署公布);

•《海关总署关于实行加工贸易银行保证金台账“实转”有关问题的通知》,(海关总署于1999年9月22日发布);

•《海关企业分类管理办法》(2008年4月1日修订,海关总署于2011年1月1日第二次修订);

•《海关企业信用管理暂行办法》(2014年10月8日由海关总署发布,已失效);

•《关于〈海关企业信用管理暂行条例〉实施事项的通知》(2014年11月9日由海关总署出台);

•《有关实施中欧AEO互认安排的通告》(2015年10月30日由海关总署发布);

•《海关企业信用管理办法》(海关总署令2018年第237号);

•《海关认证企业标准》(海关总署公告2018年第177号);

•《关于实施〈海关企业信用管理办法〉有关事项的公告》(海关总署公告2018年第178号)。

① 《海关总署进一步优化和完善海关企业信用管理制度》,载http://credit.fzgg.tj.gov.cn/439/20595.html,最后访问日期:2018年12月30日。

三、目前实施AEO制度面临的挑战

新型分类管理制度,有助于经营者认证制度与信用管理模式的对接转,另外在奖励措施推进下鼓励企业严格遵守海关通关规定,也为遵守海关规定的良好记录的经营者节省了时间和成本。但目前经营者认证制度的实施还存在短板也面临着挑战。

(一)管理透明化

改进企业和海关的信息交流。监督和风险管理理念下的传统模式已经不能适应如今贸易便利化的挑战和效率要求,而应当建立监督与服务导向理念下的新模式,这将有益于海关和企业双方。海关应将传统的管理模式转换为服务导向性模式,这一步十分关键,还应积极主动的与企业间交换全部必要信息。在信用管理模式和经营者认证的理念下,海关应该公开所有相关信息并且在网站上及时更新。透明不仅意味着公平,也会提高获取信息的效率。

(二)不断改进自我评价模式——以与欧美比较为基础

信用管理制度或者经营者认证制度都要求掌握企业的信息,因此信息收集对信用评估显得尤为重要。一方面,海关也没有能力收集到企业全部的信用信息;另一方面,如果差别化待遇没有落实到位,企业就没有动力去竞争高类别的认证。

为了解决信息不对称的问题,中国海关在收集企业信息的时候,与欧盟实施的自我评价表形式类似,也采用了"调查问卷"的方法。海关总署制定了《海关企业认证标准》,评价指标包括通用认证标准:内部控制、财务状况、守法规范、贸易安全4大类标准[①]和单项认证标准[②]。欧盟

① 《关于公布〈海关认证企业标准〉的公告》(海关总署公告2018年第177号)附件1,载海关总署官网:http://www.customs.gov.cn/customs/302249/302266/302269/2120479/index.html,最后访问日期:2019年1月8日。

② 《关于公布〈海关认证企业标准〉的公告》(海关总署公告2018年第177号)附件2-附件9,载海关总署官网:http://www.customs.gov.cn/customs/302249/302266/302269/2120479/index.html,最后访问日期:2019年1月8日。

自评表中分为5个部分:公司基本信息、法规遵守记录、会计和物流系统、经济偿还能力、安全要求,包括28个子部分罗列了105个问题。另外,中国海关对每个子部分的标准应用打分制,用来判断企业是否达到海关规定的认证标准;美国海关是安排供应链安全专家(a C-TPAT Supply Chain Security Specialist)对申请加入C-TPAT的公司进行一对一的最低安全标准(C-TPAT Minimum Security Criteria)实施情况的核查。该标准共涵盖了12类行业,每个行业各有6~9项子要求,整理如下:(1)只挑选同样符合C-TPAT最低安全标准的或者已经获得C-TPAT认证的伙伴进行商业合作;(2)供应链工具(如集装箱、拖车)的安全性应得到维护,以确保不会混入危险的物品或人员,如加贴封条;(3)供应链工作人员(如雇员、来访者、卖主等)的身份安全性的确认和行动记录的工具及程序,如门禁卡、签到机;(4)有确保货物在运输、搬运和存放过程中的完整性和安全性的安全制度,如接收货物的确认环节、离库货物的检查环节等;(5)与制度相配套的硬件设施,如仓库设置围栏或者检察员座位、在停车场设置专用停车位以及专用停车检查装置。[①]

AEO自我评价表对海关收集和核实企业信用状况十分实用,评价可以监督企业对自身的经营活动进行合规检视。目前来看,欧盟的自我评价表相对详细,美国的供应链专家与最低安全标准制度具有实践意义,建议中国海关重视与欧盟在自评模式上的框架差异并公布相应的解释以提醒中欧进出口企业留意。另外,可以借鉴美国行政性指导核准方式以完善中国企业开展自我评价的机制。

(三)中小企业特点的分析

在分类管理措施实施的早期阶段,中小企业申请A类企业需要满

① CBP, C-TPAT Minimum Security Criteria and Guidelines, Accessed Sep. 30, 2018, https://www.cbp.gov/border-security/ports-entry/cargo-security/c-tpat-customs-trade-partnership-against-terrorism/apply/security-criteria.

足进出口总额需超过 50 万美元,公司成立需超过 1 年的要求。① 新的信用管理模式取消了对进出口总额以及成立时间的限制。中小企业虽然适用同一标准,但是没有专门的对如何鉴定中小企业是否满足经营者认证要求的指南。

鉴于中小企业的资源有限,要求中小企业达到与其他大型企业同等标准是不公平的。相比较而言,欧盟对经营者认证的指南囊括了可能的商业模式并充分考虑中小企业的特点。从实践角度考虑,中小企业不可能达到其中的某些标准,例如,经营者认证指南认为相比采用集成电路记录保持系统,简化的纸质记录保持系统对于中小企业已足够。

中国有关部门在核对自我评估的调查问卷时,对于不达标的中小企业应灵活处理。比如,第 5 部分要求企业达到建筑安全和访问控制的标准,但考虑到中小企业的规模特点,保安和闭路电视就不能使用。因此,改进《海关认证企业标准》以及为中小企业专门制定更灵活的自我评估调查问卷标准。这个方面,建议制定出类似欧盟的 AEO 指南以及自我评估解释以便于中小企业申请经营者认证。

而美国对企业则是“求精不求大”的管理思想。所以,建议借鉴美国的“供应链专家制度”,用类似“一对一”这样的对接方式,或挖掘单个中小企业整合资源的能力,或促进中小企业相互合并/吸收整合,使中小企业用“精品中小公司”的形象主动契合 AEO 角色定位。

(四)部门内部协调和外部合作

另外,部门之间应加强紧密的合作,保证实施措施符合规定目的。

---

① 《海关总署关于公布〈中华人民共和国海关企业分类管理办法〉》(海关总署令第 197 号,根据海关总署令第 225 号废止)第 7 条,载海关总署官网:http://www.customs.gov.cn/customs/302249/302266/302267/357073/index.html,最后访问日期:2019 年 1 月 8 日。

例如,制定多部门合作执法的程序类制度①,以避免实施时出现特殊情况,降低工作效率。从中国在实施经营者认证制度的过程中得出的经验,内部对接转化对于确保规范一致性以及统一实施十分重要。分类管理模式的实施需要政府机构之间更加紧密的合作,例如国家质检总局,国家行政工商管理总局以及国家税务总局。

四、中美 AEO 合作现状及其对我国完善 AEO 制度的启示

同为 WCO 组织成员国的中国和美国,现都在积极地进行着各自国内的 AEO 制度建设。中美国际贸易往来不仅经济数量庞大,关涉大量行业与岗位,同时也是两国政治关系的压舱石。同时,美国的 AEO 制度也较为成熟。以下将从促进 AEO 监管互认的角度提出提升中美国际贸易便利化的建议。

(一)中美之间海关监管合作的现有框架

1. 中美 AEO 的合作现状

自 2014 年起,中美海关联合认证的工作已经开启。中国的企业在获得由中国海关总署、美国海关与边境保护局共同签发的 C-TPAT 中美联合验证证书后,被认证的企业所出口到美国的货物在美通关时才可享受到进口通关便利。②

2. 中美之间并无常规性互认协议

"中美海关联合认证"现在是一项单独的、额外的非常设工作。双方边境贸易便利化在监管互认方面尚处于一个"尝试"状态。多数在中美之间跨境交易的双方在出口时仍然需要在对方的港口经历时间长、程序多的海关检验程序。如若能够实现双方 AEO 制度的监管互认,免去"联合认证"这个中美海关的"双面试"额外程序,贸易便利化

① 《海关总署职能配置、内设机构和人员编制规定》第 3 条第 15 项,载中国机构编制网:http://www.gov.cn/zhengce/2018-09/10/content_5320815.htm,最后访问日期:2019 年 1 月 9 日。

② 海关总署:《"解读中美海关 C-TPAT 联合认证"》,载海关总署官网:http://www.customs.gov.cn/publish/portal0/tab71219/,最后访问日期:2018 年 12 月 15 日。

才可以说提升了。

(二)中美AEO制度对接的主要挑战及应对措施

朝着中美国内AEO制度监管互认的设想出发,用尝试通过拉近双方认证标准的思路,按照相似功能环节对比及调整的想法,以期待达到中美AEO制度在边境贸易安全以及便利把关水平上互相信任的局面,让监管互认自然地实现,贸易便利化才可能变成囊中之物。

美国国内的AEO认证制度为"海关—商界反恐伙伴计划"(C-TPAT),该制度基本思路与AEO制度一致:美国海关建立标准,然后通过对美国国内出关贸易的利益相关者(如铁路承运人、空运承运人、海事港务经营者等)进行筛选后建立跨境贸易通关便利化合作,提高美国边境贸易的便利化和安全性水平。

从现状来看,中国AEO制度与美国"C-TPAT制度"至少可以在以下三个方面尝试对接:

1. 海关管理的企业范围同步性的对接

C-TPAT制度通过申请制度和认证时效制度的双重设定,①保证制度内经认证的企业水平总是符合制度认证标准的。首先,C-TPAT是申请加入制,而并非如中国一样将所有经营进出口贸易的企业进行分类管理,C-TPAT制度的适用范围只有自愿加入并且符合C-TPAT制度认证标准的企业;其次,每次认证只有一年的有效期。这样一来:美国C-TPAT制度中经过认证的企业比中国分类企业管理中的企业在总体上"范围更小、质量更高",所以,美国海关的注意力更加集中,执法经济性高,因为减少了对不符合认证标准条件企业的管理;另外,一年认证期限制度实际上是一种"不保持就淘汰"的制度规定,于是,美国海关便利措施的硬软件投入就不会因为企业自身的劣质而浪费。

中美AEO制度的主要差距之一在于适用范围之差。与高标准的AEO制度对接,分步走比一步到位更加现实。为了接近"监管互认"

---

① U.S. CBP, "C-TPAT: Customs Trade Partnership Against Terrorism", Accessed Sep. 30, 2018, https://www.cbp.gov/border-security/ports-entry/cargo-security/C-TPAT.

的局面,一方面除了继续将部分高质量企业通过“联合认证”程序取得美国海关承认,在国内形成示范榜样以外;另一方面也要意识到,节约海关便利措施、缩小认证范围的趋势对于国内企业来说意味着一场必经的淘汰和筛选。所以,建议初步对国内B类出口商进行业务调整的安排:既然该类企业提供的商品不能直接达到出口企业的认证标准,建议其通过提供半成品、生产资料或者服务的办法向能够达到出口标准认证的企业进行业务对接。一来,如果直接停掉其生产,会导致生产工具的浪费以及增加下岗数量;二来,对接高质量企业可以影响该类企业的经营理念,从而达到国内出口型企业整体水平提升的效果。

2. 国内海关便利资源投放的对接

在C-TPAT供应链安全专家制度(Supply Chain Security Specialist)模式下,所有C-TPAT的申请者都需要提交记录其现有的安全实践和程序的文件,以证明自身符合C-TPAT的最低安全标准。文件没有固定的格式,每个申请者需要根据地域、行业以及所处供应链位置而量身定制。① 美国海关则通过派遣供应链专家去检阅文件来确保每一个申请企业都特定地适用于跨境供应链。② 相较于中国认证程序,美国模式的定制型文件一方面更能使监管方(海关)掌握跨境供应链现实中的全貌;另一方面,也体现了对企业人员在理解监管方制度和管理企业方面更高的要求。

除了上文提到的对评估表进行完善以外,同时,可以借助中国海关在中美国际贸易中介于国内出口贸易商和美国海关之间信息最为充分的位置优势,从以下两个角度对便利资源的对接精度进行弥补:(1)海关总署进行定期说明会,以美国供应链安全专家最近审核的重难点为标准,对国内自我评价表上缺失的信息,划辖区或者划行业进

---

① U.S. CBP,“C-TPAT: Customs Trade Partnership Against Terrorism”, Accessed Sep. 30, 2018, https://www.cbp.gov/border-security/ports-entry/cargo-security/C-TPAT.

② U.S. CBP: “C-TPAT Resource Library and Job Aids”, Assessed Sep. 30, 2018, https://www.cbp.gov/border-security/ports-entry/cargo-security/c-tpat-customs-trade-partnership-against-terrorism/c-tpat-resource-library-and-job-aids.

行定向的论证说明,以此缩小因为两种接入制度的标准差异而导致的监管互认障碍;(2)建立美国海关和中国企业的问答网络平台,定期整理汇总后公布在网上。

3. 逐步引入企业话语权的设置

美国C-TPAT制度给被海关下令暂缓或者终止C-TPAT认证资格的企业设置了上诉权:如果被海关下令暂缓或者终止享受美国海关边境贸易便利的企业对该决定有异议,企业可以上诉。① 建议最近海关在推进信用体系信息建设的制度设计时,②除了做出相应的惩罚决定,也引入被惩戒企业的话语权。原因如下:一是增加海关惩戒的公信度,没有被同行业反对的惩戒比只靠海关单方面决定的惩戒在企业中更有公信力;二是企业话语权是监管方了解供应链一线信息的重要渠道之一,供应链一线信息是建立监管制度不可错过的重要依据。

企业话语权的设置,既可以设置直接上诉权,也可以设置一种沉默的话语权,即给企业一个"待定期"。在待定期内,企业可以跨境交易,但是不占用海关便利资源。通过自身在内部控制、财务状态、法规遵守情况以及贸易安全等方面的设施、措施更新,在待定期之后重新提交海关认证。如此调整更符合WCO创造AEO制度的宗旨:"为各国提供一种更安全、高效的国际供应链",而这个宗旨的实现是靠监管方和各前线企业积极分工,共享经验,平等合作完成的。

五、国际合作的新时代:AEO制度的展望

企业信用管理的新理念推动了国内经营者认证制度的发展,也拓宽了中国与重要合作伙伴例如韩国、新加坡以及欧盟之间的互认协议。同时也加强了与美国海关的合作,将AEO制度实施与落实国家

---

① See U. S. CBP, "Customer Trade Partnership Against Terrorism-Suspension, Removal, Appeals, and Reinstatement Processes", June 2013.

② 海关总署党组成员、副署长李国:《褒扬诚信惩戒失信推进进出口信用体系建设》,载海关总署官网:http://www.customs.gov.cn/customs/302249/302419/xgxw/648332/index.html,最后访问日期:2018年12月15日。

“一带一路”倡议紧密结合起来,主动推进与“一带一路”沿线国家及地区海关的AEO合作。

自从中国在2015年9月签署了WTO《贸易便利化协定》,加速了在贸易伙伴间实施互认AEO制度,并且在加强企业信用管理和提高通关效率上产生了积极地影响。这意味着中国被认证的经营者将会享受到欧盟28个成员方的通关便利。① 总体来说,新的制度将会加速进出口商品的流动,促进中国与欧盟之间的经济增长。

中国和美国通过“海关-商界反恐伙伴计划”加强合作来保障和促进两国之间的贸易往来。中国海关与美国海关指导完成了13次共同认证,2008年以来413家候选企业中的350家企业已经成为被认证的经营者。通过C-TPAT认证后,货物在美通关速度将提高50%,产品平均查验率由认证前的3%降到0.7%,其中32%的企业货物查验率为零,企业境外物流费用也会随之减少。② 互认协议在提高了企业的形象和竞争力的同时,也加大了对美出口量。③ 事实上,海关-商业反恐伙伴计划已成为中美经济对话和战略的重要讨论部分。海关总署正在推进使用电话热线,在线视频,以及官方多方媒体例如微信、微博、国际会议来介绍经营者认证制度,意图在中国企业间建立“绿色生态环境”。通过这些贸易便利化措施和发展国际供给链的努力,便于在全世界建立更加紧密的贸易关系。

综上所述,企业的分类管理制度是行政理念下中国海关的一次重要改革。2018年5月1日起施行的《海关企业信用管理办法》(海关总署令第237号)及2019年1月1日起配套执行的《海关认证企业标

① 海关总署:《海关推行AEO国际互认,促进诚信守法企业“走出去”》,载海关总署官网:http://www.gov.cn/xinwen/2015-10/16/content_2947664.htm,最后访问日期:2019年1月9日。

② 吴祥宇:《珠三角通关一体化改革探析》,载http://www.gdeconomy.com/zuixindaodu/2017-04-18/11727.html,最后访问日期:2019年1月9日。

③ 海关总署:《海关推行AEO国际互认,促进诚信守法企业“走出去”》,载http://www.gov.cn/xinwen/2015-10/16/content_2947664.htm,最后访问日期:2019年1月9日。

准》打开了中国海关管理的历史新篇章。在新的信用管理理念下,在进出口环节,海关认证形成了“3单项+1通用”组合成的框架,企业得以适用定制标准。这一新的分类模式将会促进信用管理制度和经营者认证制度的对接转化。另外,新的措施会将主要应用在促进海关对企业主动提供服务以及在企业与海关之间建立一种伙伴关系。经营者认证制度的实施将会在以下几个方面得到不断的改进:第一,企业应在申请经营者认证时进行自我评估,海关可以对自我评价表中的问题进行总结,并根据上文所提到的欧盟和美国的经验,设计出更全面完善的自评表。中国各级海关部门可统一运用这种自评方法进行经营者认证评估,保证申请程序统一。海关只有在掌握企业的综合信息和处理后的数据,才能根据企业的信用情况,为其提供差别化待遇。第二,海关根据不同的信用情况对企业提供差别化待遇,严格守法的企业会享受优惠待遇,而没有达标的企业将会被降类或者接受海关部门的严格检查。第三,除了直接收集信息之外,通过企业的自我评估,海关应该建立信用评价制度来监督数据的收集。特别是海关和其他政府机构之间的合作,对监督经营者认证的遵守记录提供方辅助支持。地方税务局、工商行政管理局可以支持海关获取有关企业的合规状况和偿债能力记录的更多信息。第四,为帮助企业便利的获取所有信息,海关总署的官网应该改进并且通过加强整合相关信息包括法规,政策以及一个网页里有可以找到全部信息种类的链接工具。同时,AEO针对中小企业的具体指南将帮助中小企业申请经营者认证。在这方面,可借鉴欧盟网站上更实际有效的中小企业申请认证指南。另外,海关可以提供更多信息服务平台,企业可更便捷地获得分类信息和了解相关政策。除此之外,中国海关也应借鉴成熟制度,整合自身实际资源,提升对企业治理结构管理的理念,加快使国内的AEO制度水平和细节得到世界贸易伙伴国的接纳,尽早达到全面提升国际跨境贸易合作的效率的局面。

A Comparative Study on Existing Problems of the AEO System of China Customs and the Solution Thereto

JIANG Qingyun YAN Lingrong

[**Abstract**] At present, the reform of trade facilitation by China customs includes the promotion of the Authorized Economic Operator (AEO) and the paperless customs clearance in the FTZ under special supervision. This paper sorts out the different ideas in the customs procedures and the control systems of China Customs as well as related laws and regulations, compares the current AEO systems of China and the USA on the basis of the Self-Assessment Form used by the applicants of SMEs in China and by the persons in the EU, and finally puts forward the suggestions to improve the international cooperation.

[**Key words**] AEO system; customs supervision; SMEs

判例研究

Case Study

论专利权海关保护的职能定位及路径选择

吕晨鸽*

[摘　要]　海关作为行政保护网在边境上的防线,在知识产权保护战略中的重要性愈加凸显。专利权发展是我国知识产权强国战略和创新驱动发展战略的核心内容。当前形势下,如何在国家专利权保护体系中发挥更积极的作用,是海关回应发达国家的呼吁,推进"中国制造"向"中国创造"转变的重要课题。"中美芯片设备专利纠纷海关保护案"是中国海关保护知识产权典型案例之一。从该案及其他相关案例的分析中可见,长期困扰海关专利权执法的问题包括:权利稳定性和货物与权利关联性的甄别。这也引起了对执法缺位的担忧。同时,对海关专利权保护的思考,已经延伸到对专利主动保护的存续必要性上。因此,有必要对海关专利权执法职能定位的再思考。关于主动保护存续必要性方面,海关专利执法并不寻求"运动式"的全面打击,也不寻求必须在行政程序中得出是非曲直的结论,但海关的专利执法并不放弃对于明显侵权行为的处罚权。对于优化专利权海关保护,建议丰富权利状况审查的手段,适度降低被动保护的准入条件,将被动保护启动时间后置,增加实物验看环节,以及在限定范畴内恢复侵权认定时效的中止制度。

* 吕晨鸽:上海海关法规处知识产权科科长。

[关键词] 海关保护;专利权;路径

2018 年 1 月 12 日,中国海关对中微半导体设备(上海)有限公司(以下简称中微公司)的专利采取了知识产权保护措施,暂停通关美国某公司进口至中国,涉嫌侵犯中微公司专利权的芯片设备,涉案设备价值 3400 万元人民币。该案同时获选中国海关保护知识产权典型案例①和上海市知识产权十大典型案件。② 世界知识产权日期间,《光明日报》《经济日报》以及“人民网”“法制网”刊发案件相关报道,新浪、腾讯、网易、搜狐、澎湃、凤凰等门户网站均转载。“上观新闻”(《解放日报》新媒体)报道③发布当日点击阅读量即突破 150 万人次,成为近年来少有的“现象级”网络热点。

长期以来,发达国家将国际贸易的逆差归因于遭遇知识产权侵权,由此在区域乃至双边、多边层面促成知识产权全球执法,中国等发展中国家面临较大的压力。我国知识产权正面保护主要依赖公法手段,海关作为行政保护网在边境上的一道防线,在知识产权保护战略中的重要性愈加凸显。专利权指向的技术创新是我国知识产权强国战略和创新驱动发展战略的核心竞争力,当前形势下,民众对于中国高精尖科技产业的发展现状产生忧虑。如何在国家专利权保护体系中发挥更积极的作用,是海关回应发达国家的诉求,推进“中国制造”向“中国创造”转变的重要课题。本文援引案例,对专利权边境执法的法律依据与现实困境开展思考,着重研究专利权边境执法的职能定位和监管模式,据此提出优化执法的具体建议。

---

① 《2017 年中国海关保护知识产权典型案例》,载 http://www. sohu. com/a/229571915_349528,最后访问日期:2018 年 12 月 3 日。

② 《2017 年上海知识产权十大典型案件》,载 http://www. sipa. gov. cn/zscqj/xxgkml/20180428/8267. html,最后访问日期:2018 年 12 月 3 日。

③ 李晔:《美国公司涉嫌侵犯中国芯片设备专利权,在浦东机场被海关扣下》,载 http://www. jfdaily. com/news/detail? id = 87489,最后访问日期:2018 年 12 月 3 日。

一、案情概述

中微公司是中国研发、组装集成电路设备、泛半导体设备和其他微观加工设备的企业,自主开发了具有中国自主知识产权的芯片设备,并在国内外申请了超过1200多项专利,为上海市知识产权优势企业。随着国际市场份额的逐渐扩大,中微公司与美国某公司开始发生知识产权纠纷。2017年4月起,双方在美国、中国等多个国家陆续展开专利诉讼、无效宣告等知识产权司法与行政领域的全面对抗。2017年11月,美国某地方法院批准了美国公司对中微公司在美供应商的禁令申请,而福建省高级人民法院于2017年12月裁定美国公司位于上海的子公司停止进口、制造、销售和许诺销售被诉侵犯中微公司专利权的设备。

2018年1月初,中微公司通过中国半导体行业协会向海关总署咨询海关知识权保护的制度和程序。2018年1月12日,中微公司在掌握了涉嫌侵犯其专利权的设备即将从上海进口的情况后,依据《知识产权海关保护条例》的规定,提交了扣留侵权嫌疑货物的申请书,并提交了担保。上海海关根据申请及时采取保护措施。随着海关介入执法,美方开始正视中微公司的自主研发专利及其在中国的知识产权状况,双方持续了一年多的专利诉讼之后,终于在2018年2月9日共同宣布,同意就未决诉讼达成和解,并友好地解决所有的未决纷争,包括中微在福建高院针对美国公司子公司诉讼和美国公司在美国法院针对中微供应商的诉讼,各方最终达成全球范围相互授权的和解协议。随后中微公司撤回了海关保护申请,设备恢复通关。

二、海关专利权边境保护基本制度与争议解决新路径

根据《海关法》《知识产权海关保护条例》《奥林匹克标志保护条例》《世界博览会标志保护条例》规定,海关对与进出口货物有关并受中华人民共和国法律、行政法规保护的商标专用权、著作权和与著作权有关的权利、专利权、奥林匹克标志、世博会标志实施保护。专利权

类型包括发明、实用新型和外观设计。

知识产权的属性是私权,海关知识产权保护的首要目的是"促进对外经济贸易和科技文化交往,维护公共利益"。知识产权边境执法要把握两个尺度,一是有效监管与贸易便利化的平衡,在知识产权被动保护模式中体现的尤为明显。中国海关对知识产权的保护分为被动保护(依申请保护)和主动保护(依职权保护)两种模式。二是为同时保障贸易方与权利人的合理权益,权利人发起的被动保护证明标准更高,但不以知识产权海关保护备案为启动前提,同时海关不对货物的侵权状况进行调查,权利实体争议通过司法程序解决。对比主动保护模式,被动保护的其他特征还包括:知识产权权利人负侵权线索、权利状况等举证责任;权利人一般需提交相当于侵权嫌疑货物价值的担保。

本文案例系通过被动保护模式展开,法律依据包括《知识产权海关保护条例》(国务院令第395号)第12条,"知识产权权利人发现侵权嫌疑货物即将进出口的,可以向货物进出境地海关提出扣留侵权嫌疑货物的申请"。第13条,"知识产权权利人请求海关扣留侵权嫌疑货物的,应当提交申请书及相关证明文件,并提供足以证明侵权事实明显存在的证据"。第14条,"知识产权权利人请求海关扣留侵权嫌疑货物的,应当向海关提供不超过货物等值的担保,用于赔偿可能因申请不当给收货人、发货人造成的损失,以及支付货物由海关扣留后的仓储、保管和处置等费用;……"在中微公司承担了证明义务和货币担保后,海关采取了保护措施。

知识产权边境执法要把握的另一个尺度是私权保护与国家、社会利益的平衡,在多数情况下,回归私权的本质属性,权利人对于自身权利处分拥有自主权。无论是主动还是被动模式,除涉及刑事犯罪等特定情形外,权利人可以撤回保护申请。《知识产权海关保护条例》第24条,"有下列情形之一的,海关应当放行被扣留的侵权嫌疑货物:……(五)在海关认定被扣留的侵权嫌疑货物为侵权货物之前,知识产权权利人撤回扣留侵权嫌疑货物的申请的"。本案在争议和解后,中微公司撤回了保护申请。双方在海关知识产权保护制度框架下达成和解,在行政程序中开辟出贸易争端“一揽子”解决路径,是案例的创新点之一。

三、海关专利边境保护的现状和特点

第一组数据指向执法效果,长期以来,商标权保护案件占据边境知识产权执法的主导比例,近年因商标权采取保护措施的货物占所有采取保护措施货物比重的约95%以上。专利权保护总体占比较低。第二组数据指向需求,从海关知识产权保护备案情况上看,专利权备案数接近3200个,占所有备案权利数的近15%,自主专利权备案数量为境外专利权备案数量的5倍左右。近年来,国内专利申请数量持续增长,2017年发明专利申请量达138.2万件,同比增长14.2%,连续7年居世界第一;实用新型专利申请量达168.7万件,同比增长22.7%;外观设计专利申请量达62.9万件,同比增长2.4%。[①] 根据世界知识产权组织2018年3月发布的报告,中国已经成为《专利合作条约》框架下国际专利申请的第二大来源国。[②] 权利人,尤其是国内权利人对于专利保护的意识和需求旺盛。

从绝对数量上看,海关专利权执法呈现上升趋势,并惠及一些国内权利人。2016年采取专利权保护措施的案件的案值比前年度同比增长26.3%,2017年同比更是跃增41.2%。[③] 究其原因,部分是源自近年海关致力于加大自主知识产权保护、维护“中国制造”海外形象的

① 《2017年中国知识产权保护状况》,载中国知识产权局网 http://www.sipo.gov.cn/ztzl/qgzscqxzz/zscqbh/1123748.htm,最后访问日期:2018年12月3日。

② 世界知识产权组织:《中国成为第二大国际专利申请国》,载新华网:http://www.xinhuanet.com/2018-03/22/c_1122575473.htm,最后访问日期:2018年12月3日。

③ 《2016年中国海关知识产权保护状况》,载海关总署官网:http://www.customs.gov.cn/publish/portal0/tab49564/info846639.htm,最后访问日期:2018年12月27日。《2017年中国知识产权保护状况》白皮书发布,载中国政府网:http://www.gov.cn/xinwen/2018-04/25/content_5285775.htm,最后访问日期:2018年12月27日。

衍生效应。2016年至2017年,中国海关陆续开展了出口电动平衡车专利权保护和“龙腾”专项行动,从权利备案、区域协同执法等环节重点强化专利保护。出口电动平衡车专利权保护专项行动为期一个半月,在天津、上海、南京、杭州、宁波、青岛、深圳和黄埔海关共计查获涉嫌侵犯专利权电动平衡车案件28起,查扣侵权电动平衡车12,766台,案值人民币约1300万元。[①] “龙腾”行动为期3个月,以深圳海关为例,查获涉嫌侵犯深圳朗科科技公司发明专利权移动存储器、涉嫌侵犯华为技术有限公司发明专利权的手机等20余万只,案值约人民币640万元。[②]

海关知识产权专利保护取得了一定成效,也在实践中再次触及了根本性障碍。

四、海关专利权边境保护面临的问题和挑战

(一)长期困扰海关专利权执法的问题和原因

1. 两大根本问题

一是权利稳定性。从政策选择上看,现阶段专利权准入制度的设定更侧重于鼓励登记和公开权利内容完成“增量”,典型体现在对于实用新型和外观设计等专利的授权方式采取形式审查。根据《专利法》第40条规定,“实用新型和外观设计专利申请经初步审查没有发现驳回理由的,由国务院专利行政部门作出授予实用新型专利权或者外观设计专利权的决定,发给相应的专利证书,同时予以登记和公告。实用新型专利权和外观设计专利权自公告之日起生效”。不介入实质审查,关于“新颖性”“创造性”“实用性”的“质量”把控通过后续的异议、救济环节补强。因此,重复授权等原因导致的权利被宣告无效情况很

---

① 《2016年中国海关知识产权保护典型案例》,载海关总署官网:http://www.customs.gov.cn/publish/portal121/tab62075/info846727.htm,最后访问日期:2018年12月27日。

② 海关总署:《“龙腾”行动扣留侵权货物253起》,载中国政府网:http://www.gov.cn/xinwen/2017-12/27/content_5250870.htm,最后访问日期:2018年12月27日。

常见。即使是通过实质性审查予以登记的发明专利,根据研究数据,至2017年4月,全国各省市专利权5年以上维持率平均值为62.6%,数值最高为82.1%,最低仅为38.2%。[①] 海关采取知识产权保护措施前提是现存有效权利,权利人凭据专利权登记凭证,即可以申请知识产权海关保护备案或者提出保护申请,海关不对权利本身做实质审查。备案制契合海关作为"执行人"职能定位,但权利不稳定导致的后果却往往在执法环节暴露,且必须在海关程序中寻求解决。目前,海关通过审查《专利权评价报告》等方式,在一定程度上维护实用新型和外观设计专利执法的基础。

二是货物与权利关联性的甄别。与辨识多数工业产权不同,专利权技术含量高、隐含在商品中,多数海关工作人员缺乏相关领域的专业知识。根据《知识产权海关保护条例》第16条规定,"海关发现进出口货物有侵犯备案知识产权嫌疑的,应当立即书面通知知识产权权利人"。要求执法人员在日常查验中发现涉嫌侵犯已备案专利权的货物并确认成立嫌疑、采取主动保护,难度很大。

2. 相关例证

基于上述两个问题,实施海关专利主动保护执法,很容易陷入"被动"。以2005年初发生的全国首例权利人诉海关行政诉讼案件为例进一步说明:

2004年12月9日,镇江某进出口有限公司(以下简称镇江公司)向扬州海关申报出口帐篷140套,货值142,766美元。海关之前曾接到仪征某塑料布有限公司(以下简称仪征公司)举报,称其在海关总署备案的"双层隔热帐篷"实用新型专利权受到发货人侵犯,海关遂对该批货物进行查验,当时查验意见认为,发现了该批出口货物存在侵权嫌疑。海关向仪征公司送达确认知识产权状况的通知,仪征公司确认并提交担保金,申请对该批货物采取扣留措施。12月

① 《全国有效发明专利五年以上维持状况(截至2017年4月)》,载 http://www.gsstc.gov.cn/ipo/xxgk/detail.php? n_no=54260,最后访问日期:2018年12月27日。

17日,扬州海关扣留该批货物,就是否侵权展开调查。调查期间,仪征公司向南京市中级人民法院提起专利侵权民事诉讼。而镇江公司却向海关提出异议,称其国外收货人美国加州某有限公司(以下简称加州公司)与仪征公司就"双层隔热帐篷"实用新型专利权存在权属争议。加州公司于2004年12月27日就上述专利权属纠纷向南京市中级人民法院提起民事诉讼,要求判决权利人不拥有"双层隔热帐篷"的专利权,确认由加州公司拥有。2005年1月4日,南京市中级人民法院下达《民事裁定书》,裁定因权属争议,导致涉案专利权处于不确定状态,仪征公司提出的侵权纠纷案中止诉讼。鉴于权属争议这一事实,扬州海关于2005年1月17日根据《知识产权海关保护条例》第24条的规定,作出"不能认定上述货物是否侵犯了你单位在海关总署备案的'双层隔热帐篷'专利权"的调查结论,并于当日送达仪征公司。仪征公司对海关的认定结论不服,向南京海关申请行政复议后,要求海关做出调查结论,南京海关维持了扬州海关的具体行政行为,该公司仍不服,向扬州市中级人民法院提起行政诉讼。扬州市中院一审判决驳回了仪征公司的诉求,仪征公司上诉,二审维持原判。①

3. 对执法缺位的担忧

前文已提及《知识产权海关保护条例》第16条规定,主动执法启动的前提是存在侵权嫌疑,即扬州海关已经掌握足够证据,证明进出口商品使用权利状态与某备案专利权的关联性有可能可以确立,因此决定启动后续的通知确权。扬州海关立案调查后,在确权法定期限内做出"不能认定是否侵权"的结论,本意是将案件争议转入民事程序解决。而权利人认为侵权事实明确,诉请海关做出明确的调查结论。回归海关主动保护的执法定位,不能完全否定权利人的立场。事实上,通过民事一审、二审程序,权利人的专利权也获得

---

① 陈小俊:《知识产权海关保护立法缺陷探析——全国首例知识产权权利人状告海关案引发的思考》,载《海关与经贸研究》2005年第4期。

支持。[①] 根据《知识产权海关保护条例》第20条规定,“海关应当自扣留之日起30个工作日内对被扣留的侵权嫌疑货物是否侵犯知识产权进行调查、认定”。第27条规定,“被扣留的侵权嫌疑货物,经海关调查后认定侵犯知识产权的,由海关予以没收”。如果查验当时海关已经掌握证据认为有可能成立侵权,那么做出“不能认定是否侵权”结论至少应该采集到反对证据,证明侵权嫌疑可能不成立,且又不足以判断嫌疑肯定不成立。如果海关仅因为司法程序已经介入商品与专利权状况的实体审理,等待司法结果耗时必然超出30个工作日侵权认定期间,就将可能实施行政处罚惩戒的行为转入民事经济赔偿领域解决,是否会导致偏离法律制度设定的职能定位,引发过罚失衡,有负打击侵权违法的职能定位。

4.原因分析

解决上述问题的根本需求是时间。根据《知识产权海关保护条例》第21条规定,海关对被扣留的侵权嫌疑货物进行调查,请求知识产权主管部门提供协助的,有关知识产权主管部门应当予以协助。实务中,海关曾积极寻求与专利主管部门的合作,类似案例所涉民事司法程序中,先将争议交由权利行政主管部门判断权属。但海关要面对的问题是,复杂技术问题不可能在30个工作日解决。根据2017年数据,专利主管部门对发明专利申请的平均审查周期为22个月,[②]包括受理、初审、公布、实审以及授权5个阶段,虽然其中有留足对在先申请公开的等待期等因素,总体审查时间也较长。30个工作日作为法定期限,体现行政执法高效便捷立法原意,但对于专利权等案情比较复杂的侵权案件而言,缺失类似法院中止审理的途径,连接主动保护的海关处罚程序存在明显障碍。

---

① 江苏省高级人民法院民事判决书(2008)苏民三终字第0216号,载 https://www.tianyancha.com/lawsuit/c05f8078a3ec11e788a5008cfaf8725a,最后访问日期:2018年12月27日。

② 《2017年中国知识产权保护状况》,载 http://www.sipo.gov.cn/ztzl/qgzscqxzz/zscqbh/1123748.htm,最后访问日期:2018年12月27日。

(二)关于主动保护存续必要性的观点

对海关专利权保护的思考,已经延伸到对专利主动保护的存续必要性上。从两个角度引证,一例证是TRIPs规则,中国海关知识产权边境保护源于入世,在TRIPs(《与贸易有关的知识产权协定》)框架下建立,长年来被作为中国海关切实履行国际义务的特征反复提及的,包括我国高于协定最低标准的三项举措,一是除了进口还保护出口,二是除了商标和版权还同时保护专利,三是除了被动保护还实施主动保护。如果说在最低标准之上保护出口渠道和专利权是应对发达国家诉求、维护"中国制造"国际形象的趋势使然,那么对于专利权采取主动保护的合理性和迫切度体现得并不明显,令人困惑是不是为了保持各类权利的执法标准一致而进行了概括式规定。

强化上述观点的另一例证是发达国家的实践。即使在对于专利权保护呼声最高的欧美国家,也普遍地排除对专利权的主动保护。如美国海关对专利的保护仅有两种间接手段:第一种是根据权利人要求,对进口货物中有嫌疑的专利侵权做监测。在法定监测期内,海关发现涉嫌专利侵权货物的,报告专利权人。第二种是执行美国国际贸易委员会根据《关税法》第337条款,对进口货物中的重大专利侵权案作出的决定。美国海关自身无权认定是否存在专利侵权,只有美国国际贸易委员会通过第337条款调查才能认定,并下达有关禁令,由海关执行。欧盟则普遍执行TRIPS标准,将专利权保护排除在海关主动依职权保护范畴外,完全依靠权利人的申请。

对于主动保护肯定声音主要源于权利人,一方面,被动保护提供线索的要求较高,多数权利人的收集渠道比较单一,如境外海关反馈的查获信息等,尚不具备开展在境内开展自主调查的能力和条件。另一方面,主动保护可以解决专利案件中常见的货值过高,权利人无法负担全额担保的问题。芯片设备案例系被动保护,权利人支付高达3400万元货物等额担保金时,面临不小的经济压力。帐篷案例系通过主动保护启动,权利人在民事诉讼阶段,因为司法保全要求全额担保,而放弃了保全申请,最终在民事程序中获赔经济损失50万元。执法实际中亦不乏囿于担保金压力对全部或者部分批次货物放弃保护申请的案例。

五、关于海关专利权执法职能定位的再思考

对于专利权边境执法的职能定位,应该在上文分析的客观环境和时代需求下确定,正是基于现实选择,笔者并不支持海关摒弃处罚权、仅实施被动保护模式的观点,具体而言,对两类保护模式启动条件和终结方式上,有如下思考:

(一)海关专利执法并不寻求"运动式"的全面打击

随着科技创新代际之间时间的缩短,专利权就其效益而言具备经济周期短的特点,而海关采取保护措施实现对货物的实际控制,直接发生中断贸易或者生产的链条式后果。芯片设备案例中,海关的执法能促成持续一年余的纠纷全面和解、实现共享合作,是基于海关对货物的控制力——直接发生中断贸易或者生产的根本性效果,海关作用的准确发挥,将是保护创新的重要助力。而必须警醒的是,如果因为不可归责海关的权利质量原因,发生不符合权利真实状况的执法后果,影响合法经营者实现权利的商业价值,导致其错失发展契机,甚至扰乱产业秩序,与海关执法初衷是完全相悖的。

因此,在权利状况不稳定的状况多发且不易甄别的大环境下,海关应当注重平衡保护进出口主体的合法利益和贸易便利,在没有可靠的判定依据之前,更宜就单批货物的试水,避免大面积地推行"强保护"引发不可逆的重大影响,当处于被动保护程序时也降低了担保金支出压力。通过以点及面,引导争议方正视问题,进而解决整体纠纷。

(二)海关的专利执法并不寻求必须在行政程序中得出是非曲直的结论

专利交叉、同族专利的情形多见,海关执法的目标是倡导知识创新互相启发、共赢,社会可以最终共享创新成果。利用专利权边境保护程序便捷、应变性和主动性强的特点,针对有和解意愿的主体,通过证据开示、和解等机制,更多搭建对话平台,在行政渠道灵活、快速调

停当事人权利争议,节约有限的社会资源,实现"和"为贵。

(三)海关的专利执法并不放弃对于明显侵权行为的处罚权

按照被动程序启动专利保护的,实体争议解决只能选择民事救济等相对惩戒性弱的途径。在专利权刑事违法适用的法定情形较少、启动门槛相对较高的情况,如果没有行政处罚补强,专利权在进出境的环节公法保护会显得过于薄弱,因此,对于明显的侵权行为,海关应当尽力予以打击。

明显侵权行为的界定,可以考虑的评价因素包括但不限于:侵权问题已经过实体审查,如存在行政处罚决定、民事或者刑事侵权判决;权利容易辨认、"抄袭"的主观故意较明显,外观设计等可识性较强的权利类型中可能存在该类情形。

在具体介入方式上,第一步,对于成熟稳定的、有现场鉴别条件的专利,可以纳入主动保护范围;第二步,通过恢复侵权认定时效中止制度解决处罚程序的"瓶颈"。对其他不明显的侵权情形,通过放宽被动保护准入条件,引导更多权利人进入该渠道,在海关实施"拦截"后,迅速将争议研判让渡给民事程序或者行业组织,通过民事司法责令停止侵权及经济赔偿对侵犯专利行为实施惩戒;或者通过行业组织调停争议,促进企业乃至行业的自律规范发展。

六、优化专利权海关保护的具体建议

(一)丰富权利状况审查的手段

芯片设备案例即是有益探索,福建法院作出的停止进口裁定为上海海关实施知识产权海关保护提供了司法支撑,而上海海关启动知识产权保护程序则使法院的裁定在客观上得以落实,知识产权司法保护和边境行政保护看似"隔空对话",却实现了有效结合。

海关可以进一步将生效民事司法判决、权利行政主管机关或者其他行政机关的行政决定、行业协会等社会组织或者专业机构的评价报告、证明函等文书纳入海关对权利稳定性审查的范围,作为佐证"侵权事实明显存在"的依据,积极引导和鼓励权利人尽早地通过行政、司法程序或者借助行业组织平台确认权利状况,寻求第三方有权解释或者权利背书。

（二）适度降低被动保护的准入条件

根据《知识产权海关保护条例》规定,申请专利被动保护需要提交的线索信息包括:“……(三)侵权嫌疑货物收货人和发货人的名称;(四)侵权嫌疑货物名称、规格等;(五)侵权嫌疑货物可能进出境的口岸、时间、运输工具等。”从现有科技水平和执法条件上看,海关可以通过风险分析手段,依赖较少的要素开展研判、锁定目标货物。

未来的制度的设计方向可以调整向针对权利人资质。依托企业信用管理制度或者个人征信制度,通过AEO互认、征信平台检索等渠道核定权利人资信状况,对高资信企业或者个人提供的信息及对应证据的要求适度放宽;必要时,海关可以开展辅助分析。对前文论述中提及的美国海关的监测受理和反馈程序,可以做进一步参考研究。

（三）将被动保护保护启动时间后置,增加实物验看环节

《知识产权海关保护条例》第15条第1款规定:“知识产权权利人申请扣留侵权嫌疑货物,符合本条例第十三条的规定,并依照本条例第十四条的规定提供担保的,海关应当扣留侵权嫌疑货物,书面通知知识产权权利人,并将海关扣留凭单送达收货人或者发货人。”启动的前提被设定为同时具备三项:线索证据、权利证明、担保。三项均具备的,海关受理保护申请,启动保护程序。

可以将受理保护申请调整为:第一步,初步审查权利人提出被动保护申请的,海关工作人员书面审查申请书、权利证书等资料,按照非专业的一般认知标准,货物线索属实、不存在权利与商品无关联等明显逻辑漏洞的,海关可以决定对货物实施查验;第二步,海关认为有必要的,权利人应当到查验现场查看货物,结合实物向海关解释货物权利状况,确认侵权状况与申请书所述一致;第三步,查验结束后,权利人在规定时限内就二次判定的侵权事实提交书面确认函。完成上述步骤后,海关启动保护程序,扣留侵权嫌疑货物。

（四）在限定范畴内恢复侵权认定时效的中止制度

根据现行规定，对于在30个工作日内无法判断是否侵权的情况，海关一般会做出“不能认定是否侵权”的判断，双方可以在法定期限内，选择通过民事司法寻求经济救济。

修订前的《知识产权海关保护条例》（国务院令195号，1995年10月1日起施行）第20条规定，“海关依照本条例第17条和第18条规定扣留侵权嫌疑货物的，应当自扣留之日起15日内开始对被扣留的侵权嫌疑货物及有关情况进行调查；但是，侵权争议的有关当事人已将侵权争议提请知识产权主管部门处理或者向人民法院提起诉讼的除外”。

修订体现出的价值选择，包括减少介入实体争议、加快行政效率、平衡进出口收发货人的权益等均是积极方向。但从现状而言，可以在特定条件下，恢复中止调查条款，从而使海关行政处罚职能发挥的留有余地。如发生下列情形：法定时限内一方或者双方已就权利状况发起民事诉讼或者已将侵权争议提请知识产权主管部门处理，但海关已有倾向性的判断意见——侵权。出现这类情形的，行政执法应当有限避让，启动“中止”。在司法判决或者行政决定生效后恢复调查，如果最终行政或者司法结果支持侵权成立的，在认定其他违法构成要件后，海关做出行政处罚决定，要求侵权方承担行政违法责任。

中止制度面对的障碍是，海关知识产权处罚结果涉及货物处置，该类情形下海关不宜直接放行或者同意反担保放行，但继续扣留货物也存在对进出口主体不公以及可能违反《行政强制法》施行后对行政扣留规定的法定最长期限等问题。当前尚未建立行政强制措施与民事司法强制措施的衔接制度，较可行的做法是促成权利人申请侵权嫌疑货物的司法保全。若不能进入保全程序的，参照《海关行政处罚实施条例》第56条的规定，“海关作出没收货物、物品、走私运输工具的行政处罚决定，有关货物、物品、走私运输工具无法或者不便没收的，海关应当追缴上述货物、物品、走私运输工具的等值价款”，就货物已经放行、无法没收的情形，海关在处罚时，做出追缴侵权货物同等价款的决定,是相对合理的选择。

Functions and Pathways of Customs Protection in Patent Rights

LÜ Chenge

[**Abstract**]　As the line of defense of the administrative protection web on the border, the customs appear to be increasingly important in the strategy of intellectual property protection. The development of patent right acts as the core in Chinese strategies of intellectual property power and innovation-driven development. Currently, how to exert more active role of customs in the protection system of national patent right is an all-important topic in the customs' response to the appeal of developed countries and in its promoting the translation from "Made-in-China" to "Created-in-China". The case of "customs protection for the Sino-American patent disputes over chip equipment" is one typical case in Chinese customs' protection of intellectual property. It is observed from the analysis on this case and other related cases that the problems persecuting law execution by the customs for long in the aspect of patent right include: Right stability and the discrimination of correlation between goods and right, which has also sparked the concern about the absence of law execution. Besides, the reflection on customs' protection of patent right has extended to the necessity for existence of active protection of patent. Thus, it is necessary to rethink the positioning of customs' law execution function for patent right. In terms of the necessity for existence of active protection, the customs' law execution for patent right does not seek to comprehensively fight the crimes in a mobile way, nor does it seek to must draw a conclusion of the rights and wrongs in the administrative procedure, yet the customs' law execution for patent right does not give up the right of punishing obvious tort. For optimizing the patent right protection by customs, it is recommended to enrich the means of right status censoring, lower the access conditions of passive protection as appropriate, and postpone the start time of passive protection, add the link of real object inspection, and restore the suspension system for tort cognizance within the restricted category.

[**Key words**] customs protection; patent rights; pathway

域外视野

Overseas Horizon

在实践中构建贸易便利化的案例*

Andrew Grainger**
王　珉　译***

[摘　要]　对于从业者而言,贸易便利化的理由是不言而喻的,但构建贸易便利化的案例却往往并非易事。决策者通常要依赖国际组织具有说服力的建议,也可能参考宏观经济模式。虽然这些建议具有一定价值,但欠缺可操作性。贸易便利化的诸多实践问题还有待进一步探讨,如贸易便利化的解决方案、背景、范围、优先事项及其实施和资助等问题。本文探讨了在实践中构建贸易便利强有力的案例所面临的挑战,特别是与贸易合规成本有关方面的案例。为此,本文结合发达国家和发展中国家大量的实践经验,梳理了当前提出的贸易便利化的概念及其文献,最后提出了建立贸易合规成本模型的建议。

[关键词]　贸易便利化;贸易合规;供应链

快速发展的政策领域

过去几十年来,世界各国一直实行逐步减少关税的战略,鼓励外

---

* 该文原载于 Andrew Grainger,"Developing the Case for Trade Facilitation in Practice",World Customs Journal,Vol. 5,No. 2,pp. 65 – 76。本文翻译与出版已经过作者授权。

** Andrew Grainger:英国诺丁汉大学、荷兰代尔夫特技术大学供应链管理和贸易便利化专家。

*** 王珉:上海海关学院法律系讲师,法学博士。

国投资并利用好在更广泛的区域和国际一体化中找到的机会。然而,这一进程受到许多破坏性和高代价的行政实践的影响,直接影响了现代国际运输和物流业务的效率(Grainger & McLinden 即将出版),贸易便利化旨在减少这些成本。

改善国际贸易体系运作的理由不言而喻,即使是贸易保护主义立场较强的国家也可能意识到,行政管理实践和相关基础设施的改革可以帮助自由经济资源得到更有效的利用。

如下文所述,促进贸易便利化的政策动力包括:实现现代化的跨国经营,增强国家竞争力,遵守世界贸易组织(WTO)谈判达成的与贸易便利化相关的义务,并加强安全。对于许多发展中国家和捐助者而言,贸易便利化也是"贸易援助"和贸易能力建设计划的核心组成部分。

现代化的跨境业务。在贸易量和过境货物迅速增长的情况下,政府机构(如海关、检疫、移民事务或车辆检查员)面临相当大的运营挑战。由于只有有限的资源可供使用,政府机构需要制定明智的执法战略,以确保在不中断贸易的情况下监管目标仍然能够得到保障。贸易便利化理念,即对于在风险管理等方面具有良好合规历史的可信运营商可以给予优惠待遇并减少行政资源的付出,这样就能够将监管目标聚焦于其他秘密的跨界活动。同样,使用现代技术,尤其是将其用于处理报关以及分享、交流与贸易有关的信息,可以带来巨大的好处。

国家竞争力。合规活动对业务有直接和间接的成本影响。直接成本包括准备和向有关当局提交贸易和海关申报相关的费用,还包括与展示实际货物、车辆有关的费用。间接成本与直接成本随后的成本相关,如未能满足客户期望(货物延迟)或错失业务机会。贸易便利化推动的项目往往被视为提高国家竞争地位的工具。以新加坡为例,它运作着"单一窗口"[①]系统(TradeNET),这是一个为公共和私营部门之间的信息共享提供便利的电子基础设施。

世界贸易组织(WTO)。或许不足为奇的是,随着关税的下降,

---

① See UN/CEFACT 2004.

WTO 正逐渐关注非关税领域,包括贸易便利化(Grainger 2011)。尽管非关税壁垒的减少一直是目标(GATT 1947),但关于贸易便利化的正式讨论开始于"新加坡议程"。尽管新加坡议程中原有的三个问题已被搁置(竞争政策、投资和政府采购的透明度),但对于贸易便利化的关注仍热情不减。2004 年 11 月开始的正式谈判最初侧重于过境自由(GATT 第 5 条)、费用和手续(GATT 第 8 条)以及贸易规则的出版和管理(GATT 第 10 条)。虽然谈判尚未结束,但谈判很有可能要求 WTO 成员方承担采用更为广泛的贸易便利化措施和建议的责任(Grainger 2011;WTO 2011)。值得注意的是,许多国家和地区也可能寻求 WTO 以外的贸易便利化措施,如区域或双边贸易协定。

供应链安全。在过去的 10 年中,特别是自"9·11"事件以来,边境机构面临越来越大的政治压力,以加强贸易安全。这种恐惧指的是,现代供应链是特别脆弱和开放的系统,可能被恐怖分子和罪犯滥用(Flynn 2002)。许多新的管制制度,如世界海关组织(WCO)《全球贸易安全与便利标准框架》(WCO 2007),都意识到与商业利益有关者的合作是加强边境管制的基本要求。加强贸易便利化措施有助于实现贸易合规成本的减少并为企业提供激励。同样,与跨界环境现代化有关的贸易便利化措施也能够通过重新分配资源以加强安全。

贸易援助和贸易能力建设。贸易便利化在全球范围内也已成为"贸易援助"倡议的核心方面,贸易被视为促进经济增长和发展的催化剂(Grainger & McLinden 即将出版)。实施贸易便利化措施旨在确保发展中国家能够有效地参与全球经济。虽然关于捐助倡议的详细数字难以汇编,但贸易便利化项目的捐助资金已经从 2001 年的 1 亿美元增加到 2006 年的 3.93 亿美元(WTO/OECD 2010)。与贸易便利化紧密相关的贸易基础设施和现代化计划可能会达到数 10 亿美元的数量级(OECD 2006)。

但是,贸易便利化是什么?

一个很好的问题——在发展贸易便利化的情况下,这很容易成为最初的绊脚石！虽然各种国际组织已经起草了一系列技术定义(参见OECD 2001),但可以肯定的是,贸易便利化往往会考虑“……在维护合法的监管目标的同时,如何制定管制跨国界货物流动的程序和管制措施,以减少相关的成本负担,最大限度地提高效率”。(Grainger 2011)。在这方面,贸易便利化有4个相互依存的主题:

(1)规则、程序的简化与协调;(2)贸易体系的现代化,特别是企业与政府利益相关者之间的信息共享和交流;(3)贸易和海关手续的管理和实施;(4)保障有效执行贸易便利化原则的体制机制和持续的改革承诺(见表1及相关实例)。

正如表1所示的例子,贸易便利化的主题可以适用于各种各样的项目和举措。这些举措可能相对简单,例如确保边境机构工作人员的办公时间与商业经营者的工作时间一致,或更为复杂、成本也较高,例如重新设置政府机构职责以减少重复活动,并能够使用现代电子系统,如“单一窗口”(UN/CEFACT 2004)。贸易便利化的做法也不尽相同,贸易便利化可能是“自上而下”或“自下而上”的(Grainger 2011)。尽管前者在很大程度上依赖于实施国际贸易便利化的建议和工具,如UN/CEFACT或WCO等(见表2)所倡导的,后者是出于实践中的挫败而产生的补救需求(见表3)。

国际贸易和跨境环境中的各种利益相关者,视其具体利益而定,可能对贸易便利化措施应当采取的做法有不同的看法。私营部门内的利益相关者包括:

• 贸易商,如买方、卖方、代理商和分销商;

• 运输经营商,如航运公司、航空公司、铁路公司、物流和货运公司;

• 贸易服务提供商,如银行、金融和保险;

• 运输基础设施的运营商,如港口码头、机场、仓库和电子信息系统;

• 专业服务提供商,例如货运代理、船务代理和物流服务供应商(Grainger即将于2012年出版)。

由于不同国家具体安排不同,公共机构部门的组成也具有多样性,通常包括海关、检疫查验、移民、国家统计局和运输部等。其授权具体如下：

- 收税权(如海关关税)；
- 安全和保安(如反走私、危险货物的处理,或运输船只的安全)；
- 环境和健康问题(如检疫控制)；
- 消费者保护(如标签、产品测试)；
- 贸易政策(如关税配额管理)(Grainger 2011)。

除了对贸易便利化措施的形式和体制的看法之外,各利益攸关方也可能对改革优先事项有不同的看法。作为经验法则,决策者可能希望考虑哪些措施能够最大限度地提高公共福利,有效地降低国际物流运作范围内的监管合规成本,为托运人和收货人节省成本,同时保障监管目标。

表1 界定贸易便利化的四个相互依存主题

1. 适用规则和程序的简化统一
(1)程序统一 例如,采用各项国际公约和文书;以及不同政府机构所采用的控制措施的统一
(2)避免重复 例如,区域或双边协定承认出口管制替代进口管制;共享的检查设施,例如海关官员、兽医、植物卫生检查员和健康检查员;正式承认私人部门的管制(例如安全或质量方面)代替官方检查
(3)适应业务实践 例如,接受商业文件(如发票)代替正式文件;并允许将货物运往内陆,远离港口和边境检查站的瓶颈
2. 贸易合规体制现代化
(1)解决方案 例如,使用电子信息系统、单一窗口、电子海关系统、港口社区系统、网站和信息门户
(2)标准化 例如,计算机之间交换信息的电子标准;纸质文件标准;条码标准;文件引用标准以及地点描述标准

续表

(3)经验分享 例如,培训和提高认识;开发工具包和实施指南;协同开放资源系统的开发
3.管理与标准
(1)服务标准 例如,公共服务水平承诺;发布并制定适用的规则和程序;制作简明程序指南;开发线上网站;保持海关关税率的更新;提供高效的上诉机制
(2)管理原则 例如,根据风险比例实施控制措施;选择性(基于风险)的控制措施,以奖励合规行为(例如在边境的优惠待遇)
4.体制机制和工具
例如,建立国家贸易便利化机构;制作并出版贸易便利化白皮书;并邀请利益相关方参与评论

资料来源:改编自 Grainger 2010 年,将发表在即将出版的 Grainger & McLinden。

表2　国际贸易便利化的建议和文件

国际贸易便利化的建议和文件
世界贸易组织(WTO)
贸易便利化具体条款:GATT 第5条(过境自由)、GATT 第8条(费用和手续)和 GATT 第10条(贸易规则的出版和管理); 海关估价:GATT 第7条(WCO 涵盖的技术解释)、 WTO《原产地规则协定》(WCO 所涵盖的"非优惠原产地规则"的技术解释)
世界海关组织(WCO)
协调海关程序的《京都公约》;WCO 统一商品编码描述和编码系统(HS 系统);《全球贸易安全与便利标准框架》(SAFE)
联合国贸易便利化和电子商务中心(UN/CEFACT)

续表

记录1:联合国贸易文件格式要点;记录2:贸易文件中代码的位置;记录3:国家代表名称代码;记录4:国家贸易便利化机构;记录5:国际贸易术语解释通则缩写;记录6:统一的国际贸易发票格式要点;记录7:时间、日期和时间段的数值表示法;记录8:唯一标识编码方法—联合国信息中心;记录9:货币表示的字母代码;记录10:船舶识别代码;记录11:危险货物运输的记录;记录12:便利海运单证程序的措施;记录13:进口通关程序中有关便利化的法律问题;记录14:通过签字以外的方式进行交易单据的认证;记录15:更简单的航运标志;记录16:《贸易和运输场所守则》;记录17:付款方式,付款术语的缩写;记录18:与国际贸易程序有关的便利措施;记录19:运输方式编码;记录20:国际贸易中使用的计量单位代码;记录21:乘客代码、货物类型、包装、包装材料;记录22:标准托运指令的格式要点;记录23:运费成本代码 – FCC;记录24:贸易和运输状态代码;记录25:联合国行政、商业和运输标准电子数据交换的使用(UN/EDIFACT);记录26:电子数据交换协定的商业使用;记录27:装运前检验;记录28:运输工具类型代码;记录31:电子商务协议;记录32:电子商务自我监管工具(行为守则);记录33:单一窗口建议
联合国贸易和发展会议(UNCTAD) 海关数据自动化系统:70多个国家使用的开放电子海关管理系统(http://www.asycuda.org)
国际民航组织和国际航协(空运)
国际航空运输协会电子货运倡议;国际民航组织"国际民用航空公约"(附件9:贸易便利化);"已知发货人/已知托运人"概念
国际海事组织(IMO)
便利国际海上交通公约(FAL);《海上生命安全公约》(SOLAS);国际船舶和港口设施安全规则(ISPS-Code)
其他国际组织
联合国欧洲经济委员会:从事农业质量标准工作的第7工作组;欧洲经委会和国际无线电协会:TIR(公路过境)公约;ISO:国际标准化组织;ICC:国际贸易术语解释通则(国际贸易中使用的标准化交易术语);ICC:信用证统一惯例和惯例(UCP);ICS:标准[运输]清单报告和推荐;ICS:标准提单格式

资料来源:改编自UN/CEFACT和UNCTAD 2002;发表于Grainger 2011。

表3 企业遭受的运营挫折实例

1. 过多的文件和授权要求; 2. 负责盖章的政府部门排长队; 3. 内容相似或重叠的不同部门需求声明; 4. 边境检查时间太长; 5. 过境点只能在9点到下午5点之间运行——或者更糟糕的是,入境地与其运营时间不同; 6. 边境工作人员可能会决定在午餐时间"关闭店铺",导致积压和进一步延迟; 7. 为了鼓励"特殊"待遇的支付,海关官员可能会不必要地强加于人; 8. 政府高官可能会表现出对商业意识的缺乏,未能认识到他们的行为对经济的影响; 9. 运营商可能不了解管辖规则和程序,也没有可以获取这些信息之处;经常需要经历高成本的试验和错误才能确定合规性要求; 10. 海关关税等重要出版物不公开发行; 11. 前线工作人员可能尚未知悉新程序,后续实施可能在全国范围内有很大差异; 12. 官方实验室检查健康风险的能力可能受到严重限制,导致积压和较长时间的延误(有时超过一两个月); 13. 在主要出口市场中,政府兽医机构可能被出口国认为不适格,导致出口至这些国家是非法的; 14. 纸质文件丢失,特别是在运输货物时(如在驾驶室中); 15. 由于原始单据中的参考代码有错误而导致申报被拒绝(例如数字"8"很容易与字母"B"混淆); 16. 修正声明或错误信息的修正机制可能不存在或非常麻烦——除非已经支付了便利金; 17. 对执行人员作出决定提出挑战的上诉机制不存在或者非常耗时; 18. 延迟是因为声明是人工处理而不是以电子方式处理的; 19. 允许内陆清关的程序不可用; 20. 一个政府机构的运作实践与另一个政府机构的做法相矛盾。

资料来源:即将出版的 Grainger & Mclinden。

迄今为止的研究贡献

令人遗憾的是,目前的贸易便利化研究有限,而且在很大程度上是经济学家的研究领域,其工作重点是在更宏观的经济背景下量化收益。值得注意的是经济合作与发展组织(OECD)的Peter Walkenhorst和Tadashi Yasui的工作,他们在模型中估计,每1%贸易成本的降低都会转化为价值400亿美元的全球经济利益(OECD,2003)。世界银行的经济学家Wilson、Mann和Otsuki(2003)也提出了一个类似的贸易便利化案例。他们使用基于四个代理变量的引力模型进行计算,即如果亚太经济合作组织(APEC)中低于平均水平的成员能够将其表现提升至APEC平均水平的一半,APEC的内部贸易可能会增加到2540亿美元,并且APEC区域的国内生产总值(GDP)平均增长4.3%。后来,他们采用了类似的方法,将视角从APEC扩大到75个代表性国家,并计算出制造业贸易总收益为3770亿美元(Wilson,Mann & Otsuki,2004)。

相反,更多的可操作性研究仍然相对滞后。虽然企业实例很丰富,但很少可以获得贸易合规成本的详细公开信息。这些可能是直接成本,并且与收集、生产、传输和处理所需的信息和文件以及向相关部门提交货物所涉及的活动有关,包括在必要时进行测试。在边境延误的情况下,可能会产生更多的间接成本,如环境的不确定性;最重要的是,商业和机会的丧失。

在缺乏详细的运营成本研究的情况下,决策者很难量化贸易的障碍并证明在执行适当的贸易便利化解决方案方面的支出是合理的。不可否认,这一挑战已经在一些国际组织中得到认可,并有助于开发通用评估工具。值得注意的工具包括联合国亚洲及太平洋经济社会委员会(UNESCAP)"贸易便利化框架:指导工具"(UNESCAP 2004);由David Widdowson在世界银行的支持下制定的GATT第5条、第8条和第10条自我评估指南(WTO 2007);以及世界银行(2010)发布的最新版贸易和运输便利化评估工具包。WCO的放行时间方法(尽管以海关为中心)可以为开发贸易便利化解决方案提供类似的效用。遗憾的是,这些工具的使用结果很少被置于公共领域。值得注意的例外是,诊断性贸易一体化研究(DTIS)可通过世界银行网站[①]和一体化框

① 参见http://go.worldbank.org/ULW8UUZUT0。

架设施访问。[①]

然而,面对过度泛化的风险,这些评估工具尽管对描述当前的贸易环境非常有帮助,并且提供了可能的贸易便利化选择,但是缺乏详细的操作细节,以至于负责执行适当贸易便利化措施的人往往不得不自己解决这一问题。

问题说明

在贸易便利化的情况下,为了减少与贸易和海关手续相关的成本负担而不影响监管控制目标,想要改善其国家贸易和海关手续的决策者很有可能会问:

- 如何有效补救那些操作失误?
- 应当实施哪些具体的贸易便利化措施,为什么?
- 实施的优先顺序是什么?
- 由此带来的收益能否降低整体的物流和运输成本(也就是说,它们是否会使整个经济受益)?
- 实施的成本和效益是什么?
- 谁能够并愿意支付?
- 谁将负责执行?
- 谁会赢,谁会输呢?
- 实施障碍是什么(项目风险)?
- 可以采取什么策略或压力来帮助克服实施障碍?
- 贸易便利化的进展如何进行衡量?
- 成功的情况是什么样?

促进贸易便利化的实用方法

目前,政策制定者非常依赖上述工具和诊断研究的初步结果。贸易便利化主要是“基于项目”实施的,也就是说,如果对特定类型的技

① 参见 www.integratedframework.org/。

术和培训进行适当的投资,就能够予以交付。

此外(有时是互补的),各国可寻求建立专门的体制机制,以确保在贸易环境中实践操作问题能被发现的和上报并提出解决方案的建议。国家贸易便利化机构(UN/CEFACT 2001)致力于将运行实践问题(如图 1 所示)转化为主流政策和生产性解决方案(Grainger 2010)。他们也可能通过合适的政治支持来帮助克服任何实施障碍(Grainger 2008)。[①]

衡量贸易合规成本

衡量贸易合规性的建议是非常直接的。国际贸易业务通常需要许多商事企业。虽然没有两种商业安排可能是相同的,但典型的运营将包括通往港口(或机场)的运输旅程,运输形式可能是公路、火车或内河航道,抑或是三者的任意组合,然后这批货物将移交给港口装卸工人。在此之前,托运货物很可能已经储存在第三方仓库中,也可能是由集运商(尤其是如果托运货物少于集装箱装载量)和包装公司处理的。在港口,货物在运输之前装载到船只或飞机上,到达目的港之前,可能通过主要枢纽港将货物从一艘船转运到另一艘船。在那里,货物将由港口的装卸公司接收,然后移交给任何有权接收货物的人。收到并交付货物后,货物接收人还必须安排处理包装材料,并将空集装箱送回货运线或集装箱租赁公司。

与实物操作相关的是监管合规操作(文件)。根据货物类型、装运车辆、车辆采取的路线和操作车辆的人员,适用的海关程序可能非常广泛。例如,图 1 介绍了一些可能适用于内陆国家出口的程序。同样复杂的图 2 描述了出口国家(鱼骨图的顶部)和进口国家(鱼骨图的底部)适用于南方共同市场和欧盟之间动物产品(如牛肉和家禽)的贸易程序。

① 同样,研究人员对运营商和政府机构各自的表现或者整体贸易环境质量感兴趣,也希望借鉴应用可量化的数据。

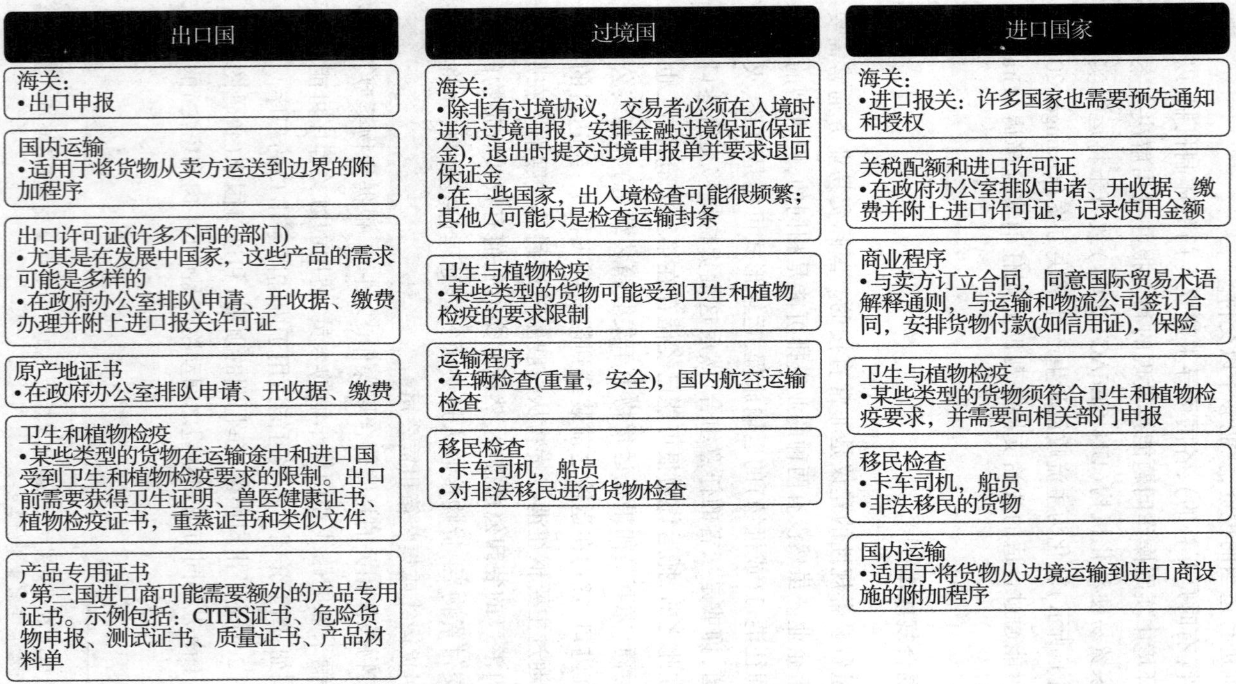

出口国

海关：
- 出口申报

国内运输
- 适用于将货物从卖方运送到边界的附加程序

出口许可证(许多不同的部门)
- 尤其是在发展中国家，这些产品的需求可能是多样的
- 在政府办公室排队申请、开收据、缴费办理并附上进口报关许可证

原产地证书
- 在政府办公室排队申请、开收据、缴费

卫生和植物检疫
- 某些类型的货物在运输途中和进口国受到卫生和植物检疫要求的限制。出口前需要获得卫生证明、兽医健康证书、植物检疫证书，重蒸证书和类似文件

产品专用证书
- 第三国进口商可能需要额外的产品专用证书。示例包括：CITES证书、危险货物申报、测试证书、质量证书、产品材料单

过境国

海关：
- 除非有过境协议，交易者必须在入境时进行过境申报，安排金融过境保证(保证金)，退出时提交过境申报单并要求退回保证金
- 在一些国家，出入境检查可能很频繁；其他人可能只是检查运输封条

卫生与植物检疫
- 某些类型的货物可能受到卫生和植物检疫的要求限制

运输程序
- 车辆检查(重量，安全)，国内航空运输检查

移民检查
- 卡车司机，船员
- 对非法移民进行货物检查

进口国家

海关：
- 进口报关：许多国家也需要预先通知和授权

关税配额和进口许可证
- 在政府办公室排队申诸、开收据、缴费并附上进口许可证，记录使用金额

商业程序
- 与卖方订立合同，同意国际贸易术语解释通则，与运输和物流公司签订合同，安排货物付款(如信用证)，保险

卫生与植物检疫
- 某些类型的货物须符合卫生和植物检疫要求，并需要向相关部门申报

移民检查
- 卡车司机，船员
- 非法移民的货物

国内运输
- 适用于将货物从边境运输到进口商设施的附加程序

图 1　举例说明：内陆国家出口的贸易和海关程序

资料来源：即将出版的 Grainger 2012。

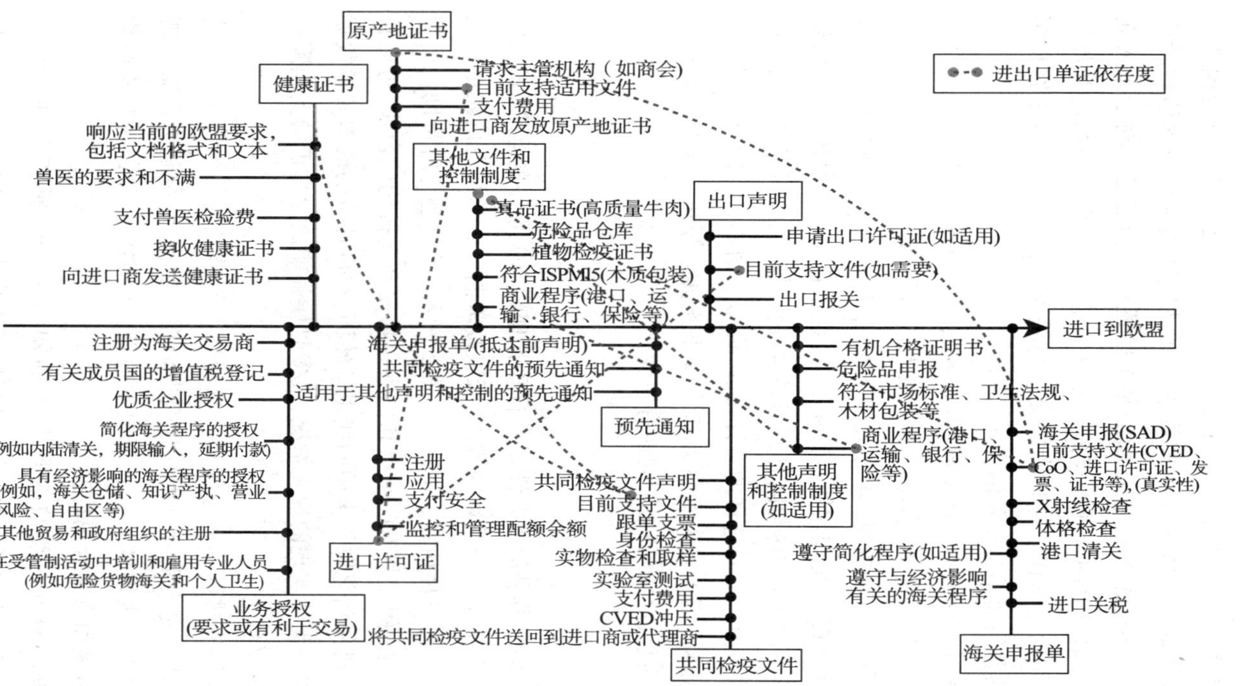

图 2　南方共同市场与欧盟之间动物产品的贸易程序

资料来源：Grainger 2009。

值得注意的是,在上述任何情况下安排实际运营和监管合规性的责任很少仅涉及一方。在大多数情况下,根据《国际贸易术语解释通则》(ICC 2010)的规定,在运营的某个阶段将分担责任。对于个人而言,不可能对所有的合规操作都有充分的了解。监管服务都已开具发票费用,如代理商代表进口商提交的海关申报,很可能是基于客户愿意支付的费用而不是实际的合规负担。

即使对合规成本有所了解,但大多数贸易和海关程序都有多个步骤。在大多数国家,当局还要求申报人进行注册,有时还要求受过专门培训并具有专业执照(如海关经纪人)。许多国家还将要求申报人采购专用的IT系统和软件。实际上,这意味着除了交易成本之外,还存在大量的间接费用(与向有关当局申报数量无关的固定费用),这些成本难以分摊。面对这样的会计挑战,许多公司不太可能意识到真正的合规成本。诸如丧失竞争力和错失业务机会等间接成本可能更难以确定,而且也会因公司不同而有所变化。

建议

面对国际贸易的复杂性以及行政管理和海关程序的烦琐,正规的合规成本评估是一项艰巨的挑战,所以政策制定者不得不依靠更多的定性方法。可见性研究,如图1和图2所示,可能会有所帮助。类似的定性方法,例如与专门小组和国家贸易便利化机构的合作,可以长期确保贸易便利化取得丰硕的成果。然而,对可计量的成本效益数据的需求以及无法实现的现实情况,很多时候都能成为真正的实施障碍(Grainger 2008)。

考虑到安排国际运输的众多选择以及所涉及的每个公司的独特性,很难建立对决策者有用的代表性数据。然而,一种解决方案可能是开发具有代表性的贸易合规成本模型。此类模型目的是负责收集相关的贸易和海关合规数据。

这种模型可在反映合规要求的初始可见性研究基础之上开发——如图2所示,然后寻求附上在现场工作中确定的相关固定和可变成本数字,包括公司访问、政府机构访问、与相关合作伙伴的访谈、供应链及相关规则和法规的审查。这种研究可能也需要包括基于活动的成本计算方法。由于不同公司运营情况可能大相径庭,因此必须确保开发的模型具有一定全面性。对此,可以通过专门小组或国家贸易便利化机构来帮助验证调查结果。

在没有任何试点研究的情况下,开发这样的参照模式是具有挑战的,例如,首先关注特定的行业部门(食品、汽车、航空航天、工艺品等)。一旦合适的试点研究经过测试,该项目的范围就可以扩大,据此建立一个非行业特定的国家模式,甚至可能是地区或国际参照模型。这反过来又可用于帮助决策者确立适当的贸易履约标准,例如在实施贸易便利化或双边、区域和多边贸易协定时,都有直接效用。

Developing the Case for Trade Facilitation in Practice

Andrew Grainger

[**Abstract**] While the rationale for trade facilitation, at least to the practitioner, is self-evident, building the case for trade facilitation is seldom straightforward. Policymakers often rely on the persuasive recommendations of international organisations and are likely to include reference to macroeconomic models. Though helpful, these lack operational detail. Many practical questions about trade facilitation solutions, context, scope and priorities, as well as the onus on implementation and funding remain open. This paper explores the challenges of developing a robust case for trade facilitation in practice, in particular the aspects relating to trade compliance cost. In doing so, the paper builds on the current understanding of trade facilitation and its literature, balanced against substantial practitioner experience in developed and developing countries. The paper concludes with a proposal for developing a trade compliance cost model.

[**Key words**] trade facilitation; trade compliance; supply chain

《海关法评论》稿约

《海关法评论》是上海市法学会海关法研究会与上海海关学院海关法研究中心共同主办,面向国内外公开发行的年度性海关法学类专业学术出版物。本评论的宗旨在于推动海关法研究的多元学术思维,及时传播海关法领域的创造性研究成果,动态性地反映国内外海关法发展最新动态,为海关法学人和实务工作者之间建立一个交流学术思想、探讨海关法律制度理论与实践的平台。本评论设有"海关法专题研究""海关法比较研究""海关法判例研究""海关法域外视野","海关法研究综述"等专题栏目,热忱欢迎所有海关法学研究相关的学人、实务工作者及海关法制发展的关注者赐稿!

本评论采取电子投稿的方式,来稿请以Word格式发送至电子邮箱:customslawreview@126.com。来稿字数一般应在8000字以上2万字以下为宜。译文请附原文稿。本评论的用稿标准是论文的选题具有理论深度或实践价值、内容富有合理创见、分析说理透彻、文字表达通畅、注释和参考文献规范。对决定采用的稿件,本评论在尊重作者观点的前提下有权做技术性修改或处理,不同意者务请声明。本评论已被《中国学术期刊网络出版总库》及CNKI系列数据库收录。如作者不同意将文章编入上述网络数据库,请在投稿时向本评论以书面形式明确声明。向上海海关学院海关法研究中心所主办的海关法论坛的投稿同时也视为对本评论的投稿。**本评论尊重作者著作权,但同时反对一稿多投、学术剽窃等学术不道德行为。**

因本评论人手所限,对来稿一律不退,请作者自留底稿或做好备

份。凡投稿3个月内未收到编辑部用稿通知者,可自行处理。同时,有效投稿请作者注意提供如下信息:

(一)中英文对应的论文标题

(二)中英文摘要

摘要应为论文主要内容的浓缩和提炼,要求以"[摘要]"表示,不应使用诸如"本文认为","笔者认为"等评价性语言,字数在300字以内。

(三)中英文关键词

关键词是反映论文主题概念的词或词组,关键词前以"[关键词]"作为标识;一般每篇可选3~8个。

(四)基金项目资助的论文

如果来稿系基金项目资助的论文,请在首页论文题名后以"*"符号标注,并链接至论文首页地脚中表明基金项目的类别、名称、项目编号。

(五)作者简介

对文章主要作者的姓名、出生年、性别、民族(汉族可省略)、籍贯、职称、学位等作出介绍,其前以"[作者简介]"作为标识,排在篇首页地脚,基金项目之下。同一篇文章的其他主要作者简介可在同一"[作者简介]"标识后相继列出,其间以分号隔开。

(六)注释与参考文献

本评论注释一律采用页下脚注,每篇文章注释每页重新编号。正文中标注用①②③等序号标注于相应语句标点后的右上角。脚注内容以小五号宋体排在每页地脚。具体格式为:责任者(责任方式),题名/卷册,出版者,出版时间,页码。责任方式与题名之间一律用冒号。

本评论不实行注释与参考文献分离的论文格式。

1.解释说明类注释

本类注释是对论著正文中某一特定内容的进一步解释或补充说明,或者各种不宜列入参考文献的引文,如档案资料、内部资料,转引类文献。

2. 引证文献类注释

引证文献类注释作者在正文中直接引用或作为重要参考的文献目录,包括专著、编著、译著、论文集、学位论文、期刊文章、报纸文章、电子文献等。**本评论的引证文献类注释采用实引形式,请注明引证文献的具体出处与页码。**

3. 注释示例

中文文献类

(1)专著类

高融昆:《中国海关的制度创新和管理变革》,经济管理出版社2002年版,第10页。

(2)主编类

中国社会科学院语言研究所词典编辑室编:《现代汉语词典》(第5版),商务印书馆2005年版,第624页。

吕滨主编:《海关缉私业务》,中国海关出版社2008年版,第448页。

(3)外文译著类

译者作为第二责任者放在作者之后。

[法]克劳德诺·贝尔、亨利·特雷莫:《海关法学》,黄胜强译,中国社会科学出版社1991年版,第33页。

(4)期刊类

陈晖:《两岸走私犯罪立法比较与借鉴》,载《河北法学》2008年第8期。

周阳:《我国海关在贸易摩擦中的地位重构》,载《国际商务研究》2009年第5期。

(5)文集析出文献类

朱秋沅:《论世博期间的临时性扩张性知识产权海关保护》,载王立民、黄武双主编:《知识产权法研究》(第7卷),北京大学出版社2009年版,第271页。

(6)报纸类

屠新泉:《多哈回合步履蹒跚》,载《国际商报》2005年7月12日,第3版。

(7)电子文献类

国平:《欧盟扩大之后……》,载 http://www.people.com.cn/GB/paper2836/1078936.html,最后访问日期:2011年6月23日。

外文文献类

原则上以该文种通行的引证标注方式为准。英文注释体例如下:

(1)期刊类

Peter K. Yu, "Currents and Crosscurrents in the International Intellectual Property Regime", 38 *Loy. L. A. L. Rev.* 323, 411 (2004).

或

Jaemin Lee, "Juggling Counter-Terrorism and Trade, the APEC Way", *U. C. Davis Journal of International Law and Policy*, Spring, 2006, pp. 257 – 260.

(2)著作类

Indiar Carr, *International Trade Law* (*Fourth edition*), Routledge-Cavendish Publishing Limited, 2010, pp. 405 – 408.

(3)电子文献类

CBP, "C – TPAT 5 Step Risk Assessment Process Guide", p. 12, http://www.cbp.gov/linkhandler/cgov/trade/cargo_security/ctpat/supply_chain/ctpat_assessment.ctt/ctpat_assessment.pdf, June 2, 2011.

由于本评论脚注实行每页脚注重新编号的编排方式,所以请不要采用"同上注12"或"super note 12"之类的脚注标注方式。

上海市法学会
海关法研究会介绍

上海市法学会海关法研究会是上海市法学会同意设立的专业研究会。上海市法学会海关法研究会是为推进依法治国、建设社会主义法治国家的进程,充分发挥海关在守护国家政治、经济、文化大门作用、促进外经贸发展、实施国家"一带一路"倡议而设立的。上海市法学会海关法研究会整合了海关法领域的理论及实务专家和学者,通过开展专业研究和学术交流,推动海关法理论与实务水平的提高,为中国自由贸易试验区(上海)和上海科创中心、"四个中心"建设提供法治保障。

上海市法学会海关法研究会在上海市法学会领导下,以中国特色社会主义理论体系为指导,坚持与发展马克思主义法学,通过组织海关法领域的专业研究与学术交流,加强海关法理论与实务的融合和海关法研究成果的及时转化,搭建国内外海关法学者研究合作与学术交流的平台,促进海关法的国际与国内相关研究的结合,促进海关法研究团体的形成和海关法研究能力的全面提升,为我国海关法治的建设做出贡献。

上海市法学会海关法研究会及理事会于2016年12月10日成立,上海海关学院副校长陈晖教授被推选为第一届理事会会长。

上海海关学院
海关法研究中心介绍

海关法研究中心是上海海关学院所属的学术研究机构。其宗旨是通过组织海关法领域的学术活动,架起与国内外海关法学者相互沟通的桥梁,创造国内外海关法学者进行学术交流与研究合作的机会和环境,推动海关法研究的深入开展,加强海关法与法律实务的结合,促进中国海关法领域各项法律和制度的健全和完善,为中国法治的发展做贡献。

海关法研究中心主要从事的学术活动有:(一)编辑和出版《海关法评论》;(二)主办《海关法研究》网站;(三)每年定期举办海关法论坛;(四)举办专题性学术沙龙;(五)其他各种形式的学术研讨会。同时,海关法研究中心通过组织研究课题,与国内各有关学术机构和单位开展科研合作;并与国内外学术研究机构、教育机构和其他有关机构开展各种形式的学术交流活动。

海关法研究中心将继续发展同相关研究机构与研究人士的交流与合作。值此,我们也期待国内外致力于海关法理论与实务研究的人士对本中心的关注与参与。

图书在版编目(CIP)数据

海关法评论. 第8卷 / 陈晖主编. -- 北京 : 法律出版社, 2019
ISBN 978-7-5197-3511-1

Ⅰ. ①海… Ⅱ. ①陈… Ⅲ. ①海关法-文集 Ⅳ. ①D912.204-53

中国版本图书馆CIP数据核字(2019)第098972号

海关法评论(第8卷)
HAIGUANFA PINGLUN(DI-8 JUAN)

陈 晖 主编

责任编辑 刘秀丽
装帧设计 汪奇峰

出版 法律出版社
总发行 中国法律图书有限公司
经销 新华书店
印刷 三河市兴达印务有限公司
责任校对 晁明慧
责任印制 张建伟

编辑统筹 独立项目策划部
开本 A5
印张 13.5
字数 351千
版本 2019年5月第1版
印次 2019年5月第1次印刷

法律出版社/北京市丰台区莲花池西里7号(100073)
网址/www.lawpress.com.cn
投稿邮箱/info@lawpress.com.cn
举报维权邮箱/jbwq@lawpress.com.cn
销售热线/010-83938336
咨询电话/010-63939796

中国法律图书有限公司/北京市丰台区莲花池西里7号(100073)
全国各地中法图分、子公司销售电话:
统一销售客服/400-660-6393
第一法律书店/010-83938334/8335
西安分公司/029-85330678
重庆分公司/023-67453036
上海分公司/021-62071639/1636
深圳分公司/0755-83072995

书号:ISBN 978-7-5197-3511-1
定价:58.00元
(如有缺页或倒装,中国法律图书有限公司负责退换)